Jahrbuch für Europäische Überseegeschichte

Begründet von Eberhard Schmitt

Im Auftrag
der Gesellschaft für Überseegeschichte
und der Forschungsstiftung für
Europäische Überseegeschichte
herausgegeben von

Markus A. Denzel, Horst Gründer,
Mark Häberlein, Hermann Hiery, Klaus Koschorke,
Johannes Meier, Hermann Mückler, Jürgen Nagel,
Horst Pietschmann, Claudia Schnurmann
und Michael Zeuske

20

2020
Harrassowitz Verlag · Wiesbaden

Jahrbuch für Europäische Überseegeschichte 20 · 2020

Geschäftsführender Herausgeber:
Prof. Dr. Markus A. Denzel
Historisches Seminar, Universität Leipzig
Beethovenstr. 15, 04107 Leipzig (Postfach 100920, 04009 Leipzig)
E-Mail: denzel@rz.uni-leipzig.de

Wissenschaftlicher Beirat:
James Bade (Auckland) | Christopher Balme (München) | Peter Borschberg (Singapur) | Jeff Bowersox (Toronto) | Dieter Brötel (Ludwigsburg) | Christian Büschges (Zürich) | Piet Emmer (Leiden) | Thomas Fischer (Eichstätt) | Hans-Martin Hinz (Berlin) | Jean-Paul Lehners (Luxemburg) | Ulrich Mücke (Hamburg) | Roderich Ptak (München) | Folker Reichert (Stuttgart) | Wolfgang Reinhard (Freiburg i. B.) | Aleš Skřivan Sr. (Prag) | Wilfried Wagner (Bremen) | Hermann Wellenreuther (Göttingen) | Yao Yin Bao (Shanghai)

Rezensionsexemplare werden erbeten an:
Prof. Dr. Hermann Hiery
Lehrstuhl für Neueste Geschichte, Universität Bayreuth
Universitätsstr. 30/GWII, 95447 Bayreuth (Pakete), 95440 Bayreuth (Briefe)
E-Mail: neueste.geschichte@uni-bayreuth.de

Redaktion: Florian Vates M.A., Wunsiedel

Homepage der Gesellschaft für Überseegeschichte: www.ueberseegeschichte.de

Auskünfte zu Vertrieb und Werbung:
Harrassowitz Verlag, 65174 Wiesbaden
Fax: ++49-(0)611-530999
E-Mail: verlag@harrassowitz.de
http://www.harrassowitz-verlag.de

Die Abbildung auf dem Umschlag zeigt ein Gemälde von Frans Post (1612–1680): Mauritsstad und Recife.

© Otto Harrassowitz GmbH & Co. KG, Wiesbaden 2022
Das Werk einschließlich aller seiner Teile ist urheberrechtlich geschützt.
Jede Verwertung außerhalb der engen Grenzen des Urheberrechtsgesetzes ist ohne Zustimmung des Verlages unzulässig und strafbar. Das gilt insbesondere für Vervielfältigungen jeder Art, Übersetzungen, Mikroverfilmungen und für die Einspeicherung in elektronische Systeme.
Gedruckt auf alterungsbeständigem Papier
Druck und Verarbeitung: Memminger MedienCentrum AG
Printed in Germany
https://www.harrassowitz-verlag.de/

ISSN 1436-6371
ISBN 978-3-447-11860-6

Inhalt

Beiträge

Horst Pietschmann: Das frühneuzeitliche Spanien und der
  Globalisierungsbegriff 7

Simon Karstens: Wilde Krieger in Rouen und fromme Gesandte in Paris.
  Indigene Reisende aus Brasilien in Frankreich (1550 und 1613) 21

Jan-Hendrik Evers: „... weil sie sich die hiesige Art von Executionen beßer [...]
  vorstellen." – Pietistische Malefikantenberichte im transatlantischen
  Austausch 49

Marcela Hennlichová: How the British and the French Almost Went to War:
  The Case of Madagascar 85

Tabea U. Buddeberg / Jürgen G. Nagel: Mission, Kirche, Widerstand.
  Zum gesellschaftsbildenden Potential des Christentums in Namibia 103

Horst Gründer: Christlicher Sendungsglauben und europäische
  Kolonialmacht – ein historischer Abriss 143

Roland Spliesgart: Volksreligiosität in Kuba 1850–1960. Literarische Quellen
  in der Globalen Christentumsgeschichte 155

Wolfgang Reinhard: Karl May und der Islam 205

Debatte

Hans-Martin Hinz: Museen, Dekolonisation, Zukunft – Wem gehört das
  Sammlungsgut aus kolonialen Kontexten? 225

Ulrich van der Heyden: Die Berliner Mohrenstraße und die Ignoranz
  geisteswissenschaftlicher Forschungen – Versuch einer geschichts- und
  politikwissenschaftlichen Analyse 247

Mitteilungen

Bericht aus dem Vorstand der Forschungsstiftung für die Jahre 2019 und 2020
(*Markus A. Denzel*) 267

Bericht aus dem Vorstand der Gesellschaft für Überseegeschichte (GÜSG)
(*Mark Häberlein*) 267

Professor Dr. Dietmar Rothermund (20. Januar 1933 – 9. März 2020)
(*Gita Dharampal*) 268

Professor Dr. Hermann Wellenreuther (23. Juni 1941 – 3. April 2021)
(*Mark Häberlein*) 271

Ausschreibung des Dissertationspreises („Martin Behaim-Preis") 2023 der
Gesellschaft für Globalgeschichte (GfGG) (*Mark Häberlein*) 275

Rezensionen

Allgemeines

Andreas Fahrmeir (Hg.): Deutschland. Globalgeschichte einer Nation
(*Wolfgang Reinhard*) 277

Jürgen Elvert / Martina Elvert (Hg.): Agenten, Akteure, Abenteurer. Beiträge
zur Ausstellung »Europa und das Meer« am Deutschen Historischen
Museum (*Magnus Ressel*) 279

Noël Golvers: Johann Schreck Terrentius, SJ. His European Network and the
Origins of the Jesuit Library in Peking (*Mark Häberlein*) 282

Michal Wanner / Karel Staněk: Císařský orel a vábení Orientu: zámořská
obchodní expanze habsburské monarchie (1715–1789) [Der Kaiseradler
und die Verlockung des Morgenlandes: Die Überseehandelsexpansion der
Habsburgermonarchie (1715–1789)] (*František Stellner*) 284

Rudolf Agstner (Hg.): „Die Hitze ist hier wieder kolossal ...". Des Kaisers
Diplomaten und Konsuln auf Reisen. Reiseschilderungen 1808–1918
(*Václav Horčička*) 286

Thobias Bergmann: Kolonialunfähig? Betrachtungen des deutschen
Kolonialismus in Afrika im britischen „Journal of the African Society"
von 1901 bis zum Frieden von Versailles (*Henning Türk*) 288

Inhalt

Asien

Peter Kupfer: Ursprünge, Überlieferungen und Entwicklungen der Weinkultur und des Weinbaus in China. Eine Entdeckungsreise durch neun Jahrtausende (*Roderich Ptak*) 290

Zoltán Biedermann: The Portuguese in Sri Lanka and South India. Studies in the History of Diplomacy, Empire and Trade, 1500–1650 (*Marília dos Santos Lopes*) 294

Ester Fihl: The Governor's Residence in Tranquebar. The House and the Daily Life of Its People, 1770–1845 (*Marcela Hennlichová*) 296

Ravi Ahuja / Martin Christof-Füchsle (Hg.): A Great War in South India. German Accounts of the Anglo-Mysore Wars, 1766–1799 (*Martin Krieger*) ...298

Afrika

Bernhard Olpen: Johann Karl Vietor (1861–1934). Ein deutscher Unternehmer zwischen Kolonialismus, sozialer Frage und Christentum (*Hermann Mückler*) 300

Peter Martin / Christine Alonzo: Im Netz der Moderne – Afrikaner und Deutschlands gebrochener Aufstieg zur Macht (*Jürgen Kilian*) 303

Amerika

Dietmar Müßig: Die Jungfrau im Silberberg. Ein kolonialzeitliches Marienbild aus Potosí als Zeugnis andiner Theologie (*Christoph Eibach*) 305

Frederik Schulze: Auswanderung als nationalistisches Projekt. Deutschtum und Kolonialdiskurse im südlichen Brasilien (1824–1941) (*Robert Schmidtchen*) 309

Peter Wanner: Zwischen Kraichgau und Karibik. Das Leben des Johann August Engelhardt (*Ulrich van der Heyden*) 311

Yannik Mück: Die Deutsche Gefahr. Außenpolitik und öffentliche Meinung in den deutsch-amerikanischen Beziehungen vor dem Ersten Weltkrieg (*Florian Vates*) 313

Heribert von Feilitzsch: Felix A. Sommerfeld and the Mexican Front in the Great War (*Andreas Leipold*) 316

Heribert von Feilitzsch: The Secret War on the United States in 1915. A Tale of Sabotage, Labor Unrest and Border Troubles (*Andreas Leipold*) 318

Australien und Südsee

Thomas Bargatzky: Mana, Macht und Mythen. Tradition und Moderne in Australien und Ozeanien (*Bernhard Streck*) 320

Michael Stoffregen-Büller: Der Sandwich-Insulaner. Von Polynesien auf Preußens Pfaueninsel (*Ulrich van der Heyden*) 323

Hermann Mückler: Missionare in der Südsee. Pioniere, Forscher, Märtyrer. Ein biographisches Nachschlagewerk zu den Anfängen der christlichen Mission in Ozeanien (*Paul B. Steffen*) 324

Hermann Joseph Hiery: *Fa'a Siamani:* Germany in Micronesia, New Guinea and Samoa 1884–1914 (*Bruce Harding*) 328

Dieter Klein (Hg.): Pioniermissionar in Kaiser-Wilhelmsland. Wilhelm Diehl berichtet aus Deutsch-Neuguinea 1906–1913 (*Paul B. Steffen*) 332

Ewald Grothe / Aubrey Pomerance / Andreas Schulz (Hg.): Ludwig Haas. A German Jew and Fighter for Democracy (*Hermann Hiery*) 335

Mark Moran / Jodie Curth-Bibb (Hg.): Too Close to Ignore. Australia's Borderland with Papua New Guinea and Indonesia (*Roland Seib*) 339

Anschriften der Autoren 343

Das frühneuzeitliche Spanien und der Globalisierungsbegriff

HORST PIETSCHMANN

Die Iberische Halbinsel spielte sicherlich in der neuerdings vor allem von Frühneuzeithistorikern auch *Zeitalter der ersten Globalisierung* genannten „Epoche der europäischen Expansion" mit berühmt gewordenen Seefahrern und Eroberern eine bedeutende Rolle in der Geschichte. Viele Teilnehmer an Reisen in bislang wenig oder gar nicht bekannte Weltgegenden hinterließen Berichte von ihren Reisen, Erlebnissen und Beobachtungen und gelangten damit zu literarischem Ruhm. Solche Berichte, zu deren Abfassung die Krone die Teilnehmer verpflichtete oder zumindest ermunterte, um breit Informationen zu sammeln und diese in der u. a. dafür in Sevilla eingerichteten *Casa de la Contratación* zu sammeln. Die Publikation solcher Berichte durch deren Autoren bedurfte daher auch der Kontrolle und Lizenz der Krone. Solche Schriften wurden sowohl von Chronisten im Auftrag der Krone und nach der Freigabe der Archivbestände zur wissenschaftlichen Forschung im Zeitalter des Liberalismus intensiv von den sich formierenden Wissenschaftsdisziplinen als Quellen ausgewertet und erreichten in publizierter Fassung weite Verbreitung. Selbst kaum bekannt gewordene Akteure mit Erfahrungen auf den Schauplätzen der Zeit schrieben ihre Erfahrungen in umfangreichen Berichten nieder, die vielfach erst in jüngster Zeit von der Historiographie zumindest der wissenschaftlichen Öffentlichkeit bekannt gemacht wurden.[1] Diejenigen, die im Alter Autobiographien verfasst hatten, wurden später in

---

1 Vgl. z. B. die Schriften des aus dem spanischen Galicien stammenden Seefahrers, Unternehmers und Abenteurers: Francisco de Seyxas y Lovera. Edición, anotación y estudio preliminar de Clayton MCCARL, Piratas y contrabandistas de ambas Indias, y estado presente de ellas (1693), [ohne Ort] 2011; Francisco de Seijas y Lobera, Gobierno militar y político del reino imperial de la Nueva España (1702). Estudio, transcripción y notas de Pablo Emilio PÉREZ-MALLAÍNA BUENO, Ciudad de México 1986.

einem Band der berühmt gewordenen Reihe „Biblioteca de Autores Españoles" veröffentlicht.[2] Aber haben solche Berichte aus europäischen Hegemonialkriegen und Expansionsbewegungen etwas mit Globalisierung zu tun und sei es auch nur mit einer „ersten Globalisierung"?

Seit 1969 in Verlängerung der Braudel-Schule Pierre Chaunu seine beiden Bände der französischen *Nouvelle Clio*-Serie vorlegte[3] und in deren Gefolge 1974 Immanuel Wallerstein den ersten, dem 16. Jahrhundert gewidmeten Band seines später auf vier Bände anwachsenden Werkes über das „Moderne Weltsystem" publizierte[4], formierte sich eine historische Schule, die ‚Weltwirtschaft' auf historische Entwicklungen des 16. Jahrhunderts zurückführt. Zahlreiche weitere Werke mit häufig globalem Titelbezug sind in dieser Linie in der Folgezeit veröffentlicht worden. Dagegen finden sich Übersichtswerke, die entgegen diesem ‚Weltwirtschafts'-Ansatz den Welthandel erst im 19. Jahrhundert im Zeitalter der beginnenden Dampfschiffahrt nach dem Bau des Suez- und schließlich des Panamakanals beginnen lassen.[5] Während die erstgenannte Linie vorwiegend auf bestimmte kapitalistische Wirtschaftsweisen, Produkte, Formen der Zwangsarbeit, Plantagenwirtschaft, Edelmetallproduktion und -transfers nebst deren Bedeutung als Zahlungsmittel abhebt, argumentiert die letztgenannte Schule vor allem mit Quantitäten, Volumina und Modernisierungskriterien. Zwischen diesen Extrempositionen ist eine dritte Forschungslinie angesiedelt, die ausgehend vom Mittelmeerraum unter Betonung der Chronologie die Erkundung und nachfolgende Erschließung weiterer Großräume im Gefolge von Kolonialismus und Mission, deren auch als Modernisierung verstandene Integration in europäische Normensysteme erforscht. Diese Prozesse wurden zunehmend auch als die Anfänge eines Welthandels, ja als Vorwegnahme der „Globalisierung", bezeichnet.

---

2 Autobiografías de soldados (siglo XVII). Edición y estudio preliminar del Excmo. Sr. D. José Ma. de Cossio. Biblioteca de Autores Españoles desde la formación del lenguaje hasta nuestros días, Vol. 90, Madrid 1956.

3 Pierre CHAUNU, L'Expansion Européenne du XIIIe au XVe siècle, Paris 1969; ders., Conquête et exploitation des Nouveaux Mondes (XVIe siècle), Paris 1969.

4 Immanuel WALLERSTEIN, The Modern World System. Capitalist Agriculture and the Origins of the European World Economy in the Sixteenth Century, New York / San Diego 1974.

5 Z. B. Paul BAIROCH, Economics and World History. Myths and Paradoxes, Chicago 1995.

Beginnend mit Charles Verlindens 1966 erschienenem Buch zur ‚Atlantischen Zivilisation'[6] über Felipe Fernández-Armesto[7] zu Bernard Bailyn[8] und David Abulafia[9] wurden die Projektionen vom Mittelmeerraum in den Atlantik und in weitere maritime Räume, wie den Indischen Ozean, den Pazifik und von Roderich Ptak[10] die Seidenstraße als geographisch verbindende Großräume untersucht. Diese Forschungslinie rückt die chronologische Abfolge deutlicher in den Vordergrund als die weltwirtschaftlichen Zugriffe, so dass dieser Ansatz im Rahmen einer „Europäischen Geschichte" Vorteile bietet. Dafür spricht auch, dass F. Fernández-Armesto und James Muldoon als Generalherausgeber in der *Variorum* Reihe des englischen Ashgate-Verlags unter dem Obertitel „The Expansion of Latin Europe, 1000–1500" eine vielbändige Zusammenfassung des Forschungstandes ankündigten, von denen ein hier relevanter Band von José-Juan López-Portillo kürzlich erschien.[11]

Inwieweit die atlantische „Frontier" des 15. Jahrhunderts noch als „medieval" zu charakterisieren ist, bleibt umstritten, nachdem vor wenigen Jahren Giuseppe Galasso, ein bedeutender italienischer Kenner der Epoche und des Raumes, das beginnende 15. Jahrhundert als Übergang vom Mittelalter zur Neuzeit charakterisierte[12], um die überkommene Periodisierung mit dem Ende des 15. und dem Beginn des 16. Jahrhunderts auf den nordalpinen Raum zu beschränken. Silvio Bedini bestätigt den Befund der italienischen Historiographie, als er eindringlich die unterschiedlichen Reaktionen in Rom, Europas Kommunikationszentrum jener Zeit, auf die Entsendung zunächst eines Elefanten, danach eines Flusspferdes durch König Emmanuel II. von Portugal an Papst Leo X. rekonstruierte.[13] Denn im mediterranen Raum und besonders in Italien riefen die Geschenke des Portugiesen an den Papst überwiegend Begeisterung und Freude über die Bestätigung antiker Texte und über die Verbreitung des Christentums in Afrika und Asien hervor,

---

6 Charles VERLINDEN, Les origines de la civilisation atlantique. De la Renaissance à l'âge des Lumières, Genève / Paris 1966.
7 Felipe FERNÁNDEZ-ARMESTO, Before Columbus: Exploration and Colonisation from the Mediterranean to the Atlantic, 1229–1492, Philadelphia ³1994.
8 Bernard BAILYN, Atlantic History. Concept and Contours, Cambridge (MA) / London 2005.
9 David ABULAFIA, The Discovery of Mankind. Atlantic Encounters in the Age of Columbus, New Haven (CT) 2008.
10 Roderich PTAK, Die maritime Seidenstraße. Küstenräume, Seefahrt und Handel in vorkolonialer Zeit, München 2007.
11 Felipe FERNÁNDEZ-ARMESTO / James MULDOON (Hrsg.), The Expansion of Latin Europe, 1000–1500, Farnham / Burlington 2013ff. (www.ashgate.com/expansionlatineurope, Abfrage 2.11.2013); hier relevant: José-Juan LÓPEZ-PORTILLO (Hrsg.), Spain, Portugal and the Atlantic Frontier of Medieval Europe, Farnham / Burlington 2013.
12 Giuseppe GALASSO, Prima lezione di storia moderna, Bari ²2009.
13 Silvio BEDINI, Der Elefant des Papstes, Stuttgart 2006 (engl. 1997).

dagegen vorwiegend Entsetzen über die ‚Dekadenz' der höchsten Autorität des reformbedürftigen Christentums weiter im Norden.

Unbestreitbar ist hingegen, dass Portugal neben Spanien in die Betrachtung einzubeziehen ist. Bereits Heinrich der Seefahrer errichtete in der ersten Hälfte des 15. Jahrhunderts in Verlängerung mediterraner Traditionen ein großräumiges atlantisches Handels- und Kolonisationsimperium, das von Zentralafrika über die Kapverden, die Azoren und Madeira bis Lissabon reichte, in dem die Inseln hohe Erträge leicht kommersialisierbarer Produkte, wie Wein und Zucker, die Küstenzonen mit großen Vorkommen an Meeressäugern Tran, Fette und Fleisch und der Handel mit den Küstenbewohnern Sklaven, tropische Produkte und z. T auch Gold beisteuerten. Zugleich knüpfte Heinrichs älterer Bruder, Peter, Verbindungen zum Kaisertum und kämpfte mit einem größeren Kontingent portugiesischer Ritter an der Seite Kaiser Sigismunds auf dem Balkan gegen die Türken. Diese Kontakte führten unter Friedrich III. in die dynastische Verbindung zwischen Habsburg und Avis, der Kaiser Maximilian entstammte, der seinerseits aufgrund seiner Erfahrungen mit der wirtschaftlichen Dynamik in dem burgundischen Erbe, dynastische Bande auch mit Spanien knüpfte. Zu dessen Lebzeiten bestand in Lissabon bereits die größte, an die 150 Personen umfassende ‚deutsche' Handelskolonie auf der Iberischen Halbinsel, der auch der aus Nürnberg stammende Martin Behaim und sein niederländischer Schwiegervater, Gouverneur einer der Azoreninseln, angehörten.[14]

In diesem mediterran-iberisch-atlantisch geprägten Raum mit seiner nordostatlantischen Verlängerung der alljährlich dem Kabeljaufang nachgehenden, miteinander rivalisierenden Flotten aus dem Baskenland und dem Nordseeraum, sammelte der Genuese Christoph Kolumbus seine nautischen Erfahrungen und konzipierte seinen Plan, Asien auf dem westlichen Seeweg zu erreichen. Diesen Plan griff 1492 das wenige Jahre zuvor in Matrimonialunion aus den Königreichen Aragón und Kastilien entstehende Spanien eher beiläufig auf, kurz nach der Eroberung Granadas, des letzten Maurenreichs auf der Halbinsel, und der gleichzeitig abgeschlossenen Eroberung der Kanarischen Inseln. In rascher Folge wurde die Entdeckung des Kolumbus um 1496 als ‚Neue Welt' erkannt, 1513 mit der Entdeckung des Pazifiks wesentlich erweitert, bevor schließlich 1519, kurz nach der Thronbesteigung Karls I., mit dessen Wahl zum Kaiser und der schnell einsetzenden Kanalisierung zentraleuropäischer Ressourcen in den Expansionsprozess, der parallel beginnenden Eroberung des Aztekenreiches in Mexiko und der von Magellan

---

14 Jürgen POHLE, Deutschland und die überseeische Expansion Portugals im 15. und 16. Jahrhundert, Münster 2000.

angetretenen Umsegelung des Globus, Spanien ebenfalls ein weltumspannendes Imperium ausbildete, darüber aber seine nationalstaatliche Konsolidierung versäumte.[15]

Obwohl bereits zu Beginn dieser Epoche die Umsegelung des Globus abgeschlossen war und in Nürnberg mit dem von Martin Behaim angefertigten Globus ein neues Format für eine Darstellung der bekannten Welt verfügbar war, das im weiteren Verlauf des 16. Jahrhunderts vielfach graphisch und in Kugelform in vielerlei Formaten kopiert wurde, sollte es bis weit ins 20. Jahrhundert dauern, bis der „Globus" jenseits von Geologie und Geographie eine eigene allgemeine Bedeutung, sei es als Adjektiv „global" oder als Substantiv „Globalisierung", gewann. Das heliozentrische Weltbild hatte sich seit dem 17. Jahrhundert weithin durchgesetzt, verbesserte optische Geräte erlaubten Einblicke in den unseren Globus umgebenden Weltraum und darüber hinaus. Im 19. Jahrhundert waren im Dienst einer technisch verbesserten Kartographie die entferntesten Winkel des Erdballs vermessen und auf Atlanten verzeichnet sowie mit dem Bau des Suez- und etwas später auch des Panamá-Kanals die maritimen Routen rund um den Globus entscheidend verkürzt worden. Zeitlich annähernd parallel dazu erfolgte die Verkabelung der Weltregionen, so dass die Nachrichtenübermittlung, per Telegraphie, schließlich per Telefon und Funk erheblich beschleunigt, auch der Geschäftswelt neue Möglichkeiten bot. Transporte zwischen Rohstofflieferanten und industrieller Verarbeitung wurden so erheblich verbilligt und beschleunigt. Im Gegenzug konnten industrielle Erzeugnisse in fern gelegene agrarisch und/oder klimatisch begünstigte Regionen zur industriellen Verarbeitung von Rohstoffen geliefert werden. Baumwolle und die Yutefasern aus Yucatán sind hierfür besonders prägnante Beispiele.[16]

Ungeachtet dieser Prozesse und der zunehmend mit Hilfe verbesserter optischer Geräte ins Weltall ausgreifenden Astronomie wie auch deren literarischer Verarbeitung durch Autoren wie Jules Verne finden sich im Sprachgebrauch der gängigen Weltsprachen keine allgemeineren Ableitungen des Begriffs „Globus", der mit dem Bedeutungsgehalt aus der Zeit von Behaim in Gebrauch blieb, sieht man von sinngemäß gleichen Begriffsbildungen wie „Erdball" usw. ab. Auch in anderem Zusammenhang waren die Sprachen wenig von Neuerungen betroffen, wie etwa der lateinische Begriff „mundus", mit dem Mitte des 16. Jahrhunderts um „novus" ergänzten Adjektiv sich zu der Polarität „Alte Welt" und „Neue Welt" weiter entwickelte

---

15 Antonio Miguel BERNAL, España, proyecto inacabado. Los costes y beneficios del imperio, Madrid 2005.
16 Sven BECKERT, King Cotton. A New History of Global Capitalism, [London] 2014; Herbert NICKEL, Henequén-Plantagen in Yucatán. Vom Ende einer agroindustriellen Monokultur. Freiburg/Br. 1995.

und vielfältig variiert wurde. Bedenkt man, dass in jener Zeit des ausgehenden 19. Jahrhunderts in Europa noch „Kolonialkonferenzen" abgehalten wurden, in denen über die Aufteilung europäischer und außereuropäischer Regionen unter den Großmächten verhandelt und entschieden wurde, so wird erkennbar, dass es offenbar eine Verbindung zwischen „Kolonialismus" und den Bezeichnungen für außereuropäische Gebiete gibt. Dies hatte jedenfalls die historische Entwicklung auf dem klassischen „mundus novus", dem amerikanischen Kontinent, gezeigt, der zu Ende des 18. und dem Beginn dem 19. Jahrhunderts weitgehend seine staatliche Unabhängigkeit erreicht hatte. Die zunächst 17 unabhängigen Staaten hatten durchweg neue nationale Symbole entwickelt und oft andere Namen angenommen. Während die ehemals portugiesischen und spanischen Besitzungen in Amerika politischen Rückhalt beim Vatikan suchten und fanden, erlangten die USA dank der massiven Einwanderung schnell ein eigenes politisches Gewicht, während Kanada unter dem Schirm der Krone des Vereinigten Königreichs verblieb.

Erst nach dem Zweiten Weltkrieg kam auf Betreiben der USA und durch die Gründung der Vereinten Nationen 1945 und deren institutioneller Verankerung in New York Bewegung in die internationale Politik. Die zunächst 51 Mitgliedsstaaten – mittlerweile sind 193 Staaten Mitglieder – halten jährlich eine Vollversammlung ab, der sechs Hauptausschüsse zuarbeiten. Hauptausschuss Nr. 4 ist „besonderen politischen Fragen und Entkolonisierung" gewidmet. Die ‚Beendigung von Kolonialismus' gehörte also von Anfang an zu den zentralen Aufgaben der Vereinten Nationen und mehr und mehr kamen dazu die damit verbundenen Themen wie Fragen zu Rassismus, Diskriminierung, Gleichberechtigung in zwischenstaatlichen Beziehungen usw. auf die Tagesordnung dieses Weltforums. Viele dieser sich nach und nach stellenden Aufgaben sind im Rahmen der UNO von Unterausschüssen und Untersuchungskommissionen behandelt worden, die, oftmals verstetigt, zu entsprechenden Stellungnahmen und Richtlinien führten, wie mit diesen Fragen umzugehen sei. Die UNO wurde so zu einer transkontinental verzweigten Institution, die vielfach erst nach längerer Zeit ihre Zielsetzungen zur Geltung bringen konnte und selbst multinational zusammengesetzte Truppen einsetzen mußte, um größere Konflikte zu begrenzen. Bedauerlicherweise ist die Erforschung der historischen Bedeutung und Rolle dieses Geflechts internationaler Organisationen bis heute ein dringendes Desiderat der historischen Forschung geblieben. 1960 brachte es die Institution zu einem Höhepunkt in der Dekolonisationspolitik, als zahlreiche afrikanische Länder ihre Unabhängigkeit erreichen und Mitglied der UNO werden konnten. Infolge der politischen Vormachtstellung der industrialisierten Länder, schlossen sich die gerade unabhängig gewordenen Staaten meist der Bewegung der ‚Blockfreien Staaten' an, denen Indonesien in Bandung zeitweise eine politische Bühne bot. Für diese überwiegend jungen Staaten setzte sich bald die Bezeichnung einer „Dritten Welt" oder der allgemeine Begriff der „Entwicklungsländer" durch. Mit diesen drei Kategorien der ersten oder der ‚industrialisierten Welt', auch als vom ‚Kapitalismus' geprägt bezeichnet, der zweiten Welt oder der vom Sozialismus geprägten Staaten, und schließlich den Staaten der ‚Dritten Welt' wurde die Staatenwelt nach wertenden Kategorien eingeteilt und ihnen gegenüber entsprechende Politikformen entwickelt.

Lediglich die mehr oder weniger zeitgleich mit der UNO gegründete und daher älteste ‚Organisation Amerikanischer Staaten' (englisch abgekürzt OAS = ‚Organization of American States', spanisch/portugiesisch OEA = ‚Organización de Estados Americanos') hat Debatten entfesselt, die über die Medien nachhaltig wirkten. Schon in den 1960er Jahren begann die ‚Wirtschaftskommission der UNO für Lateinamerika' (engl. ECLA = ‚Economic Commission for Latin America', span./portug. CEPAL = 'Comisión Económica para América Latina' mit Sitz in Santiago de Chile), deren Gründung die Staaten Lateinamerikas als Bedingung *sine qua non* für ihren Beitritt zur UNO durchgesetzt hatten, die These von der ‚abhängigen Entwicklung' von den Industriestaaten zu verfechten und quantitativ zu untermauern. Die These ging davon aus, dass es den iberoamerikanischen Ländern aufgrund ihres langen Kolonialstatus unmöglich sei, sich in der gleichen Zeit wie die Industrieländer zu modernisieren, da die Entwicklung mit Hilfe aus den USA oder aus Europa importierter Technologie stets zu einer nachholenden und daher verzögerten Entwicklung führen müsse. Diese mit Nachdruck verbreitete These von der ‚abhängigen Entwicklung' spielte eine wichtige Rolle in dem als „Nord-Süd-Konflikt" wesentlich die Beziehungen zu den Entwicklungsländern bestimmenden Formen der Zusammenarbeit. Sie beeinflußte auch die eindringlichen Mahnungen des ‚Club of Rome' in seinen Stellungnahmen zu den ‚Grenzen des Wachstums' über die beschränkte Verfügbarkeit der natürlichen Ressourcen in den späteren 1970er Jahren.

Die daraus resultierenden Konflikte verschärften sich in den 1980er Jahren mit der raschen Verbreitung eines Buches des in Frankreich tätigen bulgarischen Soziologen, Historiker und Strukturalisten Tzvetan Todorov[17], das im Vorfeld des sich nähernden 500. Jubiläums der Fahrt des Kolumbus 1492 Aufsehen erregte. Der Inhalt des Buches war eine vernichtende Bilanz des Unverständnisses, der Grausamkeit und Brutalität der Europäer im Umgang mit den angetroffenen Ureinwohnern sowie deren Ausbeutung, die zur Vernichtung ganzer indigener Völkerschaften und Kulturen geführt habe. Das

---

17 Tzvetan TODOROV, La conquête de l'Amérique: la question de l'autre, Paris 1982.

Buch wurde vielfach übersetzt und hatte eine ganze Serie weiterer Publikationen dieses Tenors zur Folge. Als dann 1985 die OAS/OEA eine Versammlung zur Vorbereitung der zu dem Kolumbus-Jubiläum geplanten Veranstaltungen und Maßnahmen abhielt, trat die mexikanische Delegation mit dem international weithin bekannten Anthropologen und Historiker Miguel León-Portilla mit der Forderung nach einer neuen Sprachregelung für die weithin nur als „Entdeckung und Eroberung Amerikas" bezeichneten Vorgänge um die iberische Landnahme an die Öffentlichkeit. Mit dem Hinweis auf die Tatsache, dass die amerikanische Urbevölkerung keinesfalls nur eine historisch passive Rolle in diesem Prozess gespielt habe, schlug der mexikanische Sprecher der Delegation vor, dass diese Epoche hinfort als „encuentro de culturas" bezeichnet werde. Was ins Deutsche übersetzt korrekt die „Begegnung der Kulturen" hieße, verbirgt freilich die Doppeldeutigkeit des spanischen Begriffs „encuentro", der sowohl „Begegnung" im freundlichen Sinne als auch „Schlacht, Scharmützel", also eine kriegerische Auseinandersetzung, bezeichnen kann.

Der 1989/90 beginnende Zusammenbruch der Länder des Sowjetblocks schien den Anbruch einer neuen Weltordnung anzukündigen, wie etwa Buchtitel wie der von Ulrich Menzel[18] signalisierten. Die Vereinigung der beiden deutschen Staaten, das Wiedererstehen der drei baltischen Staaten und die Demokratisierung Polens, Tschechiens, der Slowakei, Ungarns, Rumäniens und Bulgariens sowie der Zerfall Jugoslawiens nahmen in der Folgezeit die Aufmerksamkeit der westeuropäischen Staatenwelt und ihrer Wissenschaftseinrichtungen in Anspruch.

Anfang Juli 1991 fand an dem von der Rockefeller Foundation betriebenen Bellagio-Konferenzzentrum eine Tagung zur Bedeutung der zurückliegenden bzw. noch im Gang befindlichen Ereignisse für die Geschichtswissenschaft statt.[19] Von deutscher Seite nahm Manfred Kossok, Universität Leipzig, an der Konferenz mit einem Vortrag zum Thema „Von der Universal- zur Globalgeschichte" teil, den er mit der These beschloss: „Wenn Globalgeschichte einen Sinn und eine Aufgabe hat, dann wohl doch den Anspruch, über ein neues Bewußtsein zum praktischen Handeln zu führen."[20]

---

18 Ulrich MENZEL, Das Ende der Dritten Welt und das Scheitern der großen Theorie, Frankfurt/Main 1992.

19 B. MAZLISH / R. BUULTJENS (Hrsg.), Conceptualizing Global History, San Francisco / Oxford 1993.

20 Manfred KOSSOK, Von der Universal- zur Globalgeschichte, in: Ders., Ausgewählte Schriften, Bd. 3: Zwischen Reform und Revolulution: Übergänge von der Universal- zur Globalgeschichte, hrsg. v. Matthias MIDDELL in Verb. m. Katharina MIDDELL, Leipzig 2000, S. 297–307.

Das frühneuzeitliche Spanien und der Globalisierungsbegriff

Im Umfeld der 500-Jahrfeiern der ‚Entdeckung' des Kolumbus 1992, in denen über die Organisation Amerikanischer Staaten das Postulat von der historisch aktiven Rolle der indigenen Bevölkerung des amerikanischen Kontinents mit dem Begriffspaar „encuentro/encounter" Anerkennung fand[21], wurden heftige Debatten um die mit dessen Übersetzung verbundenen Wertungen ausgelöst. Zum Verständnis der Bedeutung dieser „Wertungsprobleme" sei daran erinnert, dass 1992ff. zahlreiche große historische Ausstellungen, die überwiegend in Spanien konzipiert worden waren, zunächst in Sevilla, Barcelona und Madrid gezeigt und anschließend über Jahre hinweg in europäischen Metropolen präsentiert wurden, um Spanien als neues Mitglied der EU und der NATO bekannt zu machen. Als Kompromiss in diesen Wertungen setzten sich nach 1995 die Konzepte von den atlantischen „Imperien" für die neuzeitliche Epoche in vielen angelsächsischen Buchtiteln rasch durch, wie Anthony Pagden[22], J. H. Elliott[23] und andere Imperiumstitel mit thematischem Bezug zu England, Frankreich, Portugal und Spanien dokumentieren. Noch 2005 begegnet bei Herfried Münkler[24] nur klassische Begrifflichkeit; erst im Gefolge einiger deutschsprachiger Titel in dieser Linie[25] verbreiteten sich dann auch die Begrifflichkeiten von ‚Globalgeschichte' und Ableitungen von ‚Globalisierung' im Sprachgebrauch der Geschichtswissenschaft etwa mit Frederick Cooper[26] und John Darwin[27], als etwa zeitgleich (2007) Sebastian Conrad, Andreas Eckert und Ulrike Freitag im Campus Verlag (Frankfurt/Main, New York), eine neue Publikationsreihe mit dem Titel „Globalgeschichte" begründeten und in einem Band mit gleichlautendem Obertitel und dem Untertitel „Theorien, Ansätze, Themen" vorstellten.

---

21 Horst PIETSCHMANN, Columbus II: Das Gedenkjahr 1992, in: Pim DEN BOER / Heinz DUCHHARDT / Georg KREIS / Wolfgang SCHMALE (Hrsg.), Europäische Erinnerungsorte 3. Europa und die Welt, München 2012, S. 71–77.

22 Anthony PAGDEN, Lords of All the World. Ideologies of Empire in Spain, Britain and France, c.1500–c.1800, New Haven / London 1995.

23 J. H. ELLIOTT, Empires of the Atlantic World. Britain and Spain in America 1492–1830, New Haven / London 2006.

24 Herfried MÜNKLER, Imperien. Die Logik der Weltherrschaft – Vom Alten Rom bis zu den Vereinigten Staaten, Reinbek bei Hamburg 2005.

25 Daniel DAMLER, Imperium Contrahens. Eine Vertragsgeschichte des spanischen Weltreichs in der Renaissance, Stuttgart 2008; Arndt BRENDECKE, Imperium und Empirie. Funktionen des Wissens in der spanischen Kolonialherrschaft, Köln / Weimar / Wien 2009.

26 Frederick COOPER, Colonialism in Question. Theory, Knowledge, History, Berkeley 2007.

27 John DARWIN, After Tamerlane. The Rise & Fall of Global Empires, 1400–2000, London 2007.

Als Band 2 der Reihe, nachdem in ihr schon acht Monographien deutscher Autoren erschienen waren, publizierten die Herausgeber die deutsche Übersetzung von Frederick Cooper's „Colonialism in Question"[28]. In seinem knappen Vorwort betont Andreas Eckert: „Eine Geschichte Europas unter Ausblendung von Imperialismus und Kolonialismus zu schreiben, muß heute als antiquiert gelten", nur um wenig später unter Rekurs auf Cooper zu beklagen, dass: „Einst provokative Konstrukte oder Schlüsselkategorien wie Identität, Globalisierung und Moderne hätten sich – nicht nur in der Kolonialismusforschung -- allzu oft in Klischees verwandelt."[29] Es überrascht zunächst, dass ausgerechnet der Mitbegründer einer Publikationsreihe zur „Globalgeschichte" in der deutschen Ausgabe eines von ihm einleitend als grundlegend bezeichneten Textes eines Afrikahistorikers wie Cooper „Globalisierung" zu den Klischeebegriffen zählt. Dies wird bei der Lektüre von Teil II von Cooper's Buch deutlich, der mit „Problematische Begriffe" überschrieben ist. Darin setzt Cooper sich zunächst in Kapitel 3 ausführlich mit „Identität" auseinander, um anschließend in Kapitel 4 die Frage „Was nützt der Begriff der Globalisierung? Aus der Perspektive eines Afrika-Historikers" zu verfolgen und sich danach (Kapitel 5) die „Moderne" vorzunehmen. In einem abschließenden Teil III versucht Cooper „Die Möglichkeiten der Geschichte" zu analysieren, wobei er in Kapitel 8 zu dem „Schluss: Kolonialismus, Geschichte, Politik" gelangt. Seine Ablehnung des Begriffs „Globalisierung" in historischem Kontext resümiert Cooper in einem entscheidenden Satz:

> „Für Freund und Feind ist der ideologische Bezugsrahmen der Globalisierung gleichermaßen der Liberalismus – und dessen Argumente für Freihandel und freie Kapitalbewegungen. Die Bildersprache der Globalisierung stammt aus dem World Wide Web, aus der Idee, die gewebeartige Konnektivität eines jeden Ortes zu jedem anderen Ort stelle ein Modell für alle anderen Formen globaler Kommunikation dar."[30]

Bevor Cooper's Fundamentalkritik an „Globalisierung" bekannt wurde – die englischsprachige Ausgabe erschien 2007 – hatte der Oldenbourg Verlag sein „Oldenbourg Geschichte Lehrbuch. Neueste Zeit"[31], herausgebracht, einen Band von knapp 500 Seiten, in dessen sehr sorgfältig erarbeitetem Sachregister der Begriff „Globalisierung" auf insgesamt fünf Seiten eher beiläufig vorkommt.

Berücksichtigt man Coopers Betonung der Perspektiven des Afrika-Historikers auf das Problem „Kolonialismus denken", die entsprechend auch für

---

28 Frederick COOPER, Kolonialismus denken. Konzepte und Themen in kritischer Perspektive, Frankfurt/Main / New York 2012.
29 Ebd., S. 7f.
30 Ebd., S. 169.
31 Andreas WIRSCHING (Hrsg.), Oldenbourg Geschichte Lehrbuch. Neueste Zeit, München 2006.

Andreas Eckert zutrifft, so betrifft diese einen Zeitraum von etwas mehr als zwei Jahrhunderten – mit Ausnahme der von Portugal in Besitz genommenen Gebiete. In weiter zurückliegenden Zeiten spielte Afrika meist nur im Waren- und zudem in unterschiedlicher Form im Sklavenhandel eine historische Rolle und beeinflusste mehr oder weniger direkt die amerikanischen Kolonialgebiete der europäischen Großmächte England, Frankreich, der Niederlande, Portugal und Spanien. In Bezug auf Amerika blickte vor allem Spanien im Gefolge des Kolumbus-Jubiläums 1992 auf die Geschichte von 500 Jahren Präsenz in Amerika zurück. Diesbezüglich stellt sich in Bezug auf Amerika die Frage, inwieweit der Vorstoß der mexikanischen Vertretung bei der Sitzung der Vollversammlung der OAS/OEA 1985 mit der Forderung nach einer neuen Begrifflichkeit für das überkommene „Entdeckung und Eroberung" etwa mit der Häufung des Imperiumsbegriffs nach 1992 in Verbindung steht. Da die entsprechende Initiative von 1985 darauf abzielte, die historisch aktive Rolle der indigenen Bevölkerung zu betonen, war es weder erforderlich, den „Kolonialismus zu denken", da die lateinamerikanischen Staaten mehr als anderthalb Jahrhunderte zuvor ihre Unabhängigkeit erlangt hatten, noch dazu nach einem revolutionären Prozess, der vielerlei Anleihen bei der Französischen Revolution von 1789 nutzte.[32] Da zudem die indigene Bevölkerung inzwischen durchgehend, zumindest nominell, die gleichen Bürgerrechte wie alle anderen Einwohner hatten, drängte sich eine Interpretation der Geschichte nach dem Schema „von den Imperien zu den Nationen" förmlich auf, umfaßte sie implizit doch auch den Kolonialismus einer früheren Epoche.[33]

Das Adjektiv „global" wurde inzwischen weiterhin verwendet, so z. B. von Mark Häberlein.[34] Dagegen ist in der Linie von Coopers Ansatz jüngst als Nr. 14 in der Reihe „People, Markets, Goods: Economies and Societies in History" ein Sammelband erschienen, der direkt bei der Globalisierung der Peripherie von den Zentren ansetzt.[35]

---

[32] L'Amérique Latine face à la Révolution Française. L'Époque Révolutionaire: Adhésions et rejets, in: Caravelle. Cahiers du Monde Hispanique et Luso-Brésilien 54, Toulouse 1990.

[33] A. ANNINO / L. CASTRO LEIVA / F.-X. GUERRA (Hrsg.), De los imperios a las naciones. Zaragoza 1994; Josep M. FRADERA, The Imperial Nation. Citizens and Subjects in the British, French, Spanish and American Empires, Princeton / Oxford 2018; Renate PIEPER, Die Historiographie zu Lateinamerika im Spannungsfeld zwischen regionaler, atlantischer und globaler Geschichte, in: Michael GEHLER / Wolfgang MÜLLER (Hrsg.), Internationale Geschichte / International History, Wien 2017, S. 397–410.

[34] Mark HÄBERLEIN, Aufbruch ins globale Zeitalter. Die Handelswelt der Fugger und Welser, Darmstadt 2016.

[35] Jutta WIMMLER / Klaus WEBER (Hrsg.), Globalized Peripheries. Central Europe and the Atlantic World, 1680–1860. Economy – History – Society, Woodbridge 2020.

Daneben beharrt das Max-Planck-Institut für Rechtsgeschichte und Rechtstheorie auf der Weiterführung seiner bisher auf stattliche 17 Bände angewachsenen Reihe „Global Perspectives on Legal History". Die von den drei Direktoren des Instituts in Frankfurt/Main herausgegebene Reihe veröffentlicht nach *peer review* in mehrsprachiger open access-Form Beiträge, die die Grenzen nationaler Rechtsgeschichte überschreiten und verschiedene Formen von Normativität und Gesetzgebung in digitaler und *on demand* gedruckter Form diskutieren, wie die neueste Publikationsliste für das Jahr 2021 ausweist. Band 1 der Reihe, verfaßt von Thomas Duve, trägt den programmatischen Titel „Entanglements in Legal History: Conceptual Approaches" und benutzt mit „entanglements" – Vernetzungen – ein klug gewähltes Substantiv als Ersatz für den Begriff „Globalisierung", der lediglich klare räumliche Abgrenzungen einfordert, ohne einen ähnlich totalen Anspruch zu erheben wie dies „Globalisierung" tut. „Entanglement" ist daher auch im letzten Jahrzehnt in Europa zu einem häufig gebrauchten Begriff geworden. Da andererseits die Max-Planck-Reihe bislang überwiegend Beiträge veröffentlichte, die die Fragen ehemaliger kolonialer Peripherien behandelten, läßt sich der Reihentitel mit dem Adjektiv ‚global' durchweg rechtfertigen.

Abschließend sieht sich der Verfasser dieser Zeilen veranlasst zu begründen, was ihn als Autor, der gelegentlich selbst den Globalisierungsbegriff verwandte[36], dazu veranlasst hat, ihn später nicht mehr zu verwenden. Abgesehen von einem vertieften Eindringen in die Problematik bei der Sichtung der im Gefolge von 1992 publizierten Literatur zu den weite Teile der Südhalbkugel umfassenden iberischen Kolonialreichen, hat vor allem die Lektüre von drei Büchern den Autor dazu veranlasst, ‚Globalisierung' als ein Phänomen neuerer Zeiten zu verstehen.[37] Daher möge ein Zitat aus einer Rede von Robert F. „Bobby" Kennedy (1925–1968), die er am 18. März 1968 vor der Universität Kansas hielt, diese Überlegungen beschließen. Kennedy sagte:

> „In zu großem Ausmaß und für zu lange Zeit haben wir die Qualität eines Menschen und den Wert einer Gemeinschaft lediglich nach der Anhäufung materieller Dinge bemessen. Unser Bruttosozialprodukt beläuft sich gegenwärtig auf über 800 Milliarden Dollar pro

---

[36] Z. B. Horst PIETSCHMANN, Globalización y mercado de trabajo: la perspectiva del historiador de larga duración, in: Nikolaus BÖTTCHER / Bernd HAUSBERGER (Hrsg.), Dinero y negocios en la historia de América Latina – Geld und Geschäft in der Geschichte Lateinamerikas. Veinte ensayos dedicados a Reinhard Liehr – Zwanzig Aufsätze gewidmet Reinhard Liehr, Frankfurt/Main / Madrid 2000, S. 531–548.

[37] Daniela BLEICHMAR / Peter C. MANCALL (Hrsg.), Collecting Across Cultures. Material Exchanges in the Early Modern Atlantic World, Philadelphia 2011; Jane GLEESON-WHITE, Soll + Haben. Die doppelte Buchführung und die Entstehung des modernen Kapitalismus. Aus dem Englischen von Susanne Held, Stuttgart 2015; H. GLENN PENNY, Im Schatten Humboldts. Eine tragische Geschichte der deutschen Ethnologie. Aus dem Englischen von Martin Richter, München 2019.

Jahr, aber wenn wir die USA nach diesem Bruttosozialprodukt beurteilen, dann gehören dazu auch Luftverschmutzung und Zigarettenwerbung und Rettungsfahrzeuge, die die Opfer von Verkehrsunfällen von unseren Highways abtransportieren, außerdem Spezialschlösser für unsere Haustüren und Gefängnisse für die Leute, die sie aufbrechen. Die Zerstörung der Mammutbäume gehört dazu und der Verlust der natürlichen Schönheiten unseres Landes, die einer außer Kontrolle geratenen Zersiedlung zum Opfer gefallen sind. Napalm gehört dazu und Atomsprengköpfe und gepanzerte Polizeifahrzeuge, mit denen die Aufstände in unseren Städten bekämpft werden müssen … Was für das Bruttosozialprodukt andererseits keine Rolle spielt, sind die Gesundheit unserer Kinder, die Qualität ihrer Erziehung, die Freude, die sie beim Spielen haben. Die Schönheit unserer Dichtung zählt nicht, es zählen nicht die Stabilität unserer Ehen, die Intelligenz unserer öffentlichen Debatten oder die Anständigkeit unserer Beamten. Es zählen nicht unsere Klugheit und unser Mut, weder unsere Weisheit noch unsere Ausbildung, weder unser Mitgefühl noch die Liebe zu unserem Land, kurz: Es zählt alles, außer dem, was das Leben lebenswert macht."[38]

Kennedy war im Wahlkampf und wurde drei Monate später erschossen. Das Bruttoinlandsprodukt wird auch heute noch trotz vielerlei Reformansätzen vorwiegend nach den gleichen Parametern bestimmt, so dass es keine Kriterien für Messungen von ‚Globalisierung' geben und schon ein im Suezkanal quer liegendes Frachtschiff Lieferketten für längere Zeit unterbrechen kann, bzw. ein kriegerischer Konflikt wie derzeit in der Ukraine die „Globalisierung" ad absurdum führt. Die drei in Anm. 37 zitierten Titel lassen die Vermutung zu, dass dies immer so war.

Zusammenfassung

Der Beitrag diskutiert am Beispiel Spaniens die These, dass die rasche Expansion europäischer Schifffahrt, des Fernhandels mit überseeischen Koloniegründungen in der frühen Neuzeit eine frühe Phase der Globalisierung mit dem Beginn der sich bis in die Gegenwart verdichtenden Vernetzungen und Tendenzen zur Überschreitung nationalstaatlicher Entwicklungen gewesen ist. Unter Bezug auf die für diese These erforderliche Geltung der Prinzipien des Liberalismus und die Analyse der unterschiedlichen historischen Entwicklungen nach Erlangung der Unabhängigkeit in Lateinamerika und Afrika wird versucht zu verdeutlichen, dass die Geschichte allenfalls erlaubt, Phasen der Vernetzung, sich wiederholende Brüche, unzureichende Vergleichsmaßstäbe und Konflikte zu identifizieren.

---

38 Zit. nach: GLEESON-WHITE, Soll + Haben, S. 11f., 271f.

Summary

The expansion of Spain at the beginning of early modern times serves as example to test the thesis that the expansion of shipping, trade and the foundation of colonies overseas, may be interpreted as the beginning of globalization because the increasing knowledge of nature, geography, species and mankind as well as consequence of the growing entanglement of states and people. Starting with the argument that this theory would demand the continuity of liberal principles, on the one hand, and a linear development of historical settings along centuries between centrals and peripheries, on the other. Neither the activities of the United Nations nor the history since independence of Africa and Latin America suggest anything else than varying forms of entanglements, ruptures and conflicts.

Wilde Krieger in Rouen und fromme Gesandte in Paris.
Indigene Reisende aus Brasilien in Frankreich (1550 und 1613)

SIMON KARSTENS

1. Einleitung

In den Jahren 1550 und 1613 inszenierten in Frankreich unterschiedliche Interessengruppen mit großem Aufwand ihre jeweiligen Visionen für das zukünftige Verhältnis zwischen ihrem Heimatland und indigenen Gemeinschaften Südamerikas. Auch wenn ihre Botschaften und die Ausgestaltung ihrer Inszenierungen sehr verschieden waren, bestanden dennoch zwei Gemeinsamkeiten: Der König und sein Hofstaat waren das Publikum dieser Spektakel, und indigene Reisende aus Brasilien spielten in ihnen eine zentrale Rolle.[1]

Im Jahr 1550 nutzten die Eliten der Stadt Rouen in Kooperation mit Schiffsausrüstern und Seefahrern eine feierliche *Entrée royale* Heinrichs II. (reg. 1547–1559), um dem Herrscher ein Idealbild einer südamerikanischen Landschaft zu präsentieren, das sie mit ‚exotischen' Tieren und hunderten Statisten bevölkerten. Sie holten dafür fünfzig indigene Männer und Frauen aus Brasilien, um dem König die angeblich authentische Lebensweise der *sauvages* zu präsentieren. Das Spektakel umfasste nicht nur Vorführungen von Jagdtechniken sowie des Aufhängens von und paarweisen Liegens in Hängematten, sondern auch inszenierten Handel mit Franzosen sowie gestellte Konfrontationen mit indigenen Feinden und einem portugiesischen Schiff, das vor den Augen des portugiesischen Gesandten in Brand gesteckt und versenkt wurde.

Dreiundsechzig Jahre später feierte hingegen der Orden der Kapuziner in Paris vor den Augen von König und Königinmutter die Taufe von gerade ein-

---

[1] Die mehrfachen Atlantiküberquerungen Indigener und die Bedeutung dieser beiden Ereignisse thematisierte bereits Cornelius J. JAENEN, Friend and Foe. Aspects of French-Amerindian Cultural Contact in the Sixteenth and Seventeenth Centuries, New York 1976, S. 12, als wichtiges Element der französischen Kolonialgeschichte.

mal drei amerikanischen Indigenen. Die Mönche präsentierten die Reisenden als Gesandte ihrer jeweiligen *Nations* und gestalteten deren Einzug in die Stadt als feierliche Prozession. Sie zogen damit ein solches Massenpublikum an, dass die königliche Garde gegen die Schaulustigen mobilisiert werden musste. Nachdem die Gesandten ihre Dankbarkeit für die Missionierung und die freiwillige Unterwerfung ihrer *Nations* verkündet hatten, taufte der Bischof von Paris sie in der prunkvoll geschmückten Kirche der Kapuziner.

Diese beiden Ereignisse sind Teil einer langen Geschichte transozeanischer Interaktion zwischen den Untertanen der Könige von Frankreich und indigenen Gemeinschaften im Gebiet des heutigen Brasilien, die zeitgenössisch als *Tupinamba* bezeichnet wurden.[2] Zwischen der ersten dokumentierten Brasilienreise 1503 und der oben geschilderten Taufe 1613 hatte dieser Austausch zu intensivem Handelsverkehr, interkulturellen Eheschließungen, mehreren kolonialen Projekten und einer Reihe von Konfrontationen mit der Krone von Portugal geführt, die Brasilien als ihr exklusives Herrschaftsgebiet beanspruchte.[3] In der diesbezüglichen Forschungsliteratur

---

[2] Die Bezeichnung *Tupinamba* wurde zeitgenössisch für alle verbündeten indigenen Siedlungsgruppen verwendet. Trotz der Wortgleichheit ist die hier kursivierte Bezeichnung nicht synonym zur wissenschaftlichen Benennung von Sprachgruppen zu verstehen, sondern analog zu der bereits von Columbus vorgenommenen prototypisch binären Unterscheidung der Indigenen der Karibik in Freunde und Feinde, in *Arawak* oder *Cariben*; siehe dazu: Philip P. BOUCHER, France and the American tropics to 1700. Tropics of discontent? Baltimore 2008, S. 24–28; Frédéric MAURO / Maria de SOUZA, Le Brésil du XVe à la fin du XVIIIe siècle, Paris 1997, S. 33–36. Zu den Archetypen der indigenen Amerikas, die auf Columbus und besonders Vespucci zurückgehen: Frauke GEWECKE, Wie die neue Welt in die alte kam, Stuttgart 1986, S. 98–134.

[3] Die Erforschung dieser Ereignisse begann bereits im 19. Jahrhundert, damals noch in stark nationalhistorischer Prägung. Stark pro-portugiesisch: João Capistrano de ABREU / Arthur BRAKEL, Chapters of Brazil's colonial history, 1500–1800, ND New York 1997. Dagegen pro-französisch: Paul Louis Jacques GAFFAREL, Histoire du Brésil française au seizième siècle, Paris 1878; ders., Les colonies françaises, Paris 51893. Eine Annäherung an eine indigene Perspektive liegt aus dieser Zeit nicht vor. Neutraler und noch häufig zitiert: Eugène GUÉNIN, Ango et ses pilotes, d'après des documents inédits tirés des archives de France, de Portugal et d'Espagne, Paris 1901; Eugène GUÉNIN, Les Français au Brésil et en Floride (1530–1568). Premiers essais de colonisation, Paris 1910; Charles Bourel de LA RONCIÈRE, Histoire de la marine française, Bd. 3, Paris 1906; Bd. 4, Paris 1910; Noch immer als Standardwerk gilt: Charles André JULIEN, Les voyages de découverte et les premiers établissements. XVe-XVIe siècles, ND Brionne 2003 (1947). Vgl. die aktuelleren Forschungsarbeiten: Philippe BONNICHON, Des cannibales aux castors. Les découvertes françaises de l'Amérique (1503–1788), Paris 1994, S. 1–170; Philip P. BOUCHER, Revisioning the "French Atlantic" or How to Think about the French Presence in the Atlantic, 1550–1625, in: Peter C. MANCALL (Hrsg.), The Atlantic World and Virginia, 1550–1624, Chapel Hill (NC) 2007, S. 274–306; BOUCHER, France; Jean-Pierre MOREAU, Pirates. Flibuste et piraterie dans la Caraïbe et les mers du sud, 1522–1725, Paris 2006; MAURO / SOUZA, Le

wurden die beiden Zeremonien in Rouen und in Paris bereits separat als Ereignisse von herausragender Bedeutung beschrieben und durchaus widersprüchlich analysiert.

Im Vergleich beider Spektakel hat das Fest in Rouen mehr Interpretationen angeregt, in denen es weitgehend positiv als Ausdruck des Wunsches nach einer interkulturellen Allianz ohne eine Eroberung oder Besitznahme gedeutet worden ist.[4] Vereinzelt wird der Inszenierung ein kolonialer Charakter sogar gänzlich abgesprochen und stattdessen die Propagierung rein saisonaler wirtschaftlicher Beziehungen angenommen.[5] Im Kontrast zu den zahlreichen Arbeiten, welche die *Entrée* insgesamt auf die Interaktion mit Übersee zuspitzen, hat Charles Wintroub ihre Einordnung in innerfranzösische Diskurse betont und die *Fête brésilienne* primär allegorisch als Teil eines Tugendspiegels gedeutet, der kaum eine koloniale Bedeutungsebene aufweise.[6] Zuletzt und eher isoliert steht die These Philippe Jacquins, es habe sich bei der Zeremonie um ein höfisches Spektakel mit reiner Unterhaltungsabsicht ohne tiefere Bedeutung gehandelt.[7]

Die Zeremonie in Paris ist hingegen nie als rein höfische Unterhaltung beschrieben worden, sondern stets als bedeutungsvolle Handlungssequenz. Die detaillierten Analysen von Andrea Daher und Franz Obermeier legen großen Wert auf die Einordnung der Zeremonie in innerkatholische Reformdiskurse

---

Brésil; Frédéric MAURO, Monopol ibérique et ambitions française, in: Fernand BRAUDEL / Jacques BERNARD / Bernard BOIVIN (Hrsg.), Le monde de Jacques Cartier. L'aventure au XVIe siècle, Paris 1984, S. 111–127. GEWECKE, Wie die neue Welt; John HEMMING, Red Gold. The Conquest of the Brazilian Indians, London ²1987.

[4] Silvia Castro SHANNON, Pirates, Nobles and Missionaries: The French in the North of Brazil 1612–1615. Paper for the "Lost colonies" Conference March 26/27 2004. Center for American Studies, St. Anselm Unviersity 2004. http://www.mceas.org/Shannon.pdf (27.02.2021). Beatriz PERRONE-MOISÉS, L'alliance normando-tupi au XVIe siècle: la célébration de Rouen, in: Journal de la Société des Américanistes 94/1, 2008, S. 45–64. Online verfügbar unter URL: http://journals.openedition.org/jsa/8773; DOI: 10.4000/jsa. 8773 (27.02.2021).

[5] Frederick BAUMGARTNER, Adam's Will. Act II Henry II and French Overseas Expeditions, in: Proceedings of the French Colonial Historical Society 11, 1987, S. 137–149. Hierzu passt, dass auch BOUCHER, Revisioning the "French Atlantic", S. 274–306, das 1555 folgende koloniale Projekt in Brasilien als ein rein kommerzielles Unternehmen deutet und sich gegen die These stellt, es habe eine koloniale hugenottische Zuflucht werden sollen, ebenso Frederick QUINN, The French Overseas Empire, Westport 2002, S. 25f.

[6] Michael WINTROUB, Civilizing the Savage and Making a King. The Royal Entry Festival of Henri II (Rouen, 1550), in: Sixteenth Century Journal 29, 1998, S. 465–494.

[7] Philippe JACQUIN, Les Indiens blancs. Français et Indiens en Amérique du Nord (XVI–XVIII siècle), Montréal 1996, S. 35. Der Grund für seine Schlussfolgerung könnte sein, dass er sich auf Nordamerika konzentriert und Aktivitäten mit Brasilienbezug als Ereignisse ohne langfristige Wirkung einordnet.

und zielen dabei in eine ähnliche Richtung, wenn sie den missionarischen Kontext mit seinem spezifischen Indigenenbild betonen.[8] Mit diesem konfessionspolitischen Fokus heben sie sich von oberflächlicheren Einordnungen wie derjenigen von Shannon ab, welche die feierliche Taufe als eine Form der Eroberung und Assimilation deutet, die sich negativ gegen das positiv konnotierte Fest von Rouen abhebe.[9]

Somit stehen in der Forschung zu beiden Ereignissen deren Einordnung als koloniale Inszenierung und die Bedeutung eventueller kolonialer Botschaften im Zentrum der unterschiedlichen Interpretationen. Hieraus ergeben sich Fragen nach dem zukünftigen transozeanischen Verhältnis, das jeweils beworben wird, nach der Rolle, welche die Indigenen im Rahmen der Inszenierung spielen oder zugeschrieben bekommen, und nach der Wechselwirkung zwischen dem spezifischen Kontext und den Inhalten der Zeremonien. Ihre Untersuchung kann als Basis für einen systematischen Vergleich beider Inszenierungen dienen, der bisher nicht erfolgt ist.[10] Ein möglicher Grund hierfür könnte sein, dass ihre Betrachtung bislang mit unterschiedlichen Analyseinteressen verknüpft war.[11] Das Fest in Rouen wurde meist im Zuge von Untersuchungen hugenottischer Kolonialprojekte unter Förderung Admiral Gaspard de Colignys und spezifischer Diskurse des 16. Jahrhunderts thematisiert. Das Interesse an der Taufe in Paris entsprang hingegen überwiegend der Erforschung des Zusammenhangs zwischen katholischer Missionierung und Reformpolitik in Frankreich nach dem Tod Heinrichs IV. im Jahre 1610.

Hier kann dieser Beitrag ansetzen und eine gemeinsame Einordnung beider Inszenierungen in die französischen Überseeaktivitäten vornehmen. Dadurch, dass beide Inszenierungen vergleichend in den Blick genommen werden, lässt sich außerdem prüfen, ob der unterstellte inhaltliche Kontrast

---

8   Andrea DAHER, Les singularités de la France Équinoxiale. École des Hautes Études en Sciences Sociales, Paris 2002, S. 26–79; Franz OBERMEIER, Französische Brasilienreiseberichte im 17. Jahrhundert. Claude d'Abbeville: Histoire de la mission, Paris 1614, Yves d'Evreux: Suitte de l'histoire, 1615, ND. Bonn 1995.
9   SHANNON, Pirates Nobles and Missionaries.
10 Eine Ausnahme mit eher generalisierenden Schlussfolgerungen ist Silvia Castro SHANNON, Religious Struggle in France and Colonial Failure in Brazil, 1555–1615, in: French Colonial History 1, 2002, S. 51–62.
11 Exemplarisch erkennbar an dem Zuschnitt der Untersuchungen von Frank LESTRINGANT, Le huguenot et le sauvage. L'Amérique et la controverse coloniale, en France, au temps des guerres de religion (1555–1589), Genf ³2004; OBERMEIER, Französische Brasilienreiseberichte; DAHER, Les singularités de la France Équinoxiale (2002) für die Kolonialgeschichte des 16. Jahrhunderts.

zwischen einer Partnerschaft auf Augenhöhe und einer Eroberung durch Assimilation tatsächlich erkennbar ist oder ob beide Zeremonien auf ähnliche ethnozentrische und koloniale Vorstellungen zurückgingen.

Der Beitrag besteht aus drei Untersuchungsschritten. Zunächst analysieren zwei Abschnitte die Inszenierungen von 1550 und 1613 jeweils separat auf folgende Aspekte hin: erstens den Stand der transozeanischen Vernetzung Frankreichs und der indigenen Gemeinschaften im heutigen Brasilien; zweitens Ort, Aufwand und zeremonielle Rahmung der Inszenierung; drittens involvierte Interessengruppen; viertens die Handlungsmacht der amerikanischen Indigenen und die ihnen zugeschriebene Rolle; fünftens die durch das Spektakel beworbene Zukunft des Verhältnisses zwischen Franzosen und *Tupinamba*; und zuletzt Reaktionen zeitgenössischer Beobachter. Den Abschluss bildet eine vergleichende Stellungnahme zu den skizzierten Forschungsfragen.

2. Wilde Krieger an der Seine (Rouen 1550)

Als im Jahr 1550 in Rouen eine – wie es der Historiker Ferdinand Denis nannte – *Fête brésilienne* veranstaltet wurde, beruhte die Inszenierung auf einer bereits jahrzehntelangen Geschichte des Austausches zwischen Seeleuten, Schiffsausrüstern und Finanziers aus der Normandie mit den Bewohnern der Küsten Südamerikas.[12] Der Anfang dieser Interaktionen lag im Jahr 1503, als der Seefahrer de Gonneville eine Ladung Färberholz, das für die Tuchverarbeitung überaus begehrt war, und einen *Tupinamba* namens Essomericq in die Normandie brachte.[13] Essomericq konvertierte, heiratete eine Französin und beteiligte sich am Ausbau des Handels mit seiner Heimat, die nach der begehrten Holzart *Brésil* genannt wurde. Zwischen 1526 und 1531

---

12 Ferdinand DENIS, Une Fête brésilienne célébrée à Rouen en 1550, Paris 1851. Speziell zur Vorgeschichte der hier behandelten Ereignisse siehe: Regina Johnson TOMLINSON, The struggle for Brazil; Portugal and "the French interlopers" (1500–1550), New York 1970; Philippe JARNOUX, Le Brésil dans les horizons maritimes des Bretons au XVIe siècle, in: Jean-Yves MÉRIAN (Hrsg.), Les aventures des Bretons au Brésil à l'époque coloniale, Rennes 2007, S. 35–53. MAURO, Monopol ibérique et ambitions française, S. 111–127; JULIEN, Les voyages de découverte, S. 89–133; BONNICHON, Des cannibales aux castors, S. 20–48.

13 BONNICHON, Des cannibales aux castors, S. 24; TOMLINSON, The struggle for Brazil, S. 31–42; David ABULAFIA, The Discovery of Mankind. Atlantic Encounters in the Age of Columbus, New Haven 2008, S. 279.

lassen sich zwanzig Schiffe nachweisen, die aus der Normandie nach Brasilien fuhren.¹⁴ Sie brachten überwiegend Holz sowie Papageien und Kleinaffen nach Frankreich.

Da diese Waren nicht ohne erheblichen Arbeitsaufwand, Kenntnis des Hinterlandes und bestimmte Jagdtechniken besorgt werden konnten, blieben die Händler von der Kooperation mit den Indigenen abhängig. Um die Reisen zeit- und kosteneffizient zu gestalten, mussten die Waren über einen längeren Zeitraum gesammelt und zum Transport vorbereitet werden. Dies organisierten einzelne normannische Seeleute, die sich in indigenen Gemeinschaften niederließen.¹⁵ Sie nahmen weitgehend die indigene Lebensweise an, lernten die lokalen Sprachen und wurden Teil indigener Verwandtschaftsnetzwerke. Diese Grenzgänger zwischen den Kulturen nannte man *Truchements*.¹⁶ Sie sicherten auch in Abwesenheit kolonialer Herrschaftsstrukturen durch ihren Einfluss auf indigene Gemeinschaften den Nachschub begehrter Waren.

In der Normandie trafen aber nicht nur Waren, sondern auch Informationen ein, die dort zusammengeführt und geordnet wurden. Ein Zentrum hierfür war Dieppe, wo der Schiffsausrüster Jean Ango Seefahrer, Kartographen und Finanziers um sich versammelte.¹⁷ Karten der Küstenlinien entstanden, Grundzüge indigener Sprachen wurden vermittelt und die Tauschwaren sorgfältig auf indigene Nachfrage, Siedlungsbewegungen und Konflikte abgestimmt.

Neben dem Wissenszentrum Dieppe war das größere Rouen der wichtigste Hafen für Reisen nach Brasilien. Sogenannte *Tupinamba* hatten diese beiden und andere Städte wiederholt besucht und beispielsweise 1509 Waffen und Kanus vorgeführt.¹⁸ Auch weitere Taufen von Männern und Frauen

---

14 BONNICHON, Des cannibales aux castors, S. 29; Beispiel für eine Handelsreise mit Frachtangaben: Luis M.R. GUERREIRO, La Prise de trois navires Bretons sur les cotes du Brésil en 1527, in: Jean-Michel MASSA (Hrsg.), La Bretagne, le Portugal, le Brésil échanges et rapports, Bd. 3, Paris 1973, S. 103–109.

15 JULIEN, Les voyages de découverte, S. 180f.; Alida C. METCALF, Go-betweens and the colonization of Brazil, 1500–1600, Austin 2005, S. 59–74; Olive Patricia DICKASON, The Brazilian Connection. A Look at the French Techniques for Trading with Amerindians, in: Revue française histoire d'Outre-mer 71, 1984, S. 129–146. Eine der ersten Darstellungen hierzu: DENIS, Une Fête brésilienne, S. 56–60.

16 Es handelt sich um eine gebräuchliche Bezeichnung in den Schriften von Jean de Léry und dem im folgenden Kapitel zitiertem Werk von Claude d'Abbeville. Vgl. METCALF, Go-betweens and the colonization of Brazil; DICKASON, The Brazilian Connection.

17 BONNICHON, Des cannibales aux castors, S. 31f.; LA RONCIÈRE, Histoire de la marine française, Bd. 3, S. 243–307; GUÉNIN, Ango et ses pilotes; MAURO, Monopol ibérique et ambitions française, S. 120–123.

18 JARNOUX, Le Brésil dans les horizons maritimes, S. 35–53; Cornelius J. JAENEN, L'image de l'Amerique, in: BRAUDEL / BERNARD / BOIVIN (Hrsg.), Le monde de Jacques Cartier, S.

aus Südamerika sind in den 1520er Jahren belegt. Demnach dürften indigene Brasilianer um 1550 in Rouen zwar ein seltener, aber kein sensationeller Anblick mehr gewesen sein.

Der umfangreiche Handel mit den *Tupinamba* hatte jedoch politische Konsequenzen, da die Könige Portugals Südamerika östlich der 1494 mit Kastilien in Tordesillas vereinbarten Teilungslinie als ihr exklusives Einflussgebiet ansahen. Für sie waren alle französischen Seeleute und *Truchements* Eindringlinge. Die aus dieser Haltung folgenden Konflikte spitzten sich zwischen 1527 und 1531 zu.[19] Die portugiesische Krone entsandte in diesen Jahren Schiffe, die gezielt nach saisonalen Handelslagern suchten und sie zerstörten. Im Gegenzug rüsteten Adelige und Kaufleute aus der Normandie ein Schiff mit 120 Soldaten aus, die das portugiesische Fort bei Pernambuco 1530/31 einnahmen und besetzten. Derartige Schläge brachten König Johann III. von Portugal (reg. 1521–1557) dazu, die dauerhafte Kolonisierung Brasiliens zu forcieren.

Zugleich setzte Johann III. auf diplomatische Maßnahmen, um die französische Konkurrenz zu bekämpfen. Er gewann durch großzügige Zahlungen den Admiral de France Philippe Chabot als seinen Fürsprecher.[20] Chabot intervenierte beim *Parlement* der Normandie sowie bei Franz I. (reg. 1515–1547) gegen Brasilienreisen. Als Argumente konnte er einerseits die päpstliche Bulle *inter caetera* von 1493 nutzen, welche Brasilien dem König von Portugal überantwortet hatte, und anderseits den Wunsch Franz I., Johann III. als Bündnispartner gegen Kaiser Karl V. (reg. 1515/19–1556) zu gewinnen. Doch Chabot hatte in der Normandie einflussreiche Gegenspieler wie den Schiffsausrüster Jean Ango oder den Abt von Mont-Saint-Michel. Sie brachten nicht nur wirtschaftliche Argumente vor, sondern erwirkten 1533

201–216, hier: S. 213–216; TOMLINSON, The Struggle for Brazil, S. 52f.; Jules QUICHERAT, Rezension. Denis, Ferdinand, Une Fête brésilienne célébrée a Rouen, in: Bibliothèque de l'école des chartes 13, 1852, S. 495–497; DICKASON, The Brazilian Connection, S. 133. Teilweise wird die Herkunft der Indigenen im Jahr 1509 aber auch mit *Terre neuve* angegeben.

19 ABREU / BRAKEL, Chapters of Brazil's colonial history, S. 31–35; BONNICHON, Des cannibales aux castors, S. 32; JULIEN, Les voyages de découverte, 109–113; TOMLINSON, The Struggle for Brazil, S. 67. Viele Informationen gehen zurück auf das ältere Standardwerk: LA RONCIÈRE, Histoire de la marine francaise, Bd. 3, S. 280–282, und auf einen zeitgenössischen lateinischen Bericht unklarer Provenienz, zitiert bei: GUÉNIN, Ango et ses pilotes, S. 256f.; vgl. MAURO, Monopol ibérique et ambitions française, S. 124f.; Michel VERGÉ-FRANCESCHI, Chronique maritime de la France d'Ancien Régime, 1492–1792, Paris 1998, S. 119–121.

20 LA RONCIÈRE, Histoire de la marine française, Bd. 3, S. 283; TOMLINSON, The Struggle for Brazil, S. 67 vgl. zum Admiral: VERGÉ-FRANCESCHI, Chronique maritime de la France d'Ancien Régime, S. 129; zu den Fahrverboten: DICKASON, The Brazilian Connection, S. 134; JULIEN, Les voyages de découverte, S. 94, 131–135.

bei einem Besuch Clemens' VII. (reg. 1523–1534) in Marseille die Begrenzung der Bulle *inter caetera* allein auf die 1493 bekannten Inseln und Länder, was Brasilien frei zugänglich machte.[21]

Franz I. verfolgte danach zwischen 1531 und 1540 eine wechselhafte Politik. Er verkündete Reiseverbote nach Brasilien, ließ Schiffe beschlagnahmen, hob die Verbote aber später wieder auf und erließ und annullierte Kaperbriefe. Nach der Absetzung Chabots 1540 nahm er jedoch eine zunehmend positive Haltung gegenüber transozeanischen Reisen im Allgemeinen ein. Brasilien im Besonderen gewann Mitte der 1540er Jahre schließlich primäre Bedeutung. Hierfür gab es zwei Gründe. Zum einen hatte Franz I. im Frieden von Crépy (1544) garantiert, dass seine Untertanen die kleinen Antillen nicht länger anlaufen würden, und zum anderen endete das koloniale Projekt von Jacques Cartier und dem Marquis de Roberval im heutigen Kanada 1542/43 in einer finanziellen Katastrophe.[22] Brasilien war daher unmittelbar vor dem Spektakel in Rouen das wichtigste Ziel für transozeanische Seereisen, und 1546 brachen allein aus Le Havre 28 Schiffe dorthin auf.[23] Eine Fortsetzung und Verstetigung dieser Unternehmungen war jedoch völlig vom Wohlwollen des neuen Königs Heinrich II. abhängig, der diese entweder fördern oder, portugiesischem Drängen nachgebend, unterbinden konnte.

In dieser Situation informierten der Admiral de France und der Gouverneur der Normandie die führenden Personen Rouens 1550 darüber, dass Heinrich II. in ihrer Stadt eine dritte feierliche *Entrée Royale* nach Lyon 1548 und Paris 1549 abhalten werde.[24] Dabei handelte es sich um eine aufwändige mehrtägige Zeremonie mit reziprokem Charakter.[25] Die Bewohner

---

21 Guy MARTINIÈRE, Le Brésil, terre d'enjeux de la colonisation européenne, in: MÉRIAN (Hrsg.), Les aventures des Bretons au Brésil à l'époque colonial, S. 18f.; MAURO, Monopol ibérique et ambitions française, S. 125.

22 Mit Angaben zu Quellenlage und Forschungsstand Simon KARSTENS, Falsches Gold und falsche Diamanten. Die Rezeption gescheiterter transatlantischer Expansionsprojekte im 16. Jahrhundert, in: Werkstatt Geschichte 71, 2015, S. 7–29.

23 VERGÉ-FRANCESCHI, Chronique maritime de la France d'Ancien Régime, S. 153; Beatriz PERRONE-MOISÉS, L'alliance normando-tupi au XVIe siècle. La célébration de Rouen, in: Journal de la société des américanistes 94/1, 2008, URL: http://jsa.revues.org/8773 (27.02.2021).

24 Ältere, ausführliche Darstellung: DENIS, Une Fête brésilienne; Kurzdarstellung mit gegenläufigen Analysen: Perrone-Moisés, L'alliance normando-tupi; Michael WINTROUB, L'ordre du rituel et l'ordre des choses: l'entrée royale d'Henri II à Rouen (1550), in: Annales. Histoire, Sciences Sociales 56/2, 2001, S. 479–505; WINTROUB, Civilizing the Savage.

25 Zu Herrschereinzügen als Forschungsgenstand siehe grundlegend: Harriet RUDOLPH, Das Reich als Ereignis. Formen und Funktionen der Herrschaftsinszenierung bei Kaisereinzügen (1558–1618), Köln 2011; zum methodischen Ansatz und für einen Forschungsüberblick ebd., S. 25–31. Vgl. Gerrit Jasper SCHENK, Zeremoniell und Politik. Herrschereinzüge

der Stadt konnten ihre wirtschaftliche Leistungsfähigkeit, die gute soziale und politische Ordnung ihres Gemeinwesens und ihren Status als treue Untertanen demonstrieren, die Anspruch auf königlichen Schutz hatten. Der Herrscher wiederum konnte seine Autorität als Souverän und Garant der traditionellen Ordnung in Land und Stadt bekräftigen. Beide Seiten festigten somit ihren Status und zugleich ihre Beziehung zueinander.

Die Veranstaltung fand am Mittwoch, den 1. Oktober statt.[26] Die Inszenierung Brasiliens und seiner Bewohner nahm dabei eine Funktion im Zentrum der Gesamtzeremonie ein und war logistisch und personell ihr aufwändigster Teil. Zu Beginn hatte Heinrich II. mit seinem Gefolge außerhalb der Stadt auf einer Ehrentribüne bei einem ephemeren Triumphbogen Platz genommen.[27] Er war in Begleitung der Königin, deren Hofdamen, ranghoher Marschälle und Admiräle, der Prinzen von Geblüt, mehrerer Bischöfe und Erzbischöfe, von sieben Kardinälen und einer Reihe von *embassadeurs* unter anderem aus Venedig, Spanien, Portugal und dem Heiligen Römischen Reich. Vor diesem illustren Publikum zog eine Parade der Stadtbewohner in sorgfältiger Staffelung nach Amtsträgern und Berufsgruppen vorbei.[28]

Nach dem Ende der Parade bildeten der König und sein Gefolge einen eigenen, hierarchisch geordneten und prachtvollen Zug und marschierten zur Seine, um Rouen über eine Brücke zu betreten. Auf ihrem Weg warteten mehrere lebende Bilder auf sie – kurze symbolische Szenen, die von kostümierten Darstellern in Kulissen bevölkert wurden. Die erste Station für Heinrich II. und sein Gefolge war eine Tribüne, von wo aus sie eine 350 Schritt breite künstliche Landschaft am Ufer der Seine überschauten.[29]

Dort stand ein künstlicher brasilianischer Urwald aus Bäumen, die mit leuchtenden roten Farben bemalt waren. Angebundene Papageien und kleine Affen, die durch die Äste kletterten, belebten die Szenerie. Die Landschaft wurde an beiden Enden durch ein Holzhaus nach brasilianischer Machart begrenzt, das von einer Palisade geschützt war. Bei den Häusern, aber auch in der Landschaft dazwischen, konnten der König und sein Gefolge

---

im spätmittelalterlichen Reich, Köln 2003; und zu Frankreich: Anne SPAGNOLO-STIFF, Die „Entrée solennelle". Festarchitektur im französischen Königtum (1700–1750), Weimar 1996, S. 31–60.

26 Siehe die Druckschriften: ANONYMUS, Cest la déduction du sumptueux ordre plaisantz spectacles et magnifiques theatres dressés, et exhibes par les citoiens de Rouen [...] Rouen 1551; ANONYMUS, L'entrée du Roy nostre Sire faicte en sa ville de Rouen le mecredy [sic] premier de ce moys d'Octobre, pareillement celle de la royne, qui fut le iour ensuyuant. avec privilege, Paris 1550.
27 ANONYMUS, Cest la déduction, S. 86f. (eigene Zählung).
28 Ebd., S. 1-85 (eigene Zählung); ANONYMUS, L'entrée du Roy, S. 1–19. (eigene Zählung)
29 ANONYMUS, Cest la déduction, S. 90–93 (eigene Zählung); ANONYMUS, L'entrée du Roy, S. 20f. (eigene Zählung).

300 Menschen sehen. Die abgesehen von Schmucksteinen und Federn völlig unbekleideten Männer und Frauen gingen unterschiedlichen Tätigkeiten nach. Einige schlugen Holz, das sie ans Flussufer trugen, während andere unter den Bäumen tanzten. Manche hingen Hängematten auf und ruhten sich darin paarweise aus; wieder andere kletterten auf die Bäume und jagten Affen und Papageien.

Die königlichen Zuschauer wurden informiert, dass es sich bei diesen Menschen um 50 „naturelz sauvages freschement apportez du pays" handelte, denen 250 Seeleute und *Truchements* zur Seite standen. In den Textquellen wird dabei besonders hervorgehoben, dass kundige Personen die mitwirkenden Franzosen dafür gelobt hätten, dass sie sich nach Art der Indigenen bewegten und sogar deren Tänze und Sprache beherrschten. Nachdem die *sauvages* die Stämme von Farbholz an das Ufer gebracht hatten, stellten sie einen Tauschhandel mit einem französischen Schiff nach. Dessen Besatzung nahm das Holz an Bord und legte unter Salutschüssen ab, während die Fahnen des Königs im Wind wehten.

Doch die Szene am Ufer war damit noch nicht zu Ende. Eine Gruppe feindlicher *Sauvages* trat auf, die im Text als *Tabagerres* und Gegner der *Tupinamba* bezeichnet wurden. Es kam nach einer Ansprache eines indigenen „roi" zu einer Schlacht zwischen beiden Gruppen, die mit Keulen, Speeren, Pfeilen und Schilden ausgetragen wurde. Nach einem Kampf, den Kenner Brasiliens laut der Quelle als „veritable et non simulée" bezeichnet haben, flohen die *Tabagerres* und die *Tupinamba* konnten deren Wohnstätte anzünden.

Nach diesem Spektakel, das der König und die ihn begleitenden Adeligen angeblich sehr genossen hatten, zogen der Herrscher und sein Gefolge zum nächsten lebenden Bild. Hier begrüßten sie als Orpheus und Herkules verkleidete Darsteller, die durch ihre Kombination von Kunst und Stärke wilde Bestien zähmten. Von hier aus erreichten die Gäste den höchsten Punkt der Brücke, wo sie den gesamten Fluss überschauen konnten.[30] Auf Booten, die wie Seemonster oder exotische Tiere geschmückt waren, fuhren im dritten lebenden Bild mythologische Gestalten über die Seine. Ihr Anführer war Neptun, der seinen goldenen Dreizack an Heinrich II. übergab. Auf diese Weise mit der Herrschaft über das Meer ausgestattet, sah der König nun die Fortsetzung der brasilianischen Szene zuvor. Das französische Schiff – in den Texten nur als *Le François* bezeichnet – hatte kaum abgelegt, als ein anderes Schiff mit portugiesischen Fahnen ohne Vorwarnung zum Angriff überging. Ein Scheingefecht brach aus, bei dem beide Seiten Kanonen, Brandbomben und Schusswaffen einsetzten, bevor es zu einem heftigen Enterkampf kam.

---

30 ANONYMUS, Cest la déduction, S. 98–102 (eigene Zählung).

Die überlieferten Quellen widersprechen sich darin, inwiefern die *Tupinamba* an diesem Kampf vom Ufer aus beteiligt waren. Es ist möglich, dass sie entweder gemeinsam mit den Franzosen kämpften oder nacheinander gegen denselben Feind.[31] In jedem Fall mussten die besiegten Portugiesen von ihrem brennenden Schiff ins Wasser springen und ans Ufer schwimmen, was die Zuschauer angeblich sehr erheitert habe. Die Reaktion des portugiesischen Gesandten ist leider nicht vermerkt. Nach dem Triumph der Franzosen füllte sich die Seine mit zahlreichen weiteren Schiffen, die alle den König mit Salut begrüßten. Der Einzug setzte sich danach mit einer Reihe weiterer, kleinräumiger lebender Bilder bis in die Mitte von Rouen fort. Dabei standen insbesondere Herrschertugenden, Bildung und die gute Ordnung von Stadt und Land im Zentrum.

Hinter dem gesamten Spektakel standen als Organisatoren die städtischen Eliten Rouens. Sie, in der Quelle von 1551 die „Conseillers und Echevins"[32] genannt, waren offiziell aufgefordert worden, den Empfang zu organisieren. Sie wählten die Elemente der Zeremonie, die Ordnung ihrer eigenen Parade, die lebenden Bilder und die darin vermittelten Botschaften aus. Wintroub[33] hat in seiner Analyse des Einzugs diese Gruppe genauer untersucht und in den lokalen Archiven neun Schöffen und andere Amtsträger namentlich ausgemacht. Sie alle gehörten dem Amtsadel (*Noblesse du Robe*) an und besaßen dementsprechend eine höhere Bildung. Dies führt ihn dazu, die Botschaften des Einzugs auf das politische Interesse und die humanistischen Herrschaftsideale dieser Gruppe zuzuspitzen.[34]

Allerdings sollte der immense Aufwand für die *Fête brésilienne* und deren zentrale Position nicht außer Acht gelassen werden. Auch wenn sie nicht zum engeren Kreis der Organisatoren gehörten, müssen Schiffsausrüster, Fernhändler und vielleicht auch italienische Bankiers, die maritime Projekte in der Normandie finanzierten, involviert gewesen sein. Ohne ihre Einbeziehung wäre der Mittelteil der Zeremonie gar nicht durchführbar gewesen. Ihr Wissen, ihre Kontakte und ihre logistischen Fähigkeiten waren notwendig, um derart viele Akteure aus Übersee nach Rouen zu bringen. Dies war außerdem mit Kosten und Risiken verbunden, da sowohl Indigene, die zu den engsten Partnern der Franzosen gehörten, als auch viele *Truchements* mit unersetzlichen Netzwerken und Kenntnissen gleichzeitig sicher nach Europa und wieder zurückgebracht werden mussten. Eine so hohe Zahl von Passagieren und die für sie notwendigen Vorräte bedeuteten außerdem für mindestens zwei Schiffsreisen eine deutlich verminderte kommerzielle Nutzlast.

---

31 PERRONE-MOISÉS, L'alliance normando-tupi au XVIe siècle, S. 55.
32 ANONYMUS, Cest la déduction, S. 101f.
33 WINTROUB, Civilizing the Savage; zu den identifizierten Organisatoren ebd., S. 485.
34 Ders., L'ordre du rituel, S. 479–505.

Eine derart erhebliche Investition ist unwahrscheinlich, wenn die für den Handel zentralen Akteure sich nicht einen Vorteil von der Zeremonie versprochen hätten und an der Organisation des Mittelteils mitgewirkt hätten.

Welche Gründe die fünfzig Männer und Frauen der *Tupinamba* zu ihrer Reise bewegt hatten und inwiefern sie dazu gezwungen wurden, ist mangels Quellen nicht zu ermitteln. Eine Massenentführung kann allerdings aufgrund der Bedeutung guter Beziehungen zu den Indigenen ausgeschlossen werden. Der intensive Einsatz von *Truchements* verweist außerdem darauf, dass Kommunikation sehr wichtig war und es sich nicht um Kriegsgefangene aus anderen ethnischen Gruppen handelte, deren Sprache oder Tänze den *Truchements* weniger vertraut gewesen wären.

In der Inszenierung – so künstlich sie auch war – kam den Indigenen Brasiliens scheinbar die Aufgabe zu, sich selbst zu spielen. Es wurde keine Unterwerfung oder Anpassung an europäische, christliche Moral oder Sitten zur Schau gestellt. Die Fiktion von Authentizität war vielmehr das Leitbild der Inszenierung, was besonders an der von den Männern und Frauen des Hofes bestaunten Nacktheit deutlich wird. Bemerkenswert ist aber, dass nicht nur Indigene exotisiert wurden, sondern die mehr als 200 Seeleute und *Truchements* ebenso nackt waren und sich wie die *Tupinamba* verhielten. Die *Tupinamba* selbst erscheinen als kampferprobt und fähig, ihre Feinde ohne Hilfe zu besiegen. Dies schließt, einzelnen Quellen zufolge, sogar den Kampf gegen Portugiesen ein. Außerdem werden ihre Fertigkeiten bei der Jagd und Holzbeschaffung hervorgehoben, welche die Grundlage aller Handelsbeziehungen waren. Den Tausch mit den Franzosen gehen die Indigenen Brasiliens außerdem ohne Anleitung von sich aus ein. Als Tauschwaren erhalten sie keine Kinkerlitzchen, sondern Eisenwerkzeuge und andere Waren, die hohe Praktikabilität besaßen.[35] Allerdings muss die scheinbare Eigenständigkeit und die Wirkmacht der Indigenen in der Inszenierung, die speziell Perrone-Moisés hervorhebt, relativiert werden.[36] Sie sind nur aufgrund ihres Handels mit Frankreich für die Zeremonie relevant, und die Beschaffung und Sicherung von Ressourcen für Frankreich steht im Zentrum ihrer Darstellung.

Um das Indigenenbild und die damit verbundene Hoffnung auf die gedeihliche Entwicklung der Beziehungen zwischen Frankreich und Brasilien zu verstehen, ist aber auch das von Bedeutung, was nicht gezeigt wurde. Zum

---

[35] Damit widerspricht die Inszenierung dem Topos Indigene würden wertvolle Rohstoffe und Waren gegen wertlosen Schmuck tauschen. Diese europaweit kursierende Erzählung unterstellte den Indigenen einerseits Unschuld, zum anderen aber auch Kindlichkeit und unterlegenes Wirtschaften. Vgl. Robert Gordon GRIFFITHS, Expedient Truths. Aspects of Narrative Representation in Elizabethan Voyage Literature, Diss. Univ. of Victoria, Canada 2001, ProQuest, UMI Dissertations Publishing, 2001. NQ58568, S. 65f.

[36] PERRONE-MOISÉS, L'alliance normando-tupi.

einen sind Unterwerfung, Christianisierung oder Unterweisung in einer besseren Arbeits- und Wirtschaftsweise kein Teil der Inszenierung. Zum anderen gibt es nicht einmal eine Anspielung auf Kannibalismus, der seit Columbus und Vespucci das topische Argument war, um die Indigenen Südamerikas als unmenschliche oder minderwertige Andere zu klassifizieren.[37] Selbst die angeblich feindlichen Indigenen werden nicht in diesem Sinne dämonisiert. Drittens fehlt die in mehreren zeitgenössischen Texten erkennbare Sorge, dass Siedler oder Kolonisten sich zu sehr auf die indigene Lebensweise einlassen und aufhören könnten, gute Christen zu sein.[38] Im Gegenteil feiert die Inszenierung die angeblich gelungene Imitation indigenen Verhaltens als Beweis von Fertigkeiten und Kenntnissen.

Die Art und Weise, wie die *Tupinamba* sich selbst in der *Entrée Royale* zeigen sollten, führt zu Schlussfolgerungen darüber, welche Art von kolonialer Interaktion die Organisatoren Heinrich II. und seinem Gefolge empfehlen wollten. Die naheliegende Schlussfolgerung, die schon Shannon und Perrone-Moisés zogen, ist die Propagierung einer Allianz statt einer Eroberung.[39] Die Inszenierung Brasiliens, die 1550 in Rouen veranstaltet wurde, warb für Handelsbeziehungen und eventuell auch für den gemeinsamen Kampf gegen indigene Feinde und Portugiesen, welche den Nachschub an Holz und Tieren bedrohten. Die französischen Reisen nach Südameriks erscheinen hier dank fähiger indigener Partner als mühelos und finanziell profitabel. Besiedlung, Missionierung oder Übernahme militärischen Schutzes waren für die hier beworbene Form der Interaktion nicht notwendig und wurden daher auch nicht thematisiert. Stattdessen legte die Zeremonie eine Zukunftsperspektive nahe, die der Monarchie hohe Einnahmen bringen und die Krone nichts kosten würde, außer einer Provokation Portugals.

Allerdings ist dabei auch der größere Zusammenhang der Zeremonie im Auge zu behalten. Hierzu hat speziell Wintroub Analysen vorgelegt, in denen er die *Entrée* als ein humanistisches Plädoyer für eine Herrschaft des Rechts und Tugend sowie für eine stärkere Rolle der *Noblesse du Robe* in der Monarchie deutet.[40] Seine Interpretation ist überzeugend, doch tendiert sie dazu, die *Fête bresilienne* in diesem Kontext aufgehen zu lassen und allegorisch zu deuten. Dies passt allerdings nicht zu dem immensen Aufwand, der

---

[37] Zur Übersicht zu diesem Topos vgl. Annerose MENNINGER, Die Macht der Augenzeugen. Neue Welt und Kannibalen-Mythos, 1492–1600, Stuttgart 1995; Frank LESTRINGANT, Le cannibale. Grandeur et décadence, Paris 1994.

[38] Frank LESTRINGANT, Le Française Ensauvagé. Métissage et Échec colonial en Amerique (XVIe–XVIIe siècles), in: Ders. (Hrsg.), L'expérience huguenote au nouveau monde (XVIe siècle), Genf 1996, S. 177–188.

[39] PERRONE-MOISÉS, L'alliance normando-tupi; SHANNON, Pirates, Nobles and Missionaries.

[40] WINTROUB, Civilizing the Savage; ders., L'ordre du rituel.

dafür getrieben würde, und ihrer zentralen Stellung in der *Entrée*. Auch wenn die Gesamtzeremonie primär eine innenpolitische Botschaft hatte, ist das koloniale Programm doch mehr als nur exotischer Exkurs. Man könnte sogar vermuten, dass die Interaktion mit Brasilien als Teil der guten Herrschaft deswegen im Zentrum steht, weil die Allianz als eine Notwendigkeit für die Wohlfahrt der Monarchie inszeniert wurde.

Eine unmittelbare Reaktion Heinrichs II. auf die *Entrée* ist nicht überliefert, aber sie fügte sich in eine Intensivierung des französischen Engagements in Brasilien ein. Dies geschah insbesondere vor dem Hintergrund eines neuerlichen Krieges mit Karl V. ab 1552, der alle Vereinbarungen zum Schutz der kastilischen Einflusssphäre hinfällig machte. Französische Freibeuter plünderten 1553 Santo Domingo und 1555 Havanna und besetzten beide Orte für einige Wochen.[41] Parallel nahm der Handel mit Brasilien zu, da Freibeuter Handelsfahrten mit der Jagd auf Schiffe kombinierten. Zugleich erreichte Anfang der 1550er Jahre die Sammlung von Wissen über die beiden Amerikas einen neuen Höhepunkt. So befahl Heinrich II. beispielsweise Guillaume Le Testu, einem Freibeuter und Kartographen aus der Normandie, die Küsten Südamerikas zu erkunden und neue Karten zu erstellen, die in Form einer *Cosmographie universelle* 1555 und einer Kartensammlung 1556 vollendet waren.[42]

Im Jahr 1555 wagte eine Gruppe um den Admiral de France Gaspard de Coligny mit Unterstützung der Krone schließlich ein koloniales Projekt. Eine konfessionell gemischte Gruppe von Kolonisten errichtete eine Festung in der Bucht von Rio de Janeiro.[43] Dieses Vorhaben war jedoch primär militärisch angelegt und brachte keine kommerziellen Erfolge, die über den bisherigen Handel hinausgingen. Interne Konflikte zwischen Hugenotten und Katholiken spalteten die Kolonie und verschafften der Unternehmung vor dem Hintergrund der konfessionellen Spannungen in Frankreich ein katastrophales Medienecho. Der als Festungsbauer und Befehlshaber erfahrene Anführer Nicolas Durand de Villegagnon nutzte außerdem die Kenntnisse und

---

41 VERGÉ-FRANCESCHI, Chronique maritime de la France d'Ancien Régime, S. 166.
42 BONNICHON, Des cannibales aux castors, S. 34.
43 Zu Quellen, Forschungen und zur Geschichte der Kolonie: Simon KARSTENS, Gescheiterte Kolonien – Erträumte Imperien. Eine andere Geschichte der europäischen Expansion 1492–1615, Wien / Köln u.a. 2021, S. 113–121; BOUCHER, France and the American tropics to 1700, S. 44–48; Mauricio A. ABREU, La France Antarctique, colonie protestante ou catholique? in: Mickaël AUGERON / Didier POTON / Bertrand van RUYMBEKE / Jean-Pierre POUSSOU (Hrsg.), Les huguenots et l'Atlantique. Pour dieu, la cause ou les affaires, Paris 2009, S. 125–134; HEMMING, Red Gold, S. 119–134; JULIEN, Les voyages de découverte, S. 184–220.

Kontakte nicht, die in Rouen noch gefeiert worden waren. Er verstörte stattdessen die *Truchements* und ihre indigenen Partnerinnen sowie deren Verwandte durch sein Beharren auf christlichen Moralvorstellungen. Er befahl, alle Partnerschaften künftig monogam zu führen und sie obendrein mehrere Jahre auszusetzen, bis die indigenen Frauen umfassend in der christlichen Lehre unterwiesen seien. So setzte die Kolonie ihre Beziehungen zu den benachbarten Indigenen und den *Truchements* aufs Spiel, die es vorzogen, wie bisher zu leben. Sie war daher bereits in Bedrängnis, bevor eine portugiesische Flotte sie 1560 eroberte.

3. Die Taufe der frommen Gesandten (Paris 1613)

Auch nach der Eroberung der Bucht von Rio de Janeiro durch die Portugiesen setzten französische Händler und *Truchements* ihre Brasilienreisen fort.[44] Obwohl die Erinnerung an das koloniale Projekt durch konfessionelle Streitschriften stark belastet war, erschienen Werke, die das Land und seine Ressourcen in einem positiven Licht beschrieben. Die Indigenen wurden darin zwar als Kannibalen, aber zugleich als Menschen mit einem unverdorbenen moralischen Empfinden und mit Tugenden beschrieben, die denen der Europäer ebenbürtig oder sogar überlegen seien.[45] Hinzu kam die Präsenz weiterer *Tupinamba* in kleineren Inszenierungen in Troyes und Bordeaux, wobei sich in Bordeaux in einem lebenden Bild ein einzelner Indigener als Teil einer Gruppe fremder Völker formell der französischen Herrschaft unterwarf.[46]

Der Handel mit Brasilien war weiterhin alltäglich, so dass in Rouen der Preis für eine Schiffsversicherung nur um 1% des Warenwertes höher war als für eine Fahrt nach Civitavecchia.[47] Nach wie vor waren die Handelskontakte dezentral organisiert, und es gab in Brasilien kein Zentrum, in dem die Interaktionen zwischen Franzosen und Indigenen gebündelt wurden. Erst nachdem Heinrich IV. (reg. 1589/93–1610) König geworden war und die

---

44 ABREU / BRAKEL, Chapters of Brazil's colonial history, S. 52–57. Mit Verweisen auf französische Hafenbücher: MOREAU, Pirates. Flibuste et piraterie, S. 203–209.

45 BONNICHON, Des cannibales aux castors, S. 75–82. Zum publizistischen Echo: KARSTENS, Gescheiterte Kolonien - Erträumte Imperien; Die bekannteste und erfolgreichste Schrift ist: Jean de LÉRY, Histoire d'un voyage fait en la terre du Brésil, 1579; Vgl. Kirsten MAHLKE, Offenbarung im Westen. Frühe Berichte aus der Neuen Welt, Frankfurt/Main 2005; LESTRINGANT, Le huguenot et le sauvage.

46 DENIS, Une Fête brésilienne, S. 23; PERRONE-MOISÉS, L'alliance normando-tupi, S. 61; JAENEN, L'image de l'Amerique, S. 216.

47 BONNICHON, Des cannibales aux castors, S. 66.

Konfessionskonflikte mit der Toleranz für die Hugenotten im Edikt von Nantes 1598 vorläufig beruhigt hatte, rückten koloniale Projekte wieder in den Vordergrund.

Zunächst nutzten hugenottische Händler und Seeleute den Frieden für eine Intensivierung der Kontakte. Ein hugenottischer Adeliger, der Sieur de la Ravardière, konnte gestützt auf das Wissen erfahrener *Truchements* sogar 1605 seine Erhebung in den Rang eines Vizeadmirals von Brasilien und Statthalters am Amazonas erreichen. Ihm fehlten allerdings das Kapital und die Beziehungen, um eine dauerhafte Kolonie zu gründen. Nach dem Tod Heinrichs IV. 1610 wurden sein Status und seine Privilegien zwar bestätigt, aber noch immer keine Gelder bewilligt.

In dieser Situation brachten die Königinmutter Maria de Medici als Regentin (1610–1630) und ihre Hofdamen Ordensgeistliche ins Spiel, die neuen Reformorden angehörten.[48] Im Falle Brasiliens waren es die Kapuziner, die bereits von der Königinmutter und einflussreichen Hofdamen in ihren Bemühungen um die Erneuerung des französischen Katholizismus unterstützt worden waren. Diese stiegen nun in das Vorhaben Ravardières ein, waren aber auch nicht im Stande, die Kosten einer kolonialen Unternehmung aufzubringen. Dieses Problem löste schließlich der katholische Kammerherr François de Razilly, der sich mit seinen drei Brüdern der Unternehmung anschloss. Sie brachten Kreditwürdigkeit, eigenes Vermögen und Kontakte zu kriegserfahrenen Veteranen ein, die dem Projekt weitere Dynamik verliehen. Auch wenn die Kapuziner und die Brüder Razilly das Projekt als

---

48 Übersicht zur Ereignisgeschichte: Ebd., S. 120–137; Philippe JARNOUX, La France équinoxiale: les dernières velléites de colonisaton française au Brésil (1612–1615), in: Annales de Bretagne et des Pays de l'Ouest 98/3, 1991, S. 273–296; LA RONCIÈRE, Histoire de la marine française, Bd. 4, S. 348–363. Vgl. zu Quellenlage und Forschungsstand: KARSTENS, Gescheiterte Kolonien – Erträumte Imperien, S. 308–319 Nicolas FORNEROD, La France équinoxiale du Maranhao: enjeux et incidences d'un échec colonial, in: MÉRIAN (Hrsg.), Les aventures des Bretons au Brésil à l'époque colonial, S. 103–125; Nicolas FORNEROD, Daniel de La Touche, Sieur de la Ravardiére et la France Equinoxiale de Maranho, in: AUGERON / POTON / VAN RUYMBEKE / POUSSOU (Hrsg.), Les huguenots et l'Atlantique, S. 247–256; Ferdinand DENIS, Voyage dans le nord du Brésil fait durant les années 1613 et 1614 par le Père Yves d'Evreux, Leipzig / Paris 1864, S. I–XLV; OBERMEIER, Französische Brasilienreiseberichte, S. 34–66; Franz OBERMEIER, La colonié française au Maranhao (1612–1615). L'importance d'un episode colonial oublié, in: MÉRIAN (Hrsg.), Les aventures des Bretons au Brésil à l'époque colonial, S. 127–149. Andrea DAHER, Les singularités de la France Equinoxiale, in: Frank LESTRINGANT (Hrsg.), La France-Amérique (XVIe–XVIIIe siècles), Paris 1998, S. 289–313; DAHER, Les singularités de la France Équinoxiale (2002), S. 26–79; Maurice PIANZOLA, Des Français à la conquête du Brésil (XVIIe siècle). Les perroquets jaunes, Paris 1991.

dezidiert katholisches Missionswerk propagierten, blieben sie dennoch Partner Ravardières und der mit ihm vernetzten hugenottischen Kaufleute, Seefahrer und *Truchements*.

Schließlich konnte im Jahr 1612 eine Flotte in See stechen, die an der Mündung des Amazonas mit dem Aufbau einer Stadt und eines Missionszentrums begann. Das Projekt wurde *France équinoxiale* genannt. Kapuziner begleiteten die Reise publizistisch, veröffentlichten Schriften über ihre Pläne und später Briefe aus Brasilien. Dabei tat sich besonders Claude d'Abbeville hervor, der neben kleineren Schriften auch eine umfangreiche *Histoire* der Kolonie verfasste.[49] Er und seine Brüder setzten vor Ort mit 400 Kolonisten auf eine rasche und niedrigschwellige Missionsarbeit und ließen die etablierten *Truchement*-Kontakte fortbestehen. Sie konnten außerdem, wie sie berichteten, auf die Erfahrungen indigener Europareisender bauen.[50] Im folgenden Jahr brach Abbeville mit einigen Ordensbrüdern, einer Gruppe von *Truchements* und sechs *Tupinamba* nach Frankreich auf, um den Geldgebern und Unterstützerinnen bei Hofe die Erfolge der Missionsarbeit zu präsentieren. Eine solche Inszenierung war seit Längerem geplant, weil gleichzeitig jesuitische Missionare ein koloniales Projekt in der Acadie an der kanadischen Atlantikküste unternahmen. Da die Jesuiten von einer der einflussreichsten Hofdamen der Königinmutter unterstützt wurden, waren sie in mehrfacher Hinsicht direkte Konkurrenten der Kapuziner, welche es durch ein prunkvolles Spektakel zu übertrumpfen galt.

Hierfür war die feierliche Taufe der *Tupinamba* in der Hauptkirche der Kapuziner im Pariser Stadtteil Saint-Honoré vorgesehen. Doch diese Inszenierung war nur ein Teil einer komplexen Reihe von Empfängen und Begegnungen, über deren Ablauf Abbeville ausführlich in mehreren Kapiteln seiner *Histoire* berichtet.[51] Auch wenn seine Darstellung die umfangreichste und maßgebliche Quelle darstellt, schilderten auch weitere Publikationen in

---

49 Claude D'ABBEVILLE, Histoire de la mission des Pères Capucins en l'Isle de Maragnan, Paris 1614. Eine kurze Übersicht mit Quellenverweisen bietet: DAHER, Les singularités de la France Equinoxiale (1998), S. 289–313. Ausführlicher dies., Les singularités de la France Équinoxiale (2002); OBERMEIER, Französische Brasilienreiseberichte, beide mit einer Einbettung der Schriften in missionarische sowie spezifisch französische Diskurse der Zeit.

50 JARNOUX, La France équinoxiale, S. 277f.

51 Beschrieben in ABBEVILLE, Histoire de la mission, fol. 367–375. Vgl. DAHER, Les singularités de la France Équinoxiale(2002), S. 241–243, 302–304. Zur Taufe als Inszenierung allgemein vgl. Francis Xavier LUCA, Re-"interpreting" the Conquest. European and Amerindian Translators and Go-betweens in the Colonization of the Americas, 1492–1675, Diss. Florida International University 2004, S. 268–270, 347f.

der Hofzeitung *Le Mercure de France* oder in Form von illustrierten Einblattdrucken die Ankunft der *Tupinamba*.[52]

Die erste Station in Europa war Le Havre. Hier wurden die Kapuziner und die sechs *Tupinamba* vom Gouverneur der Stadt, einem Förderer des Ordens, begrüßt und erhielten einen Empfang „en qualité d'Ambassadeurs"[53]. Der Gouverneur brachte sie nicht nur in seinem eigenen Haus unter, sondern organisierte außerdem Treffen mit führenden Adeligen aus der Stadt und Region. Weiterhin ermöglichte er am 16. März 1613 eine Prozession und einen Gottesdienst in der größten Kirche der Stadt.[54] Die Prozession und der Einzug in die Kirche wurden von Psalmengesängen, Glockengeläut und Orgelmusik begleitet. Am Ziel angekommen, sagten die sechs *Tupinamba*, laut Abbeville zum Erstaunen der Zuschauer, das Vaterunser und Ave Maria in ihrer eigenen Sprache auf, bevor alle Anwesenden das *Te Deum Laudamus* sangen. Diese Inszenierung begeisterte die Äbtissin von Montivilliers derart, dass sie die Kapuziner und die *Tupinamba* in ihre eigene Kirche einlud, wo sie sich von der Missionsarbeit und den Pflanzen der neuen Welt berichten ließ.

Erst am 12. April erreichten die Reisenden Paris. Ihre offizielle Begrüßung erfolgte außerhalb der Stadt durch ihren Ordensoberen und 120 Brüder, die sie vor zahlreichen Schaulustigen mit einem *Te Deum* in Empfang nahmen. Unter einem Kreuz zogen die Reisenden in Prozession zu ihrem Konvent im Stadtteil Saint-Honoré. Die *Tupinamba* waren bei dieser Gelegenheit zwar bekleidet, aber noch mit Federn geschmückt und schüttelten ihre *Maracas* genannten Rasseln. Vornehme Gäste bestaunten die fremden Reisenden und würdigten damit, wie Abbeville es nannte, „nostre saincte & heureuse conqueste"[55]. In der Kirche drängten sich viele ranghohe Frauen, darunter auch Prinzessinnen, sowie weitere Schaulustige. Vor aller Augen sagten die *Tupinamba* erneut in ihrer Sprache das Vaterunser und das Ave Maria auf. Doch nicht nur Freunde und Wohltäter des Ordens, sondern auch einfache Leute versuchten, Zugang zur Kirche zu erhalten. Die königliche Garde riegelte daraufhin den Konvent gegen die drängenden Schaulustigen ab.

---

52 DAHER, Les singularités de la France Équinoxiale(2002), S. 56f., 241–243, mit Zitaten aus dem Bericht im *Mercure de France* 1613; dies., Les singularités de la France Equinoxiale (1998), S. 303–305; OBERMEIER, Französische Brasilienreiseberichte, S. 87f., der auch das Interesse an der Zeremonie in höfischen Kreisen anhand von Briefen zeigt: Ebd., S. 98–101.

53 ABBEVILLE, Histoire de la mission, fol. 336ʳ.

54 Lucien PROVENÇAL / Vasco MARIZ, Les Français au Brésil. La Ravardière et la France équinoxale, 1612–1615, Saint-Denis 2011, S. 115–117; OBERMEIER, Französische Brasilienreiseberichte, S. 63–65.

55 ABBEVILLE, Histoire de la mission, fol. 339ʳ.

Die nächste Etappe der Inszenierung war ein Empfang der *Tupinamba* im Louvre, wohin Sieur de Razilly, Abbeville und der Oberste des Ordens sie begleiteten. Nach der Begrüßung hielt einer der *Tupinamba* eine längere Rede in seiner Sprache, die ein *Truchement* für den König und die Königinmutter übersetzte.[56] In seiner Rede betonte er, dass er und seine Begleiter im Namen von „toute Nostre Nation" gekommen seien, um König Ludwig XIII. zu verkünden, sie und alle anderen Tupinamba seien „Tes subjects et Tes Serviteurs tres-humbles & tres-fideles". Diese Unterwerfung habe der König als „heureuse conqueste" erkannt und wohlwollend angenommen. Auch wenn sich an dieser Stelle eine politische Aufladung der Zeremonien zeigt, ist doch festzuhalten, dass diese Begegnung vergleichsweise wenig Raum in Abbevilles Werk einnimmt und im Gegensatz zur feierlichen Taufe am 24. Juni keine separaten Publikationen hervorgebracht hat.

Bevor es soweit war, erkrankten jedoch alle sechs Tupinamba schwer, und drei von ihnen verstarben. Abbeville nahm dies zum Anlass, um in seiner *Histoire* ihre Lebensläufe als Kinder ranghoher Fürsten zu beschreiben und so ihren Status als Gesandte zu bekräftigen.[57] Das Überleben der Anderen präsentiert er an dieser Stelle als unmittelbaren Triumph Gottes über den Teufel, der die Krankheiten gesandt habe, und rahmt auf diese Weise seine Schilderung der Taufe ein.

Hierfür war die Kirche der Kapuziner im Vorfeld mit Tapisserien aus golden schimmernder Seide behangen worden. Ein erhöhtes Podest mit einem prächtigen, mit Figurinen verzierten Silberbecken war umrahmt von weißen Stoffbahnen als Bühne für die Taufe vorbereitet. Über der Szenerie hatten die Kapuziner einen prunkvollen, ebenfalls leuchtend gefärbten Baldachin errichtet. Die Veranstaltung selbst begann mit dem Eintreffen der Königinmutter, die als besondere Förderin der Unternehmung noch vor ihrem Sohn in die Kirche einzog. Der König und sein Hofstaat folgten danach, und der Bischof von Paris führte vor aller Augen die Taufe durch.[58]

Die Indigenen waren dafür in weiße Gewänder gekleidet und sagten erneut Gebete in ihrer eigenen Sprache auf. Jedem von ihnen standen die ganze Zeit über zwei ebenfalls in strahlendes weiß gekleidete Ordensbrüder zur Seite. *Truchements* übersetzten die Befragung zum Glauben vor der Taufe, die von Ludwig XIII. und Maria de Medici sowie den anderen Anwesenden angeblich mit sichtbaren Zeichen der Freude beobachtet wurde. Die Brüder baten die Königin, drei Namen für die Neophyten auszuwählen, woraufhin sie Henry, Louis und Jean vorschlug. Doch der Bischof bat darum, allen drei

---

56 Von Abbeville nach eigenen Angaben im indigenen Wortlaut aufgezeichnet und danach übersetzt, ebd., fol. 341ʳ–342ᵛ.
57 Ebd., fol. 345–366.
58 Die Zeremonie beschreibt ebd., S. 367ʳ–374ᵛ.

Männern die Ehre zu erweisen, sie Louis zu nennen, da der Name des Königs in Brasilien berühmt sei und verehrt werde. Als Maria de Medici dem zustimmte, habe sich Ludwig XIII. hocherfreut gezeigt.

Die Zeremonie setzte sich mit einer Dankesrede eines Getauften fort, der die Errettung seiner selbst und seiner *Nation* lobte. Zuletzt knieten alle Anwesenden nieder und sangen das *Te Deum Laudamus*. Mit dem Segen des Bischofs zogen die Anwesenden aus der Kirche, wo eine große Prozession durch den Stadtteil begann. Die Kapuziner folgten dabei einem prunkvollen Kreuz und sangen die Litanei der Jungfrau Maria. Die Neophyten hatten sich umgezogen und folgten dem Kreuz in weißen Gewändern mit blumenverzierten Hüten und einem Strauß Lilien in ihren Händen. Die Prozession endete beim Konvent der Schwestern der Heiligen Clara, wo die Kapuziner sich für die Gebete und die Hilfe der Schwestern bedanken wollten. Die Äbtissin ließ eigens die Absperrung ihres Konvents öffnen, damit die Schwestern die Neophyten sehen konnten. Die Nonnen sangen für alle ein weiteres *Te Deum Laudamus*, bevor die Prozession zur Kirche der Kapuziner zurückkehrte.

Bezüglich Abbevilles Darstellung ist anzumerken, dass er nicht rein deskriptiv vorgeht, sondern die Ereignisse ausführlich interpretiert und erläutert. Beides geschieht unter intensivem Rückgriff auf die Bibel und zentrale Aspekte der christlichen Lehre. Dabei betont Abbeville immer wieder die Wildheit und den Kannibalismus der Indigenen Brasiliens und damit zwei Aspekte, die in der Zeremonie selbst keine Rolle spielen. Andrea Daher stellt heraus, dass er dadurch bemüht war, seinen Lesern die Leistung der Missionierung dieser Menschen als umso größeres Werk seines Ordens und Beweis für die Macht Gottes zu präsentieren.[59]

Für die Kapuziner war die bestmögliche Präsentation ihrer Missionsarbeit in Paris von zentraler Bedeutung. Sie selbst waren als katholischer Reformorden aus dem Orden der Franziskaner hervorgegangen und operierten erst seit den 1570er Jahren außerhalb Italiens.[60] Katharina de Medici hatte dem Orden im Jahr 1575 erlaubt, ein Kloster an der Rue Saint-Honoré zu gründen. In den folgenden Jahren nahmen sie eine wichtige Rolle in der innerkatholischen Reformbewegung in Frankreich ein, die in Reaktion auf die Kirchenkritik und die Konfessionskonflikte entstanden war. Dieser Hintergrund erklärt, warum die Kapuziner für ihr koloniales Projekt, ähnlich wie die Jesuiten zur selben Zeit, auf die Protektion ranghoher Hofdamen, Prinzessinnen und der Königinmutter Maria de Medici setzten. Die Zeremonie sollte daher, wie Shannon und Daher herausstellen, die bisherige Unterstüt-

---

59 DAHER, Les singularités de la France Équinoxiale (2002).
60 OBERMEIER, Französische Brasilienreiseberichte, S. 48f.

zung rechtfertigen, neue Unterstützer und Geldgeber für das Projekt gewinnen sowie König und Königinmutter zu einer intensiveren Beteiligung überreden.[61]

Neben dem politischen Kontext darf jedoch die religiöse Ebene der Zeremonie nicht vergessen werden. Für Mönche wie Abbeville war die Taufe ein Nachweis ihrer Leistungen als Diener Gottes, die Erfüllung einer spirituellen Pflicht und zuletzt auch ein Statement für die Leistungsfähigkeit der katholischen Reformbewegungen des konfessionellen Zeitalters.[62] Dass Mission und Herrschaft untrennbar verwoben waren, zeigt die Inszenierung einer Unterwerfung der *Tupinamba* im Louvre. Dieser Teil der Zeremonien, der sich nicht an die Königinmutter, sondern an den König richtete, dürfte auf die Gebrüder Razilly zurückzuführen sein. Für sie waren Rivalitäten zwischen Orden weniger relevant als Fragen des Nachschubs, des militärischen Schutzes und der Protektion Brasiliens und seiner Bewohner durch den französischen König.

Doch nicht nur König, Königinmutter und Hofstaat waren das intendierte Publikum der Inszenierung. Durch die Prozessionen wurde eine breite städtische Öffentlichkeit angesprochen, die von den Leistungen und der Lehre des Ordens überzeugt werden sollte. Auch die Besuche bei anderen Orden untermauerten den Anspruch der Kapuziner als dynamischer und erfolgreicher Missionsorden, der angeblich die Jesuiten übertraf und im Reformkatholizismus eine Führungsrolle beanspruchte.

Bezüglich des intendierten Publikums ist zuletzt noch zu bedenken, dass Gott und der Teufel für eine Person wie Abbeville reale Zuschauer des Ereignisses waren. Die erfolgreiche Taufe war ein Akt, der ihm selbst, seinen Brüdern und ganz Frankreich Gottes Wohlwollen sicherte, und ein Triumph über den Teufel, der versucht habe, die Zeremonie zu verhindern. An den Teufel, der in Abbevilles Schriften immer wieder als Akteur in Erscheinung tritt und Krankheiten oder Stürme sendet, ist die Botschaft gerichtet, dass die Mönche auf Gott vertrauen und nicht aufgeben werden, was zugleich auch eine Botschaft an alle seine Leser war, mit der er für seinen Orden warb.

Betrachtet man die Rolle der Indigenen in der Zeremonie, so fällt auf, wie sehr sie angeleitet und bei jedem Schritt von *Truchements* oder Mönchen begleitet werden. Über weite Strecken besteht ihre Mitwirkung nur darin, Gebete auswendig aufzusagen sowie die richtigen Bewegungen und Gesten aus-

---

61 DAHER, Les singularités de la France Équinoxiale (2002), S. 301, SHANNON, Pirates, Nobles and Missionaries, S. 223–226.
62 DAHER, Les singularités de la France Équinoxiale (2002), S. 171f.

zuführen. Abgesehen von der ersten Prozession, bei der sie *Maracas* schüttelten, werden sie außerdem nicht als Indigene inszeniert, sondern als neue Christen und sogar als neue Franzosen.

Zweimal greifen sie allerdings über diesen engen Rahmen hinaus, wenn sie Reden in ihrer eigenen Sprache halten. Sowohl bei Hofe als auch bei der Taufe laufen diese Monologe auf einen Dank für ihre Missionierung und eine Unterwerfung unter den Schutz und die Autorität des französischen Königs hinaus.[63] Sie beklagen ihre bisherige Lebensweise als „sans loy, sans foy" und fordern den König auf, dies zu ändern.[64] Abbeville ist dabei wichtig zu betonen, dass dies Ausdruck freien Willens und eigener Handlungsmacht der Indigenen sei. In seiner Lesart besitzen die Indigenen ihr Land selbst und sind freie Menschen, die diesen Status gegen das Christentum und den Schutz der Krone tauschen.[65]

Durch die Betonung der Freiwilligkeit dieser *ambassade* im Namen der indigenen *Nations* und die Lebensgeschichten der *Tupinamba*, die alle als Söhne ranghoher Familien präsentiert werden, beschreibt Abbeville die Unterwerfung als eine bewusste und freiwillige Entscheidung aller *Tupinamba* – was in mehrfacher Hinsicht fragwürdig ist. Zum einen ist der Status der sechs Tupinamba als Gesandte ihrer *Nations* angesichts der Komplexität der indigenen Siedlungs- und Herrschaftsstrukturen eine unzutreffende Angleichung an europäische Begriffe und Vorstellungen; zum anderen konnten sie kein einziges Wort ohne die *Truchements* kommunizieren. Es ist auffällig, dass die Mönche ihnen nicht einige Schlüsselsätze und simple Aussagen beibrachten, obwohl die *Truchements* oder Abbeville selbst die indigene Sprache angeblich nahezu perfekt verstanden. Die indigene Handlungsmacht, die der Text so sehr betont, blieb in der Praxis an Vermittler gebunden und damit bestenfalls eng begrenzt oder sogar Fiktion. Drittens ist schwer vorstellbar, dass die Indigenen vollumfänglich über das europäische Konzept von Herrschaft und Souveränität informiert waren und damit wussten, was ihre Unterwerfung eigentlich bedeutete.

Durch die inszenierte Unterwerfung und ihre Verflechtung mit der Christianisierung warben die Mönche und Sieur de Razilly vor Königinmutter und König für die Errichtung einer Herrschaftskolonie in Südamerika ohne Eroberung. Sie wollten zeigen, dass alle indigenen *Nations* sowohl fähig als

---

[63] Die Organisatoren planten ein Spektakel in Paris zu Werbezwecken allerdings auch bereits, bevor die Mönche am Projekt beteiligt waren. Siehe DENIS, Voyage dans le nord du Brésil, S. II–IX.

[64] ABBEVILLE, Histoire de la mission, fol. 165–170. Damit enstpricht die Rede dem Topos einer religionslosen, herrschaftsfreien und ungeregelten Lebensweise, die bereits Vespucci in seinem Brief aus der neuen Welt formuliert hatte.

[65] DAHER, Les singularités de la France Équinoxiale(2002), S. 19–21, 107.

auch willens seien, das Christentum anzunehmen und Untertanen Frankreichs zu werden.[66] Dies stellte für das damalige Publikum eine offensichtliche Antithese zur portugiesischen und speziell kastilischen Kolonialpolitik dar, die in Frankreich als eine äußerst brutale Eroberung gefolgt von einer erzwungenen, rein oberflächlichen Christianisierung verschrien war.[67]

Aber auch eine andere, im Vergleich mit dem Feindbild Spanien als besser inszenierte Kolonialisierung bedeutete eine völlige Veränderung der indigenen Lebensweise, ein Ende ihrer bisherigen Glaubenssysteme und die Aufgabe aller kulturellen Elemente, die christlichen Idealen widersprachen. Allerdings schildert Abbeville, wie Daher herausgestellt hat, dies als keinen fundamentalen Umbruch, da er dem Indigenen eine eigene Moralität zuschreibt und manche Aspekte ihrer Lebensweise aus französischer Sicht als tolerabel schildert.[68] Die Befähigung der Indigenen, Christen und Franzosen zu werden, beweise darüber hinaus das göttliche Wohlwollen für die Missionierung, was letztlich auch ein Aufruf zum Schutz der neuen Christen und damit für den Einsatz von Soldaten und Schiffen gegen Portugal war.[69]

Die Taufe an der Rue Saint-Honoré bildete nicht das Ende des Aufenthaltes der drei *Tupinamba* in Frankreich. Vor ihrer Rückreise wurde ihr Statuswechsel von *Tupinamba* zu Franzosen durch Ehen mit französischen Frauen vollendet. Danach kehrten sie als Botschafter einer weiteren Christianisierung nach Brasilien zurück.[70] Darüber hinaus blieb das Resultat der aufwändigen Inszenierungen aber hinter den Erwartungen zurück. Zwar fuhren weitere Mönche und eine Verstärkung nach Brasilien, doch das Engagement erschien speziell Razilly unzureichend.[71]

---

66 Diese Interpretation geht zurück auf: DAHER Les singularités de la France Équinoxiale (1998); dies., Les singularités de la France Équinoxiale (2002); unabhängig davon ähnlich: SHANNON, Pirates, Nobles and Missionaries.
67 Vgl. hierzu die kenntnisreiche Analyse der französischen Floridaberichte des 16. Jahrhunderts bei Monika WEHRHEIM-PEUKER, Die gescheiterte Eroberung. Eine diskursanalytische Betrachtung früher französischer Amerikatexte, Tübingen 1998.
68 Zum Missionsnarrativ siehe DAHER, Les singularités de la France Équinoxiale (2002), S. 204–225, und zusammenfassend ebd., S. 299–303, die hierin einen radikalen Unterschied zur jesuitischen Lehre erkennt.
69 Ebd. S. 103–105.
70 Vgl. dies., Les singularités de la France Équinoxiale (2002), S. 245; HEMMING, Red Gold, S. 206f.
71 Die Königinmutter gewährte lediglich Zollfreiheit und eine kleinere Unterstützung, während der Papst und Anhänger der Reformorden Gelder bereitstellten. PROVENÇAL / MARIZ, Les Français au Brésil, S. 116; PIANZOLA, Des Français à la conquête du Brésil, S. 29. Zur Beteiligung des Papstes: DAHER, Les singularités de la France Équinoxiale (2002), S. 101, und zu den Geldgebern ebd. S. 57–59.

Während Razilly in Frankreich versuchte, weitere Geldgeber zu gewinnen, griffen die Portugiesen 1614 die Kolonie *France équinoxiale* an.[72] Nach ersten Gefechten einigten sich beide Seiten auf einen Waffenstillstand und kamen überein, dass ihre Herrscher entscheiden sollen, ob der Kampf fortgesetzt werde oder nicht. Diese Entscheidung zog sich ein Jahr hin, und obwohl es keine offizielle Antwort aus Frankreich gab, sendete das Ausbleiben jeder Verstärkung ein klares Signal, während zugleich immer mehr portugiesische Schiffe eintrafen. Im November 1615 ergaben sich daher die Franzosen kampflos und erhielten freien Abzug. Begleitet wurden sie auch von zwei der getauften *Tupinamba* mit europäischer Kleidung und Schmuck.

Hinter der für die Kolonie fatalen Haltung der Königinmutter stand ihr Projekt einer Vermählung Ludwigs XIII. mit der spanischen Prinzessin Anna. Da Portugal und Spanien seit 1580 eine Personalunion bildeten, hätte eine koloniale Konfrontation diese Eheschließung gefährdet. Das Ende der Kolonie zeigt somit, dass trotz der aufwändigen Inszenierung kolonialer Visionen ein *France équinoxiale* im Vergleich zur europäischen Mächtepolitik geringe Bedeutung bei Hofe besaß.

4. Interkulturelle Allianz oder Herrschaft durch Christianisierung – zwei koloniale Inszenierungen

Die beiden in diesem Beitrag vorgestellten Inszenierungen lassen sich in ihren Gemeinsamkeiten und Unterschieden durch zwei von Reinhart Koselleck benannte Kategorien beschreiben: Erfahrungsraum und Erwartungshorizont.[73] Beide Zeremonien waren Ausdruck unterschiedlicher zuvor gemachter Erfahrungen und der spezifischen Erwartungen der sie organisierenden Akteure für die Zukunft. Um ihre Ziele zu realisieren, präsentierten die Organisatoren daher die *Tupinamba* in ihren Zeremonien auf eine Weise, die bei ihrem ranghohen Publikum mittels einer kontrollierten und inszenierten Erfahrung einen spezifischen Erwartungshorizont wecken sollte, der mit ihrem eigenen korrelierte.

Der zentrale Unterschied im Erfahrungsraum ist, dass nur die Inszenierung in Paris in direktem Zusammenhang mit einem kolonialen Projekt

---

72 Neben den genannten Überblickswerken, siehe besonders: OBERMEIER, Französische Brasilienreiseberichte, S. 53–60; PIANZOLA, Des Français à la conquête du Brésil, S. 127–182; BOUCHER, Revisioning the "French Atlantic", S. 301–303, und mit Verweisen auf portugiesische Quellen: DAHER, Les singularités de la France Équinoxiale (1998).

73 Reinhart KOSELLECK, „Erfahrungsraum" und „Erwartungshorizont" – zwei historische Kategorien, in: KOSELLECK (Hrsg.), Vergangene Zukunft. Zur Semantik geschichtlicher Zeiten, Frankfurt/Main [8]2013, S. 349–375.

stand. Dieses spezifische Projekt war außerdem bereits propagandistisch begleitet worden, so dass die Erwartungen des Publikums zumindest teilweise bereits in eine bestimmte Richtung gelenkt waren. Der Kontext der *Fête brésilienne* in Rouen baute hingegen mehr auf allgemeinen Erfahrungen im Handel mit Brasilien und Herrschaft zur See auf. Dennoch wollten in beiden Fällen die Organisatoren zentrale Entscheidungsträger davon überzeugen, sich mit eigenen Mitteln und mit der Autorität der Monarchie in ihre Vorhaben einzubringen und von einer zurückhaltenden oder gar antikolonialen Politik Abstand zu nehmen.

Auch wenn in beiden Fällen der König der ranghöchste Zuschauer und einmal in gewissem Sinne sogar Mitwirkender war, so ist im Falle der Taufe auffällig, dass die Königinmutter Maria de Medici und ihre Hofdamen eine herausgehobene Stellung einnahmen. Maria wurde noch vor dem König in der Kirche empfangen und bestimmte die Namen der Täuflinge. Für diesen Unterschied gibt es zwei Gründe. Zum einen hatten Hofdamen während der Regentschaft Maria de Medicis für kurze Zeit generell einen hohen politischen Einfluss und konnten auf Planung und Verlauf kolonialer Projekte einwirken. Sie förderten Unternehmungen oder Projektemacher, besorgten Geld oder investierten persönliche Mittel, und sie brachten ihre Netzwerke und Patronageressourcen ein. Ihr besonderes Interesse galt dabei Missionsprojekten und weniger dem Handel oder dem Aufbau militärischer Stützpunkte, so dass sie insbesondere neue Orden wie Jesuiten und Kapuziner unterstützten. Der zweite Grund liegt darin, dass die Organisatoren des Festes in Rouen eigentlich schon über Geld und Kreditnetzwerke sowie über eine Vielzahl von Schiffen und sogar über Männer mit Reiserfahrung verfügten. Auch wenn eine königliche Beteiligung sicher willkommen gewesen wäre, ging es doch vor allem um Sicherheit für ihre Investitionen und die Möglichkeit, langfristig zu planen. Die Kapuziner hingegen standen finanziell weitaus schlechter da, verfügten über ungleich weniger logistische Ressourcen und erzielten keine monetären Profite. Sie brauchten eine konkretere Unterstützung des Hofes.

Die divergierenden Erfahrungen und Erwartungen der Organisatoren erklären auch die unterschiedliche Bedeutung, die sie der Religion zuschrieben. In Rouen war kein Geistlicher involviert und der Aspekt der Mission blieb unerwähnt, während in Paris niemand außer Geistlichen beteiligt war und der Missionsgedanke jedes andere Interesse überstrahlte. Dieser Fokus auf den katholischen Ritus, zu dem das Verschweigen der protestantischen Mitwirkung am Projekt der *France Équinoxiale* passt, ist insofern Ausdruck einer Verlagerung des Diskurses, der bisher in Ermangelung eines Vergleichs beider Zeremonien wenig beachtet worden ist. In Rouen 1550 waren das kostbare Färberholz und die Versenkung des portugiesischen Schiffes Maßstäbe des Erfolgs, in Paris 1613 die Taufe, die Abbeville als Sieg über den Teufel selbst feierte. Hieran zeigt sich, dass sich der Erwartungshorizont für die transozeanischen Interaktionen verschoben hatte, vor dem die Inszenierungen verortet waren.

Es bleibt die aus der in der Einleitung skizzierten Forschungsdebatte abgeleitete Frage zu beantworten, inwiefern es sich angesichts der immensen Unterschiede bei den Zeremonien um koloniale Inszenierungen handelte. Shannon und Perrone-Moisés haben bereits betont, dass in Rouen eine interkulturelle Allianz als Basis für transozeanischen Handel, Herrschaft über das Meer und einen Triumph über die Kolonialmacht Portugal im Zentrum stand.[74] Beide deuten dies als positive Vision für zukünftige Interaktionen mit den *Tupinamba*. Sie heben hervor, dass die Lebensweise, die Religion oder die indigene Politik nicht angegriffen werden. Shannon thematisiert jedoch kaum, dass die Indigenen in dieser Inszenierung als primitiv und genuin anders als die Europäer präsentiert wurden – in einer Darstellung, die durch Nacktheit und fremdartige Tänze als exotisierend zu werten ist. Eine Gleichrangigkeit oder Gleichwertigkeit des Anderen jenseits der für die Franzosen vorteilhaften Handelssituation wird nicht thematisiert. Die Indigenen sind zwar nützlich, aber bleiben in den Quellen auch sprachlich primitive *Sauvages*. Weiterhin sollte das lebende Bild, das in der Zeremonie zwischen der *Fête brésilienne* und dem Kampf der Segelschiffe stand, nicht wie bei Shannon am Rand der Betrachtung stehen. Die Organisatoren der Inszenierung haben Orpheus und Herakles mit ihrer Zähmung der wilden Bestien durch Musik und Gewalt nicht ohne Grund zwischen dem Handel in Brasilien und dem Sieg über Portugal platziert. Hinzu kommt der Auftritt Neptuns und die Übergabe des Dreizacks, was ein klares Plädoyer für eine aktive Seemachtspolitik Frankreichs gegen Portugal war, dessen Könige eine koloniale Herrschaft errichteten. Zum kolonialen Charakter der Inszenierung in Rouen sei zuletzt noch angemerkt, dass bereits die Präsenz weniger *Truchements* und der Handel an der Küste indigene Wirtschaftsstrukturen, Handelswege, Machtnetzwerke, Konfliktlagen und die Arbeitsteilung veränderte.[75] Ein Verzicht auf Unterwerfung und Christianisierung bedeutet nicht, dass die indigene Lebenswelt bleiben sollte, wie sie war. Ihre Änderung war nur nicht zentral geplant, sondern von vielen kleinen Interventionen abhängig, die aber alle gewollt waren und gefordert wurden, um den Nachschub von Ressourcen für den Transport nach Europa sicherzustellen.

---

[74] SHANNON, Pirates, Nobles and Missionaries 2004; PERRONE-MOISÉS, L'alliance normando-tupi.
[75] KARSTENS, Gescheiterte Kolonien – Erträumte Imperien.

Im Falle der zweiten Inszenierung, der Taufe in Paris, ist eine koloniale Haltung scheinbar auf den ersten Blick zu erkennen. Die *Tupinamba* gaben ihre Lebensweise und Religion auf, unterwarfen sich dem Schutz der französischen Könige und verzichteten damit auf Eigenständigkeit. Allerdings liegt der Zeremonie weitaus mehr als nur eine eindimensionale Vorstellung europäischer Überlegenheit zu Grunde, wie vor allem Daher herausgearbeitet hat.[76] Die *Tupinamba* wurden als potentiell gleichwertig und gleichberechtigt mit Europäern dargestellt, sofern sie deren Religion annahmen und Untertanen eines christlichen Königs wurden. Die Transformation der Täuflinge in Paris, die mit der Eheschließung mit Französinnen endet, beinhaltete eine Zukunftsvision für Brasilien, die Vorstellungen angeborener und unveränderlicher Andersartigkeit oder Primitivität widerspricht. Außerdem bedeutete der Status als Untertanen der Krone auch, zumindest formal, einen Anspruch auf Schutz und gerechte Herrschaft ohne Willkür.

Trotz der erheblichen Unterschiede der Inszenierungen – die eine profan, die andere sakral, die eine zugunsten einer französisch-indigenen Allianz, die andere für eine gütige Unterweisung, die zur freiwilligen Unterwerfung und Assimilation führt – waren beide in Diskurse eingebettet, die genuin europäisch waren und sich an ein französisches Publikum richteten. In Rouen wie in Paris waren die Indigenen letztlich nur ein Mittel, um dem König oder der Königinmutter eine koloniale Botschaft zu vermitteln. Das Resultat all der Mühen, welche die Organisatoren auf sich nahmen, war in beiden Fällen gering. Nach Rouen kam es zwar zu einer kurzzeitigen Intensivierung kolonialer Aktivitäten in Brailien, aber dies kann nicht allein auf die *Fête bresilienne* zurückgeführt werden. Die Kolonie *France Equinoxiale* erhielt hingegen nur unzureichende Unterstützung und wurde der europäischen Mächtepolitik geopfert, so dass sie ebenso wie die 1555 bei Rio de Janeiro gegründete Kolonie durch portugiesische Waffen unterging. Somit blieben die in Rouen und Paris gefeierten Visionen zukünftiger transozeanischer Beziehungen letztlich unverwirklicht.

Zusammenfassung

Der Artikel vergleicht zwei von unterschiedlichen Interessengruppen mit großem Aufwand für ein königliches Publikum in Szene gesetzte Visionen für ein zukünftiges Verhältnis Frankreichs zu den indigenen Gemeinschaften Südamerikas. In zwei Kapiteln werden zum einen die Zurschaustellung einer künstlichen brasilianischen Landschaft im Rahmen eines Herrschereinzugs in Rouen 1550 und zum anderen die

---

76 DAHER, Les singularités de la France Équinoxiale (2002).

prunkvolle Taufe einer Gruppe angeblicher Gesandter der brasilianischen Tupinamba in Paris 1615 analysiert. Zu beiden Inszenierungen werden folgende Aspekte betrachtet: Der historische Kontext, genauer die Vernetzung zwischen französischen Seefahrern, interkulturellen Grenzgängern und indigenen Gemeinschaften im heutigen Brasilien; die Interessengruppen, welche das Spektakel organisierten und finanzierten; die den Südamerikanern in den Inszenierungen zugeschriebene Rolle; die jeweils beworbene Zukunftsvorstellung und zuletzt die Reaktionen zeitgenössischer Beobachter. Der Artikel schließt mit einem Vergleich, der den gemeinsamen, aber durchaus unterschiedlichen kolonialen Charakter beider Inszenierungen herausarbeitet und einen fundamentalen Wandel kolonialer Erfahrungen und Erwartungen in Frankreich zwischen 1550 und 1615 beschreibt.

Summary

The article analyzes two celebrations in which visions for the future relations between the monarchy of France and the indigenous people of Brazil were presented to a royal audience: once during the presentation of an giant artificial Brazilian forest at a royal entry ceremony in Rouen 1555, and once at the magnificent baptism of so-called Brazilian emissaries in Paris in 1615. For both ceremonies, this paper will investigate the following subjects: the actual state of relations between the French, intercultural brokers and the indigenous Brazilians; the people behind the spectacle, who organized the shows and paid for them; the specific role given to the South Americans in France; the distinct visions for future intercultural relations presented in the ceremonies, and finally contemporary reactions to them. The article closes with a comparative analysis that highlights the equally colonial, yet quite different intentions behind the two events. This leads to the conclusion that there was a fundamental change in colonial experiences and expectations in France between 1550 and 1615.

„... weil sie sich die hiesige Art von Executionen beßer [...] vorstellen." – Pietistische Malefikantenberichte im transatlantischen Austausch[1]

JAN-HENDRIK EVERS

1. Einleitung

Als der lutherische Pastor Heinrich Melchior Mühlenberg (1711–1787) am 16. Juni 1764 in Philadelphia einen Brief an seine europäischen Vorgesetzten, den Waisenhausdirektor Gotthilf August Francke (1696–1769) in Halle sowie den Hofprediger Friedrich Michael Ziegenhagen (1694–1776) in London verfasste, erwähnte er eher beiläufig Folgendes:

> „Ich habe die Copie von meiner Englischen Beschreibung hier bey gelegt. Die bey gelegten Tractaetlein von dem teutschen Chirurgo, der gerichtet worden, habe hier wegen verschiedener Beweg=Gründe drucken zu laßen, für nöthig gehalten. Die Geistlichen welchen er viele Mühe gemacht sind Mühlenberg, H[err] Probst Wrangel, Hartwich, Handschue und Voigt. Ich wünsche, daß meine Knaben eins davon lesen könten, weil sie sich die hiesige Art von Executionen beßer, oder begreiflicher vorstellen."[2]

Bei der angefügten Schrift *Merckwürdige Nachricht von F[riedrich] W[ilhelm] Authenriehts Ehrlichen Abkunft, gottlosen Leben und gerichtlichen Tode, als eines verlorenen und wiedergefundnen Sohns* handelt es sich um einen sogenannten Malefikantenbericht, der anonym bei dem deutschen Drucker Anton Armbrüster in Philadelphia verlegt wurde. Mühlenberg wollte, dass insbesondere seine Söhne Johann Peter Gabriel (1746–1807),

---

[1] Der folgende Beitrag basiert auf einem Vortrag des Autors, der anlässlich eines Festkolloquiums zu Hartmut Lehmanns 80. Geburtstag am 6. und 7. Oktober 2016 an den Franckeschen Stiftungen zu Halle gehalten wurde und dessen Ergebnisse teilweise in die Dissertation des Autors eingeflossen sind. Vgl. dazu Jan-Hendrik EVERS, Sitte, Sünde, Seligkeit. Zum Umgang hallischer Pastoren mit Ehe, Sexualität und Sittlichkeitsdelikten in Pennsylvania, 1742–1800, Halle 2020.

[2] Heinrich Melchior Mühlenberg an Gotthilf August Francke und Friedrich Michael Ziegenhagen am 16.06.1764, in: Kurt ALAND (Hrsg.), Die Korrespondenz Heinrich Melchior Mühlenbergs. Aus der Anfangszeit des Deutschen Luthertums in Nordamerika, Bd. 3: 1763–1768, Berlin 1990, S. 194. Der Druck ist nachgewiesen in Germanica-Americana I, S. 143, Nr. 303, vgl. ALAND, Die Korrespondenz Heinrich Melchior Mühlenbergs, S. 196, FN 27.

Friedrich August Conrad (1750–1801) und Gotthilf Heinrich Ernst (1753–1815) das Traktat zu lesen bekamen, die sich zu ihrer Ausbildung in den Glauchaschen Anstalten vor den Toren Halles befanden.³ Von dort aus war

---

3 August Hermann Francke gründete vor den Toren Halles zunächst eine Armenschule in Glaucha, die sich schnell zu einer überregional bekannten Bildungsanstalt mit einem Waisenhaus und verschiedenen Schulen für mittellose, bürgerliche und adlige Kinder entwickelte. Aufgrund der anstaltseigenen Buchdruckerei, eines Verlagshauses, der ersten deutschen Bibelanstalt und einer Apotheke, die eigene Medikamente herstellte, entwickelten sich die Anstalten auch zu einem bedeutenden Wirtschaftsunternehmen, das seine Erzeugnisse in der ganzen Welt vertrieb. Zum Zeitpunkt der Entsendung Mühlenbergs im Jahr 1742 leitete Gotthilf August Francke, der Sohn August Hermann Franckes, die Anstalten; er blieb bis zu seinem Tod im Jahr 1769 deren Direktor. Friedrich Michael Ziegenhagen war der lutherisch-pietistische Hofprediger der königlichen St. James Kapelle in London. Francke und Ziegenhagen waren korrespondierende Mitglieder der 1698 gegründeten anglikanischen *Society for Promoting Christian Knowledge (SPCK)*, die die Ausbreitung der christlichen Botschaft in den britischen Kolonien zum Ziel hatte. Sämtliche Korrespondenzen der lutherischen Missionare bzw. Pastoren in Indien und Nordamerika mit Halle wurden über Ziegenhagen abgewickelt, womit London zu einer Art Schaltzentrale geworden war, die sich für die Förderung der internationalen Kontakte der Glauchaschen Anstalten als äußerst vorteilhaft erweisen sollte. Vgl. dazu ausführlicher Wolfgang SPLITTER, Zur Edition, in: Mark HÄBERLEIN / Thomas MÜLLER-BAHLKE / Hermann WELLENREUTHER (Hrsg.), Hallesche Pastoren in Pennsylvania, 1743–1825. Eine kritische Quellenedition zu ihrer Amtstätigkeit in Nordamerika. Hallesche Pastoren in Pennsylvania, 1743–1825, Bd. 1: Lebensläufe und Diarien, Halle 2019, S. XI–XXXVIII, hier: S. XI. Vgl. überblicksartig zur Bedeutung und überregionalen Strahlkraft der Glauchaschen Anstalten u. a. die Aufsätze von: Hartmut LEHMANN, Die Franckeschen Stiftungen als ein einzigartiges Projekt zur Verbesserung der Menschheit, in: Metta SCHOLZ u. a (Hrsg.), Tief verwurzelt – hoch hinaus: die Baukunst der Franckeschen Stiftungen als Sozial- und Bildungsarchitektur des protestantischen Barock, Halle 2015, S. 115–120; Hermann WELLENREUTHER, Weltweite Auswirkungen und Rezeption der Franckeschen Stiftungen, in: Ebd., S. 179–188; vgl. zur Bildungsgeschichte und den Bildungseinrichtungen, die zu den Glauchaschen Anstalten gehörten, vor allem Axel OBERSCHELP, Das Hallesche Waisenhaus und seine Lehrer im 18. Jahrhundert. Lernen und Lehren im Kontext einer frühneuzeitlichen Bildungskonzeption, Tübingen 2006. Vgl. zu den Beziehungen zwischen Halle und London Holger ZAUNSTÖCK u. a. (Hrsg.), London und das Hallesche Waisenhaus: eine Kommunikationsgeschichte im 18. Jahrhundert, Halle 2014. Vgl. zu Gotthilf August Francke Udo STRÄTER, Gotthilf August Francke, der Sohn und Erbe. Annäherung an einen Unbekannten, in: UDO SCHNELLE (Hrsg.), Reformation und Neuzeit. 300 Jahre Theologie in Halle, Berlin 1994, S. 211–232. Für die inhaltlich weitgehend identische englische Übersetzung vgl. ders., Gotthilf August Francke, the Son and Heir: Approaching and Unknown Figure, in: Hermann WELLENREUTHER u. a. (Hrsg.), The Transatlantic World of Heinrich Melchior Mühlenberg in the Eighteenth Century, Halle 2013, S. 65–83; vgl. zu Ziegenhagen Christina JETTER-STAIB, Halle, England und das Reich Gottes weltweit – Friedrich Michael Ziegenhagen (1694–1776). Hallescher Pietist und Londoner Hofprediger, Halle 2013.

ihr Vater 23 Jahre zuvor als erster von insgesamt 14 Pastoren zur seelsorgerischen Betreuung deutscher LutheranerInnen in die Neue Welt entsandt worden.[4]

Malefikantenberichte, die von der seligen Bekehrung zum Tode verurteilter Personen erzählen, erfüllten nicht nur den Zweck, die Kenntnis diverser Hinrichtungspraktiken zu erweitern oder vor Straftaten abzuschrecken, wie es Mühlenberg in seinem Brief andeutete. Hinter diesen Berichten steckte weit mehr, denn ihre drastischen, moralisierenden Inhalte dienten der Erbauung und sollten ihre LeserInnen im Idealfall zu einer Bekehrung im pietistischen Sinne anleiten.

Da dieses Literaturgenre vor allem in pietistisch geprägten lutherischen Gebieten des Heiligen Römischen Reichs überaus beliebt war, lässt sich vermuten, dass die Berichte auch regelmäßig von den hallischen Pastoren in Übersee genutzt wurden und demzufolge einen großen Anteil in ihren Pfarrbibliotheken ausmachten. Zum einen stellt sich daher die Frage, in welchem Umfang solche Berichte ihren Weg von Halle aus über den Atlantik nach Pennsylvania fanden und welche Bedeutung die Pastoren ihnen in ihrem Arbeitsalltag beimaßen. Darüber hinaus gehörte auch in Pennsylvania die seelsorgerische Betreuung von HinrichtungskandidatInnen zu den Aufgaben der Hallenser. Neben Heinrich Melchior Mühlenberg verfasste sein Kollege Johann Friedrich Handschuch einen Bericht über seine Erfahrungen mit einem Malefikanten, der per Brief nach Halle geschickt wurde. Zum anderen gilt es also umgekehrt, einen Blick auf die Rezeption der pennsylvanischen Berichte

---

[4] Zwischen 1741 und 1785 wurden neben Mühlenberg folgende Pastoren von Halle aus nach Pennsylvania entsandt (chronologisch geordnet nach Entsendung und Ankunft): 1744/45 Peter Brunnholtz (1716–1757), Johann Nicolaus Kurtz (1720–1794) und Johann Helfrich Schaum (1721–1778); 1747/48 Johann Friedrich Handschuch (1714–1764); 1751/51 Johann Dietrich Matthias Heinzelmann (1724–1756) und Friedrich Schultz (1726–1809); 1763/64 Johann Andreas Krug (1732–1796) und Johann Ludwig Voigt (1731–1800); 1765/65 Christoph Immanuel Schulze (1740–1809); 1767/68: Justus Heinrich Christian Helmuth (1745–1825) und Johann Friedrich Schmidt (1746–1812); 1770/70: Johann Christoph Kunze (1744–1807); 1785/86: Johann Friedrich Weinland (1744–1807). Unter ihnen nimmt Heinrich Melchior Mühlenberg nach wie vor eine Sonderstellung ein, da er gemeinhin als Begründer der lutherischen Kirche in Nordamerika angesehen wird. Zunehmend rücken auch die 13 Kollegen Mühlenbergs in den Fokus der Forschung, was u.a. einem Forschungsprojekt an den Franckeschen Stiftungen zu Halle in Kooperation mit der Otto-Friedrich-Universität in Bamberg sowie der Georg-August-Universität in Göttingen zu verdanken ist. Aktuell entsteht eine insgesamt achtbändige Edition sämtlicher verfügbarer und ermittelter Amtstagebücher und Amtskorrespondenzen der hallischen Mitbrüder. Die ersten vier Bände sind 2019/2020 erschienen: HÄBERLEIN / MÜLLER-BAHLKE / WELLENREUTHER (Hrsg.), Hallesche Pastoren, Bd. 1–2: Lebensläufe und Diarien, Bd. 3–7: Amtskorrespondenzen.

in Halle und Europa zu werfen und nach dem dortigen Interesse an ihnen zu fragen.

Zur Einordnung dieser besonderen Gattung ist es aber zunächst nötig, kurz auf den Stellenwert von Schriftstücken in der Gemeindearbeit im Allgemeinen und das Genre der Malefikantenberichte im Speziellen einzugehen.

Aufgrund ihrer Ausbildung und Sozialisation in den Glauchaschen Anstalten sowie ihres Studiums an der Friedrichs-Universität in Halle waren die Pastoren vom lutherischen Pietismus geprägt, was sich auch stark in der Praxis ihrer Gemeindearbeit widerspiegelte.[5] Mittels ehrgeiziger Erziehungsprogramme führten sie eine rigide Sündenzucht durch und versuchten so, das vermeintlich unmoralische Verhalten ihrer Gemeindemitglieder einzudämmen. Vehement wandten sich die Pastoren gegen sämtliche weltlichen Vergnügungen wie Tanzen und übermäßiges Trinken. Ihrer Ansicht nach lauerten darin Gefahren, wie z.B. sexuelle Ausschweifungen und Gelage, die gar zu Mord und Totschlag führen konnten. Sie lieferten den thematischen Stoff, auf dem die Malefikantenberichte basierten, die die Pastoren schließlich wieder in ihrer Gemeindearbeit nutzen konnten.[6] Zu den gängigsten und effektivsten Instrumenten der pastoralen Sündenzucht zählten Kirchenordnungen, deren Bestimmungen ein hohes Maß an gegenseitiger sozialer Kontrolle einforderten, die mitunter öffentliche Kirchenbuße, (Straf-)Predigten und Erbauungsstunden, regelmäßige Hausbesuche, Schul- und Katechismusunterricht sowie das Verteilen erbaulicher Schriften.[7]

---

5 Der Begriff Pietismus ist innerhalb der Forschung umstritten, die Diskussion darüber kann jedoch im Folgenden nicht näher ausgeführt werden. Die Forschung ist sich jedoch weitestgehend darin einig, dem Pietismus bzw. dieser besonderen Erweckungsbewegung charakteristische Merkmale zuzuschreiben, die sämtlichen darin verorteten Gruppierungen und Strömungen gemein sind. Dazu zählt vor allem das Streben nach einer Erneuerung des Lebens. Pietisten zielten insbesondere auf eine persönliche, innerliche Frömmigkeit mit Praxisbezug, Heiligung des Lebens und strenger Askese in Abkehr von der Welt ab. Der Pietismus war die bedeutendste Reformbewegung innerhalb des Protestantismus seit der Reformation. Mit Pietismus ist in dieser Studie der lutherische, genau genommen der Hallesche Pietismus gemeint, der auf die theologischen Lehren Philipp Jacob Speners (1635–1705) und August Hermann Franckes (1663–1727) zurückgeht. Vgl. dazu Johannes WALLMANN, Der Pietismus. Göttingen 2005, S. 26; ders., Was ist Pietismus?, in: Pietismus und Neuzeit 20 (1994), S. 11–27, hier: S. 18. Für eine allgemeinere Klärung der Begriffe sowie einer Einführung zu den verschiedenen Spielarten des Pietismus vgl. Martin BRECHT u. a. (Hrsg.), Geschichte des Pietismus, Bd. 1–4. Göttingen 1993–2004; Wolfgang BREUL, Art. „Pietismus", in: Enzyklopädie der Neuzeit 9, 2009, S. 12–20, hier: S. 12; Udo STRÄTER, Pietismus, in: Heinz THOMA (Hrsg.), Handbuch Europäische Aufklärung. Begriffe – Konzepte – Wirkung, Stuttgart / Weimar 2015, S. 395–399, hier: S. 395.
6 Vgl. EVERS, Sitte, Sünde, Seligkeit, S. 403.
7 Vgl. ausführlich zu den Instrumenten der hallischen Sündenzucht, EVERS, Sitte, Sünde, Seligkeit, S. 213–278.

Letztere stellten das intellektuelle Rüstzeug dar, mit dem die Pastoren sich von Halle aus für ihre Gemeindearbeit ausstatten ließen. Hermann Wellenreuther hat sich in seiner Studie zum Netzwerk Heinrich Melchior Mühlenbergs eingehend mit dem Transfer von Wissen aus der Alten in die Neue Welt beschäftigt.[8] Demnach gehörten zur theologischen Grundlagenliteratur neben Bibeln und Gesangbüchern insbesondere erbauliche Werke typisch pietistischer Autoren wie August Hermann Francke, Philipp Jacob Spener (1635–1705), Johann Jacob Rambach (1693–1735), Johann Arndt (1555–1621) und Carl Heinrich von Bogatzky (1690–1774). Darüber hinaus wurden auch Materialien für den Schulunterricht in die pennsylvanischen Gemeinden geschickt.[9] Die Pastoren ließen sich jedoch nicht nur Literatur aus Halle kommen; sie waren, wie der eingangs zitierte Brief Mühlenbergs zeigt, auch selbst schriftstellerisch aktiv und sandten ihrerseits Traktate nach Europa.[10]

Unter diesen zumeist erbaulichen Schriftstücken befanden sich auch besagte Malefikantenberichte. Doch was genau verbirgt sich hinter diesem Genre?

Als Subgattung zählten Malefikantenberichte zur biographischen und autobiographischen Exempelliteratur, die ihren Anfang mit Johann Henrich Reitz' (1665–1720) zwischen 1698 und 1753 in sieben Bänden mehrfach aufgelegter Historie der Wiedergebohrenen nahm, welche in den letzten Jahren zunehmend in den Fokus der historischen Forschung gerückt ist. Dabei handelt es sich um die früheste pietistische Sammlung paränetischer Lebens- und Seelenführungsberichte von im Sinne des Pietismus erweckten bzw. bekehrten Menschen. Die Berichte beginnen zumeist mit einer nüchternen Darstellung der äußeren Lebensumstände, reflektieren dann den geistlichen Zustand der betreffenden Personen und kulminieren schließlich in der Erfahrung des Gnadendurchbruchs der Wiedergeburt.[11] Die Berichte über HinrichtungskandidatInnen werden zu den Thanatographien, also zu jenen biographischen oder autobiographischen Berichten vom erbaulichen Sterben

---

8   Hermann WELLENREUTHER, Heinrich Melchior Mühlenberg und die deutschen Lutheraner in Nordamerika 1742–1787. Wissenstransfer und Wandel eines atlantischen zu einem amerikanischen Netzwerk, Berlin 2013, S. 177–208.
9   Ebd., S. 190.
10 Justus Heinrich Christian Helmuth verfasste mehrere Dutzend erzieherische und erbauliche Traktate, während Kunze es immerhin auf 15 publizierte Schriften brachte: Markus BERGER, „Das Band der Einigkeit zu erhalten". Johann Christoph Kunze und die zweite Generation hallischer Pastoren in Nordamerika, 1770–1807, Halle 2019, S. 258.
11 Hans-Jürgen SCHRADER, Literaturproduktion und Büchermarkt des radikalen Pietismus. Johann Henrich Reitz' „Historie der Widergebohrnen" und ihr geschichtlicher Kontext, Göttingen 1989, 13f.; ders., Die Literatur des Pietismus – Pietistische Impulse zur Literaturgeschichte. Ein Überblick, in: Hartmut LEHMANN u. a. (Hrsg.), Geschichte des Pietismus, Bd. 4: Glaubenswelt und Lebenswelten, Göttingen 2004, S. 386–406, hier: S. 397.

gezählt, die zwischen 1720 und 1760 in den vom lutherischen Pietismus geprägten Territorien des Alten Reichs florierten.[12] Zu den bekanntesten Sammlungen von Hinrichtungsberichten gehören die des Pfarrers und Erbauungsschriftstellers Ernst Gottlieb Woltersdorf (1725–1761) aus dem niederschlesischen Bunzlau. Sein Kompendium *Der Schächer am Kreutz* wurde 1753 erstmals veröffentlicht und enthält 40 gesammelte Nachrichten bekehrter und selig verstorbener MissetäterInnen.[13]

Die Verfasser der Malefikantenberichte gehörten zum Kreis der Pietisten oder waren zumindest dem Pietismus wohlgesonnene Theologen, die die zum Tode verurteilten Personen in ihren letzten Tagen vor der Hinrichtung im Gefängnis seelsorgerisch betreuten.[14] Die geistliche Betreuung von HinrichtungskandidatInnen wurde bereits in den Kirchenordnungen des 16. Jahrhunderts verpflichtend geregelt. Die Delinquentenseelsorge bestand aus Besuchen des Geistlichen, Gesprächen, Gesetzesbelehrungen, Beichte, Absolution, Abendmahl, der Aufforderung zur Vergebung, der Behandlung der Unbußfertigen und schließlich der Begleitung zum Richtplatz.[15] Daran änderte sich auch im 18. Jahrhundert nicht viel, wenngleich die praktische Durchführung der seelsorgerischen Betreuung als unzureichend kritisiert wurde. Unter anderem aus diesem Grund entstanden die Berichte vom vorbildlich-erbaulichen Sterben der zum Tode Verurteilten.[16] Im Zuge der Aufklärung entbrannten kontroverse Diskussionen um den Zweck und die Ver-

---

12 Rainer LÄCHELE, „Maleficanten" auf dem Schafott. Historische Überlegungen zur Delinquentenseelsorge im 18. Jahrhundert, in: Zeitschrift für Kirchengeschichte 107/2, 1996, S. 179–200, hier: S. 183f.
13 Der vollständige Titel lautet: Der Schächer am Kreutz. Das ist, Vollständige Nachrichten von der Bekehrung und seligem Ende hingerichteter Missethäter, Bd. 1. Budißin (Bautzen) / Görlitz 1753–1766. Des Weiteren sei in diesem Zusammenhang auf den von Johann Jacob MOSER (1701–1785) 1740 anonym herausgegebenen Sammelband verwiesen mit dem Titel: Seelige letzte Stunden einiger dem zeitlichen Tode übergebener Missethäter, Jena ²1742. 1753 veröffentlichte dieser aus Württemberg stammende Jurist und Pietist zusätzlich die weit umfangreichere Kompilation: Seelige letzte Stunden, 31 Personen, so unter des Scharfrichters Hand gestorben: Jauner, Diebe, Mordbrenner, Viehisch-Unzüchtige, und Militär-Verbrechere, vor Gott aber, als in dem Blute Jesu gerechtfertigt und abgewaschene, oder gnadenhungrige Seelen, Stuttgart / Franckfurt / Leipzig 1753; vgl. dazu auch Manfred JAKUBOWSKI-TIESSEN, Nachwort, in: Ders. (Hrsg.), Bekehrung unterm Galgen. Malefikantenberichte, Leipzig 2011, S. 143–154, hier: S. 145f.
14 JAKUBOWSKI-TIESSEN, Nachwort, S. 146.
15 LÄCHELE, „Maleficanten", S. 182.
16 Ebd., S. 183.

wendung dieser Berichte, deren Glaubwürdigkeit von Kritikern stark bezweifelt wurde.[17] Diese weisen vor allem auf die von solchen Berichten ausgehenden Gefahren hin. Im Fokus der Kritik stand die als übertrieben empfundene Wandlung der MissetäterInnen, die am Tag der Hinrichtung in der Sprache ihrer Seelsorger gesprochen und die gespannte Menge vor dem Schafott zur Bekehrung ermuntert hätten, noch während sie in „feierlicher Stimmung" den Streich des Scharfrichters erwarteten. Öffentliche Hinrichtungen glichen oftmals einem Volksfest und sollten im Kern drei wesentliche Aufgaben erfüllen: Erstens dienten sie der Abschreckung; zweitens und im Kontrast zum vorhergenannten Punkt sollten sie die Sensationslust der Untertanen befriedigen, die in großen Mengen dem Schauspiel beiwohnten bzw. beiwohnen mussten.[18] Drittens schließlich war der erbauliche Charakter der Hinrichtung durch die seelsorgerische Betreuung und die Rede der MalefikantInnen mit einer abschließenden Predigt des Pastors von zentraler Bedeutung. In diesem Sinne demonstrierte bzw. inszenierte der öffentliche Hinrichtungsakt in perfekter Weise das Zusammenspiel zwischen der weltlichen und der göttlich-geistlichen Strafgewalt, deren Ablauf zeremoniell streng geregelt war und bei der nichts dem Zufall überlassen werden durfte.

Das Auftreten der vorbildlich bekehrten, glücklichen SünderInnen, die ihre Hinrichtung kaum erwarten konnten, drohte jedoch das Ziel der Abschreckung zu konterkarieren. Freilich war dies seitens der weltlichen Obrigkeiten in der Art und Weise nicht intendiert, denn eine Bewunderung der Verurteilten konnten sie zur Aufrechterhaltung der Rechtsordnung nicht billigen. Um die Hinrichtung nicht in ein „Evangelisationsfest" bzw. eine Abschiedsfeier zu verwandeln, wurde die geistliche Begleitung zum Richtplatz untersagt.[19]

---

17 Zu diesen Kritikern gehörte auch der Theologie- und Philosophieprofessor sowie Direktor des nach hallischem Vorbild in Züllichau gegründeten Waisenhauses Gotthilf Samuel Steinbart (1738–1809). In einer anonym verfassten Schrift von 1769 warf Steinbart den Geistlichen und Verurteilten vor, aneinander vorbeizureden. Ferner fürchtete er eine Unterminierung der moralisch abschreckenden Wirkung von öffentlichen Hinrichtungen, da die MissetäterInnen als Helden verklärt würden; vgl. Hans-Dieter KITTSTEINER, Die Buße auf dem Schafott. Weltliches Urteil und göttliche Gnade im 18. Jahrhundert, in: Edith SAURER (Hrsg.), Die Religion der Geschlechter. Historische Aspekte religiöser Mentalitäten, Wien / Köln / Weimar 1995, S. 213–243, hier: S. 238–240.
18 Vgl. dazu Richard J. EVANS, Rituale der Vergeltung. Die Todesstrafe in der deutschen Geschichte 1532–1987, Darmstadt 2020 (2001), S. 81f.; Richard VAN DÜLMEN, Theater des Schreckens. Gerichtspraxis und Strafrituale in der frühen Neuzeit, München ⁴1995, S. 161–179.
19 In Preußen war es Friedrich II., der die Begleitung von Geistlichen bei der Hinrichtung von Kindsmörderinnen verbot; vgl. auch JAKUBOWSKI-TIESSEN, Nachwort, S. 150; vgl. ebenso Jürgen MARTSCHUKAT, Inszeniertes Töten. Eine Geschichte der Todesstrafe vom 17. bis zum 19. Jahrhundert, Köln / Wien / Weimar 2000, S. 40.

Ungeachtet dessen zählten Malefikantenberichte, wie bereits dargestellt, zu den beliebtesten Texten im Spektrum der erbaulichen Literatur, weshalb ein ähnliches Interesse an ihrer Nutzung in der alltäglichen Gemeindearbeit hallischer Pastoren in Pennsylvania erwartet werden kann. Umgekehrt ist es ebenso denkbar, dass von den Hallensern verfasste Malefikantenberichte in Europa auf eine interessierte Leserschaft stießen.

Zur Überprüfung der aufgestellten Fragen und Thesen soll in einem ersten Schritt der Gebrauch von Malefikantenberichten aus dem Reich in der pennsylvanischen Gemeindearbeit beleuchtet werden, bevor im zweiten Schritt konkrete Beispiele von Hinrichtungsberichten, die Heinrich Melchior Mühlenberg und sein Kollege Johann Friedrich Handschuch verfassten, im Fokus der Untersuchung stehen. Anhand ihrer Tagebücher und Briefe lässt sich rekonstruieren, vor welchen Herausforderungen die beiden Pastoren bei den Bekehrungsversuchen der Straftäter Friedrich Wilhelm Authenrieth bzw. Johann Broclemann standen. Abschließend wird in einem dritten Schritt die Reaktion auf die Berichte Mühlenbergs und Handschuchs in den Glauchaschen Anstalten mit Blick auf deren weitere Verwendung analysiert.

2. Die Rezeption von Malefikantenberichten aus dem Reich in lutherischen Gemeinden Pennsylvanias

Auf dem Höhepunkt ihres Aufkommens im Alten Reich, wurden Malefikantenberichte von den Glauchaschen Anstalten aus auch nach Pennsylvania gesendet, wo sie von den hallischen Pastoren in der Gemeindearbeit eingesetzt wurden.[20] Darüber geben die Tagebuchaufzeichnungen von Johann Nicolaus Kurtz und Johann Friedrich Handschuch Aufschluss. Ende September 1749 notierte Kurtz in seinem Tagebuch:

> „Heute kam ein Mann zu mir und wolte von seinem Seelen Zustand mit mir reden. Weil er oft in den predigten von einer gäntzlichen Umkehr oder anders werden gehöret hatte, und sich dißes bei ihm nicht befinden wolte, ob er schon fleisig Gott darum angef[l]ehet hette, so wolte er eine nähere Erklärung des wegen haben. Weilen aber itzo nötige Geschäfte hatte, so gab ihm eine kurze Erläuterung mit Versprechen ihn mit Nächstem zu besuchen. Gab ihm auch ein Büchlein, die Hirten Treue Jesu genant."[21]

---

20 JAKUBOWSKI-TIESSEN, Nachwort, S. 153.
21 Tagebucheintrag von Johann Nicolaus Kurtz vom 23.09.1749, in: Hallesche Pastoren in Pennsylvania, Bd. 2, S. 359.

Bei dem von Kurtz verliehenen Büchlein handelte es sich um den Malefikantenbericht der Kindsmörderin Gertrude Magdalene Bremmel, die am 6. November 1744 in Wernigerode enthauptet worden war.[22] Am 27. September 1749 besuchte der junge Pastor dann den Mann und dessen Ehefrau, um persönlich die Probleme des älteren, kinderlosen Paares zu besprechen, das Kurtz als fromm und zurückgezogen lebend beschrieb. Auf Nachfrage von Kurtz berichtete der Ehemann über das Dilemma der Eheleute.

> „Ich [Kurtz, d. Vf.] frug, was ihr begehren an mich wäre? Antw[ort:] Wir suchen so viel uns möglich seelig zu werden, beten und singen, und lesen in der Biebel. Allein, so wie er prediget, dahin können wirs nicht bringen. Ich frug, worinnen bestehets, was komt euch so schwer und unmöglich vor? Sie konten sich nicht gleich darauf besinnen. Ich frug weiter: Habt ihr euch wahrhaftig zum lieben Gott bekehret, und zwar in der Ordnung und Anweisung wie ich euch nach Gottes Wort gepr[edigt] oder wie die person in dem geliehenen Büchlein. (War die Kinder Mörderin im Wernigerodischen) Antw[ort]: Wir können von solchen Umständen noch nicht sagen, daß es mit uns so gestanden. Allein, wir beten fleisig um Vergeb[un]g der Sünden, und ist unser ernstliches Verlangen bekehret zu [werden?]. Der Man[n] sagte, er habe oft ganz allein auf seinen Knien Gott darum angeflehet, sonderlich die Zeit über, da er das Buch gehabt hette."[23]

Mit Hilfe des Berichts über die hingerichtete Kindsmörderin wollte Kurtz die verzweifelten Eheleute dabei unterstützen, zu einer wahren Bekehrung zu gelangen. Jedoch war die erhoffte Wirkung bis dato ausgeblieben. Aus dem Eintrag des Pastors geht leider nicht hervor, ob oder in welchem Ausmaß die beiden von dem Malefikantenbericht profitiert haben könnten und wie sie ihn verstanden hatten. Wenige Monate später scheint Kurtz jedoch mehr Erfolg gehabt zu haben, als er seiner Gemeinde „an statt einer predigt, die Bekehrung der Muthwilligen Kinder Mörderin Magdalena Bremelin, deßen Titul ist, die Hirten-treue des Herrn Jesu" vorlas:[24]

---

22 Die Magd Gertrude Magdalene Bremmel hatte der vierjährigen Tochter ihres Dienstherrn die Kehle durchgeschnitten, vgl. ANONYM, Die Hirten=Treue Christi, welche er an einem seiner verlornen Schafe, nemlich an Gertrude Magdalene Bremmelin, einer vorsetzlichen Kindermörderin, erwiesen, zum Preise desselben unendlicher Menschenliebe, wie auch zur Warnung und Besserung beschrieben, nebst einer auf dem Rabenstein gehaltenen Rede. Wernigerode: Waisenhaus, 1744, S. 6.

23 Anhand dieses Besuchs lässt sich ebenfalls zeigen, wie Privatgespräche bei Hausbesuchen durchgeführt wurden, die ein wichtiges Instrument der Pastoren darstellten, um etwas über den Seelenzustand der Gemeindemitglieder in Erfahrungen zu bringen oder generell über Neuigkeiten auf Stand gebracht zu werden; Tagebucheintrag von Johann Nicolaus Kurtz vom 27.09.1749, in: Hallesche Pastoren in Pennsylvania, Bd. 2, S. 359.

24 Tagebucheintrag von Johann Nicolaus Kurtz vom 28.01.1750, in: Hallesche Pastoren in Pennsylvania, Bd. 2, S. 366.

„Es hat dißes exempel manch gutes bei meinen Zuhörern erreget, sintemalen Viele diße Woche gekommen, und das Buch begehren, es zu Haußewn lesen. Ich laße es herum gehen, und wuchere damit. Gott lege einen grosen Seegen darauf!".[25]

Für Kurtz war die Geschichte rund um die Bekehrung der hingerichteten Magd offenbar von derart großer Bedeutung, dass er sie sogar anstelle einer Predigt verlesen hatte. Womöglich tat er dies auch, um die volle Aufmerksamkeit der Zuhörerschaft zu erlangen. Allenfalls hatte er sich die unterschwellige Kritik, die er während seines Besuchs bei den genannten Eheleuten erfahren hatte, zu Herzen genommen. Schließlich hatten sie sich darüber beklagt, dass „allein, so wie er prediget, dahin [zu einer wahren Bekehrung, Anm. d.Vf.] können wirs nicht bringen".[26] Darüber hinaus dürfte ein Malefikantenbericht aus dramaturgischer Sicht bei den Gemeindemitgliedern mehr Spannung als eine herkömmliche Predigt erzeugt haben. Solche Berichte enthielten in der Regel pikante Details über das aufregend sündhafte Leben der Verurteilten. Der Unterhaltungsfaktor ist demnach nicht zu unterschätzen, wenn man bedenkt, dass reale Hinrichtungen einen ähnlichen Effekt auf das anwesende Publikum ausübten. Noch wichtiger dürfte aber der appellative Charakter gegen Ende des Berichts gewesen sein, in dem der Verfasser die HörerInnen bzw. LeserInnen direkt und eindringlich anspricht und sie zur Bekehrung aufruft. Im Bericht der Gertrude Magdalena Bremmel handelt es sich um die Warnungs- und Erweckungsrede, die nach ihrer Enthauptung von Friedrich Leopold Harte (1704–1764), Pastor zu Wasserleben bei Wernigerode, gehalten wurde.[27] Wie in anderen Malefikantenberichten auch, ist darin ein regelrechter Sündenkatalog mit allerhand Aktivitäten enthalten, die besonders von pietistischen Theologen verurteilt wurden. Im Fall Gertrude Magdalene Bremmels zählten dazu das Karten- und Würfelspiel, das Tanzen und „Herumtreiben" auf Festen, das Singen von Hurenliedern, praktizierte Hurerei, heimliche Verlobungen, Ehebruch, Stolz und Hochmut.[28] Der Grundstein für dieses lasterhafte Verhalten wurde nach Auffassung der Theologen bei den meisten MissetäterInnen schon in der Kindheit gelegt, als sie versäumten, den Katechismus auswendig zu lernen und den Gottesdienst regelmäßig zu besuchen. Folgerichtig mündete ein derart liederliches Verhalten in die Straffälligkeit.[29]

---

25 Ebd.
26 Tagebucheintrag von Johann Nicolaus Kurtz vom 27.09.1749, in: Hallesche Pastoren in Pennsylvania, Bd. 2, S. 359.
27 Friedrich Leopold HARTE, Pastor in Wasserleben: Warnungs=Erweckungsrede, wie sie auf dem Rabensteine nach der Enthauptung an die Anwesenden gehalten worden, in: ANONYM, Die Hirten=Treue Christi, S. 82–116.
28 HARTE, Warnungs=Erweckungsrede, S. 82f., 86, 88.
29 Ebd., S. 84.

Pietistische Malefikantenberichte im transatlantischen Austausch 59

Im Grunde fassen Malefikantenberichte sehr eindrücklich und kompakt all das zusammen, was die Pastoren ihren Gemeindemitgliedern von der Kanzel herab während des Gottesdienstes predigten, in den Betstunden und im Katechismusunterricht wiederholten und ihnen auch im privaten Gespräch ans Herz legten. Dass im Anschluss viele ZuhörerInnen begehrten, das Buch zu Hause zu lesen, deutet zudem darauf hin, dass sie in gewissem Maße ihrer Sensationslust bzw. Faszination über die Abgründe des Menschen nachgehen wollten. Dieser Umstand könnte Pastor Kurtz durchaus bewusst gewesen sein, denn immerhin bestand so die Hoffnung darauf, dass sich die Gemeindemitglieder zu Hause über die reißerischen Inhalte hinaus noch einmal intensiv mit dem Ziel der Bekehrung auseinandersetzten.

An dieser Stelle sei anhand des von Kurtz verteilten Berichts über das Schicksal der Gertrude Magdalene Bremmel auf ein besonderes Phänomen hingewiesen, das in der Forschung unter dem Begriff „Suizidalmord" oder „suicide by proxy" bekannt ist. Gemeint ist damit die bewusst provozierte eigene Hinrichtung durch das Begehen einer Straftat aus Lebensüberdruss.[30]

---

30 Die terminologische Bestimmung des Begriffs ist in der Forschung umstritten. Sowohl im zeitgenössischen Sprachgebrauch als auch in der aktuellen Forschungsliteratur gibt es unterschiedliche begriffliche Zuschreibungen für dieses Phänomen, auf die nicht näher eingegangen werden kann. Der Begriff „Suizidalmord" wurde unter anderem vom dänischen Historiker Tyge Krogh („suicidal murder") in dessen Studie über die Selbsttötung durch Todesstrafe als ein spezifisch lutherisches Phänomen beschrieben. Weitaus offener ist dagegen die Bezeichnung „suicide by proxy" der amerikanischen Historikerin Kathy Stuart, die damit auch Praktiken einschließt, bei denen durch bewusst herbeigeführte Handgreiflichkeiten oder aggressives Verhalten der eigene Tod provoziert wurde. Dazu zählt sie beispielsweise das Duellieren oder Wirtshaushändel. Der früheste Fall, den Stuart ausmachen konnte, stammt aus dem Herzogtum Württemberg und trug sich 1612 zu. Zeitgenössische Juristen des 18. Jahrhunderts, wie beispielsweise Carl Ferdinand Hommel (1722–1781), bezeichneten diese Art von Selbstmord als „mittelbaren Selbstmord". Der Autor dieser Studie beschränkt sich im weiteren Verlauf auf den Begriff „Suizidalmord", da er am ehesten auf die exemplarischen Schicksale in den hier verwendeten Malefikantenberichten zutrifft. Vgl. zum Begriff den Aufsatz von Evelyne LUEF, Per Hinrichtung ins Himmelreich?, in: [fernetzt] (weblog) Junges Forschungsnetzwerk Frauen- und Geschlechtergeschichte, 16.06.2017, online Publikation http://www.univie.ac.at/fernetzt /per-hinrichtung-ins-himmelreich/ [letzter Zugriff am 20.03.2021], Vgl. außerdem Tyge KROGH, A Lutheran Plague: Murdering to Die in the Eighteenth Century, Leiden 2012; Kathy STUART, Suicide by Proxy: The Unintended Consequences of Public Executions in Eighteenth-Century Germany, in: Central European History 41/3, 2008, S. 413–445, hier: S. 414, 421; Jürgen MARTSCHUKAT, Ein Freitod durch die Hand des Henkers. Erörterungen zur Komplementarität von Diskursen und Praktiken am Beispiel von „Mord aus Lebens-Überdruß" und Todesstrafe im 18. Jahrhundert, in: Zeitschrift für historische Forschung 27, 2000, S. 53–74; zu Hommel und dessen Schrift *Rhapsodia quaestionum in foro quotidie obvenientum neque tamen legibus decisarum* von 1772, in welcher er den Begriff des mittelbaren Selbst-

In der Woltersdorfschen Sammlung lassen sich etliche Exempelgeschichten über Personen finden, die töteten, um sich „selbst aus der Welt zu schaffen".[31] Da Bremmel ihr bisheriges Leben mit Lügen und kleineren Betrügereien zugebracht hatte, beging sie einen Mord, auf den die Todesstrafe stand, um sich aus der diesseitigen Welt ins jenseitige Paradies befördern zu können, ohne sich selbst das Leben zu nehmen. So habe sie gedacht:

> „Wann du es nur thust, was du dir vorgenommen, so wirst du gerichtet, und durch dein Blutvergiessen wird alles bezahlet, und du wirst selig. Dergleichen Gedanken sich zuerst in ihr gereget, da sie ehemals eine Execution mit angesehen, und sich dabey vorgestellet, daß, wer also stürbe, nicht anders als selig werden müsse."[32]

In der stark religiös und moralisch aufgeladenen Lebenswelt der Frühen Neuzeit galt Selbstmord konfessionsübergreifend als schwere Sünde und wurde auch in den weltlichen Gesetzestexten kriminalisiert. Menschen, die ihr Leben selbst beendeten, wurde in der Regel ein ehrenhaftes Begräbnis auf einem Friedhof verweigert. Dies galt insbesondere für diejenigen, die sich allem Anschein nach aus Lebensüberdruss oder unerträglichen Schmerzen umgebracht hatten, wohingegen solche, die als unzurechnungsfähig eingestuft wurden, zumindest auf ein sogenanntes „stilles Begräbnis", d.h. ohne Glockengeläut, Gesang und zu einer ungewöhnlichen Tageszeit frühmorgens oder spätabends, hoffen konnten.[33] Theologisch gesehen liefen SelbstmörderInnen Gefahr, nicht in das Reich Gottes aufgenommen zu werden, da sie vorher keine Gelegenheit hatten, ihre Sünden zu beichten und Reue ob ihrer schweren Tat zu bekennen. MörderInnen, die sich aufrichtig bußfertig zeigten, konnten jedoch mit Hilfe der Kirche die göttliche Gnade erlangen. Dem Juristen Carl Ferdinand Hommel (1722–1781) zufolge wählten deshalb viele lebensmüde Menschen den Umweg über Mord, um die vermeintlich sichere Verdammnis durch den selbst begangenen Suizid mit Hilfe einer intensiven geistliche Betreuung vor der Hinrichtung zu verhindern.[34] Da die MörderInnen glaubten, dass Kinder noch frei von jeglicher Sünde seien und daher garantiert den Weg ins Paradies fänden, waren sie bevorzugte Opfer.[35] Die Obrigkeiten befürchteten, dass es nachahmende Menschen geben könnte, die diesen Beispielen folgen wollten. In der Tat handelte es sich hierbei um ein

---

    mords definiert, vgl. auch Vera LIND, Selbstmord in der Frühen Neuzeit. Diskurs, Lebenswelt, und kultureller Wandel am Beispiel der Herzogtümer Schleswig und Holstein, Göttingen 1999, S. 61f.

31 Vgl. ANONYM, Die Hirten=Treue Christi, S. 6.
32 Ebd., S. 12f.
33 LIND, Selbstmord in der Frühen Neuzeit, S. 35.
34 Ebd., S. 62.
35 STUART, Suicide by Proxy, S. 414.

Phänomen, das im 17. und 18. Jahrhundert – besonders unter Frauen in lutherischen Gebieten des Alten Reichs – immer wieder beobachtet wurde.[36] Folglich reagierten die Obrigkeiten mit entsprechenden Sanktionen, um derartige Handlungsweisen zu unterbinden.[37] In dem hier vorliegenden Bericht ist es Pastor Harte, der die Leserschaft davor warnt, zu morden, um Bekehrung und Seligkeit zu finden.[38] Man könne nämlich nicht immer auf die Barmherzigkeit des Herrn vertrauen, und nicht jeder schaffe es, sich wie Gertrude Magdalene Bremmel in so kurzer Zeit zu bekehren, so die Botschaft Hartes.[39]

Die Hallenser verwendeten Malefikantenberichte nicht nur im Gottesdienst, sie verteilten sie auch als Mahnschriften an die Gemeindemitglieder oder als Erziehungsratgeber für Eltern, die ihre Kinder im Katechismus unterrichteten und darauf Acht geben sollten, regelmäßig mit ihnen den Gottesdienst zu besuchen, um sie vor dem Abstieg in die Kriminalität zu beschützen.[40]

---

36 Unter den 114 bekannten Fällen waren 57% weiblich. 111 der Täterinnen und Tätern konnten einer Konfession zugewiesen werden, von denen wiederum 88 protestantisch waren. Der Anteil der weiblichen Täterinnen lag bei 58%. Unter den Katholiken lag der weibliche Anteil bei 61% nur leicht über dem protestantischen Wert. Für eine Übersicht zu den Fallzahlen und einer Aufteilung nach Konfession und Geschlecht in den unterschiedlichen Territorien des Alten Reichs vgl. STUART, Suicide by proxy, S. 424 f., 426, 429; vgl. außerdem MARTSCHUKAT, Inszeniertes Töten, 85 f.

37 Die Reichsstadt Nürnberg reagierte bereits 1702 mit einem entsprechenden Edikt, das Strafverschärfungen für MörderInnen vorsah, die offenkundig aus Lebensüberdruss getötet hatten. Ihnen sollte vor der Enthauptung die rechte Hand abgeschlagen werden, die dann im Anschluss zusammen mit Kopf und Körper auf das Rad geflochten und unehrenhaft unter dem Galgen begraben werden sollte. In der zweiten Hälfte des 18. Jahrhunderts wichen die Herzogtümer Schleswig und Holstein von der Todesstrafe für SuizidalmörderInnen ab, indem sie auf abschreckende Stigmatisierung setzten. Die MissetäterInnen wurden mit der Staupe geschlagen, auf der Stirn gebrandmarkt und lebenslang in Ketten gelegt. Einmal im Jahr sollten sie auf einem Schinderkarren mit einem Strick um den Hals durch die Stadt gefahren werden. In den Händen hatten sie ein Brett zu halten, auf dem sie als Mörderin oder Mörder tituliert wurden. Nach dem Tod erwartete sie eine posthume Exekution, bei der Hand und Kopf ähnlich wie in Nürnberg abgeschlagen, der Körper auf ein Rad geflochten sowie Hand und Kopf auf einen Pfahl gesteckt werden sollten. Im Malefikantenbericht der Gertrude Magdalene Bremmel ist von solchen Strafverschärfungen keine Rede. Sie wurde rasch enthauptet, allerdings auch unehrenhaft auf der Richtstätte begraben. In ihrem Bericht stand die pietistische Bekehrung der reuigen Sünderin im Mittelpunkt. Vgl. zu Nürnberg STUART, Suicide by proxy, S. 440 f.; zu Schleswig und Holstein LIND, Selbstmord in der Frühen Neuzeit, S. 62 f.; vgl. ferner ANONYM, Die Hirten=Treue Christi, S. 8.

38 Ebd., S. 84.
39 Ebd., S. 111f.
40 EVERS, Sitte, Sünde, Seligkeit, S. 266.

Obwohl der moralische Impetus der Malefikantenberichte unbestritten ist, liefern die Aufzeichnungen der Pastoren selbst nur wenige Hinweise auf deren Verwendung. Kurtz und Handschuch sind die einzigen, bei denen der Besitz von Malefikantenberichten zumindest nachgewiesen werden kann. In seinem Tagebucheintrag vom 4. Oktober 1751 erwähnte Handschuch, dass er neben anderen Traktaten und Schriften acht Exemplare von dem „Werke der Bekehrung zweier Kindermörderinnen in Wernigerode" erhalten habe.[41] Inwieweit Handschuch die Exemplare in der seelsorgerischen Praxis nutzte, geht aus seinen Aufzeichnungen nicht weiter hervor. Erst 1774, als das Interesse an den Malefikantenberichten im Alten Reich zunehmend erlosch, sind im Verzeichnis der von Halle nach Pennsylvania versandten Bücher wieder sieben Exemplare von Ernst Gottlieb Woltersdorfs *Schächer am Creutz* belegt.[42] Eine von den Glauchaschen Anstalten ausgehende, weitreichende Verbreitung der Malefikantenberichte in der Neuen Welt lässt sich somit nicht belegen.

3. Die Betreuung von Hinrichtungskandidaten bei Heinrich Melchior Mühlenberg und Johann Friedrich Handschuch am Beispiel der Fälle Friedrich Wilhelm Authenrieth und Johann Broelemann

Im Alten Reich wie in Pennsylvania wurden Menschen für ihre kriminellen Taten mit dem Tode bestraft und ihr Schicksal zur Abschreckung, Erbauung und Unterhaltung für die Nachwelt festgehalten. Die Hallenser wohnten mehreren Hinrichtungen bei, und von Heinrich Melchior Mühlenberg, Johann Friedrich Handschuch sowie Justus Heinrich Christian Helmuth ist bekannt, dass diese auch Berichte darüber verfassten. In den Brief- und Tagebuchaufzeichnungen von Mühlenberg und Handschuch wird die Betreuung

---

41 Tagebucheintrag von Johann Friedrich Handschuch vom 04.10.1751, in: Hallesche Pastoren in Pennsylvania, Bd. 1, S. 369. Es handelt sich hierbei erneut um den Bericht über die Hinrichtung Gertrude Magdalene Bremmels sowie um jenen der Kindsmörderin Anna Elisabeth Schultze, verwitwete Lumme, die unehelich schwanger wurde, die Schwangerschaft verheimlichte und ihr neugeborenes Kind erstickte. Beide Geschichten sind auch in Woltersdorfs Sammlung *Der Schächer am Creutz* enthalten. Der vollständige Titel des Berichts über Elisabeth Schultze lautet: Das Gnadenwerck Gottes in Bekehrung einer Kinder=Mörderin, Annen Elisabeth Schultzin, verwitweten Lummin aus Eilstedt, welche den 15. Sept[ember] 1747 vor Wernigeroda mit dem Schwerte hingerichtet worden, nebst einer nach geschehener Execution von dem Rabenstein an das versammlete Volck gehaltenen kurzen Rede, summarisch aufgesetzt und zum gemeinen Nutz durch den Druck mitgetheilet, Wernigerode, 1747.
42 WELLENREUTHER, Heinrich Melchior Mühlenberg und die deutschen Lutheraner, S. 568f., 576.

der beiden Malefikanten Friedrich Wilhelm Authenrieth (1764) und Johann Broelemann (1760) ausführlich geschildert. Mühlenberg verfasste neben seinen Tagebuchaufzeichnungen einen offiziellen Bericht, der gedruckt wurde. Leider ist kein Exemplar, das als Basis für nähere Untersuchungen dienen könnte, überliefert, denn ein Abgleich zwischen den Tagebuchaufzeichnungen und dem Bericht wäre lohnenswert, um Unterschiede zwischen den handschriftlichen Notizen und der finalen Druckfassung herauszuarbeiten. Handschuchs Bericht war wiederum aus Gründen, die weiter unten erläutert werden, nicht für die Öffentlichkeit bestimmt. Helmuth betreute den am 18. Dezember 1773 in Lancaster wegen Mordes an seinem Bruder und Brandstiftung hingerichteten Samuel Brandt. Der im Anschluss daran niedergeschriebene Bericht wurde zwar gedruckt, allerdings konnte auch davon kein Exemplar lokalisiert werden. In seinen Aufzeichnungen erfährt die Leserschaft auch nichts Näheres zu dessen Betreuungspraxis.[43] Daher konzentrieren sich die folgenden Ausführungen auf die Berichterstattung von Mühlenberg und Handschuch. Zunächst ist es aber nötig, die Darstellungen der beiden Pastoren in den Kontext der pennsylvanischen Hinrichtungspraxis einzubetten.

Als mit Heinrich Melchior Mühlenberg 1742 der erste Hallenser die Eigentümerkolonie William Penns (1644–1718) erreichte, hatte diese in den 60 Jahren ihres Bestehens bereits drei Strafrechtsreformen durchgeführt. Eine vierte erfolgte 1786 im Bundesstaat Pennsylvania der seit einem Jahrzehnt unabhängigen USA.[44] Galten die dortigen Strafgesetze am Ausgang des 17. Jahrhunderts im Vergleich zu den übrigen Kolonien noch als außergewöhnlich moderat, wurden sie bis zur vollständigen Adaption des britischen Strafrechts 1718 stetig verschärft.[45] Die religiösen Überzeugungen der Society of

---

43 Vgl. zu Samuel Brandt Negley K. TEETERS, Public Executions in Pennsylvania, 1782–1834, in: Eric Henry MONKKONEN (Hrsg.), Crime & Justice in American History. Historical Articles on the Origins and Evolution of American Criminal Justice, Bd. 2: The Colonies and Early Republic, Westport 1991, S. 756–835, hier: S. 803.
44 Vgl. EVERS, Sitte, Sünde, Seligkeit, S. 83.
45 Ebd., S. 85; Jürgen MARTSCHUKAT, Die Geschichte der Todesstrafe in Nordamerika, München 2002, S. 26; vgl. ausführlich zur pennsylvanischen Strafrechtspraxis und -geschichte: Herbert William Keith FITZROY, The Punishment of Crime in Provincial Pennsylvania, in: Pennsylvania Magazine of History and Biography 60/3; 1936, S. 242–269; Lawrence GIPSON, The Criminal Codes of Pennsylvania. The Laws of the Duke of York; The Laws of Chester (1682); The Code of 1701; The Law of 1718, in: Journal of Criminal Law and Criminology, 1915, S. 323–344; ders., Crime and its Punishment in Provincial Pennsylvania, in: Pennsylvania History: A Journal of Mid-Atlantic Studies 2/1, 1935, S. 3–16; Douglas GREENBERG, Crime, Law Enforcement, and Social Control in Colonial America, in: Eric Henry MONKKONEN (Hrsg.), Crime & Justice in American History. Historical Articles on the Origins and Evolution of American Criminal Justice, Bd. 1: The Colonies and Early

Friends (Quäker), zu der auch Penn gehörte, sahen die Todesstrafe zunächst nur für Mord und Hochverrat vor. Eigentumsdelikte mit dem Tode zu bedrohen, widersprach ihrer Ansicht nach den göttlichen Gesetzen, weshalb diese mit einer finanziellen Entschädigung geahndet wurden. Sexualverbrechen wie Vergewaltigungen und Sodomie[46] wurden wiederum mit einer Kombination aus Güterkonfiskation, Auspeitschen und Haft bestraft.[47] Als sich die Klagen über Verbrechen und moralischen Verfall jedoch häuften und die Quäker mit der Zeit immer mehr an politischem Einfluss einbüßten, sah sich die pennsylvanische Regierung dazu veranlasst, härtere Strafen zu verhängen. Mit der Übernahme des britischen Rechts stufte sie 13 Delikte, einschließlich Diebstahl, Vergewaltigung und Sodomie, als Kapitalverbrechen ein, die nun mit dem Tode zu bestrafen waren.[48]

Zwischen 1742 und (einschließlich) 1800 wurden in Pennsylvania circa 189 Menschen hingerichtet, die meisten von ihnen in Philadelphia.[49] Die DelinquentInnen wurden in der Regel mit dem Strick vom Leben zum Tode befördert. Im Gegensatz zum Alten Reich wurde die Enthauptung in keiner der britischen Kolonien und späteren US-amerikanischen Bundesstaaten durch-

---

Republic, Westport 1991, S. 231–263; Michael MERANZE, Laboratories of Virtue. Punishment, Revolution, and Authority in Philadelphia, 1760–1835, Chapel Hill 1996; Jack D. MARIETTA / Gail S. ROWE, Troubled Experiment. Crime and Justice in Pennsylvania, 1682–1800, Philadelphia 2006; Mitchel P. ROTH, A History of Crime and the American Criminal Justice System, New York ³2019.

46 Unter Sodomie fassten die Zeitgenossen des 18. Jahrhunderts jegliche als widernatürlich empfundene Form von Sexualität zusammen, insbesondere Homosexualität und sexuelle Handlungen an und mit Tieren (Bestialität), vgl. dazu Kristin KLIEMANNEL, Sodomie: Von der Natur des Unnatürlichen. Zugleich ein Beitrag zum Rechtsgüterschutz im Tierschutzrecht, Halle 2017, S. 26.

47 Vgl. EVERS, Sitte, Sünde, Seligkeit, S. 83.

48 Ebd., S. 85; vgl. außerdem Gabriele GOTTLIEB, Theater of Death. Capital Punishment in Early America 1750–1800, Diss. phil. [masch.], Pittsburgh 2005, S. 84, URL: http://d-scholarship.pitt.edu/10187/1/gottlieb.pdf (letzter Zugriff am 10. April 2021).

49 Vgl. https://deathpenaltyusa.org/usa1/state/pennsylvania1.htm (letzter Zugriff am 10. April 2021); https://deathpenalty.procon.org/us-executions/#IX (letzter Zugriff am 10. April 2021). Die hier entnommenen Zahlen müssen mit Vorsicht betrachtet werden, denn offenbar wurden nicht alle Hinrichtungen erfasst. So fehlen in der Liste etwa die Hinrichtungen von Kindsmörderinnen, über die Johann Friedrich Handschuch und Johann Christoph Kunze am 30. April 1750 bzw. am 13. März 1767 in ihren Tagebüchern berichteten, während die in diesem Artikel erwähnten Hinrichtungen von Johann Broelemann, Wilhelm Authenrieth und Samuel Brandt darin nachgewiesen sind; vgl. zu den Besuchen Handschuchs und Kunzes: Hallesche Pastoren in Pennsylvania, Bd. 1, S. 304; Bd. 2, S. 252.

geführt. Überhaupt scheinen Hinrichtungen in der Neuen Welt weitaus weniger blutig gewesen zu sein als auf dem europäischen Kontinent.[50] Der Ablauf einer öffentlichen Hinrichtung folgte im 18. Jahrhundert allerdings nach wie vor europäischen Mustern. So wurden die Verurteilten in Philadelphia vom Gefängnis aus unter dem Gesang der Geistlichen, der Richter und des Sherriffs bis zum Galgen eskortiert. Dieser letzte Gang sowie die Hinrichtung selbst wurden von einem großen Publikum verfolgt.[51] Außerdem war es üblich, dass die verurteilten Personen noch eine letzte Rede, die sogenannte Galgenpredigt, hielten, in der sie dem Publikum ihre Bußfertigkeit nach der Vorbereitung durch einen Geistlichen zeigten, die Zuschauenden vor einem ähnlichen Schicksal warnten und die Gemeinschaft vor dem Zorn Gottes bewahren sollten. Mit der öffentlichen Inszenierung einer Hinrichtung sollte das gestörte Gleichgewicht nach dem Ableben der MissetäterInnen wiederhergestellt sein.[52]

Mehrfach waren die Hallenser in Pennsylvania Teil dieses Spektakels, denn es gehörte zu ihren Aufgaben, die zum Tode Verurteilten während ihrer letzten Tage im Gefängnis zu begleiten und sie angemessen auf ihre Hinrichtung vorzubereiten. Damit war nicht nur die Bekehrung und Errettung ihrer Seele gemeint; sie hatten ebenfalls dafür Sorge zu tragen, dass es am Galgen nicht zum Eklat kam, indem sich die Verurteilten ungebührlich verhielten.

3.1. Der Fall Authenrieth

1764 betreute Heinrich Melchior Mühlenberg den aus der Reichsstadt Esslingen stammenden Friedrich Wilhelm Authenrieth. Der gelernte Chirurg

---

50 1387 Menschen wurden zwischen 1608 und 1799 in den britischen Kolonien Nordamerikas und den USA gehängt. Parallel dazu gab es im selben Zeitraum folgende Hinrichtungsmethoden: Rädern (13), die Verbrennung auf dem Scheiterhaufen (66) und den Tod durch Erschießen (33); Zahlen entnommen aus https://deathpenalty.procon.org/us-executions/#V (letzter Zugriff am 10. April 2021). Im Alten Reich drohten Kriminellen mitunter harsche Strafen, die in der *Constitutio Criminalis Carolina (CCC)* Karls V. von 1532 und den landesherrlichen Kriminalgesetzgebungen festgeschrieben waren. Dazu zählten neben Rädern, Enthaupten und Hängen auch Methoden wie das Lebendigbegraben, Verbrennen, Vierteilen und Ertränken. Allerdings wurden die meisten dieser Strafen seit dem 17., spätestens aber im 18. Jahrhundert in der Praxis nicht mehr oder nur noch äußerst selten angewendet. MissetäterInnen wurden häufig zum Tode durch das Schwert begnadigt. Enthaupten und Hängen gehörten daher zu den gängigsten Hinrichtungsformen; vgl. VAN DÜLMEN, Theater des Schreckens, S. 111f.; LÄCHELE, „Maleficanten", S. 181.
51 MARTSCHUKAT, Geschichte der Todesstrafe, S. 27.
52 Ebd.

wurde wegen Einbruchs und Diebstahls einer größeren Menge Gold- und Silberwaren in Philadelphia zum Tode durch den Strang verurteilt.[53] Mühlenbergs Wirken in diesem Fall umspannt den Zeitraum vom 10. März bis zum Tag der Hinrichtung Authenrieths am 12. Mai. Er besuchte den Delinquenten abwechselnd oder zusammen mit dem schwedischen Probst Carl Magnus Wrangel sowie gemeinsam mit seinen deutschen Amtsbrüdern Johann Friedrich Handschuch, Johann Christoph Hartwich und Johann Ludwig Voigt.[54]

Friedrich Wilhelm Authenrieth soll Teil einer mehrköpfigen Diebesbande gewesen sein. Zeugenaussagen und bei ihm aufgefundene Gegenstände belasteten ihn stark. Mühlenberg war am 10. März zunächst von den englischen Magistraten ins Gefängnis geholt worden, um den in Eisen gelegten Authenrieth dazu zu bewegen, weitere am Raub Beteiligte sowie den Verbleib des restlichen Diebesguts zu verraten. In einem Einzelgespräch mit dem Gefangenen erfuhr der Pastor mehr über dessen bisherige Lebensumstände. Demnach war der gebürtige Esslinger verheiratet und Vater mehrerer Kinder. Als Chirurg scheint er ein rastloses Leben auf Wanderschaft geführt zu haben, denn seinen Angaben zufolge habe er seine Dienste nicht nur in Deutschland, sondern auch in Österreich, Ungarn und an vielen anderen Orten angeboten. Erst vor wenigen Monaten sei er von London aus nach Pennsylvania gekommen. Verzweifelt beteuerte Authenrieth seine Unschuld, obwohl die Magistrate ihm im Falle eines Geständnisses das Leben zusicherten. Laut Mühlenberg habe er aber keine unschuldigen Menschen verraten wollen, nur damit er leben könne.[55] Sechs Tage später besuchte Mühlenberg den inhaftieren Chirurgen nochmals, um mit ihm zu sprechen. Die Inhalte der Unterredung gehen aus dem kurzen Eintrag allerdings nicht hervor.[56] Erst einen Tag vor Beginn des Gerichtsprozesses suchte Mühlenberg Authenrieth auf Anfrage hin erneut auf. Zusammen mit Pastor Hartwich sprach er eine halbe Stunde mit dem Angeklagten, um festzustellen, dass dieser sich mehr um seinen physischen als um seinen seelischen Zustand sorge. Der Pastor bekräftigte daraufhin seine Bereitschaft, ihm seelischen Beistand zu leisten, gleichwohl aber nichts für die Erhaltung seines Lebens tun zu können, da dieses in den

---

53 Tagebucheintrag von Heinrich Melchior Mühlenberg vom 10.03.1764, in: Theodore G. TAPPERT / John W. DOBERSTEIN (Hrsg.), The Journals of Henry Melchior Muhlenberg, Bd. 2, Philadelphia 1945 (ND 1982), S. 43.
54 Tagebucheinträge von Heinrich Melchior Mühlenberg, 10.03.1764–12.05.1764, in: Journals, Bd. 2, S. 43–77.
55 Tagebucheintrag von Heinrich Melchior Mühlenberg vom 10.03.1764, in: Journals, Bd. 2, S. 43.
56 Tagebucheintrag von Heinrich Melchior Mühlenberg vom 16.03.1764, in: Journals, Bd. 2, S. 48.

Händen des Gerichts liege.[57] Am 12. April vermerkte Mühlenberg schließlich knapp, dass er vom Todesurteil gegen Authenrieth erfahren habe.[58] Am darauffolgenden Tag wurde der Pfarrer abermals vom Sheriff darum gebeten, zu Authenrieth ins Gefängnis zu kommen. Ab diesem Zeitpunkt hatten Mühlenberg und seine Mitbrüder noch ganze vier Wochen Zeit, dem Malefikanten zur Bekehrung zu verhelfen. Da die eigentliche Arbeit in diesem Fall erst jetzt beginnen sollte, verdichtete sich damit auch die einschlägige Berichterstattung in Mühlenbergs Tagebuch.[59]

Erbost beteuerte Authenrieth auch nach dem Todesurteil seine Unschuld, wobei er sämtliche Möglichkeiten in Betracht zog, um nicht den unehrenhaften Tod am Galgen zu sterben.[60] Sogar von Selbstmord sei die Rede gewesen. Mühlenberg versuchte dem Verurteilten zunächst auf theologischer Basis zu erläutern, wie es überhaupt zum Äußersten habe kommen können. Obwohl der Verurteilte eine christliche Erziehung genossen habe, habe er sich mutwillig dazu entschieden, den frommen Lebensweg zu verlassen und sich Satan und dessen Verführungen anzuschließen.[61] Auch jetzt noch bewege ihn seine korrumpierte Natur zu lügen, um sein Leben zu schonen. Es sei nun höchste Zeit, diese Haltung aufzugeben, sich vor Gott als Sünder zu bekennen und um Gnade zu bitten. Dies sei auch im Sinne seiner Familie, wenn diese nach seinem Tod erfahren sollte, dass immerhin seine Seele gerettet worden sei.[62] Nachdem sich Authenrieth Mühlenbergs Worte angehört hatte, begann er erneut zu protestieren, woraufhin der Pastor auf seine Eltern in Esslingen verwies, die er als respektable Personen bezeichnete und denen ihr Sohn nichts als Ärger und Schande mit seinem Verhalten bereitet habe. Diese Worte schienen den Delinquenten zunächst berührt zu haben. Als Mühlenberg Authenrieth aber außerdem noch mitteilte, dass er von mehreren Deutschen gehört habe, dass er bereits in England wegen Diebstahls zum Tode verurteilt worden war, witterte dieser eine Verschwörung seiner Landsleute gegen ihn und bezeichnete sich als von Gott verlassen. Der Pastor machte indessen deutlich, dass nicht Gott ihn verlassen habe, sondern umgekehrt Authenrieth sich von Gott abgewandt habe.[63]

---

57 Tagebucheintrag von Heinrich Melchior Mühlenberg vom 10.04.1764, in: Journals, Bd. 2, S. 63.
58 Tagebucheintrag von Heinrich Melchior Mühlenberg vom 12.04.1764, in: Journals, Bd. 2, S. 64.
59 Ebd., S. 65.
60 Tagebucheintrag von Heinrich Melchior Mühlenberg vom 16.04.1764, in: Journals, Bd. 2, S. 68.
61 Ebd.
62 Ebd.
63 Ebd., S. 69.

Mühlenberg selbst zweifelte nicht am Urteil des Gerichts und führte Authenrieth unmissverständlich dessen Rechtmäßigkeit vor Augen, denn die englischen Gesetze seien so „excellent", dass Unschuldige nicht so leicht zum Tode verurteilt werden könnten.[64] Derart positive Äußerungen Mühlenbergs über die englische bzw. pennsylvanische Gerichtsbarkeit waren rar, denn auch wenn er sie in der Theorie für gut befand, so kritisierte er in zahlreichen Tagebucheinträgen und Briefen doch deren praktische Durchführung, die er insbesondere bei Sittlichkeitsdelikten als zu lax empfand.[65] Nicht selten bezeichnete er das pennsylvanische Gerichtssystem als korrupt, da er habe mitansehen müssen, wie offensichtliche Straftäter sich von ihren Strafen freikaufen und die Kolonie anschließend verlassen konnten, um anderswo ein neues Leben zu beginnen. Mühlenberg selbst war grundsätzlich dazu bereit, Straftäter vor Gericht zu bringen, um sie ihrer gerechten Strafe zuzuführen, was vor allem anhand seiner Unterstützung von Frauen sichtbar wird, die Opfer sexueller Übergriffe geworden waren.[66] Allgemein unterstützten Seelsorger die Todesstrafe, die auch Martin Luther seinerzeit als gottgewolltes Recht befürwortet hatte.[67] Eben weil Mühlenberg von der gerichtlichen Entscheidung überzeugt war, scheint er auch wenig geneigt gewesen zu sein, auf Bitten mehrerer Deutscher und des Verurteilten selbst beim Gouverneur Suppliken um dessen Begnadigung einzureichen.[68] Hinzu kam, dass Gotthilf August Francke Mühlenbergs aktives Eingreifen in weltliche Angelegenheiten missbilligte und ihn stattdessen ermahnte, StraftäterInnen als SünderInnen zu begreifen und sie mit Worten und geistlichen Mitteln auf den rechten Pfad zurückzuführen. Franckes Auffassung zufolge sollte ein Prediger die Obrigkeiten lediglich an ihre Aufgaben erinnern.[69] Dementsprechend konzentrierte sich Mühlenberg auf die Errettung von Authenrieths Seele.

Als der Malefikant dem Pastor gegenüber seine Angst über den schrecklichen Tod des Hängens äußerte, entgegnete ihm dieser, dass schon viele andere Christen, vor allem Märtyrer, einen noch grausameren Tod – und zwar nicht unbedingt durch eine Hinrichtung – hätten erleiden müssen: „All these things, are to be endured, if only the soul is at peace with God through Christ", wie Mühlenberg versuchte, Authenrieth zu beruhigen.[70]

---

64 Ebd.
65 Vgl. EVERS, Sitte, Sünde, Seligkeit, S. 395.
66 Vgl. ebd., S. 393.
67 Vgl. LÄCHELE, „Maleficanten", S. 197.
68 Tagebucheintrag von Heinrich Melchior Mühlenberg vom 16.04.1764, in: Journals, Bd. 2, S. 68.
69 Vgl. EVERS, Sitte, Sünde, Seligkeit, S. 395.
70 Tagebucheintrag von Heinrich Melchior Mühlenberg vom 16.04.1764, in: Journals, Bd. 2, S. 69.

Folgt man den Aufzeichnungen des Pastors, so bewahrte dieser einen kühlen Kopf gegenüber dem Verurteilten, selbst als dieser sich weiterhin uneinsichtig gab:

> „The delinquent began again to burst out in exclamations and howled with impatience, I told him that such conduct would not improve his situation one whit, but only kept him from the utterly necessary work of repentance. I told him that he was not of the genus foemininum but masculinum, and since he had learned the art of chirurgery and also practiced medicine, he surely ought to know that death by strangulation was not much different from that by apoplexy. He should not dwell on the manner of death, but rather seek grace and life for his undying soul."[71]

Abgeklärt und sachlich forderte Mühlenberg den Hinrichtungskandidaten auf, die Sache – im wahrsten Sinne des Wortes – wie ein Mann zu nehmen und sich nicht wie eine Frau aufzuführen. Als Kind seiner Zeit betrachtete der Pastor Frauen grundsätzlich als das schwächere und emotionalere Geschlecht. Ein emotionaler Ausbruch, wie der Pastor ihn hier für Authenrieth schilderte, war dementsprechend ungehörig und wurde als unmännlich wahrgenommen.[72] Damit appellierte Mühlenberg vor allem aber auch an die Ehre des Verurteilten und wollte vermutlich auf diese Weise Stärke und Mut bei ihm erzeugen. Zusätzlich sollte auch sein Vergleich des Todeseintritts durch Strangulation mit einem Schlaganfall dazu beitragen, indem er auf das ärztliche Fachwissen des Malefikanten rekurrierte.

Doch das „gute Zureden" Mühlenbergs schien nichts zu bewirken, denn Authenrieth flehte weiterhin um die Fürsprache des Pastors und anderer Deutscher hinsichtlich einer Begnadigung durch die pennsylvanische Obrigkeit.[73] Bei einem weiteren Besuch, den Mühlenberg in einem kappen Tagebucheintrag vermerkte, musste der Pastor erneut feststellen, dass der Bekehrungsprozess Authenrieths nach wie vor stockte. Der Verurteilte sei erst dazu

---

71 Ebd., S. 69.
72 Das traditionell von misogynen, patriarchalischen Strukturen und Tendenzen geprägte Frauenbild des 18. Jahrhunderts beeinflusste auch das Denken Mühlenbergs; ihn deswegen aber grundsätzlich als frauenfeindlich zu bezeichnen, wäre falsch. Er und seine Kollegen betrachteten Frauen in manchen Fällen zwar als Gefahr und als das für den Teufel und Sünden anfälligere Geschlecht: Umso wichtiger war es daher, sich der religiösen Erziehung und Unterweisung der Frauen zu widmen und ihnen wie oben angesprochen bei Übergriffen zu helfen, was die Hallenser, vor allem aber Mühlenberg selbst, gemäß ihres pietistischen Erziehungsauftrags auch taten; vgl. dazu Barbara CUNNINGHAM, An Eighteenth-Century View of Femininity as seen trough the Journals of Henry Melchior Muhlenberg, in: Pennsylvania History 43/3, 1976, S. 197–212, hier: S. 206; vgl. außerdem zum Frauenbild Mühlenbergs, EVERS, Sitte, Sünde Seligkeit, S. 175f.
73 Tagebucheintrag von Heinrich Melchior Mühlenberg vom 16.04.1764, in: Journals, Bd. 2, S. 69.

bereit, seine Sünden zu bereuen, wenn sein Leben verschont bliebe.[74] Es folgten bis zum 10. Mai noch zwei weitere Besuche, nach denen Mühlenberg noch immer nicht den Erfolg des Gnadendurchbruchs vermelden konnte.[75] Eine merkliche Veränderung von Authenrieths Seelenzustand schien sich erst zwei Tage vor seiner Hinrichtung bemerkbar zu machen, als er Probst Wrangel um Vergebung für sein Verhalten bat, die ihm dieser gewährte. Während Mühlenberg eine Zeitlang nicht ins Gefängnis kommen konnte, waren die Bemühungen seiner Kollegen Handschuch, Voigt und Wrangel offenbar erfolgreich, denn bei insgesamt sieben weiteren Besuchen hatten sie derart am Seelenzustand des Verurteilten gearbeitet, dass dieser endlich zur nötigen Einsicht gefunden zu haben schien.[76] Den Tag vor der Hinrichtung verbrachte Mühlenberg nochmals mit intensiven Gesprächen, bei denen er den Eindruck hatte, Authenrieth sei nunmehr für einen gesegneten Tod vorbereitet. Der Malefikant beichtete seine Sünden, erhielt anschließend die Absolution und empfing das heilige Abendmahl. Er schien seinen Seelenfrieden gefunden zu haben und bat Mühlenberg nochmals explizit um dessen Begleitung zur Hinrichtungsstätte.[77] Von einem wahren Bekehrungserlebnis, wie es normalerweise in den Malefikantenberichten zu lesen ist, berichtete Mühlenberg indes nicht. Wie er am Tag der Hinrichtung notierte, scheint der Pastor auch nicht völlig davon überzeugt gewesen zu sein, denn er befürchtete noch am Morgen, dass Authenrieth in seinem Herzen nicht genug gefestigt sei, in Panik ausbrechen und ein unwürdiges Spektakel aus seiner Exekution machen könnte.[78] Er habe ihn aber am Morgen einigermaßen gefasst vorgefunden und ihm ein weiteres Mal das Abendmahl „for certain reasons" gereicht, um unter Umständen zu verhindern, dass Authenrieth doch noch die Nerven verlieren könnte.[79] Am Ende verlief die Hinrichtung problemlos.[80] Über eine letzte Rede des Malefikanten oder eine anschließende Galgenpredigt Mühlenbergs machte dieser keine Angaben.

Mühlenberg schilderte zwar die in den üblichen Malefikantenberichten zu findenden Stadien von der Verstockung bis hin zur Akzeptanz des baldigen

---

74 Tagebucheintrag von Heinrich Melchior Mühlenberg vom 20.04.1764, in: Journals, Bd. 2, S. 71.
75 Tagebucheinträge von Heinrich Melchior Mühlenberg vom 24.04. und 10.05.1764, in: Journals, Bd. 2, S. 72, 76.
76 Tagebucheintrag von Heinrich Melchior Mühlenberg vom 10.05.1764, in: Journals, Bd. 2, S. 76.
77 Tagebucheintrag von Heinrich Melchior Mühlenberg vom 11.05.1764, in: Journals, Bd. 2, S. 76.
78 Tagebucheintrag von Heinrich Melchior Mühlenberg vom 12.05.1764, in: Journals, Bd. 2, S. 76.
79 Ebd.
80 Ebd., S. 77.

Todes; es fehlt jedoch zumindest in seinen Tagebuchaufzeichnungen eine pathetische, detaillierte Beschreibung der Bekehrung sowie die typische Freude des Malefikanten über die Errettung seiner Seele. Im Gegenteil: Mühlenberg blieb äußerst sachlich und zurückhaltend, was mit seiner Skepsis bezüglich seines Erfolgs zu tun haben könnte. Dieser bestand immerhin darin, dass Authenrieth sein Schicksal scheinbar akzeptierte und bei seiner Hinrichtung kein ungebührliches Aufsehen erregte. Besonders erbauliche Geschichten rund um die Bekehrung von Menschen, insbesondere nach einer schweren Erkrankung, wurden in der Regel ausführlich in den Tagebüchern und Briefen der Pastoren beschrieben, um diese anschließend für eine eventuelle Veröffentlichung nach Halle zu senden. Eine weitere Möglichkeit besteht also darin, dass sich Mühlenberg diese Erzählung bewusst für seinen später gedruckten Bericht aufgespart haben könnte. Ob sich darin eine ausführlichere, die typischen Merkmale aufweisende Darstellung eines Bekehrungsprozesses befand, muss an dieser Stelle offenbleiben. Der Titel des Berichts *Merckwürdige Nachricht von F[riedrich] W[ilhelm] Authenrieths Ehrlichen Abkunft, gottlosen Leben und gerichtlichen Tode, als eines verlorenen und wiedergefundnen Sohns* deutet allerdings darauf hin.

3.2. Der Fall Broelemann

Vier Jahre vor Friedrich Wilhelm Authenrieths Hinrichtung sah sich Johann Friedrich Handschuch mit einem Malefikanten konfrontiert, der ihm einige Sorgen bereitete und ihn an seine persönlichen Grenzen brachte. Der aus Soest stammende Gold- und Silberschmied Johann Broelemann diente während des *French and Indian War* (1754–1763) als Hauptmann in einem königlich-amerikanischen Regiment in Ostkanada. Nach seiner unehrenhaften Entlassung wegen angeblicher Geldfälschung gelangte er 1760 nach Philadelphia. In einem unweit der Stadt gelegenen Wirtshaus schoss er mutmaßlich grundlos auf den ortsansässigen Generallandvermesser Robert Scull, der drei Tage später seinen schweren Verletzungen erlag.[81]

14 Tage nach seiner Verhaftung verlangte Broelemann explizit nach Handschuch. Nachdem der Pastor sichergestellt hatte, dass es sich bei dem Gefangenen um einen Lutheraner handelte, gewährte er ihm die Bitte und besuchte ihn im Gefängnis von Philadelphia.[82] Im Vorfeld seines Besuchs

---

81 HÄBERLEIN / MÜLLER-BAHLKE / WELLENREUTHER (Hrsg.), Hallesche Pastoren, Bd. 3, S. 427, 443; vgl. zu diesem Fall auch MARIETTA / ROWE, Troubled experiment, S. 112.
82 Johann Friedrich Handschuch an Gotthilf August Francke und Friedrich Michael Ziegenhagen am 30.09.1760, in: Hallesche Pastoren, Bd. 2, S. 427.

hatte Handschuch von einem „englischen Mann" einiges über den Lebenswandel und das mögliche Tatmotiv Broelemanns vernommen. So soll dieser angeblich „vor Liebe zu einem frauenzimmer in Hallifax in seinem Verstande […] verrückt worden" sein.[83] Handschuch begann seine erste Unterredung damit, Broelemann „den Weg der rechtschaffenen Buße" zu erläutern, und versicherte ihm, „daß wenn er folgen und sich von Gottes Geiste bearbeiten laßen wollte, es gewiß mit ihm zu einem herrlichen und seligen Ausgang kommen würde."[84] Nachdem Broelemann mit „vieler Höflichkeit und Manier" versprochen hatte, den Anweisungen Handschuchs zu folgen, schilderte er dem Pastor seine Sicht der Dinge. Demnach habe er sich sehr über einige Feinde beschwert, die ihn verhöhnt und sich über ihn lustig gemacht hätten, woraufhin Broelemann „aus Verdruß seines Lebens" und aus Rache bereits in Halifax den Gouverneur von Nova Scotia habe erschießen wollen.[85] Er habe nicht umhin gekonnt, einen unschuldigen Menschen zu töten, und wäre glücklich darüber gewesen, wenn er „auf der Stelle von einem andern wieder wäre erschoßen worden".[86] Allem Anschein nach handelte es sich bei der Tat also um einen Suizidalmord. Handschuch zeigte sich entsetzt über „seinen greulichen Unfug", widerlegte die Ausführungen Broelemanns und brach das erste Gespräch entrüstet ab. Am nächsten Tag knüpfte der Pastor an die vorangegangenen Bußbelehrungen an und versuchte Broelemann dazu anzuleiten, seine von Jugend auf begangenen Sünden zu bereuen, was dieser zunächst höflich versprach, um dann jedoch sämtliche Schuld an seiner Tat von sich zu weisen und auf jene Personen zu schieben, die ihn in Halifax drangsaliert hätten.[87] Handschuch beendete dieses zweite Gespräch ergebnislos mit einem Gebet und empfahl als Lektüre die Paulusbriefe sowie ein von ihm mitgebrachtes Traktat des pietistischen Schriftstellers Carl Heinrich von Bogatzky, woraus er den Inhaftierten bei seinem nächsten Besuch prüfen wollte.[88] In der Folgezeit wurde Handschuch von mehreren deutschen und englischsprachigen Männern besucht, die Broelemann aus Mitleid unterstützen wollten, indem sie ihm einen guten Anwalt besorgen wollten oder mit Geld vor dem Tode zu bewahren hofften. Auch Handschuch sollte Fürbitte für den Delinquenten leisten und sich an der Befreiung des eingekerkerten Schmieds beteiligen. Der Pastor empfand diese Bitten als lästig und sorgte dafür, „daß diese beschwerlichen Leute wieder gingen".[89] Hier

---

83 Ebd.
84 Ebd., S. 428.
85 Ebd.
86 Ebd.
87 Ebd., S. 428f.
88 Ebd., S. 429.
89 Ebd.

wird deutlich, dass Handschuch, wie sein Kollege Mühlenberg, grundsätzlich hinter der pennsylvanischen Strafgesetzgebung stand, nicht an der Schuld des Gefangenen zweifelte und sich daher weder in die weltlichen Belange einmischen noch für dessen Leben einsetzen wollte. Als der Pastor wenige Tage später in Begleitung weiterer Personen bei Broelemann eintraf, musste er feststellen, dass die Bemühungen rund um seine Befreiung zu diesem durchgedrungen waren und sich als hinderlich für den weiteren Bekehrungsprozess erwiesen.[90] So wiederholte der Gefangene nicht nur die Anschuldigungen gegen seine Feinde, sondern war auch davon überzeugt, dass er nicht vor ein pennsylvanisches Gericht gestellt werden konnte. Deshalb forderte er seine Auslieferung nach England, um einen Prozess vor dem Supreme Court in London zu erhalten.[91] Broelemanns Fürsprecher planten, vor Gericht auf Unzurechnungsfähigkeit zu plädieren, und baten Handschuch erneut um Unterstützung. Der Pastor lehnte wiederholt ab, da er sich nicht dazu in der Lage fühlte, dem Angeklagten eine mögliche Unzurechnungsfähigkeit zu attestieren. Als Geistlicher wollte er sich lediglich der Seele des Angeklagten annehmen.[92]

Wie erwartet, wurde Broelemann nach seinem Geständnis vom Gericht zum Tode verurteilt. In den ersten Tagen nach dem Urteil vermied es Handschuch, den Malefikanten zu besuchen, da ihm der Fall zu schaffen machte. Er wünschte gar, den Verurteilten niemals kennengelernt zu haben. Erst nachdem „sich etliche Leute darüber aufhielten, daß ihn nicht wie vorhin besuchte", war Handschuch schließlich dazu gezwungen, seine Scheu zu überwinden. Noch mehr als die ihm unangenehme Arbeit mit dem Angeklagten fürchtete er wohl das Gerede rund um seine Person.[93]

Im Gefängnis traf der Geistliche schließlich auf einen „fröhlich[en] und ganz unbekümmert[en]" Menschen, dem er sogleich sein „freches" Benehmen vor Gericht und seine begangenen Sünden vor Augen führte. Broelemann nahm das Urteil nicht ernst und zeigte sich noch immer zuversichtlich, nach London ausgeliefert zu werden.[94] Bis zu seiner Hinrichtung blieb indes nicht viel Zeit, denn nur wenige Tage nach dem Urteil sollte dieses bereits vollstreckt werden. Handschuch bemühte sich mit aller Kraft darum, den Malefikanten in einen reuigen Sünder zu verwandeln. Zwar gestand dieser ein, ein „rohes Leben" geführt zu haben, wollte aber nach wie vor nicht die Schuld für die von ihm begangene Tat auf sich nehmen, da er von „seinen Feinden wäre genöthiget worden, sich selber zu erschießen. Er habe dieses

---

90 Ebd.
91 Ebd.
92 Ebd., S. 430.
93 Ebd.
94 Ebd.

nicht thun, sondern dafür einen andern unschuldigen Menschen erschießen wollen."95 Ohne Umschweife machte Handschuch ihm anhand des fünften Gebots klar, dass er ein Mörder sei, der für sein Handeln die Todesstrafe verdient habe. Broelemann entgegnete dem Geistlichen daraufhin, dass er lieber rasch sterben wolle, anstatt noch länger im Gefängnis zu bleiben.96 Handschuch hob positiv hervor, dass Broelemann sich immerhin erleichtert darüber gezeigt habe, das sein Opfer Robert Scull zunächst noch drei Tage weitergelebt und daher Zeit gehabt habe, sich zu bekehren.97

Die Gespräche zwischen Handschuch und Broelemann verlangten dem Geistlichen in den folgenden Tagen bis zur Hinrichtung all seine Kräfte ab, galt es doch den Verurteilten von der Tatsache seines baldigen Todes zu überzeugen, was erst gelang, nachdem man ihm seinen bereits gefertigten Sarg in die Gefängniszelle gebracht hatte.98 Als Handschuch die Einleitung des eigentlichen Buß- und Bekehrungsprozesses allerdings fortsetzen wollte, wurde er von Broelemann nicht nur ausgebremst, sondern regelrecht vorgeführt, indem dieser meinte, seine Seele bereits Gott empfohlen zu haben und mit Vergnügen zu sterben.99 Von dieser Aussage provoziert, versuchte der Pastor ihm am Beispiel König Davids die Beschaffenheit eines Bußkampfes zu verdeutlichen, der eine gewisse Zeit und Mühe erfordere, ehe er sich der Vergebung seiner Sünden gewiss sein könne.100 Verärgert über das Verhalten des Verurteilten, intensivierte Handschuch die Betreuung und besuchte Broelemann morgens und abends „um zur Errettung seiner unsterblichen Seele noch alles [zu] thun, so viel mehr der Herr nur Gnade geben würde".101 Seinem Gefühl nach liefen jedoch alle Bemühungen ins Leere, und es stellte

---

95   Ebd., S. 431.
96   Ebd.
97   Ebd.
98   Ebd., S. 432.
99   Ebd.
100 Broelemann gab wenige Tage zuvor an, nicht weinen zu können. Das Vergießen von Tränen war jedoch ein elementares Zeichen des Gnadendurchbruchs während des pietistischen Bekehrungsprozesses, der in den zahlreichen Beschreibungen von Bekehrungsberichten immer als sehr emotional geschildert wird. Diese Emotionalität während einer Bekehrung hat nichts mit der weiblichen Emotionalität zu tun, die, wie oben dargelegt, als Schwäche gedeutet wurde. Zum Vergleich mit König David heißt es in Handschuchs Brief: „[...] belehrete ihn [Broelemann, Anm. d. Vf.], wie der König David, ein großer Kriegsheld, der Reiche, Länder und Städte erobert, seine Feinde so oft geschlagen und eine mehr als heldenmüthige Grosmuth beseßen, mit hin ein ganz anderer als er, bey aufgewachtem seinen Gewißen, unterm Gefühl des gerechten Zorn Gottes, in seinem Bußkampfe vor Unruhe des Hertzens geheulet, sein Bette mit häufigen Thränen genetzet und was es ihm gekostet hätte, eher er zur Versicherung der gnädigen Vergebung seiner Sünden gelangen könne"; ebd.
101 Ebd., S. 433.

sich eine gewisse Resignation bei dem Pastor ein. Als Broelemann nicht von sich aus nach einem weiteren Besuch verlangte, erklärte Handschuch, sich nicht „wieder [sic] seinen Willen aufdringen" zu wollen.[102] Dramatisch beschrieb er in seinen weiteren Ausführungen, wie er kurz davor gewesen sei, seine Bemühungen im Fall Broelemann aufzugeben, da er sich vor dem noch unbekehrten Verurteilten gefürchtet habe. Nur widerwillig und mit einiger Überzeugungsarbeit konnte er schließlich erneut dazu gebracht werden, Broelemann zu betreuen und ihm den nötigen geistlichen Beistand bei seiner Hinrichtung zu leisten.[103]

Die letzten Stunden vor der Hinrichtung wurden akribisch von Handschuch festgehalten. Bis zum bitteren Ende redeten der Pastor und seine Kollegen demnach auf Broelemann ein und versuchten ihn dazu zu bewegen, seinen Feinden zu vergeben. Broelemann wehrte sich jedoch vehement dagegen, da sie ihn seiner Auffassung nach in den Selbstmord hätten treiben „und seine Seele dem Teufel zum Opfer machen" wollen.[104] Diesen Ausführungen zufolge handelte es sich also nicht um einen Suizidalmord, wie Handschuchs Bericht am Anfang seiner Betreuung noch vermuten ließ. Wenn Broelemann seinen Feinden nicht vergeben könne, könne er im Umkehrschluss auch keine Vergebung seiner Sünden verlangen, so Handschuch. Broelemann blieb jedoch standhaft und beharrte darauf, dass Gott ihm bereits seine Sünden erlassen habe.[105]

Als sich der Zug auf den Weg zum Richtplatz machte, beschrieb Handschuch das Verhalten des Malefikanten wie folgt:

> „Der Fähndrich Broelemann saß mit aufgerecktem Halse auf seinem Sarge auf dem Karche als wie auf einem Triumphs Wagen und sahe sich ungemein frisch und munter um, als ginge es nicht zum Tode."[106]

Noch auf dem Weg zum Galgen versuchte der Pastor den Hinrichtungskandidaten davon zu überzeugen, seinen Feinden zu vergeben, doch Fragen und Antworten drehten sich im Kreis, bis Handschuch letztlich einsehen musste, dass „mit vielen Reden […] hier nichts weiter zu thun [ist], es ist ja schon genug geschehen."[107]

Was in einem regulären Malefikantenbericht als Erfolg des Pastors und seiner Betreuungspraxis gewertet worden wäre, dokumentiert in diesem Fall das Versagen Handschuchs. Zwar zeigte sich der Malefikant fröhlich, munter und furchtlos, dessen ungeachtet aber uneinsichtig und daher unbekehrt,

---

102 Ebd., S. 434.
103 Ebd.
104 Ebd., S. 437.
105 Ebd., S. 435.
106 Ebd., S. 436.
107 Ebd., S. 437.

was in den Augen des Pietisten Handschuch einer Katastrophe gleichkommen musste, denn er war an seinem eigenen Anspruch gescheitert, eine Seele vor der Verdammnis zu retten.[108] Als Handschuch Broelemann noch unter dem Galgen danach fragte, ob er die Schuld daran trage, dass seine Seele verloren gehe, habe Broelemann ihm geantwortet:

> „Nein! Ich spreche sie davon los, sie haben nach ihrem Amte das ihrige getan, ich dancke ihnen hertzlich für ihre Mühe, ich sterbe gewiß selig in dem Herrn."[109]

Broelemann starb schließlich unter dem lauten Gebet Handschuchs, der dessen „Seele mit vielem flehen und Gebet der unendlichen Erbarmung Gottes in Jesu Christo und der alles vermögenden Kraft des Versöhnopfers des für uns geschlachteten Lammes Gottes" empfahl.[110]

Mehr konnte der Pastor an dieser Stelle nicht tun. Außerdem betonte er nochmals, dass Broelemann von mehreren Predigern unterschiedlicher Konfessionen besucht worden war, es ihm daher nicht an geistlichem Zuspruch gemangelt habe und er sich folglich auch nichts hatte zu Schulden kommen lassen.[111]

Abschließend bezeichnete Handschuch seinen Bericht als „wunderbare[s] Exempel", das „zu vielen Nachdencken Anlaß geben" könne, und wollte ihn Francke und Ziegenhagen „zur weitern erleuchtertern Beurtheilung, theils

---

108 Handschuchs akribisches Bestreben, Menschen bis kurz vor ihrem Tode den Weg zur Bekehrung zu ebnen bzw. sie zur Beichte ihrer Sünden zu bewegen, ist auch in anderen Einträgen überliefert, die einerseits seine Bemühungen, um die Seele eines jeden einzelnen Menschen zu kämpfen, dokumentieren, andererseits aber auch von einem gewissen Fanatismus und einer Strenge zeugen, die unter den bekannten Aufzeichnungen der Hallenser beispiellos ist. So versuchte er unter anderem einer Frau, die unter großen Schmerzen ein uneheliches Kind gebar und während des Vorgangs verstarb, bis zu deren letztem Atemzug dazu zu bewegen, ihr lasterhaftes Leben zu bereuen. Im Vergleich zu seinen 13 Kollegen zählte Handschuch zu denjenigen Pastoren mit den höchsten moralischen Ansprüchen. Er entwickelte für seine Gemeinden in Lancaster, Germantown und Philadelphia ehrgeizige pietistische Erziehungsprogramme, die auf die Bekehrung jedes einzelnen Mitglieds zielten. Doch gemessen daran war Handschuch eher mäßig erfolgreich. Seine Methoden stießen in allen drei Gemeinden größtenteils auf Ablehnung, und so musste er sein Amt sowohl in Lancaster als auch in Germantown aufgeben. Auch Mühlenberg zeigte sich zunehmend unzufrieden mit der Amtsführung seines Kollegen, was zu einem Zerwürfnis zwischen den beiden führte; vgl. zum Schicksal der schwangeren Frau EVERS, Sitte, Sünde, Seligkeit, S. 383f.; vgl. ferner zu Handschuchs Amtsführung WELLENREUTHER, Heinrich Melchior Mühlenberg und die deutschen Lutheraner, S. 349–382; vgl. darüber hinaus zur umstrittenen Amtsführung Handschuchs in Lancaster, Mark HÄBERLEIN, The Practice of Pluralism. Congregational Life and Religious Diversity in Lancaster, Pennsylvania, 1730–1820, University Park (PA) 2009, S. 72–79.
109 Johann Friedrich Handschuch an Gotthilf August Francke und Friedrich Michael Ziegenhagen am 30.09.1760, in: Hallesche Pastoren, Bd. 2, S. 437.
110 Ebd., S. 438.
111 Ebd.

den Eltern dieses Broelemans zu einiger gewißen Nachricht von diesem ihrem unglücklichen Sohne in einigen Umständen gehorsamst überschreiben".[112]

4. Zur Rezeption von Malefikantenberichten aus Pennsylvania im Reich

Sowohl der Bericht Johann Friedrich Handschuchs als auch jener Heinrich Melchior Mühlenbergs eigneten sich vom reinen Informationsgehalt her weniger als erbauliche Geschichten, da keiner von beiden eine mustergültige Bekehrung ihrer Malefikanten im pietistischen Sinne vorzuweisen hatte. Dennoch wurde zumindest der Bericht Mühlenbergs in Pennsylvania gedruckt. Wie aber ging Gotthilf August Francke in Halle mit den jeweiligen Berichten um, und wie wurden diese vor Ort rezipiert?

Seinem dramatischen Brief über die Hinrichtung Johann Broelemanns legte Handschuch einen englischsprachigen Bericht über dessen letzte Stunden bei. Dieser war in Philadelphia noch am Tag der Hinrichtung gedruckt und zum Verkauf angeboten worden. Angesichts des raschen Erscheinens dürfte er dem Charakter eines Zeitungsartikels entsprochen haben.[113]

Fast ein Jahr später erhielt Handschuch von Francke eine Antwort auf sein Schreiben. Darin erfuhr der Pastor, dass sein Bericht an einen nahen Verwandten Broelemanns weitergleitet worden war, der sich zum Studium in den Glauchaschen Anstalten befand. Der Student wollte dem noch lebenden Vater die Nachricht über die Hinrichtung seines Sohnes ersparen und hatte ihm lediglich von dessen Tod erzählt. Als Broelemanns Vater aber persönlich bei Francke um weitere Informationen bat, legte dieser ihm die wahren Umstände dar.[114] Da die Angehörigen des Toten jedoch um ihren Ruf fürchteten, wollten sie das Bekanntwerden der Hinrichtung vermeiden.[115] Angesichts der Darstellung Handschuchs konnte dies auch nur im Sinne Franckes sein.[116] Stattdessen bat Francke Handschuch in demselben Antwortschreiben darum, „andere merckwürdige Exempel sonderlich bey selig

---

112 Ebd.
113 Ein Exemplar davon konnte nicht lokalisiert werden. Johann Friedrich Handschuch an Gotthilf August Francke und Friedrich Michael Ziegenhagen am 30.09.1760, in: Hallesche Pastoren, Bd. 2, S. 438.
114 Gotthilf August Francke an Johann Friedrich Handschuch am 14.7.1761, Archiv der Franckeschen Stiftungen, (AFSt/) M 4 C 11:6.
115 Ebd.
116 Gescheiterte Bekehrungsversuche wurden selbstverständlich nicht veröffentlicht, da solche der Intention der pietistischen Autoren widersprachen; Vgl. JAKUBOWSKI-TIESSEN, Nachwort, S. 154.

verstorbenen Gliedern Ihrer Gemeine aufzusetzen".[117] Diese sollten nicht nur ihm und Friedrich Michael Ziegenhagen in London „sehr angenehm und erfreulich seyn"; er plante überdies „deren Einrückung in eine künftige Fortsetzung der *Pensylvanischen Nachrichten* zur Erbauung der Leser".[118]

Bei den sogenannten *Nachrichten von den Vereinigten Deutschen Evangelisch-Lutherischen Gemeinden in Nord-America*, kurz *Hallesche Nachrichten*, handelte es sich um ein Periodikum, das ab 1744 bis zum Tode Mühlenbergs 1787 in einer losen Folge von 17 Broschüren erschien, um im Reich und in Europa Spenden für das Missionswerk der Glauchaschen Anstalten und die Gemeinden in Übersee zu akquirieren.[119] Anlässlich ihrer Abreise nach Nordamerika erhielten die Pastoren von Francke den konkreten Auftrag, in Tagebüchern und Briefen über ihre Amtsgeschäfte zu berichten, damit diese auszugsweise in den *Halleschen Nachrichten* veröffentlicht werden konnten.[120] Die abgedruckten Berichte der Pastoren flossen wiederum nach Pennsylvania zurück. Zwischen 1744 und 1774 fanden insgesamt 1.068 Exemplare der *Halleschen Nachrichten* ihren Weg über den Atlantik. Allerdings geht aus den Korrespondenzen der Pastoren nicht eindeutig hervor, inwieweit sie vor Ort zum weiteren Verkauf angeboten und verbreitet wurden.[121]

Knapp drei Wochen nach der Hinrichtung Authenrieths vermerkte Mühlenberg am 1. Juni 1764 in seinem Tagebuch: „Wrote a report of the excecuted Autenrieth's honorable origin, godless life and criminal death etc." Dieser Bericht war bereits ungeduldig vom Drucker Anton Armbrüster in Philadelphia erwartet worden.[122] Wiederum zwei Wochen später verschickte Mühlenberg einige Exemplare nach Halle. In dem dazugehörigen Brief deutet jedoch nichts darauf hin, dass er den Bericht über die Glauchaschen Anstalten weiterverbreiten lassen wollte. In erster Linie geht aus der Korrespondenz hervor, dass die Exemplare zur privaten Nutzung und als Anschauungsma-

---

[117] Gotthilf August Francke an Johann Friedrich Handschuch am 14.7.1761, AFSt/M 4 C 11:6.
[118] Ebd.
[119] SPLITTER, zur Edition, S. XIX; WELLENREUTHER, Heinrich Melchior Mühlenberg und die deutschen Lutheraner, S. 333
[120] EVERS, Sitte, Sünde Seligkeit, S. 27.
[121] Ebd.
[122] Tagebucheintrag von Heinrich Melchior Mühlenberg vom 01.06.1764, in: Journals, Bd. 2, S. 84.

terial für seine sich zur Erziehung in den Glauchaschen Anstalten befindenden Söhne gedacht waren, „damit sie sich die hiesige Art von Executionen beßer, oder begreiflicher vorstellen."[123]

Der Tod des armen Sünders Authenrieth wurde dennoch, wenn auch nur am Rande, in den *Halleschen Nachrichten* bekannt gegeben und der pietistisch gesinnten Öffentlichkeit dadurch bekannt. Mühlenberg fertigte eigens für die *Halleschen Nachrichten* einen Auszug aus seinem Diarium für den Zeitraum zwischen dem 1. April und 11. Juni an.[124] Im Eintrag vom 25. April erfährt die Leserschaft von einem Delinquenten, der von Pfarrer Johann Ludwig Voigt in Abwesenheit Mühlenbergs besucht werden sollte.[125] Die nächste Erwähnung folgt mit erstmaliger Nennung des Namens Authenrieth am 10. Mai. Darin heißt es:

„wurde durch den Kerker=Meister zu dem Delinquenten Friedrich Wilhelm Authenrieth gerufen, und als hinkam, fand den Herrn Probst Wrangel mit ihm beschäftigt, wie auch eine merckliche Veränderung bei dem armen Sünder. Er bat den Herrn Wrangel um Verzeihung."[126]

Die eigentliche Betreuung sowie der Tag der Hinrichtung Authenrieths in Begleitung Mühlenbergs fanden keinen Eingang in die *Halleschen Nachrichten*, dafür aber jener Eintrag vom 1. Juni, in dem Mühlenberg die Fertigstellung seines Berichts und dessen Abgabe bei Anton Armbrüster festhielt.[127]

Üblicherweise wurden die Briefe und Tagebücher der Pastoren gründlich von Francke und seinen Mitarbeitern ediert und zensiert, bevor sie die Druckerei der Glauchaschen Anstalten wieder verließen. Mühlenberg selbst hatte Francke aus Rücksicht auf seine zahlreichen Gegner in Pennsylvania darum gebeten, da er befürchtete, dass die Nachrichten auch in der Neuen Welt gelesen und dem Ruf der Hallenser zum Nachteil geraten könnten.[128] Später hatte Francke sich dazu entschlossen, Mühlenberg selbst eine Voraus-

---

123 Heinrich Melchior Mühlenberg an Gotthilf August Francke und Friedrich Michael Ziegenhagen am 16. Juni 1764, in: ALAND, Die Korrespondenz Heinrich Melchior Mühlenbergs, Bd. 2, S. 194.
124 Dieser Auszug wird im Archiv der Franckeschen Stiftungen unter der Signatur AFSt/M 4 C 12:34 aufbewahrt.
125 Ebd., S. 564.
126 Ebd., S. 565f.
127 Ebd., S. 565.
128 EVERS, Sitte, Sünde Seligkeit, S. 27; die hallischen Pastoren hatten in Pennsylvania keinen leichten Stand und wurden von Gegnern der Amtskirche, hauptsächlich aus dem radikal pietistischen Milieu stammend, stark angefeindet, vgl. dazu ausführlich ebd., S. 138–144.

wahl der Berichte treffen zu lassen und alle kritischen wie eventuell skandalösen Passagen im Vorfeld zu streichen oder zu markieren.[129] Die vollständigen Tagebucheinträge Mühlenbergs hatten Francke und Ziegenhagen demnach also gar nicht zu sehen bekommen.[130] So geschah es auch für den Berichtszeitraum der ersten Hälfte des Jahres 1764. Die Betreuung und Hinrichtung Authenrieths spielt darin kaum noch eine Rolle. Mühlenberg hatte die Ereignisse rund um den Chirurgen bereits im Vorfeld derart stark gekürzt, dass sie letztlich so abgedruckt wurden, wie er sie eingesendet hatte, während der restliche Text nochmals die interne Zensur durchlief.[131] Als einzig wichtige Information von der Hinrichtung Authenrieths blieb für die Leserschaft nur die Feststellung einer „mercklichen Veränderung bei dem armen Sünder" übrig. Francke und Ziegenhagen konnten immerhin noch die Druckfassung von Mühlenbergs Bericht lesen, der vermutlich eine geschönte Version des Bekehrungsprozesses beinhaltete, die Skepsis Mühlenbergs verbarg und seinen mäßigen Erfolg kaschierte.

Das Traktat selbst scheint in Halle jedoch keinen bleibenden Eindruck hinterlassen zu haben. Über eine Neuauflage des Berichts ist nichts bekannt, und selbst Mühlenberg hatte nicht explizit darum gebeten. Ob er sich eventuell mehr Eigeninitiative seines Vorgesetzten gewünscht hatte oder die Exemplare tatsächlich nur für den privaten Gebrauch seiner Söhne gedacht waren, bleibt an dieser Stelle fraglich. Francke erwähnte in späteren Schreiben an Mühlenberg nicht einmal den Erhalt der Exemplare. Der in den *Halleschen Nachrichten* zu lesende Hinweis auf den gedruckten Bericht könnte indes als Werbemaßnahme gedeutet werden, da man in den Anstalten mit einer eventuellen Nachfrage rechnete.

Da der tatsächliche Inhalt des Berichts mit der Beschreibung der Betreuungspraxis und der Bekehrung Authenrieths unbekannt ist, bleiben die Gründe für das Ausbleiben einer breiteren Rezeption ebenso spekulativ. Zum einen mag die Qualität des Traktats nicht den Ansprüchen eines gängigen Malefikantenberichts, wie er beispielsweise in der Woltersdorfschen Sammlung zu finden ist, genügt haben. Zum anderen könnte auch die Rückläufigkeit des Interesses an Malefikantenberichten eine Rolle gespielt haben.

---

129 WELLENREUTHER, Heinrich Melchior Mühlenberg und die deutschen Lutheraner, S. 334.
130 Diese befinden sich nach wie vor im Lutheran Archives Center (LAC) in Philadelphia.
131 Vgl. den Tagebuchauszug von Heinrich Melchior Mühlenberg vom 01.04.1764 bis zum 11.06.1764, AFSt/M 4 C 12:34.

5. Fazit:
Malefikantenberichte im transatlantischen Austausch –
Ein Erfolgsmodell?

Der moralische Erziehungscharakter der Malefikantenberichte und deren Beliebtheit im Reich ließen erwarten, dass diese auch den Hallensern in Pennsylvania von großem Nutzen waren. In der Tat sind Tagebucheinträge überliefert, die deren aktive Nutzung in der alltäglichen Gemeindearbeit seitens der Pastoren Johann Nicolaus Kurtz und Johann Friedrich Handschuch bestätigen. Doch weder in den Tagebüchern noch in den Korrespondenzen und Bücherlisten spiegelt sich ein großes Interesse an dieser Gattung wider. Im Vergleich zu anderen Schriften gehörten die Berichte offensichtlich nicht zur Massenware, die ihren Weg von der Alten in die Neue Welt fand – im Gegenteil: Malefikantenberichte machten nur einen Bruchteil der insgesamt 6.026 Titel aus, die zwischen 1744 und 1787 von den Glauchaschen Anstalten nach Pennsylvania verschickt wurden.[132] Auch darüber hinaus liegen keine weiteren Informationen vor, die belegen, dass dieses Literaturgenre in großen Mengen nach Übersee gelangte. 1774 wurden nochmals sieben Exemplare des *Schächers am Kreuz* nach Pennsylvania gesandt, also zu einem Zeitpunkt, als deren Popularität im Reich schon deutlich abgeebbt war.[133] Doch auch hier war die Quantität verglichen mit anderen Werken sehr gering. Umgekehrt gelangten von Pennsylvania aus lediglich zwei Hinrichtungsberichte, nämlich die von Johann Friedrich Handschuch und Heinrich Melchior Mühlenberg, nach Halle. Berichte von anderen Pastoren sind nicht überliefert, was auch darauf zurückzuführen sein könnte, dass ihnen nur selten die Aufgabe zuteilwurde, HinrichtungskandidatInnen zu betreuen, die lutherischer Konfession waren. Allerdings hatten weder Handschuchs noch Mühlenbergs Bericht einen spürbaren Effekt in Halle, was in Handschuchs Fall dem mageren Ergebnis der Betreuung und der Bitte nach Verschwiegenheit seitens der Familie Broelemanns geschuldet war. Aber auch das Exemplar von Mühlenberg scheint keine weitere Beachtung gefunden zu haben.

Wesentlich gefragter waren hingegen erbauliche Berichte von sterbenskranken Personen, die ähnlich wie die MalefikantInnen eine beispielhafte Bekehrung kurz vor ihrem Tod oder bei ihrer Genesung durchlebten. Dazu

---

132 Vgl. das Verzeichnis der Bücher, die zwischen 1744 und 1787 von Halle nach Pennsylvania geschickt wurden bei WELLENREUTHER, Heinrich Melchior Mühlenberg und die deutschen Lutheraner, S. 544–577.
133 Ebd., S. 576.

zählte das von Erdmann Heinrich Graf Henckel und Freiherr von Donnersmark (1681–1752) angelegte Kompendium *Die letzten Stunden*.[134] Justus Heinrich Christian Helmuth betonte 1771, dass er den Kindern nach dem Unterricht besonders „erbauliche kurze Lebens=Beschreibungen frommer Kinder, oder sonst etwas nützliches" vorgelesen hatte.[135] Vor allem Exempelgeschichten von Kindern waren im Reich weit verbreitet und zählten bis 1750 zur umfangreichsten Gattung der Kinder- und Jugendliteratur. Wie die Malefikantenberichte sollten sie die Kinder in einer Kombination aus Belehrung und Unterhaltung zur *praxis pietatis* anleiten und enthielten stets einen moralischen Fingerzeig.[136] Besonders erbauliche Kranken- und Sterbeberichte aus den deutsch-lutherischen Gemeinden in Pennsylvania wurden auch explizit aus Halle angefordert, damit diese der pietistischen Leserschaft in den *Halleschen Nachrichten* angeboten werden konnten.

Abschließend bleibt festzuhalten, dass Malefikantenberichte trotz ihres hohen moralischen Anspruchs und unterhaltsamen Inhalts im Vergleich zu anderen Literaturgattungen eher Ladenhüter als transatlantische Kassenschlager darstellten. Dennoch liefern diese Berichte wichtige Erkenntnisse nicht nur zur theologischen Betreuung von HinrichtungskandidatInnen in der Alten und Neuen Welt, sie sind vor allem wichtige Zeugnisse zur Erforschung frühneuzeitlicher Lebenswelten in Hinblick auf alltags- und sozialgeschichtliche Fragestellungen.

Zusammenfassung

Das Sterben von HinrichtungskandidatInnen wurde in der Frühen Neuzeit akribisch dokumentiert. Zwischen 1720 und 1760 erfreuten sich vor allem in den lutherisch-

---

134 [Erdmann Heinrich] Graf HENCKEL, Die letzten Stunden einiger Der Evangelischen Lehrer zugetahnen und in nechst verflossenen Jahren selig in dem HERRN Verstorbenen Personen, Von unterschiedenem Stande, Geschlechte und Alter, Halle ⁴1757; vgl. dazu ausführlicher Ulrike WITT, Eine pietistische Biographiensammlung: Erdmann Heinrich Graf Henckels „Letzte Stunden" (1720–1733), in: Pietismus und Neuzeit 21, 1995, S. 184–217.

135 Justus Heinrich Christian Helmuth an Friedrich Michael Ziegenhagen am 23.04.1771, AFSt/M 4 C 16 12.

136 Vorbildlich wirkte vor allem Johann Jacob RAMBACH, Erbauliches Handbüchlein für Kinder, Gießen 1734/36, das in protestantischen Territorien auch als Schulbuch genutzt wurde; vgl. dazu Pia SCHMID, Medien des Beispiels. Zur Frömmigkeitsdidaktik pietistischer Exempelgeschichten des 18. Jahrhunderts, in: Christian SOBOTH / Pia SCHMID (Hrsg), „Schrift soll leserlich seyn". Der Pietismus und die Medien. Beiträge zum IV. Internationalen Kongress für Pietismusforschung 2013, Halle 2016, S. 401–416, hier: S. 402, 404.

pietistischen Gebieten des Heiligen Römischen Reichs die sogenannten Malefikantenberichte einer großen Beliebtheit. Sie erzählen besonders eindrücklich von der seligen Bekehrung zum Tode verurteilter Personen und sollten erbaulich auf die Leserschaft wirken. Als Zentrum des Pietismus zeichneten sich die Glauchaschen Anstalten vor den Toren Halles als Distributoren erbaulicher Sterbe- und Krankenberichte aus, die sie auch in die Neue Welt verschickten. Darunter befanden sich ebenso Malefikantenberichte. Am Beispiel hallischer Pastoren in Pennsylvania möchte der Autor der vorliegenden Studie untersuchen, welche Rolle dieses Literaturgenre in der Gemeindearbeit spielte und inwiefern die Berichte vor Ort rezipiert wurden. Auch die in Pennsylvania wirkenden Hallenser betreuten ihrerseits DelinquentInnen und hielten ihre Eindrücke für die Nachwelt fest, die wiederum zurück nach Europa gelangten. Dementsprechend gilt es im Umkehrschluss nach Interesse und Umgang mit diesen Berichten in der Alten Welt zu fragen. Darüber hinaus geben die von den Pastoren verfassten Berichte Aufschluss über die praktische Betreuung von Malefikanten in Pennsylvania.

Summary

The deaths of execution candidates were meticulously documented in the early modern period. Between 1720 and 1760, the so-called "Malefikantenberichte" (execution reports) enjoyed great popularity, especially in the (lutheran-) pietist areas of the Holy Roman Empire. They tell particularly impressive stories of the blessed conversion of persons condemned to death and were intended to have an edifying effect on the readership. As the center of Pietism, the Glaucha Institutions (today referred to as the Francke Foundations) at the gates of Halle in Brandenburg-Prussia distinguished themselves as distributors of edifying death and sickness reports, which they also sent to the New World. Among them were also execution reports. Using the example of the Halle pastors in Pennsylvania, the author of this study would like to examine the role this genre of literature played in congregational work and the extent to which the reports were received locally. For their part, the Hallensians working in Pennsylvania also cared for delinquents and recorded their impressions for posterity, which in turn made their way back to Europe. Accordingly, it is important to ask about the interest in and handling of these reports in the Old World. In addition, the reports written by the pastors provide information about the practical care of execution candidates in Pennsylvania.

How the British and the French Almost Went to War: The Case of Madagascar

Marcela Hennlichová

1. A Brief Overview of the Pre-1885 Events

In the late 19th century, the British-French relations were burdened by many thorny issues, resulting from the interests of both powers in colonial regions: out of those, it has been mostly Egypt and Morocco that drew the attention of researchers. However, the interests of Great Britain and France also collided in the region of Madagascar, predetermined, by its position near the route to India, to be of outstanding strategic importance. Despite the island being in the sights of British, French, and Dutch traders as an important base, where they could find trading outposts, up until the 19th century, none of the powers had attempted a systematic occupation. The French did find the first fortress there, Fort-Dauphin in mid-17th century, and a quarter of a century later, a minor French colony was set there, which, however, found its doom in 1671 when the whole garrison was massacred on Christmas Eve, the result of the detrimental policies of the governors. After that, the French set up several new settlements and garrisons on the coastline, but never attempted to get further into the inland. The only exception were the missionary activities. The inhabitants of the island often waged clan wars against each other, and except for two larger centralized kingdoms, Menabé and Boina, that had both existed in the 17th century, Madagascar was divided and unstable.[1] Most of the island's territory only became unified under the reign of king Andrianampoinimerina of the Merina dynasty, and his son, Radama I, who also put in place many crucial reforms.

The British had not started contending with the French for full control over the island until the early 19th century. King Radama I signed an agreement on friendship and business partnership with the French as early as

---

[1] For more details on the history of precolonial Madagascar, see Raymond K. Kent, From Madagascar to the Malagasy Republic, New York 1962, pp. 46–52.

1816. A year later, he signed a similar agreement with Great Britain.² On his request, British and French missionaries started coming in after 1820 and not only managed to convert many inhabitants of the island to Christianity, but also brought literacy to thousands. In order to spread knowledge, the missionaries settled in the capital Antananarivu, where they started founding first schools. Some of the islanders then pursued studies abroad. Those activities were welcomed by Radama I, to whom they allowed to build a truly effective military and administration. Radama I himself sought the presence of foreign advisors, mostly British, and his reign is associated with a westernization of the country, that in turn led to a modernized military, and more efficient trade, that saw its heyday in the first decades of the 19th century.³ In exchange for a ban on the slave trade and a ban on exporting slaves from Madagascar, Radama I was granted both diplomatic and military assistance of Great Britain. The insular monarchy later even provided its warships for his military campaigns. Christianity was not very close to the king's heart, but he keenly adopted some of its elements that he deemed beneficial and that helped him to uproot some of the country's traditions. As for him, he wore western clothes, mostly a French military uniform, and spoke creole French. He also actively encouraged missionaries to complete the transcription of the local language into Latin script.⁴

None of the rulers of the 19th century managed to secure control over the whole island. In some areas out of the reach of the central power, banditry was thriving that the royal army was unable to supress. The state, internationally recognized as the Kingdom of Madagascar, "did not exercise a homogenous or consistent power over a precisely-defined territory."⁵ Two more kingdoms even established in the south and in the west of the country, Sakalava and Bara. Western great powers formally recognized only the Kingdom of Madagascar and never started any cooperation with the kingdoms of Sakalava and Bara. Randrianja and Ellis see the reason for that in the fact that the kingdoms were archaic "in the sense of not confirming to contemporary Western ideas of order or utility."⁶ Western powers therefore treated Madagascar as a homogenous unit, though it was not one.

---

2   Hubert DESCHAMPS, Histoire de Madagascar: Mondes d'outre mer, Paris ²1961, p. 154.
3   In 1817, Madagascar signed an important treaty with Great Britain, with the important by-product of appointing "a permanent political agent acting for the British government." The role was assigned to "an army sergeant James Hastie". Solofo RANDRIANJA / Stephen ELLIS, Madagascar: A Short History, London 2009, p. 123.
4   Ibid., p. 125.
5   Ibid., p. 134.
6   Ibid., p. 140.

After Radama's death in 1828, one of his wives took over the reign of the country and ruled as Ravalona I until 1861. The queen took a rather hostile stance towards foreign elements. Under her rule, missionaries faced a wave of crackdowns and persecution, preferred local elites, military leaders, aristocrats, and rich businessmen to foreign advisors Nonetheless, foreign technical experts remained in the country, Jean Laborde from France being probably the most prominent of them, having built several arms and ammunitions factories there in the 1840s. The rule of Ravalona I can be defined as the era of isolationism, orthodoxy, and oligarchy.7

After her death, her own son Radama II took the throne. His rule was quite progressive, for one he abolished the death penalty and introduced freedom of religion. He also declared that Christianity equalled civilisation. When still the heir to the throne, prince Rakoto, who later became Radama II, signed a special contract with French businessman Joseph-François Lambert (Lambert Charter), the existence of which the French later dexterously used to seize control over the island.8

As for foreign orientation, Radama II was a keen Francophile, who signed a treaty of eternal friendship with emperor Napoleon III, in which France recognized him as the king of Madagascar. That was the beginning of French true infiltration on the island, marked by French immigration, land buying and the adoption of what was called the capitulation treaties. These capitulations, well-known from the Ottoman Empire, unilaterally gave preferential treatment to the French over locals. Radama II also surrounded himself with foreign advisors and technical experts. In 1863, after only two years in office, the king was assassinated by locals who were feeling threatened by his policies. According to Randrianja and Ellis, the elite conspirators were "profoundly disturbed by the rupture of the rituals of royal service that were required to ensure ancestral blessing" to the people, one of the fundamental elements of the monarchy.9

He was succeeded by queens Rasoherina and Ranavalona II. The latter mentioned ruled from 1868 for a total of fifteen years and among her achieve-

---

7   KENT, Madagascar, pp. 54f.
8   The contract with Joseph Lambert and his syndicate was signed in 1855. It gave Lambert a concession to a vast land share and a monopoly to extract metals and other raw materials. In exchange for that, the then crown prince and future Radama II gained the promise of political support. When he was later assassinated, his successors had to pay France the enormous compensation of 240,000 piasters. The greatest share was paid for by the royal treasury and the rest by creditors. It is worth noting that the greatest creditor of the government was the Prime Minister and his family. RANDRIANJA / ELLIS, Madagascar, pp. 129f.
9   Ibid., p. 129.

ments, there were reforms and modernizations of the country, as well as replacing oligarchy with modern bureaucracy led by true ministers.[10] Moreover, queen Ranavalona II. and her first minister Rainilaiarivony[11] were christened in 1869 and also celebrated religious marriage. On the day of her coronation, the queen even had idols called *sampas* burned, as a sign of accepting civilisation and progress; in fact, they were a few talismans that her ancestor Andrianampoinimerina collected from different parts of the world, representing a kind of pantheon. That pantheon was replaced by the Bible. The country was on its way to adopt the Western way of life. As a part of the reforms, new legal codes were adopted (Legal Code of 101 articles and Legal Code of 305 articles in 1881). The queen forbade polygamy and introduced the right to divorce on the one hand, but on the other, many traditional customs were preserved, such as punishments for witchcraft and the ban of marrying outside one's caste.[12] Queen Ranavalona II encouraged construction of new ecclesiastic buildings – new churches, new monuments and residences, school buildings and other constructions. The policy, however, had its side effects, such as the rising prices of food and, of course, the depletion of public funds. As the queen had adopted evangelical faith, her conversion also led to persecution of Catholics, although individuals holding prominent posts in the government were able to retain their Catholic faith, owing to Rainilaiarivoni.[13]

The French had been interested in gaining Madagascar ever since the 1840s. In 1845, the Colonial Council wrote to Louis Philippe: "We cherish founded hopes to create a great and important colony in Madagascar."[14] Later that year, one of the first military expeditions of the century took place. The interest of the Powers intensified in the 1840s and 1850s, when the Malagasy found gold deposits on the island. Out of fear that beginning mining would lure Europeans and give them a pretext to colonize the island, Ranavalona II announced a ban on mining, the violation of which entailed severe punishments.[15] However, the fact that the island had gold veins could

---

10 KENT, Madagascar, pp. 56f. It was only with the reform of 1881 that ministries were established; there were 8 of them. RANDRIANJA / ELLIS, Madagascar, p. 148.
11 Rainilaiarivony became prime minister in 1864 for the first time, still under the rule of queen Rasoherina, whom he married. Besides the role of prime minister, he also assumed the duties of the commander-in-chief. After Rasoherina's death, he married two other queens (Ranavalona II and Ranavalona III) and until the French rule was established in 1895, he was the one who factually held the reins of power in the country. Ibid., p. 141.
12 Cf. ibid., p. 131, 145 ; DESCHAMPS, Histoire, p. 181.
13 DESCHAMPS, Histoire, p. 180.
14 Cit. in: Ibid., p. 183.
15 Gwyn CAMPBELL, Gold Mining and the French Takeover of Madagascar, 1883–1914, in: African Economic History 17, 1988, p. 102.

not be concealed entirely from the Europeans and attracted many adventurers not only from Europe, but also from the United States. A year later, the Kingdom of Madagascar changed its policy and decided to allow access to mining on the island, a decision that would affect the country's future fundamentally. While the local government believed that earning a fortune would save them from the imminent bankruptcy and allow it "to finance a military build-up against the threatened French assault on the island", the opposite happened and the policy actually "refuelled French determination to colonize the island."[16] France did not have to do anything but wait for the right pretext to come up.

The opportunity presented itself upon the death of the French Consul Jean Laborde in 1879. Queen Ranavalona II refused to yield Laborde's estate, including vast stretches of land, to his heirs, informing them that the land was forfeited to the Crown.[17] Another partial dispute arose over the region of Sambirano, historically claimed by the French. Rainilaiarivony, supported by Great Britain, refused the claim, and insisted that the whole of the island belonged to the queen.[18] According to some authors, Rainilaiarivony falsely believed that the British would actively help him against France. However, with the British expedition to Egypt on mind, London did not wish to give France another reason for hostility.[19] These controversies gave France the opportunity for an offensive that Paris launched in 1883, after deciding to use the cancellation of the Lambert Charter as a pretext to attack Madagascar. That was the beginning of what was called the Franco-Hova or Franco-Malagasy Wars that lasted until 1896, when France declared the island to be one of its colonies.[20] The French sent a military expedition headed by Admiral Pierre, who destroyed the defensive positions on the Western coast of the island, occupied Majunga and gave the queen an ultimatum. Rainilaiarivony refused the ultimatum, which led to shelling and a subsequent occupation of Tamatave. Queen Ranavalona II died in July 1883 during the ongoing crisis. Rainilaiarivony soon married for a third time, this time with a 22-year-old niece of Radama II, who became Ranavalona III.[21]

---

16 Ibid., p. 103.
17 DESCHAMPS, Histoire, p. 184.
18 In 1882, the relations between Great Britain and France cooled considerably in consequence of the British occupation of Egypt.
19 Roland OLIVER / G. N. SANDERSON (eds.), The Cambridge History of Africa, Vol. 6: From 1870 to 1905, Cambridge 2004, p. 524.
20 In 1841, the French had already managed to take control of the Nosy Be Island by the north-western coast. Up to 1883, Nosy Be was their only real supporting point. Eric T. JENNINGS, Perspectives on French Colonial Madagascar, New York 2017, p. 15.
21 DESCHAMPS, Histoire, p. 185.

In March 1885, Jules Ferry's government fell and talks between France and Madagascar were to start soon afterwards, leading to a treaty that de facto validated French protectorate in Madagascar. Based on that treaty, France was supposed to represent Madagascar in all matters of foreign policy, with the seat of a French resident established in Atananarivo with the assistance of military forces. The queen was supposed to go on dealing with the internal issues of the island and to receive 10 million francs as a compensation for the French occupation of the roadstead of Diego-Suarez. Besides that, exterritoriality was ensured, as well as freedom of religious belief.[22] As soon as France won its first partial victory in its campaign against Madagascar, it used the interventionist policy, similarly to the way it was used in Egypt or the Ottoman Empire. In fact, the government based in Atananarivo had to accept a foreign loan of 10 million francs in order to pay the compensation. The sum was lent by the French bank Comptoir National d'Escompte under a 6% interest and the government went on paying instalments until 1895. Madagascar had to pledge the customs yields from all its main ports to secure the credit. As the sum of the yields put together was not enough of a guarantee, Rainilaiarivony had to introduce "special form of forced labour that consisted in panning for gold in the country's rivers."[23]

The year 1890 meant an important milestone in the British-French relations in relation to Madagascar: the two countries signed a treaty in which France recognized British protectorate over Zanzibar.[24] In exchange for that, France was granted "free hand in Madagascar". That was why "the Anglo-French Convention of 5 August 1890 [was] sometimes perceived as Britain's abandonment of Madagascar."[25]

---

[22] The problem, however, was still not completely solved, as the Malagasy version of the treaty differed considerably from the French one. In the following years, the French residents therefore had to pay great attention to the treaty's wording, as well as the concretisation of its terms; ibid., p. 186; Garland Downum, The Solution of the Madagascar Problem. A Study in Imperial Adjustment, in: The Southwestern Social Science Quarterly 24, 1943, No. 2, p. 150.

[23] Randrianja / Ellis, Madagascar, p. 152.

[24] The treaty was signed as a reaction to the British-German treaty on exchanging Helgoland for Zanzibar.

[25] Cf. Phares M. Mutibwa, Britain's 'Abandonment' of Madagascar: The Anglo-French Convention of August 1890, in: Transafrican Journal of History 3, 1973, No. ½, p. 96; Thomas Pakenham, The Scramble for Africa, London 2009, p. 359.

2. Annexation and path to British-French disputes

In the years 1894/95, another phase of conflict between France and Madagascar flared up, resulting into the annexation of the island by the metropolis. The French Minister of Foreign Affairs had a vote on a punitive expedition, approved by the Assembly by 377 votes against 143.[26] The French expedition corps landed in Tamatave and Majunga in mid-December 1894. Despite outnumbering the invasion force, the Malagasy troops were deeply demoralized and put up almost no resistance.[27] In September 1895, the French took the capital Antananarivo, the queen signed a document, in which she unreservedly accepted the French protectorate, and when she and her husband had been imprisoned, the island became a French colony.[28] Hyppolite Laroche became the leader of the colony upon the appointment by the foreign ministry. Great Britain acted upon the 1890 treaty and remained neutral "to avoid generating ill will in France."[29]

In August of the following year, Madagascar was incorporated to the metropolis, and Laroche was replaced by the "man of the day", Joseph-Simon Gallieni, who as a general became the "first military governor of the island."[30] Unlike his predecessor, he controlled not only the administration, but also the military. In compliance with the Méline law from 1892, France subsequently introduced protectionist customs policy and established a customs union between the mainland and the island.[31] These measures threatened British trade significantly and, according to the French ambassador in London, Paul Cambon, they later became the "stumbling block" that thwarted any improvement of the British-French relations after the Fashoda Incident up until the first half of 1899.[32]

---

26 The campaign was very popular in France, also due to the activities of the Comité de Madagascar, founded in 1894. DOWNUM, Solutions, p. 160.
27 The campaign was catastrophically marked by epidemics, mainly those of malaria and dysentery. Out of more than 15,000 troops, more than a half died from the diseases. RANDRIANJA / ELLIS, Madagascar, p. 155.
28 In February 1897, Ranavalona III was forced to leave the island and she spend the rest of her life in Algerian exile. Her husband suffered the same fate.
29 DOWNUM, Solutions, p. 159.
30 RANDRIANJA / ELLIS, Madagascar, pp. 156f.
31 The customs tariffs were progressively modified to the disadvantage of the non-French entities operating on the island. Decree by the French Resident-General in Madagascar, imposing a Tax on Licences, Antananarivo, November 3, 1896, in: British and Foreign State Papers, 1896–1897, Vol. 89, London 1901, pp. 1021f.
32 Marcela HENNLICHOVÁ, Entente cordiale: Vývoj britsko-francouzských vztahů na cestě k Srdečné dohodě 1898–1904 [Entente Cordiale: Development of the Anglo-French Relations on the Way to the Entente Cordiale, 1898–1904], Praha 2020, p. 69.

The crisis linked to the customs policy gradually escalated throughout 1898. Gallieni's decision to eliminate foreign competitors from the island's market with fabrics was taken already in January 1898: he also mentioned that intention in a letter to Joseph Chailley, secretary general of the French Colonial Union: "I am constantly seeking advice […] to find the practical means of banishing foreign fabrics from the market of Madagascar once and for all."[33] First, the port of Mananjary on the south-eastern coast of the island saw events that the British consul interpreted as a violation of the 1890 treaty. In February 1898, the local administration led by Compérat had ordered all the tradesmen on the island to buy all their goods exclusively from three French tradesmen in the town. Should they refuse to comply, they would be imprisoned and sent to the galleys. It didn't take long for the British to vehemently protest the action of the French administration, as the measure damaged their business interests.[34] When confronted with the existing situation, Gallieni submitted a resolute denial to the British consul McMillan. The British faced the situation as was habitual at the time: "The statement […] appears to be founded on native testimony only and does not in itself afford sufficient evidence upon which to base a representation to the French Government."[35]

The controversy culminated throughout 1898. It was the raise of import duties on cotton fabrics, that caused the greatest uproar, as well as the policy of giving tenants with long-term lease agreements the right to transfer the property into their own absolute ownership. The British were also irritated at the French policy imposing special tariffs on British tradesmen from India, who exported a whole range of commodities out of Madagascar, while also importing a lot there. In May 1898, Consul McMillan complained about yet another raise of the tariffs, that put many British tradesmen in Madagascar into a difficult financial situation. Before the new customs tariff was introduced, they had imported a major amount of cotton fabrics and other goods from Great Britain, that they were now unable to sell on the island. The local people, who *de facto* became a part of France, were still discouraged to buy

---

33 Letter of Joseph Gallieni to Joseph Chailley-Bert, Antananarivo, January 12, 1898, in: Joseph GALLIENI, Lettres de Madagascar 1896–1905, Paris 1928, p. 21.
34 Sauzier to Salisbury, Tamatave, February 24, 1898, in: C. 9091. France: No. 1 (1899). Further Correspondence with the French Government Respecting Madagascar, London 1899, No. 1, p. 1.
35 Foreign Office to McMillan, Foreign Office, May 14, 1898, in: Ibid., No. 5, p. 6.

goods from other than French tradesmen.[36] After the spring of 1898, the local press could only publish advertisements that promoted French goods and showed local people images of French brands. At the same time the people of Madagascar were strongly recommended not to buy any other goods.[37]

In mid-1898, the British Prime Minister, Lord Salisbury, decided to voice a strong protest against the French actions, and the protest was to be handed by the British ambassador in Paris, Edmund Monson, to the new head of Quai d'Orsay, Théophile Delcassé, who was appointed in June 1898.[38] The first conversation between Monson and Delcassé had the latter face criticism about the French violating the terms of the treaty that the former ambassador Waddington had signed and through which Great Britain had recognized the French protectorate over Madagascar under the condition that "the establishment of this Protectorate will not affect any rights or immunities enjoyed by British subjects in that island."[39] Salisbury instructed Monson to inform Delcassé that, although Great Britain had remained neutral in 1894/95, "if they had been aware that the end of the expedition was to be, not the maintenance of the Protectorate, but the annexation of the island, they might have foreseen that its success would threaten not only the independence of Madagascar, but also the fiscal rights of British commerce."[40] The British also argued that Delcassé's predecessor Gabriel Hanotaux himself had compared the French protectorate over Madagascar to the British protectorate in Zanzibar in his speech at the French Assembly in November 1894, and that the conditions promised to Great Britain and its trading interests in Madagascar had not been respected for a long time.[41]

In July 1898, Delcassé already sensed that clouds might begin to gather not only over Madagascar, but mainly over Fashoda, where Captain Jean-Baptiste Marchand's expedition was headed at the time. The ensuing Fashoda Incident completely overshadowed the customs tariffs issue of Madagascar. In October 1898, when the Fashoda crisis was culminating, the British heard from their consul in Tamatave: "It was decided that on and after the 1st of January, 1899, the coasting trade on the coasts of the island and

---

36 Cf. HENNLICHOVÁ, Entente cordiale, S. 69; E. Monson to Salisbury, Paris, June 2, 1898, in: C. 9091, No. 7, p. 8; McMillan to Salisbury, Tamatave, May 12, 1898, in: C. 9091, No. 8, p. 12.
37 Salisbury to E. Monson, Foreign Office, July 20, 1898, in: C. 9091, No. 14, p. 22.
38 Acting Vice-Consul Turner to Acting Consul McMillan, Antananarivo, April 26, 1898, in: C. 9091, Inclosure 3 in No. 8, p. 13; Foreign Office to Board of Trade, Foreign Office, June 16, 1898, in: Ibid., No. 9, p. 15.
39 Salisbury to E. Monson, Foreign Office, July 9, 1898, in: Ibid., No. 12, p. 19.
40 Ibid., pp. 19f.
41 Ibid.

dependencies would be carried on under the French flag only."[42] At the same moment, the Foreign Office received a message from India, informing about the restrictions on business contacts between the Crown's colony and Madagascar. The French used the fight against arms trade as a pretext for further trading restrictions, when unfoundedly accusing Indian tradesmen of illegal provisions of arms to Madagascar's Sakalava ethnic group.[43] In the given context of mutual relations, with the battle over the Upper Nile region culminating, the information meant adding the proverbial fuel to the flame. On 4 November, France stepped back on the issue of Fashoda, but the mutual British-French relation remained tense long afterwards.

At the end of 1898, when Paul Cambon became the new French ambassador to Britain, he was leaving for London quite worried. On 11 January 1899 the first official meeting of Cambon and Salisbury took place. The French Ambassador made an attempt to open the thorny issue of fishing privileges in Newfoundland; Salisbury, however, swept the subject off the table. Paul Cambon later wrote to his brother Jules: Salisbury "talked about Madagascar and the 'Blue Book' that he has had published to defend his view on the matter. It is obvious that this was the main problem."[44] A few days later, another Cambon's audience with the British Prime Minister took place, urging the ambassador to write to Delcassé:

> "We should admit that we have not always acted quite prudently in the issue of Madagascar and that we have not taken into consideration our previous engagements [to Great Britain]. This is where our weakness is, no need to delude ourselves; it would be very advisable for the French press to write about the Blue Book with circumspection and to acknowledge, if necessary, that we have a lot to rectify on that point."[45]

In the following two weeks, Cambon kept reminding Delcassé that Salisbury assigned extraordinary importance to the issue of Madagascar, and especially to the customs tariffs dispute. After all, Salisbury wrote openly to his representative in Paris Edmund Monson, that the purpose of the customs policy

---

42 Sauzier to Salisbury, Tamatave, September 26, 1898, in: Ibid., No. 26, p. 37.
43 A revolt against French administration was taking place at the time in several parts of the island. Cf. Phares M. MUTIBWA, Primary Resistance Against the French in Madagascar, 1895–1900, in: Transafrican Journal of History 8, 1979, No. ½, pp. 105–113; OLIVER / SANDERSON, History of Africa, Vol. 6, S. 533; India Office to Foreign Office, India Office, November 1, 1898, in: C. 9091, No. 27, p. 38.
44 Cit. in: HENNLICHOVÁ, Entente cordiale, p. 68.
45 Cambon to Delcassé, January 13, 1899, in: France, Ministère des Affaires Étrangères, Documents Diplomatiques Français, Série I, Tome XV, Paris 1959 (hereafter DDF I, T. XV), No. 15, p. 31.

that France had introduced on the island after 1897, was to annihilate all foreign competition and that it "must inevitably kill the greater part of British trade with Madagascar."[46]

In his next conversation with the British Prime Minister, Cambon was trying to earn some time for further manoeuvring.

> "I therefore gave the British hope by saying that as soon as the political situation allows it, the French government will reform the customs tariffs. That will earn us time, and we can use that to alleviate the ongoing polemics. [...] The British only take interest in their business. We would be going against our own interests if we shut their access to our colonies... Couldn't we make some concessions? Do we really need the approval of the Chamber of Deputies for that?"

wrote Cambon to the head of Quai d'Orsay.[47] After the Fashoda debacle, however, Delcassé was not willing to risk another crisis, or even the loss of his ministerial post. It was clear that the requirement of further concessions in favour of Great Britain would be met with great outrage in the French Assembly.

Paul Cambon was not willing to accept that the issue of the British-French *détente* was to be blocked because of customs in Madagascar, although he did sink into despair for a moment in early 1899. In his view, the British-French relations in Madagascar represented a problem so important that it was not ruled out that the two countries could again find themselves on the brink of war.[48] The British press also contributed to the escalation of the situation, when publishing a series of articles that Cambon considered to be "dangerous misunderstandings".[49] However, Salisbury himself repeatedly tried to present the issues of customs on Madagascar and the fishing privileges in Newfoundland as communicating vessels, where the two powers kept voicing reciprocal complaints. He noted several times that it would be quite easy to solve those problems if each of the two countries had been able to waive their claims. The French, however, were not willing to accept that, as they considered their fishing privileges in Newfoundland to be exclusive, historically given, and unquestionable; and they theoretically admitted discussion solely on the issues of Madagascar.[50]

That was the reason why Cambon tried to convince Delcassé that France should concede on the customs tariffs on Madagascar:

---

46 Salisbury to E. Monson, Foreign Office, July 20, 1898, in: C. 9091, No. 15, p. 23.
47 Cambon to Delcassé, London, December 13, 1898, in: Paul CAMBON, Correspondance 1870–1924, Tome II (1898–1911), Paris 1940, p. 13.
48 Christopher ANDREW, Théophile Delcassé and the Making of the Entente Cordiale: A Reappraisal of the French Foreign Policy 1898–1905, p. 114.
49 Cambon to Delcassé, London, January 21, 1899, in: DDF I, T. XV, No. 39, p. 63.
50 Ibid.

> "I say, and I repeat that neither the issue of Newfoundland, nor the issue of Bahr el-Ghazal are important, but the issue of Madagascar is. What shall we do should the British, encouraged by the impassioned speeches of Chamberlain and Rosebery, declare that they did not recognize our annexation [of Madagascar]? Will there be war?"

And he ended the letter with a sigh: "It would be truly sad if we waged war for customs tariffs."[51] Delcassé first had a detailed note presented to him to get a notion about the situation on the island. First of all, the note proved false Salisbury's claim that, at the same time as the annexation of Madagascar was announced, France had promised to keep the customs system on the island unchanged. On the contrary, Léon Geoffray had allegedly informed the British government even before the annexation, that "as a consequence of the takeover of Madagascar, the French customs regime would be replaced with one that would apply on the island."[52] Due to Chamber of Deputies, however, Delcassé remained unyielding and unequivocally turned the ambassador's proposition down.[53] At the end of January 1899, he even instructed Cambon to explain to Salisbury that "no change of fiscal regime of the island was possible."[54]

During the spring of 1899, the French and the British were discussing the details of a mutual treaty on the Congo-Nile Divide, deliberately side-lining the issue of Madagascar.[55] In the following years, the relations between the two great powers remained strained. The issue of customs tariffs was gradually overshadowed by other, more important matters. The British initial lack of success in the Second Boer War posed a considerable risk, according to some observers of the era. The French ambassador in St. Petersburg, Duke de Montebello, informed Delcassé in late January 1900 of the concerns about potential upcoming events, confided to him by General Kuropatkin in a private conversation:

> "The English can do nothing but regain the world's esteem by another campaign, one that would be better prepared and less badly run. If this effort is deemed impossible, there are concerns that England, to whom it would take several years to reorganize its military, could look for a pretext to take to the sea for a dazzling revenge, and would seek to prove that, even if its army is incapable of undertaking anything at the moment, its naval force is enormous and capable of making its own laws. They will seek quarrel with you first, ... you have

---

51 Cf. Delcassé to Cambon, Paris, January 21, 1899, in: France, Archive du Ministère des Affaires Étrangéres, Paris-La Courneuve (hereafter AMAE), Papiers d'agents – Archives privées: Paul CAMBON 42 (hereafter PA AP 42), Vol. 78 f. 92; Cambon to Delcassé, London, January 21, 1899, in: Cambon, Correspondance, p. 20.
52 Note pour le ministre: Régime douanier à Madagascar, Paris, January 21, 1899, in: DDF I, T. XV, No. 37, p. 59.
53 Delcassé to Cambon, Paris, January 24, 1899, in: Ibid., No. 43, p. 68.
54 Delcassé to Cambon, Paris, January 21, 1899, in: AMAE, PA AP 42, Vol. 78, f. 94.
55 Delcassé to Cambon, Paris, February 7, 1899, in: DDF I, T. XV, No. 68, p. 112.

delicate issues on Madagascar that will serve them, if they want, as a reason to provoke you."⁵⁶

Besides the development in South Africa, the post-1900 situation in the Moroccan Sultanate started to take quite an alarming turn, too, when the juvenile and unexperienced Sultan Abd al-Aziz IV ascended to the throne upon the death of his regent, Ba Ahmad. Soon after his enthronement, he had to face several revolts, including the rebellion of Bu Himara, the self-proclaimed pretender to the throne, that posed a risk of destabilizing and a collapse of the whole country, a view that was deeply worrying for both Paris and London, due to the interests the two great powers had there.⁵⁷ Besides that, further disagreements appeared in relation to the French actions in Bandar Jissah in the Sultanate of Oman and Muskat, as well as the French claims in the Shanghai region. In consequence to that, the two countries started to draw further from each other. Salisbury even said back then that the relations between Great Britain and France could hardly allow for anything more than "a state of mutual apathetic tolerance".⁵⁸ The hopes of settling the disputes on Madagascar began to dissipate. Until the end of 1902, when the British-German relation took a sharp downturn, nothing had indicated that there could be a turn in the British-French relations as well. In May 1903, however, the visit of the British sovereign in Paris certified that there was a will to find an agreement on both sides of the Channel.⁵⁹ During Delcassé's London meeting with Lansdown in July 1903, the issue of Madagascar was not discussed at all; only the six main subject matters were on the agenda, including Egypt, Morocco, Siam, Newfoundland, New Hebrides, and Sokoto. Talks on finding a modus vivendi on the customs issue on Madagascar only made it to the agenda in the autumn of 1903, when Lansdowne informed the French Ambassador that, in view of reaching general agreement, Great Britain was ready to withdraw all its previous protests submitted to the French government in the matter so far. He also demanded that France agree

---

56 De Montebello to Delcassé, Saint Petersburg, January 30, 1900, in: DDF I, Tome XVI, Paris 1959 (hereafter DDF, T. XVI), No. 62, p. 92.
57 See Marcela ŠUBRTOVÁ, The Anglo-French Rapprochement and the Question of Morocco: An Uneasy Way to the Entente Cordiale, 1898–1904, in: West Bohemian Historical Review VI, 2016, No. 2, pp. 213–241; Marcela HENNLICHOVÁ, Britsko-francouzské soupeření o Maroko (1900–1904) a finanční aspekt intervencionismu [The Anglo-French Rivalry for Morocco and the Financial Aspects of Interventionism], in: Lukáš PECHA (ed.), Orientalia Antiqua Nova XX, Pilsen, 17 September 2020, Pilsen 2020, pp. 40–56.
58 Cit. in: HENNLICHOVÁ, Entente cordiale, p. 73.
59 See Marcela HENNLICHOVÁ, The Royal Visit to Paris and the Presidential Visit to London in 1903: An Icebreaker of the Public Opinion or a Milestone in the History of the Entente Cordiale?, in: Prague Papers on the History of International Relations, 2019, No. 1, pp. 38–53.

to close its post-offices in Zanzibar, as well as to modify the exercise of French jurisdiction in the sultanate.[60]

Before responding to Lansdown's proposal, Cambon consulted everything with Delcassé in person in Paris, as he usually did. In his response from 26 October 1903, the ambassador informed the British Foreign Secretary that the very moment the French annexation of Madagascar happened, in compliance with the general practice, all contracts that Madagascar had signed until that day became null and void, including the British contract with queen Ranavalona II from 1865 that London had been repeatedly invoking. For that same reason, France could not recognize any British claims in the region. Cambon also quoted Lord Salisbury and his statements from an 1896 discussion with the Italian ambassador in London, to whom he said that British interests in Madagascar were not all that important and that the concerns of the Foreign Office in the matter were fuelled rather by fear of a precedent than by actual harm being done to Albion.[61]

As the core of the talks lay in the matters of Egypt and Morocco, the head of the Foreign Office replied to the French ambassador only in mid-November, after having discussed the main issues with the British Consul-General in Egypt, Lord Cromer. In the memorandum of 19 November 1903 Lansdowne refused that, after turning the protectorate over Madagascar into an annexation, France should be exempted from commitments ensuing from the 1865 treaty. He also could not resist reacting on Cambon's "history lesson", countering his remark as follows:

> "When Lord Salisbury uttered his clause on the importance of British interests in Madagascar in 1896, the French customs tariff was not effective; it became so in July 1897 and the policy affected British trade very negatively, as can be seen from the chart enclosed."[62]

According to the information available to the Foreign Office, British trade with Madagascar did actually suffer great damage as a consequence of the adoption of the customs tariff. While in 1893, three years before the French annexation of the island, British imports from Madagascar were reaching 124,816 pounds sterling, in 1897 it was no more than 67,895 pounds sterling and in 1902 the figure dropped to only 15,527 pounds sterling. British exports

---

60 Cf. DOWNUM, Solutions, S. 160; Lansdowne to Monson, Foreign Office, July 7, 1903, in: The National Archives, London-Kew, Foreign Office (hereafter TNA, FO) Cromer Papers, 633/17: Papers relating to the Anglo-French Agreement of 8 April 1904, No. 2, p. 3; Lansdowne to Cambon, October 1, 1903, in: Ibid., No. 9, p. 20; Lansdowne to Cambon, Foreign Office, October 1, 1903, in: AMAE, Correspondance politique et commerciale: Nouvelle Série 1896–1918, Grande Bretagne, Tome 14, f. 186.
61 Cambon to Lansdowne, French Embassy [in London], October 26, 1903, in: TNA, FO 633/17, No. 15, p. 26.
62 Lansdowne to Cambon, Foreign Office, November 19, 1903, in: Ibid., No. 21, p. 33.

to Madagascar came down from 98,909 pounds in 1893 to 355,509 pounds in 1898 and then recovered a little to reach 42,252 pounds sterling in 1902. British trade with cotton fabrics, exported from Great Britain (mainly Liverpool) to Madagascar, had been paralyzed, too. While in 1893, British tradesmen exported to Madagascar cotton fabrics worth of 53,628 pounds sterling, five years later it was only 6,241 pounds in a sheer drop.[63]

Lansdowne also pointed out that the British government was willing to withdraw its protests concerning Madagascar and its rights, "should a full settlement of other questions be arrived at".[64] The issue of customs tariffs in Madagascar was thus entwined with other contentious issues, with Great Britain trying to present its claims as inalienable rights that it was willing to waive during the talks, if it could get quite a few further concessions from the French in exchange. In conclusion of the memorandum, Lansdowne warned that the British government was worried about the prospects of an agreement on Egypt and Morocco, for the case of Madagascar could become an ominous precedent:

> "It was contended by the French Government that, when the island was annexed by France, the French Government were, ipso facto, relieved from their existing engagements in regard to it [...] We [His Majesty's Government] are therefore anxious to leave no room in any settlement which may now be come to as to Egypt and Morocco for an eventual conflict of opinion, however remote, upon a similar issue. [...] It would, nevertheless, be desirable that we should place it on record that, should either Power at any future time find itself compelled, by the force of circumstances, to modify its policy in this respect, any engagements into which that Power had entered as to commercial equality shall remain intact, and that if either side should in any way depart from those engagements, the other side will be at liberty to do the same."[65]

The French evidently accepted the condition, for in early December, Cambon noted in a conversation with the British Foreign Secretary, that the only two important points that remained to be solved, were the issue of Egypt and the issue of French fishing privileges in Newfoundland.[66] Delcassé didn't respond to the proposal in the following weeks, when the main subject of the talks switched to the search of territorial compensations for the French fishing privileges in Newfoundland, the same that almost wrecked the talks on entente in January 1904. A way out from the impasse was eventually found thanks to the insisting pleading by the British Consul-General in Egypt, Evelyn Baring, Lord Cromer, who argued:

---

63 Annex in No. 21, British Trade with Madagascar, in: Ibid., p. 34.
64 Ibid.
65 Ibid., pp. 33f.
66 Lansdowne to Monson, Foreign Office, December 2, 1903, in: Ibid., No. 23, p. 35.

> "The necessity of making concessions which will lead to the settlement of the Newfoundland question, or of dealing with Morocco and Egypt separately, appears to me most urgent, and I venture to strongly advocate the adoption of one of these solutions, of which the former is the best, although the latter is preferable to inaction. From the general or from the local Egyptian point of view, the failure of the negotiations at this stage would be little short of a calamity in my opinion, and the public, who are already more or less aware of what is going on, would, I think, severely criticize it."[67]

When Lansdowne was unwilling to make further concessions, Cromer reminded him, that

> "it should not be forgotten that the value of the concessions which the French are making to us in Egypt far outweighs those made by us to them in Morocco, in which country, moreover, they can carry out their policy without our aid, whereas they are in position to impede us seriously in Egypt – a fact they are fully aware of."[68]

The talks got back on feet and the two great powers went on negotiating border adjustments in Western Africa almost throughout February 1904, as well as in the issue of Newfoundland the alternatives of territorial compensation.[69] The issue of Madagascar was manifestly not on the agenda, as on it trailed behind other subject matters on the priority list. It was only the French convention proposal from 21 March 1904 that included a short paragraph in which the British government waived the customs tariffs protests, filed in connection with the French annexation of Madagascar. A modified version of that paragraph was later integrated in the *Declaration concerning Siam, Madagascar, and the New Hebrides*, followed by a short text dealing with the British position in Zanzibar. As a result, Great Britain pulled back in the matter of customs tariffs in Madagascar and fortified its position in Zanzibar.[70]

On the day of signing a complex of treaties that later became known to historians as the Entente Cordiale, Lansdowne reminded the British ambassador in Paris: "It is, however, important to regard them not merely as a series of separate transactions, but as forming part of a comprehensive scheme for the improvement of the international relations of two great countries."[71] After a long period of mutual discord, Madagascar and Newfoundland finally ceased to be the bone of contention between London and Paris.

---

67 Cf. Lansdowne to Monson, Foreign Office, January 27, 1904, in: Ibid., No. 38, p. 48; Cromer to Lansdowne, Cairo, January 21, 1904, in: Ibid., No. 36, p. 47.
68 Ibid.
69 The prospect of a looming conflict in the Far East also played an important role.
70 Lansdowne to Monson, Foreign Office, April 8, 1904, in: Ibid., No. 94, p. 121; Declaration concerning Siam, Madagascar and the New Hebrides, in: Ibid., No. 97, p. 142.
71 Ibid.

3. Conclusion

Although in 1899, British Prime Minister Lord Salisbury still considered the issue of customs disputes in Madagascar an insurmountable problem in the British-French relations, it appeared in the following years, that if a sufficient *quid pro quo* could be found, an agreement was possible. Although the introduction of the French customs tariff in 1897 did hurt British trading interests, those were quite marginal compared to the interests of Great Britain in Egypt. Should France be willing to refrain from its policy of ceaseless troubles in the country on the Nile, the British would be able to come to terms with the situation in Madagascar. To reach a deal, however, it was necessary to wait for favourable circumstances in the British-French conditions, that were not to occur before 1903. The events of early November 1903 were out of the ordinary: Lord Lansdowne attempted to entwine the issue of Madagascar with two other contentious matters that were included of the Entente Cordiale. The French, who also wished to reach an agreement, did not mount any opposition, and accepted the Foreign Secretary's proposal. In the autumn of 1903, the matter was tentatively closed. As soon as the two governments reached a consensus on the remaining points at issue, the issue of Madagascar was settled once and for all.

Zusammenfassung

Dieser Artikel befasst sich mit der britisch-französischen Rivalität um Madagaskar im 19. und am Anfang des 20. Jahrhunderts und mit deren Bedeutung für die Unterzeichnung der Entente Cordiale, einem Problem, das manche Historiker, die sich mit der Frage befassten, bis heute völlig übersehen haben. Die Autorin knüpft an ihre Dissertation an und widmet sich der Rolle von Madagaskar in den britisch-französischen Beziehungen im 19. Jahrhundert. Die Studie untersucht, ob und inwiefern das Problem von Madagaskar den Verlauf der Verhandlungen zur Entente Cordiale und die finale Form dieses britisch-französischen Abkommens aus dem Jahre 1904 beeinflusste.

Summary

This article deals with the Anglo-French rivalry for Madagascar during the 19th century and at the turn of the 20th century, as well as its importance for the signing of the Entente Cordiale: something that has been completely overlooked by the historians dealing with the Anglo-French rapprochement so far. The study is a continuation of the previous research of the author and focuses on the role of Madagascar in the mutual Anglo-French relations in the 19th century as well as on the process of the negotiation of the convention of 1904.

Mission, Kirche, Widerstand. Zum gesellschaftsbildenden Potential des Christentums in Namibia

Tabea U. Buddeberg und Jürgen G. Nagel

1. Einleitung

Nicht nur aus kirchenhistorischer oder theologischer Perspektive ist die Bedeutung von Religion in einer Gesellschaft auf keinen Fall zu unterschätzen. Dies gilt auch in einem vermeintlich säkularen, von Religiosität entkleideten Zeitalter. Und es gilt erst recht in modernen afrikanischen Gesellschaften – nicht zuletzt dann, wenn der Zusammenhang zur Dekolonisierung hergestellt wird, die mit dem einhergeht, was wissenschaftlich wie tagespolitisch als *Nation-Building* bezeichnet wird.

Vor dem Hintergrund dieser Prämisse sollen im Folgenden einige Gedanken zu zwei Jahrhunderten Christentumsgeschichte in Namibia entfaltet werden. Einerseits wird der große Bogen von den Anfängen der Christianisierung im südwestlichen Afrika bis zum unabhängigen Namibia geschlagen. Andererseits werden konkrete Schwerpunkte auf die Genese afrikanischer Kirchen und auf die Kirche im Anti-Apartheid-Kampf gelegt.

Verstanden wird Christentumsgeschichte mithin nicht als die hermetische Welt einer oder zahlreicher Kirchen. Vielmehr ist vom Christentum in der Mitte der Gesellschaft die Rede. Damit rückt die Frage in den Mittelpunkt, wo diese Kirchen und der von ihnen repräsentierte Glaube in der Genese einer namibischen Gesellschaft ihren Platz hatten. Denn auch das ist unübersehbar: Eine namibische Gesellschaft, eine namibische Nation musste erst einmal entstehen, war das Land, wie es die europäischen Kolonialgrenzen seit Ende des 19. Jahrhunderts definieren, doch zunächst ein Vielvölkerkonglomerat und eine Migrationsarena.

Das Christentum war von Beginn an wesentlicher Bestandteil der modernen namibischen Geschichte. Zunächst war die Religion in Gestalt der Mission präsent, die zur Transformation der verschiedenen regionalen Gesellschaften beitrug und dabei erste Grundlagen für eine namibische Gesellschaft schuf, die es zuvor so nicht gab. Als die Missionare und ihre Schutzbefohlenen zunehmend in Konflikt gerieten, bedeuteten die daraus entstehenden kirchlichen Abspaltungen auch einen Schritt der Identitätsfindung. Konsequenterweise wurde das Christentum im nächsten Schritt unverzichtbarer Bestandteil der Nationalbewegung. Zugleich zeigten die namibischen Kirchen eine zunehmende Tendenz zur Zersplitterung, die gerne mit den Labels ‚Sektenbildung' oder ‚Tribalismus' belegt wird. Dennoch kann, so die hier vertretene These, von einem einigenden religiösen Band gesprochen werden, das zwar nicht allein die namibische Nation von heute ausmacht, ohne welches diese aber nur schwer denkbar ist.

Letztendlich gilt es ein ambivalentes Bild zu zeichnen: das Bild einer Religion, ohne die die Genese der modernen Nation nur schwer denkbar ist, aber auch das Bild eines Scherbenhaufens, in den die namibische Kirchenlandschaft bis heute vermeintlich zersprungen ist. Einigendes Band oder Spaltpilz für die Nation Namibia – lassen wir diese Frage erst einmal offen und beginnen bei der Genese einer Nation als solcher.

2. Religion und Nation-Building

In den gegenwartsbezogenen Konzepten von *Nation-Building* spielt Religion kaum eine Rolle. In diesen gilt der Aufbau von Nationen als Schlüsselkonzept der Krisenprotektion und als Mittel der Konfliktnachsorge.[1] Solche Konzepte denken vom Zentrum in Richtung Peripherie, von Elite in Richtung Allgemeinheit. Eine von der Elite gedachte Idee von Nation muss in den Köpfen der breiten Masse verankert werden, was anerkanntermaßen ein langer Prozess ist.

Drei Elemente werden für diesen Prozess als wesentlich angesehen: zunächst eine integrative Ideologie auf der diskursiven Ebene, dann die Integration der Gesellschaft auf der soziopolitischen Ebene und schließlich die Errichtung eines funktionsfähigen Staatsapparates in Form des *State-Building*. Religion spielt hierbei allenfalls als Frage nach einem nationalen Bekenntnis, nach einer Staatsreligion eine Rolle und wäre damit dem ersten Element zugeordnet. *Nation-Building* übernimmt in diesem Verständnis die Funktion eines Vehikels zur Vermarktung oder Distribution des „Produktes Nation".

Auch der norwegische Soziologe Stein Rokkan, vielleicht der wichtigste Theoretiker des historischen *Nation-Building*, weist der Religion keine herausgehobene Rolle zu. Immerhin stellt sie in seinem Konzept einer in seinen

---

[1] Siehe u.a. die Beiträge in Jochen Hippler (Hrsg.), Nation-Building. Ein Schlüsselkonzept für friedliche Konfliktbearbeitung?, Bonn 2004.

vier ‚Mastervariablen' dar.² Auf der einen Seite stehen bei Rokkan die ökonomischen Variablen: die Unabhängigkeit respektive Abhängigkeit des urbanen Netzwerkes sowie das Konzentrationslevel der Landwirtschaft. Die Variablen auf der anderen Seite sind kultureller Natur: die Unabhängigkeit respektive Abhängigkeit von der Kirche sowie der Einheitsgrad der nationalen Sprache. Dies alles betrachtet Rokkan als Bestandteile der Nationalkultur und als diejenigen Rahmenbedingungen, die eine Kategorisierung und damit einen Vergleich der – wohlweislich – europäischen Entwicklungen ermöglichen sollen. Bei den eigentlichen Prozessen folgt das *Nation-Building* dem *State-Building*. Dann spielen andere Elemente wie Militär, Bildung, Medien oder Eliten die entscheidende Rolle. Hinsichtlich der modernen europäischen Nationalstaaten erscheint *Nation-Building* bei Rokkan geradezu als postreligiöses Ereignis.

Eine sinnvolle Verankerung der Religion ist also im sozialwissenschaftlichen Theorieangebot zum *Nation-Building* kaum zu finden. Um nicht an einem polittechnischen Terminus hängenzubleiben, sei zunächst auf den Begriff ‚Gesellschaftsbildung' zurückgegriffen. Die Bildung einer Nation mit dem Ziel des Nationalstaates setzt vorab die Bildung einer Gesellschaft voraus, die zumindest ein Minimum an Integration aufweisen kann. Darauf dürften sich alle Theoretiker*innen einigen können. Bei einer zu dekolonisierenden Kolonie kann dies allerdings mitunter die sprichwörtliche Quadratur des Kreises bedeuten. Das beste Beispiel hierfür bietet die spezielle Ausgangssituation in Namibia. Hier existierte eine ethnisch-kulturell höchst diverse Gesellschaft, deren Teileinheiten zumeist erst im Laufe des 19. Jahrhunderts in Kontakt zueinander traten und erst unter dem Druck kolonialer Machtausübung tatsächlich zusammenfanden.

Fragt man nach den Elementen, die hier ein integrierendes Moment evozieren konnten, fallen vier Faktoren ins Auge, die von außen herangetragen wurden. Zunächst ist die Genese einer kulturellen, sozialen und politischen Entität Namibia nicht ohne die gesellschaftliche Transformation in vorkolonialer und kolonialer Zeit denkbar – und diese wiederum nicht zuletzt ohne den Anteil der Mission. Daneben ist auf die Christianisierung hinzuweisen,

---

2 Stein ROKKAN, Dimensions of State Formation and Nation Building. A Possible Paradigm for Research on Variations within Europe, in: Charles TILLY (Hrsg.), The Formation of National States in Western Europe, Princeton 1975, S. 562–600; ders., Territories, Centers and Differentation within Western Europe, in: Jean GOTTMANN (Hrsg.), Centre and Periphery. Spatial Variations in Politics, Beverly Hills 1980, S. 163–204. – Zu Rokkans Überlegungen siehe auch Charles TILLY, Stein Rokkan's Conceptual Map of Europe, Ann Arbor 1981, und Johan GALTUNG, Building on Stein Rokkan, in: Transcend International. A Peace Development Environment Network, 1982, URL: https://www.transcend.org/ galtung/papers/Building%20on%20Stein%20Rokkan.pdf [02.02.2022].

die eine einheitliche Glaubensgrundlage schuf, welche möglicherweise höher einzuschätzen ist als die Zersplitterung in mehrere Kirchen. Darüber hinaus kommt der formalen Bildung eines Verbunds unterschiedlicher, häufig zuvor verfeindeter Ethnien und Gruppen durch die koloniale Grenzziehung eine wesentliche Bedeutung zu. Schließlich war der antikoloniale Widerstand innerhalb dieser Grenzen nicht minder bedeutsam, zumal erst ab hier eine Ideologiebildung zu beobachten ist. Entscheidend in diesem Zusammenhang ist, dass das von außen Herangetragene internalisiert werden musste, um eine Basis für ein *Nation-Building* abgeben zu können. Neben dem kolonialen Druck auf dem sprichwörtlichen Kessel spielte dabei das Christentum eine nicht zu unterschätzende Rolle.

Nicht weiter erwähnenswert sollte hier sein, dass die Sozialwissenschaften die Religion als eine Form gesellschaftlicher Interaktion verstehen – als ‚fait social' bei Emile Durkheim oder als ‚soziales Handeln' bei Max Weber.[3] Wichtiger im vorliegenden Zusammenhang sind zwei andere Hinweise: dass Religion Bewahrer des Bestehenden, aber auch Motor sozialen Wandels sein kann, wie Antonio Gramsci betont, und dass sie auf jeden Fall gestaltend auf die soziale Ordnung einwirkt, wie es für Clifford Geertz unabdingbar ist.[4] Also, so darf wohl gefolgert werden, ist Religion auch in den Staatswesen der Moderne eine gesellschaftsprägende bzw. -bildende Kraft.

Sucht man danach in Namibia, betreten hinsichtlich des Christentums neben respektive vor den Kirchen zunächst einmal die Missionare die Bühne. Dabei lässt sich eine Reihe gesellschaftsbildender Effekte von Mission, Kirche und Christentum beobachten, die sich auf fünf Kategorien verdichtet. Zum einen machten die Missionare aus nomadisierenden, ‚heidnischen' Clans bereits in vorkolonialer Zeit sesshafte, christliche Ethnien. Zum anderen sorgten christliche Symbolik und Rollenverständnisse innerhalb dieser Ethnien für Legitimation. Neue Propheten traten auf, die in der Frühgeschichte des namibischen Christentums eine wichtige Rolle spielten. Die spezifische koloniale Situation Namibias – so könnte man vermuten und so wird zu zeigen sein – führte zu einer besonderen Verbindung religiöser und politisch-gesellschaftlicher Autorität und somit zu einem besonderen Typus, der

---

3   Émile DURKHEIM, Die elementaren Formen des religiösen Lebens, Frankfurt/Main 1981 (1912); Hartmann TYRELL, ‚Religion' in der Soziologie Max Webers, Wiesbaden 2014, S. 19–72.
4   Rosario FORLENZA, Antonio Gramsci on Religion, in: Journal of Classical Sociology 21, 2021, S. 38–60; John FULTON, Religion and Politics in Gramsci. An Introduction, in: Sociological Analysis 48, 1987, S. 197–216; Clifford GEERTZ, Dichte Beschreibung. Beiträge zum Verstehen kultureller Systeme, Frankfurt/Main 1983, S. 44–95.

neben die in der Religionssoziologie gängigen Typen religiöser Autorität tritt.[5]

Als dritter Punkt lässt sich die Kritik von Missionaren an Kolonialismus und Apartheid anbringen, die neben der Kollaboration mit der deutschen oder südafrikanischen Besatzungsmacht ebenfalls zu beobachten ist. Der vierte gesellschaftsbildende Effekt ist im Engagement der indigenen Kirchen im Widerstand zu suchen, das sich dabei als einigendes Band anbot – konkurrierend zum kommunistischen Ideal der SWAPO, aber kompatibel zu deren nationalistischen Idealen. Schließlich ist der einheitliche Glaube als ein Identitätsangebot an eine ethnisch vielfältige, nicht historisch gewachsene Gesellschaft anzusprechen.

Auf der anderen Seite können gesellschaftsgefährdende Effekte von Mission, Kirche und Christentum nicht verleugnet werden. Diese bestanden in den Beiträgen von Missionaren zu Kolonialismus und Apartheid, in den Kirchenspaltungen innerhalb des indigenen Christentums, in der Tendenz zu ethnisch orientierten Sonderkirchen und in den innerkirchlichen Auseinandersetzungen.

3. Mission und Gesellschaft

Die Transformation der traditionellen Gesellschaften durch die Christianisierung setzte mit dem beginnenden 19. Jahrhundert ein, lange bevor an die Errichtung einer kolonialen Herrschaft überhaupt zu denken war. Das Christentum fand zunächst einmal aus dem Süden den Weg nach Namibia. Dieser Vorgang hatte mit Missionsbestrebungen zu tun, aber auch mit der Zuwanderung bereits in Südafrika christianisierter afrikanischer Gruppen.

3.1. Rheinische Missionare und der Kulturtransfer

Den Anfang der protestantischen Mission im Gebiet des späteren Namibia machten die *London Mission Society*, die 1805 in Warmbad ihre erste Niederlassung gründete, sowie die methodistische *Wesleyan Mission*. Die Missionare kamen teilweise mit zuwandernden Gruppen ins Land, insbesondere mit den Nama. So überquerte Heinrich Schmelen, der sich seit 1811 in Süd-

---

5 Die üblichen religionssoziologischen Typen religiöser Autorität kreisen um die Begriffe Prophet, Priester und religiöser Lehrer. Vgl. hierzu Kornelia SAMMET, Religiöse Profession, in: Detlef POLLACK u.a. (Hrsg.), Handbuch Religionssoziologie, Wiesbaden 2018, S. 543–566.

afrika aufhielt, 1815 mit einer Namagruppe den Oranje. Wenig später gründete er in Bethanien seine eigene Missionsstation. Die *Rheinische Missionsgesellschaft* übernahm 1842 die Station als Ausgangspunkt ihrer eigenen Aktivitäten in Namibia, wo sie bald die führende Rolle übernahm. Andere Missionare wurden von den afrikanischen Führern gerufen, so die rheinischen Missionare Carl Hugo Hahn und Franz Heinrich Kleinschmidt, die 1842 einem Ruf des Nama-Führers Jonker Afrikaner nach Windhoek folgten. Die Ovambo im Norden schließlich wurden seit 1870 durch die finnische lutheranische Mission christianisiert.[6]

Die Tätigkeit der Missionare bewirkte nicht unerhebliche gesellschaftliche Transformationen. Generell wurden Transformationsprozesse gerade im Süden dadurch erleichtert, dass sich zuwandernde Gruppen bereits in einer Formationsphase befanden. Bislang nomadisch oder semi-nomadisch lebende Gruppen von Viehzüchtern und Wildbeutern wurden sesshaft. Dies korrespondierte mit dem Aufbau einer Struktur von Werften, befestigten Kleinsiedlungen um die Missionsstationen, deren Anlage von den Missionaren nach einer ersten Phase des Mitwanderns vorangetrieben wurde. Diese Missionsstationen dienten als Handelsstationen für Nomaden und sorgten über die Erweckung von neuen Bedürfnissen für deren Anbindung an marktorientierte Wirtschaftsformen, was wiederum zur Ausweitung der Güterpalette führte. Dadurch bildeten die Stationen Zentren der Versorgung mit neuen Gebrauchsgegenständen und Anlaufstellen für gesellschaftlich Entwurzelte oder Marginalisierte. Dank solcher zentralörtlicher Funktionen entstand eine räumliche Struktur christlicher Gemeinden, die bei Zerschlagung von ‚Stammesgemeinschaften' das Grundgerüst für neue Strukturen nach dem Ende der traditionellen Clanverhältnisse bildeten. Als Beispiel sei auf die frühkolonialen Kämpfe der Nama unter Hendrik Witbooi gegen Landeshauptmann Curt von François und Gouverneur Leutwein verwiesen.[7]

Neben solchen Veränderungen in der von außen wahrnehmbaren Siedlungsstruktur bedingte die Mission auch innergesellschaftliche Transformationen. Die stationäre Landwirtschaft wurde zur ökonomischen Grundform.

---

6 Grundlegend zur Missionsgeschichte in Südwestafrika u.a. Carl-Johan HELLBERG, Mission, Colonialism, and Liberation. The Lutheran Church in Namibia 1840–1966, Uppsala 1998; Nils OERMANN, Mission, Church and State Relations in South-West Africa under German Rule (1884–1915), Stuttgart 1999; Gerhard L. BUYS / Shekutaamba NAMBALA, History of the Church in Namibia, 1805–1990. An Introduction, Windhoek 2003.

7 Catharina GRÜNWALD, Machtstrukturen in Deutsch-Südwestafrika unter Major Leutwein, 1894–1904, München 2011; Gustav MENZEL, Widerstand und Gottesfurcht. Hendrik Witbooi – eine Biographie in zeitgenössischen Quellen, Köln 2000, S. 41–161; Günther REEH, Hendrik Witbooi, ein Leben für die Freiheit. Zwischen Glaube und Zweifel, Köln 2000, S. 32–56.

Zwar blieb die Bedeutung der Viehzucht erhalten, doch wurde der Ackerbau auf Betreiben der am deutschen bäuerlichen Ideal orientierten Missionare zum Leitbild. Die Rinderpest von 1897 tat ein Übriges für diesen Wandel. Als ergänzender Sektor trat das Handwerk neben die Landwirtschaft. Mit solchen Prozessen veränderten sich auch die Geschlechterbeziehungen und die gesellschaftliche Rolle der Frauen, ebenso die Autoritätsstrukturen und ihre Legitimationen.

Schließlich hielten die Veränderungen auch im Alltag Einzug. Die äußere Erscheinungsform wurde dem neuen Glauben angepasst; Missionare selbst berichteten, dass sich die viktorianisch inspirierte Tracht noch vor dem christlichen Glauben durchsetzte. Lebensform und Haushaltsführung richteten sich – wenn auch wesentlich langsamer – nach dem Vorbild des Missionars und seiner Frau. Kulturelemente, die auch später bei ethnischen Identifikationsfindungsprozessen relevant wurden, hatten ihre Wurzeln in der frühen Mission. Verwiesen sei beispielsweise für die Herero auf die Bedeutung von Beerdigungsritualen oder von Fanfaren und Posaunenchören. Das Begräbnis von Samuel Maharero im Jahr 1923, das später als Hererotag institutionalisiert wurde, bietet das schlagende Beispiel für diese Internalisierung missionarischer Kulturelemente in neue Identitätsformen.[8] Sehr zum Leidwesen der Missionare fand eine Anpassung solcher Elemente an die eigenen Traditionen statt. Es gibt Interpretationen, die hier wesentliche Gründe für die Christianisierung sehen.[9]

Langfristig wurde so der christliche Glaube zu einem Identitätsfaktor neben den nationalen Identitätsmerkmalen Sprache, Ahnen und Geschichte. Die Betonung liegt hierbei auf neben. So sind die Herero heute Herero, weil sie christlich sind *und* die gemeinsamen Ahnen verehren *und* das historische Schicksal der kolonialen Verfolgung teilen. Die postkoloniale Beobachtung, dass vorchristliche Riten und Denkmuster in das Gemeindeleben afrikanischer Kirchen integriert wurden, zeigt die Notwendigkeit, die individuell-

---

[8] Jan-Bart GEWALD, Herero Heroes. A Socio-Political History of the Herero of Namibia, 1890–1923, Oxford 1999; ders., "We thought we would be free ...". Socio-Cultural Aspects of Herero History in Namibia 1915–1940, Köln 2000; Hildi HENDRICKSON, A Sign of the Times. Samuel Maharero's Body and the Legitimation of Herero Leadership, in: Michael BOLLIG / Jan-Bart GEWALD (Hrsg.): People, Cattle and Land. Transformations of a Pastoral Society in Southwestern Africa, Köln 2000, S. 227–245; Karla POEWE, The Namibian Herero. A History of Their Psychological Desintegration and Survival, Lewiston 1985, S. 99–136; Wolfgang WERNER, "Playing Soldiers". The Truppenspieler Movement among the Herero of Namibia, 1915 to c. 1945, in: Journal of Southern African Studies 16, 1990, S. 476–502.

[9] Jan-Bart GEWALD, Flags, Funerals and Fanfares. Herero and Missionary Contestations of Acceptable, 1900–1940, in: Journal of African Cultural Studies 15, 2002, S. 105–117.

wortorientierte Lehre der protestantischen Missionare durch kollektiv-rituelle Elemente ‚afrikanisiert' werden mussten.[10]

3.2. Rheinische Missionare und die Politik

Mindestens ebenso wichtig wie die gesellschaftlichen waren die politischen Transformationen. Diese begannen mit der Infragestellung bestehender Eliten, im Verein mit neuen Formen der Legitimierung in ambivalenten machtpolitischen Hierarchien. Vorbildliches christliches Verhalten oder prophetische Legitimation trat an die Seite der traditionellen Verbindung von charismatischer Führung und Abstammung. Neue Typen von Führungspersönlichkeiten entstanden; christliche Propheten traten als politische Führer auf. So verspürte Hendrik Witbooi einen Sendungsauftrag und Samuel Maharero war Priesterschüler des Augustineums der Rheinischen Missionsgesellschaft in Otjimbingwe.[11] Auch äußere Einflüsse machten sich in diesem Bereich bemerkbar. Unter anderem traten äthiopische Bewegungen in Namibia in Erscheinung, beispielsweise durch den Prediger Shepherd Stuurman.[12] Diesem wiederum schloss sich der junge Hendrik Witbooi bei seinem Aufstieg zum einflussreichsten Führer des Südens an. Das Beispiel Maharero steht für die Herausbildung einer Parallelstruktur zu bestehenden Eliten, während das Beispiel Witbooi die zusätzliche Stärkung traditioneller Elitestrukturen veranschaulicht.

---

10 Theo SUNDERMEIER, Aus einer Quelle schöpfen wir. Von Afrikanern lernen, Gütersloh 1992, S. 78–86.
11 Tilman DEDERING, Hendrik Witbooi, the Prophet, in: Kleio. A Journal of Historical Studies from Africa 25, 1993, S. 54–78; ders., Hendrik Witbooi. Religion, Kollaboration und Widerstand in Deutsch-Südwestafrika, in: Ulrich VAN DER HEYDEN / Heike LIEBAU (Hrsg.), Missionsgeschichte, Kirchengeschichte, Weltgeschichte. Christliche Mission im Kontext nationaler Entwicklungen in Afrika, Asien und Ozeanien, Stuttgart 1996, S. 325–341; Theo SUNDERMEIER, Zwei Sektenkirchliche Bewegungen im alten Südwestafrika? Jonker Afrikaner und Hendrik Witbooi, in: Hans DE KLEINE (Hrsg.), „… zu einem Zeugnis über alle Völker!" Ein Jahresbericht der Rheinische Mission 1963/64, Wuppertal 1964, S. 55–94; Gerhard POOL, Samuel Maharero, Windhoek 1991.
12 Zur äthiopischen Bewegung: Erhard KAMPHAUSEN, Anfänge der kirchlichen Unabhängigkeitsbewegung in Südafrika. Geschichte und Theologie der äthiopischen Bewegung, 1872–1912, Bern 1976; Bingham TEMBE, Integrationismus und Afrikanismus. Zur Rolle der kirchlichen Unabhängigkeitsbewegung in der Auseinandersetzung um die Landfrage und die Bildung der Afrikaner in Südafrika, 1880–1960, Frankfurt/Main 1985; J. Mutero CHIRENJE, Ethiopanism and Afro-Americans in Southern Africa, 1883–1916, Baton Rouge 1987. Zu Shepherd Stuurman: Tilman DEDERING, The Prophet's "War against Whites". Sheperd Stuurman in Namibia and South Africa, 1904–1907, in: Journal of African History 40, 1999, S. 1–19.

Führungsfiguren wie Witbooi entschieden sich auch und gerade unter christlichem Einfluss für »vormoderne« Widerstandsformen gegen den Kolonialismus. Diese waren ‚rückwärtsgewandt' im Sinne der angestrebten Wiederherstellung traditioneller Gesellschaftsformen und Machthierarchien. Im Gegensatz zu solchen Widerstandsformen, die »moderne« Konzepte rezipierten oder sich zumindest aktiv mit ihnen auseinandersetzten, waren sie zum Scheitern verurteilt – nicht nur wegen überlegener Waffentechnik der Kolonisatoren, sondern auch, da sie sich durch ihre Christianisierung selbst schon aus den Grundstrukturen der Tradition wegbewegt hatten. Nach dem Scheitern zogen sich die Widerständler in die eigene Gesellschaft zurück, das heißt auch in die bestehenden kirchlichen Gemeinden. Aus genau diesen Zusammenhängen, mit genau dieser, nämlich christlicher Symbolik waren auch ‚Wiederauferstehungen' möglich, wie im Falle der Herero die Beerdingung von Samuel Maharero zeigt.

Missionare traten aber auch selbst als politische Subjekte in Erscheinung. So waren sie die Vorfeldorganisation des deutschen Kolonialismus. Zumindest wurden und werden sie von vielen so wahrgenommen. Tatsächlich verfochten die Missionare nicht nur mit Überzeugung die zivilisierungsmissionarischen Ideale der Kolonialherren, sondern schlüpften gewissermaßen auch in die Rolle der neuen ‚Häuptlinge', wobei sie eine ambivalente bis kritische Haltung zum staatlichen Vorgehen in und nach dem Herero- und Nama-Krieg an den Tag legten. In ‚doppelter Loyalität' standen sie sowohl dem Kolonialstaat als auch den Herero gegenüber.[13] Sie übten Kritik an beiden Seiten, waren aber auch fester Bestandteil der kolonialen Planungen, beispielsweise bei der Betreuung von Gefangenenlagern. Später finden sich auch kritische Stellungnahmen von Missionaren gegen die Apartheid, allerdings eher vereinzelt. Mehrheitlich integrierten sich die europäischen Vertreter*innen des Christentums in das Apartheidsystem.

Die in den 1960er Jahren von Heinrich Loth in der DDR vertretene These, dass Missionare wirtschaftlich und politisch tätig waren, um eine Staatsbildung in Namibia zu verhindern und so den deutschen Kolonialismus vorzubereiten,[14] ist vor diesem Hintergrund nicht nur nicht zu halten, sondern kehrt sich regelrecht in ihr Gegenteil um. In Wirklichkeit führten ihre Akti-

---

13 Hanns LESSING, Doppelte Loyalität. Politik und theologische Reflexion der Rheinischen Missionsgesellschaft zu Beginn des Kolonialkrieges in Namibia, in: Monatshefte für Evangelische Kirchengeschichte des Rheinlandes 54, 2005, S. 81–96.
14 Heinrich LOTH, Die christliche Mission in Südwestafrika. Zur destruktiven Rolle der Rheinischen Missionsgesellschaft beim Prozess der Staatsbildung in Südwestafrika (1842–1893), Berlin 1963.

vitäten, die natürlich auch pro-kolonial waren, zur Ausbildung neuer Strukturen, die langfristig eine Grundlage für eine neue Gesellschaftsbildung und damit für das namibische *Nation-Building* legten.

4. Erste Emanzipation: Abspaltungen von der Missionskirche

Auf die Kirche bezogen, führte das politische Verhalten der Missionare nach dem Übergang von der deutschen Kolonialmacht auf die südafrikanische Verwaltung ab 1915 auf Dauer zu Emanzipationsbestrebungen des indigenen Teils ihrer Kirchen. Die Haltung der Missionare bildete hierfür einen entscheidenden Hintergrund. Sie legten eine patriarchalische, teils rassistische Grundeinstellung an den Tag und blockiert in der Folge die indigene Beteiligung auf allen Kirchenebenen. Verstärkt wurde diese Haltung durch Vorbehalte gegen Afrikaner, die an anti-kolonialen Aufständen beteiligt gewesen waren. Hinzu kam schließlich die Kollaboration mit dem Kolonialismus und dem späteren Apartheidsregime. So wurde Carl Gotthilf Büttner Ansiedlungskommissar der deutschen Kolonialverwaltung.[15] Und so trat Heinrich Vedder, der zwar Rassendiskriminierung ablehnte, aber Rassentrennung befürwortete, als Senator in den Dienst des südafrikanischen Apartheidsystems.[16] Die Missionskirche fand sich in einer Doppelfunktion zwischen der Grundlegung ‚nationaler Kirchen' und der Seelsorge für die Siedlergemeinden wieder.

Insofern war es kein Zufall, dass der nächste Schritt namibischer Emanzipation von weißer Prädominanz im religiös-kirchlichen Kontext stattfand. Die Abspaltung indigener Kirchen von der Missionskirche und die sich anschließende Kirchendiversifizierung fanden in zwei Phasen statt. Die Eigenständigkeitsbestrebungen, die sich in den Abspaltungen von der Missionskirche manifestierten, spielten sich vor dem Hintergrund eines patriarchalisch-hierarchischen Denkens der Missionare mit hoher Beharrungskraft ab. Die Missionare strebten zwar die eigenständige Nationalkirche an, verpassten aber den richtigen Augenblick zur Übergabe. In einer zweiten Phase sind Spaltungen innerhalb der neuen Kirchen entlang ethnischer oder clanorientierter Grenzen zu beobachten. Die beiden Phasen konnten durchaus ineinander verschränkt sein. Auf die drei wichtigsten Entwicklungen dieser Art im Bereich der RMG soll hier näher eingegangen werden.

---

15 Gustav MENZEL, C. G. Büttner. Sprachforscher und Politiker in der deutschen Kolonialbewegung, Wuppertal 1995.
16 Klaus GOCKEL, Mission und Apartheid. Heinrich Vedder und Hans Karl Diehl, Köln 2010.

4.1. Übergang der Nama zur AMEC

Die *African Methodist Episcopal Church* (AMEC) war zunächst eine schwarze Missionskirche mit Zentrale in den USA und entwickelte sich dann zunehmend als eigenständige Kirche in Südafrika.[17] Seit den 1930ern war sie von dort aus in Südwestafrika aktiv, wobei die Schwerpunkte zunächst in Lüderitz und Windhoek lagen, sich bald aber über das gesamte Namaland verteilten.[18] Von 1946 an war die Rheinische Missionskirche von den Aktivitäten der AMEC unmittelbar betroffen und spätestens mit dem Ende des Zweiten Weltkrieges begannen innerhalb der Missionskirche die Auseinandersetzungen um die Ordinierung von einheimischen Evangelisten, welche die Mission in den folgenden Jahren begleiten sollte. Dabei ging es den Evangelisten um eine Emanzipation von der Autorität der Rheinischen Missionskirche, der sie sich unterzuordnen hatten und mit deren Mitarbeiter*innen sie eine Gleichstellung anstrebten. In diesem Konflikt spielte im südlichen Namibia, dem Siedlungsgebiet der Nama, mit der AMEC eine afrikanische Kirche als Gegenspieler der nach wie vor weiß dominierten Missionskirche eine zentrale Rolle.

Von den Rheinischen Missionaren wurden zwar bestehende Probleme eingeräumt und die Gefahr der Abspaltung für die eigene Kirche gesehen, nicht aber das Potential des neuen Konkurrenten für eine grundlegende Umwälzung der Kirchenlandschaft. Die Rheinische Mission unterschätzte die Attraktivität eines Kirchenmodells, dass nicht Herkunft und Hautfarbe, sondern Glauben und Qualifikation als Maßstab für geeignete Führungspersonen, seien es nun Gemeindeleiter, Seelsorger oder Krankenschwestern, setzte. Zwar gab es unter den Missionaren durchaus Bestrebungen, die indigenen Christen zu Pastoren auszubilden. Besonders hervorzuheben ist hier Christian Spellmeyer, der bereits 1908 ab junge Nama als Küchenhilfen bei sich aufnahm, da ihm die offizielle Ausbildung der Indigenen verwehrt blieb,

---

17 Zur Geschichte der AMEC, vornehmlich in Südafrika, siehe CHIRENJE, Ethiopanism, und KAMPHAUSEN, Unabhängigkeitsbewegung, S. 149–280.

18 Die Geschichte der AMEC in Südwestafrika ist nach wie vor wenig erforscht. Zentrale Grundlagentexte, die vorrangig auf Gesprächen mit Zeitzeugen beruhen, sind Katesa SCHLOSSER, Eingeborenenkirchen in Süd- und Südwestafrika. Ihre Geschichte und Sozialstruktur. Ergebnisse einer völkerkundlichen Studienreise 1953, Kiel 1958, S. 71–124 (aus dem Kontext einer ethnologischen Feldstudie), und Theo SUNDERMEIER, Wir aber suchten Gemeinschaft. Kirchwerdung und Kirchentrennung in Südwestafrika, Witten / Erlangen 1973, S. 15–84 (aus dem Kontext eines kirchlichen Projektes). Aus einer afrikanischen Perspektive grundlegend, aber schwer zugänglich: Hendrik Rudolf TJIBEBA, The History of the Rhenish Mission Society in Namibia with Particular Reference to the African Methodist Episcopal Church Schism (1946–1990), Diss. Durban-Westville 2003.

um selbige auf den kirchlichen Dienst vorzubereiten.[19] Friedrich Pönninghaus setzte sich 1937 sehr dafür ein, mit dem Paulinum eine passende Ausbildungsstätte zu errichten, was ihm auch gelang, sodass 13 Personen nach drei Jahren Ausbildung examiniert werden konnten. Jedoch existierte diese zunächst nur von 1938 bis 1941, da der Missionar interniert wurde.[20]

Auslöser der Abspaltung war eine Personalentscheidung der Rheinischen Mission, in Keetmanshoop die Stelle des in Pension tretenden Missionars Eisenberg durch seinen Amtsbruder Neumeister zu ersetzen. Selbiger hatte jedoch als Verwalter auf Missionsfarmen gewirkt und wurde von den Nama als Farmer und nicht als Missionar wahrgenommen. Sie widersprachen der Neubesetzung. Die Missionare wollten sich jedoch ihre Personalentscheidung nicht vorschreiben lassen, und reagierten „im autoritär-patriarchalischem Traditionsdenken".[21] Hinzu kam das Gerücht, die Rheinische Mission wolle ihre Namagemeinden unter die Leitung *Nederduitse Gereformeerde Kerk* stellen.[22]

Zunächst sahen die Missionare das Problem der Unabhängigkeitsbestrebungen vor allem als Aufwiegelei einiger unzufriedener Evangelisten, die sich den Europäern nicht länger unterordnen wollten. Diese Unzufriedenheit wurde als Zeichen der geistlichen Unreife gewertet und von einigen Missionaren sogar rassisch konnotiert. Christian Spellmeyer in Swakopmund wähnte sich am Sterbebett des Nama-Volkes.[23] Und sein Mitbruder Friedrich Hermann Rust in Lüderitzbucht sah sich an die Vorbereitungen des Namakriegs von 1904 erinnert, als sich die Nama unter der Führung von Hendrik Witbooi gegen ihren vorherigen Verbündeten, die Deutschen, stellten. Aus Rusts Sicht handelte es sich bei den hervortretenden Konflikten zwischen Evangelisten und Missionaren nicht um eine Bewegung in den Gemeinden, sondern eine gezielt von den Evangelisten „geschürte Aufputschung".[24] Dabei traten seiner Ansicht nach das Streben nach Macht und Reichtum in den Vordergrund:

> „Zweierlei Momente geben der Bewegung das Gepräge. Erstlich ist es in starkem Maße eine Rassebewegung, und so landete sie auch in der äthiopischen Kirche; und sodann ist sie eine Standesbewegung unserer Evangelisten, die nach Standeserhöhung, nach Titeln

---

19 Archiv der Rheinischen Missionsgesellschaft, Wuppertal, RMG 2.606, Bl. 16 (Christian Spellmeyer, Zur Abfallbewegung in unsern Nama-Gemeinden, Lüderitzbucht, Januar 1948).
20 Sundermeier, Gemeinschaft, S. 18.
21 Ebd., S. 31.
22 RMG 2.606, Bl. 73 (Hermann Rust an Petrus Jod, 04.06.1946).
23 RMG 2.606, Bl. 13 (Spellmeyer, Zur Abfallbewegung in unsern Nama-Gemeinden, Lüderitzbucht, Januar 1948).
24 RMG 2.509b, Bl. 132–137 (Hermann Rust, Jahresbericht Lüderitzbucht 1946).

und mehr Vollmachten strebten, auch die Kontrolle über die Gelder, die in die Mission fließen, in ihre Hand bekommen wollten."[25]

Unter den Missionaren allgemein geteilt wurde die Ansicht, dass alles andere vorgeschoben war. Man sah in den Evangelisten, die nach Gleichberechtigung strebten, Verführer, Aufwiegler und falsche Propheten. Die Missionare gestanden ihren eigenen Zöglingen weder ein eigenständiges wirtschaftliches Denken noch die nötige menschliche Reife zu, die Christ*innen erwartet wurde, welche aus dem Glauben und der Ausbildung heraus geschult waren und nach christlichen Prinzipien arbeiteten. Demnach sah die Ausbildung der Evangelisten der Rheinischen Mission nicht vor, dass die indigenen Christ*innen in der Ausübung der pastoralen Ämter in Liturgie und Seelsorge unabhängig von der Mission agieren könnten und ihre Gemeinden selbst verwalten sollten. Hintergrund war zum einen, dass sich das System Mission mit solch einer Zielsetzung selbst abgeschafft hätte. Vor allem aber zeigt sich an dieser Stelle das zu Grunde liegende Menschenbild, das den Gläubigen zwar Bildung ermöglichte und eine Entwicklung in Richtung westlichen Bildungsstandards zutraute, zugleich aber eine klare Grenze zog, zwischen afrikanischen und europäischen Laientheologen. Zu betonen ist an dieser Stelle, dass die meisten Missionare der Rheinischen Mission in Barmen zwar eine umfassende theologische Ausbildung erhalten hatten, allerdings keine studierten Theologen waren.

Mit der Hoffnung, dass sich bei weitem nicht alle Gläubigen der neuen Bewegung anschlössen, wiegelte die Missionare die Problematik etwas ab. Hätten sie den Diskurs in ihren Gemeinden offen geführt, so hätten sie entweder auf die Forderungen der Evangelisten eingehen müssen oder hätten ihnen Raum gegeben, andere Gemeindemitglieder von ihren Standpunkten zu überzeugen. Durch das Kleinhalten des Konflikts und der Unterstellung egoistischer Motive gelang es jedoch, einen Teil der Gemeinde zu halten.

Einige der Missionare fragten sich auch selbstkritisch, wie es zu diesem Vertrauensverlust hatte kommen können, der die Evangelisten und ihre Anhänger*innen dazu bewogen haben könnten, die Rheinische Missionskirche hinter sich zu lassen. Sie erkannten verschiedene Punkte, etwa dass sie zu wenig Wert auf Zusammenarbeit mit den ‚Gehilfen' gelegt hatten oder dass zu wenig auf die Bedürfnisse der Einheimischen eingegangen worden war, zum Beispiel bei der Bildung. Allerdings wurden auch der Undank und das zu geringe Verständnis der Indigenen für die „guten Gründe" der Missionare betont.[26]

---

25 Ebd., 133.
26 RMG 2.606, Bl. 26 (Christian Spellmeyer, Zur Abfallbewegung in unsern Nama-Gemeinden, Lüderitzbucht, Januar 1948).

Die Gegenposition formulierten die Evangelisten auf einer Zusammenkunft am 12. Januar 1946, in der sie deutlich machten, was sie an den Missionaren der Rheinischen Mission und ihrer Führung zu kritisieren hatten: Die Evangelisten fühlten sich nicht so weit unterrichtet wie die Ovambo durch die Finnische Mission, obwohl diese weitaus später ins Land kam als die RMG, sie fühlten sich mit Geringschätzung und Verachtung behandelt und erlebten, dass über die eigenen Köpfe hinweg bestimmt wurde.[27] Nach Auskunft von Markus Witbooi stellten die Nama-Evangelisten drei zentrale Forderungen auf: die Einrichtung höherer Schulklassen, Ausbildungsmöglichkeiten für Nama-Frauen zu Krankenschwestern und die Beförderung von Missionsmitarbeitern, die länger als zehn Jahre bei der RMG arbeiteten, zu Pastoren.[28] Darin lässt sich eine klare Forderung der Evangelisten erkennen: Sie erstreben eine Gleichstellung mit ihren weißen Brüdern und Schwestern im Glauben, die durch den Zugang zu Bildung einerseits und die Anerkennung ihrer Arbeit durch die Vergabe von Titeln und Ämtern andererseits vorangebracht werden sollte.

Zugleich wehrten sie sich gegen den Vorwurf des ‚Abfalls' von den Prinzipien des christlichen Glaubens, welche sie von der Institution der Rheinischen Mission separiert zu betrachten und in ihrer Ausübung des privaten Glaubens und der kirchlichen Ämtern zu leben gedachten. Einer ihrer Wortführer, Petrus Jod, schrieb an Missionar Spellmeyer:

> „Ich habe mit dem Austreten aus der Rh. Mission von Gott und Herrn Jesus nicht abgefallen. Denn die Rh. Mission war in all den Jahren doch nicht mein Gott und mein Heiland, sondern nur meine Kirche, nur eine Vermittlerin zu Gott. Ich hatte der Rh. Mission doch nicht angebetet. Aber von meinem Gott und meinem Heiland Jesus, dem ich in all meiner Schwachheit in all den Jahren angebetet und gedient hat, dem will ich noch dienen und dies noch in aller meiner Schwachheit wie sonst."[29]

Jod argumentiert ganz auf der Linie der lutherischen Prägung, die er durch die Mission bekommen hat: Sein Glaube ist unmittelbar als seine persönliche Verbindung zu Gott über Jesus Christus zu sehen und somit unabhängig von weltlichen und kirchlichen Strukturen.

Im Mai 1946 nahm der Abfall Gestalt an. So wurden mehrere Versammlungen abgehalten, in denen die Trennung von der Rheinischen Missionskirche beschlossen wurde. Dabei wirkten die Evangelisten in ihrer Argumentation überzeugend. Aus Sicht der Missionare jedoch hatten die Wortführer lediglich großen Druck aufgebaut, gegen den sich viele nicht wehren konnten,

---

27 RMG 2.606, Bl. 112f. (Protokoll über die bei der Evangelistenzusammenkunft festgelegten Punkte, Keetmanshoop, 12.01.1946).
28 SCHLOSSER, Eingeborenenkirchen, S. 91-93.
29 RMG 2.606, Bl. 32 (Petrus Jod an Christian Spellmeyer, 29.09.1947).

anstatt bessere Argumente vorzubringen. Die Interpretation der Geschehnisse durch die Rheinische Mission zeigt erneut, wie unselbstständig die Missionare ihre Gläubigen einschätzten: So wurde die Entscheidung zur Abkehr von der Rheinischen Mission als emotionale, unfreiwillige Handlung bewertet und nicht als sachlich erwogener Schritt. Dass es dabei auch auf die Führungspersönlichkeiten unter den Evangelisten ankam, wie erfolgreich die Abspaltung in der jeweiligen Gemeinde verlief, wird weniger mit aufgebautem Druck als mit dem Vertrauen in die neue Leitungsebene der Bewegung zu tun gehabt haben.[30]

Wie zuvor bereits von den Missionaren erwartet, verlief die Spaltung quer durch die bestehenden Gemeinden. Aus Gibeon berichtete der zuständige Missionar Mayer von einer Spaltung entlang ethnischer Grenzen.[31] Ein Großteil der Nama unter Petrus Jod verließ die Gemeinde, dessen geistlicher Führung sie sich anvertrauten. Die Hereros, Damara und Baster jedoch blieben in den Strukturen der Rheinischen Mission. Die Trennung nach ethnischen Zugehörigkeiten kann neben dem Vertrauen in die jeweiligen Evangelisten der eigenen Ethnie auch darin begründet gesehen werden, dass die Missionare die verschiedenen Bevölkerungsgruppen voneinander getrennt ansahen und Missionsveranstaltungen und Gottesdienste in den jeweiligen Sprachen abhielten. In der Versammlung wurden allerdings auch kritische Stimmen von älteren Nama laut, sodass auch ein kleinerer Anteil der Nama in der Missionsgemeinde blieb.

Der Anschluss der Abtrünnigen an die AMEC geschah vornehmlich aus pragmatischen Gründen: Eine vollkommen eigenständige Gemeinde zu errichten hätte eine organisatorische und logistische Meisterleistung bedeutet. Man brauchte Pastoren, Ausbildungsstätten für selbige sowie Infrastruktur und Geld. Die AMEC konnte damit dienen und so wurden die führenden Persönlichkeiten der Abspaltungsbewegung Petrus Jod, Zachäus Thomas, Markus Witbooi und Jacobus Jod, zu Pastoren der AMEC ernannt.[32]

Dass die Abspaltung unter so großen Zulauf hatte, lässt sich auch durch historisch gewachsene Verbindlichkeiten erklären. Die Ethnologin und Zeitzeugin Katesa Schlosser konstatiert unter Berufung auf den Missionar Mayer, dass die Rolle der »Kapitänsfamilie« Witbooi nach wie vor sehr bedeu-

---

30 RMG 2.606, Bl. 24 (Christian Spellmeyer, Zur Abfallbewegung in unsern Nama-Gemeinden, Lüderitzbucht, Januar 1948).
31 RMG 2.606. Bl. 36f. (Friedrich Mayer an Heinrich Vedder, Hermann Rust und Christian Spellmeyer, Gibeon, 30.04.1947).
32 RMG 2.606, Bl. 6 (Die Verbindung der Abgefallenen mit der African Methodist Episcopal Church, o.D./nach 1953).

tend war, was sich in der zentralen Rolle von Markus Witbooi bei der Abfallbewegung zur AMEC ebenso manifestierte wie in der anhaltenden Verehrung seines Großvaters Hendrik Witbooi.[33]

Die von Schlosser dokumentierte und unter den Rheinischen Missionaren offenbar weitverbreitete Interpretation, dass der Abfall wesentlich durch eine generelle Weißen- oder Europäerfeindlichkeit bedingt war, trägt einiges an Selbsttäuschung in sich. So konnte an die Stelle von Reflexion über strukturelle Probleme im Verhältnis zwischen deutschen Missionaren und Nama-Evangelisten die Frage nach der Ablehnung einer fremden Macht treten. Den Evangelisten ging es jedoch in erster Linie um eine Gleichstellung und die Möglichkeit des gesellschaftlichen Aufstiegs innerhalb des Systems Kirche, sowohl für sich selbst in der Rolle als eigenständige, den Missionaren gleichgesetzte Pastoren, als auch ihrer Gemeindemitglieder, was sich etwa in der Forderung nach der Ausbildung der Schwestern zeigte. Es ist demnach unverkennbar, dass keine dogmatischen oder liturgischen Differenzen zur Trennung führten. Das Christentum, das Witbooi, Jod, Thomas, Dausab und die anderen vertraten, unterschied sich in nichts vom Christentum der Rheinischen Missionare, sieht man davon ab, dass die Gleichheit der Brüder und Schwestern jedweder Hautfarbe unter der Rheinischen Mission ein eher theoretisches Konstrukt war.

4.2. Abspaltung der Herero in der Oruuano-Kirche

Die AMEC hatte Interesse daran, auch in anderen ethnischen Gruppen Fuß zu fassen. Ihre Abwerbeversuche auch in die Siedlungsgebiete der Herero auszudehnen, wurde jedoch politisch verhindert.[34] Unter den Herero waren schon vor der erfolgreichen Gründung der Oruuano-Kirche Eigenständigkeitsbewegungen zu beobachten. In den 1920er Jahren waren Abspaltungsversuche im Zusammenhang mit Vertretern der Bewegung von Marcus Garvey zu beobachten.[35] Von außen herangetragene Versuche blieben also letztendlich erfolglos. Durch diese Bewegungen wurden allerdings Grundlagen geschaffen, auf die die Oruuano-Kirche aufbauen konnte. Die Herero hinterfragten ihre Zugehörigkeit zur Missionskirche; sie strebten ideologische und materielle Unabhängigkeit an.

Die Abspaltung der Oruuano-Kirche nahm einen ähnlichen Verlauf wie wenige Jahre zuvor bei den Nama. Ein Unterschied bestand darin, dass kein

---

33 SCHLOSSER, Eingeborenenkirchen, S. 75, 85f.
34 Ehrenfried KANDOVAZU, The Origin and History of the Oruuano Church in Namibia. With a Foreword and Introduction by Johanna Kahatjipara, Windhoek 2009, S. 30.
35 Ebd., S. 26f.

Wechsel zu einer konkurrierenden Kirche gesucht, sondern die Etablierung einer eigenständigen nationalen Herero-Kirche angestrebt wurde. Das Herero-Wort *Oruuano* bedeutet Einheit; angestrebt wurde eine Gemeinschaft, in der sich traditionelle und neu erlernte spirituelle Elemente verbinden ließen, in der christlicher Glaube mit den Werten und Normen der Herero-Gemeinschaften verbunden werden sollten. Während die Abspaltungsbewegung der Nama in erster Linie im Agieren der Missionare der Rheinischen Mission begründet liegt, kam im Falle der Herero der Wunsch nach einer eigenen Herero-Kirche hinzu, die traditionelle Bräuche, wie das Ahnenfeuer, die Ahnenverehrung und den Ablauf von Begräbnissen, in die religiösen Praktiken einbezog.[36] In ihren Wurzeln bezogen sich die Herero dabei auf Propheten der Vergangenheit (Elia Kandirikirira und Häuptling Kahimemua), die zur Reinigung und Buße aufriefen und unter anderem eine Trennung von den Weißen forderten.

Prophetien sind in den Traditionen der Herero durchaus üblich. In der Gemeinde in Windhoek der Rheinischen Missionskirche kam es von 1946 bis 1948 vermehrt zu Weissagungen, die im *Windhoeker Prophetenbuch* verschriftlicht wurden.[37] Darin werden christliche Elemente, etwa die Berufung auf die Dreieinigkeit, mit traditionellen Riten, wie der Ahnenverehrung oder dem heiligen Feuer, kombiniert. Darüber hinaus wird die Entzweiung der Gemeinschaft kritisiert, die durch die Kolonialherrschaft entstanden sei.[38] Wiederholt wird die Gemeinde zur Buße aufgefordert, der dann die Erlösung folgen soll.

Der Prozess der Ablösung von der Missionskirche ging schrittweise voran: Als nächstes, einschneidendes Ereignis ist die Beerdigung des Evangelisten Gottlieb Murangi im Mai 1948 zu sehen, zu der die Missionare den Sarg zu beschaffen vergaßen, was ihnen durch die Herero als unterlassene Fürsorgepflicht ausgelegt wurde. Hosea Kutako, der allgemein anerkannte Führer der Ovaherero und Nachfolger Samuel Mahareros, hatte dies bereits ein Jahr zuvor kritisiert. Bei der Mission galt Kutako als ein Abgefallener, da er das Ahnenfeuer entzündet hatte; der Abspaltungsbewegung hingegen gab er durch seine Unterstützung Aufwind.

Darüber hinaus wurden die Herero von dem anglikanischen Pfarrer Michael Scott unterstützt, der mit Friedrich Maharero und Hosea Kutako, nicht jedoch mit der Rheinischen Mission Kontakt aufnahm.[39] Er versprach den

---

36 Ebd., S. 16f.
37 SUNDERMEIER, Gemeinschaft, S. 297–319.
38 Ebd., S. 304f.
39 Zu Michael Scott siehe die Biographie Anne YATES OBE / Lewis CHESTER, The Troublemaker. Michael Scott and His Lonely Struggle Against Injustice, London 2006, stellvertretend für die verschiedenen Missionskirchen, auf die hier nicht näher eingegangen werden kann.

Herero Freiheit und setzte sich für sie bei den Vereinten Nationen ein. Mit diesem Rückhalt konnte die Gründung einer nationalen Herero-Kirche gelingen. 1950 wurden die Eigenständigkeitsbestrebungen der Hererochristen konkreter, da zum einen die Kirchenbeiträge erhöht wurden, zum anderen Heinrich Vedder zum Senator des Südafrikanischen Apartheidsystems ernannt worden war.[40] Beides kann nicht als Grund, jedoch als Beschleuniger der Abspaltung gesehen werden. Im November kam es zu Verhandlungen, bei der es um die Fragen der Finanzen, um den Umgang der Mission mit Land, um die Ungleichbehandlung von indigenen und europäischen Christen, unter anderem in der Konsequenz aus außerehelichen Beziehungen, und um die Frage nach besserer Ausbildung, sowohl für die Jugendlichen als auch für die Erwachsenen ging. Die Übersetzung des Alten Testament ins Herero und die Einsetzung von Herero Pastoren wurden gefordert.

Zwar waren seit 1949 drei Hererochristen ordiniert, durften jedoch keine Gemeindeleitung übernehmen. Bei einem weiteren Treffen 1955 wurden die Forderungen um die Frage nach einem eigenen Bischof ergänzt. Die Missionare versuchten, ihr Handeln zu erklären und die Situation zu befrieden, jedoch nur mit mäßigem Erfolg.[41] Im August 1955 wurde die Abspaltung von der Rheinischen Mission in Windhuk offiziell verkündet. Der ordinierte Pastor Reinhard Ruzo erklärte sich bereit, die neue Kirche zu leiten, zunächst als einziger seiner Kollegen, die vorerst der Missionskirche treu blieben. Den ersten Gottesdienst der Oruuano hielt er nach Missionskirchenliturgie am ersten Sonntag nach dem Begräbnistag Samuel Mahareros: Dieser sehr bewusst gewählte Tag zeigt, dass die Herero anstrebten, sich an den Traditionen der Ahnen zu orientieren. Das Festhalten an der europäischen Liturgie der Rheinischen Mission zeigt, dass man auch diese als Wurzeln der neu gegründeten Kirche anerkannte.

1958 hatte die Kirche insgesamt 7.177 Mitglieder, davon mehr als ein Drittel (2.503) in den Städten, allein 1.360 in Windhoek. Sie verfügte über zwei Pastoren und 46 unbezahlte Evangelisten, Helfer und Älteste.[42] Obwohl die Kirchenneugründung die Herero einen sollte, führte sie zu einer erneuten Trennung entlang der Entscheidung, zu welcher Kirche sich die jeweiligen Herero zugehörig erklärten. Ein großer Teil blieb bei der Rheinischen Mission, sei es aus Gründen der Sicherheit, aus Hoffnung auf rasche Veränderung oder aus Treue und Verbundenheit dem jeweiligen Missionar gegenüber. Einige der Missionare sahen in dem Konflikt, um die Oruuano-Kirche

---

40 KANDOVAZU, Oruuano Church, S. 28f.
41 RMG 2.607, Bl. 4 (Werner Andreas Wienecke, Begegnungen mit „Oruuano-Leuten" im Epukiro-Reservat, 31.07.1956).
42 Ebd., Bl. 5.

die Möglichkeit, die eigene Missionsarbeit zu hinterfragen und mit den Gemeindemitgliedern zusammen Reformprozesse anzustoßen, die zu einer von Befähigung der indigenen Christen führen sollte, ihre Gemeinden selbstständig zu betreuen, indem sie pastorale und wirtschaftliche Verantwortung übernahmen.

Der Missionar Hans Georg Scholz, der die Missionsstation Otjiwarongo betreute, verglich sich und seine Kollegen mit Lehrern, die die gestellten Aufgaben selbst erledigten:

> „Wir Missionare haben viele Dinge in der Arbeit selbst getan, die wir hätten unseren Mitarbeitern überlassen müssen. Wir haben nicht genügend Platz gemacht für unsere Mitarbeiter. Darum sind sie ungeübt. Darum sind sie zurückgeblieben."[43]

Im Anschluss forderte er seine Gemeindemitglieder auf, mit ihm zusammen Bitten zu formulieren, die er den anderen Missionaren vortragen sollte. Durch dieses gemeinsame Vorgehen sahen sich die Christen in Otjiwarongo als Teil des Reformprozesses, in dem sie gemeinsam mit den Missionaren an der Selbstständigwerdung ihrer Kirche arbeiten konnten.

4.3. Kirchenstreit in Rehoboth

Die Rehobother Baster sind eine aus Südafrika eingewanderte ethnische Gruppe, die von Buren-Männern und Nama-Frauen abstammt.[44] Sie ließen sich in vorkolonialer Zeit mehrheitlich in Rehoboth südlich von Windhoek nieder und bildeten eine Gemeinschaft mit ausgeprägtem Selbstbewusstsein und Streben nach Eigenständigkeit. Eine hohe Bedeutung kommt dabei dem eigenen Territorium zu, dem *Rehoboth Gebiet* und darin dem Landbesitz als konstituierendem Merkmal der Gemeinde. Die Baster verstehen sich als eine christliche Gemeinschaft; schon bei ihrer Umsiedlung ins Rehobother Gebiet wurden sie begleitet von Friedrich Heidmann, einem Rheinischen Missionar.

Die Eigenständigkeit der Baster und ihr Streben nach Selbstbestimmung ließ immer wieder Unzufriedenheit in der von der RMG betreuten protestantischen Rehoboth-Kirche aufkommen. Zwar hatten sich die Baster aus freien Stücken der RMG angeschlossen, nachdem sie als christliche Gemeinschaft

---

43 RMG 2.607, Bl. 13 (Hans Georg Scholz, Bericht über die drei letzten Gemeindekirchenratssitzungen in der Rhein. Missionsgemeinde Otjiwarongo, 22.11.1955).
44 Grundlegend Rudolf G. BRITZ / Hartmut LANG / Cornelia LIMPRICHT, Kurze Geschichte der Rehobother Baster bis 1990. Mit den Gesetzen der Baster als Anhang, Göttingen 1999. Zur deutschen Kolonialzeit siehe auch G. J. J. OOSTHUIZEN, Die hantering van minderheidsgroepe in Duits-Suidwes-Afrika. Die Rehoboth-Basters, 1884–1915, in: Kleio. A Journal of Historical Studies from Africa 28, 1996, S. 99–120.

ins namibische Gebiet eingewandert waren, jedoch führte die unterschiedliche Zuordnung ihrer Zugehörigkeit immer wieder zu Konflikten, bis es schließlich 1960 zum Schisma kam.

Im von Südafrika nach Namibia übertragenen Apartheidsystem wurde die *Evanglisch-Lutherische Kirche* (ELK), die aus der Rheinischen Mission hervorgegangen war, der Bantu-Administration unterstellt. Die Rehobother Baster hielten dagegen ihre ‚rheinische Tradition' hoch, die sie nicht zugunsten einer ‚schwarzen' Kirche aufgeben wollten. Es ging aber nur vordergründig um einen Namensstreit, vor allem ging es um den befürchteten Verlust der Unabhängigkeit. Daher ist ein wesentlicher Hintergrund in der Zuordnung zur Bantu-Verwaltung zu suchen. Baster sahen sich nicht als ‚Schwarze' oder ‚Bantu' im Sinne des Apartheid-Regimes, sondern als völlig eigenständige Gruppierung, die sich mehr oder weniger unausgesprochen viel näher an den Weißen sah als an schwarzen Afrikanern. Der zweite, wesentliche Hintergrund bestand in der Landfrage. Der kirchliche Landbesitz war der Baster-Gemeinde von der RMG dauerhaft zugesagt worden war; die Gemeinde fürchtete nun, dass mit dem Aufgehen der Missionskirche in der ‚schwarzen' ELK Besitzansprüche von anderen Gruppen eine Rolle spielen könnten. Die Baster sahen das Kirchgebäude als ihr Eigentum an.[45] Für den Fall einer Spaltung innerhalb der Baster-Gemeinde sah eine Übereinkunft von 1951 vor, dass der RMG-Besitz bei der gesetzlich anerkannten Gemeinde blieb. Die Baster befürchteten nun, die mündlich zugesprochenen Rechte an ihrem Eigentum zu verlieren.

Entscheidend war auch hier das mangelnde Verständnis und Entgegenkommen vor allem der Missionsleitung gegenüber den Eigenständigkeitsbestrebungen der Gemeinde. Der Hauptvorwurf der RMG gegenüber lautete, dass die Missionare sich nicht als Sachwalter ihrer Gemeinde verhielten, sondern weitgehendes Unverständnis den Bastern gegenüber an den Tag legten und sich so zum Partner der südafrikanischen Besatzungsmacht machten. Die Bezeichnung ‚Abgefallene' wäre diskriminierend, da sie vorgäbe, die Baster wären zum ‚Heidentum' zurückgekehrt. Sie selbst sahen sich aber nach wie vor in der Tradition der rheinischen Missionare und orientierten sich an deren theologischen Grundsätzen. Die Rehobother Baster wollten nicht als ‚Naturelle' angesehen werden, sondern als unabhängige Gruppe mit eigenständiger Tradition, die weder den ‚Weißen' noch den ‚Bantu' zuzuordnen war. Die RMG beharrte jedoch darauf, dass die ELK in erster Linie Kontinuität im Sinne einer Fortführung der eigenen Missionskirche darstellte, die schon immer die verschiedenen Volksgruppen umfasst hatte.

---

45 RMG 2.608a, Bl. 27 (Anna Olivier an Dr. M. Brandenburger, Rehoboth, 29.08.1960).

Die Baster empfanden aber weitaus mehr Zurücksetzung in der alltäglichen Auseinandersetzung – die bis zu blutigen Unruhen führte –, als ein solch vordergründig formaler Streit vermuten lässt. Es kam zu sehr emotionale Reaktionen, die zeigten, dass die Lage von den Missionaren völlig unterschätzt wurde. Anna Olivier, eine Frau aus einer der führenden Baster-Familien, brachte es gegenüber dem Präses Hans Karl Diehl mit folgenden Worten zum Ausdruck:

> „Es ist mir peinlich, daß Ihr alle so in einem verkehrten Eindruck seid. Ihr schont uns garnicht. Ihr macht uns so lächerlich mit dieser Sache, welches uns so nah ans Herz liegt. [...] Ihr kennt uns nicht und wißt nicht, was unsere Sorgen, Lasten und Probleme sind. Gönnt Ihr uns wirklich nicht unser Recht in unser eigenes Land."[46]

Olivier kämpfte darum, dass die Mitarbeiter*innen der Mission ihr und ihren Mitstreiter*innen auf Augenhöhe begegneten. Sie fand zudem einen passenden Vergleich, um den Wunsch der Rehobother nach einer eigenen Kirche zu verdeutlichen und warf dem Präses und seinen Mitarbeiter*innen vor, die Situation zu verkennen:

> „Sie wissen doch selber, daß Sie als Deutscher nicht ein Bur werden, wenn sie in einer Burenkirche gehören, aber daß Sie sich nach deren Gesetzen richten müssen. So wissen wir es auch, daß wir nicht Bantu werden, wenn wir an einer Bantu-Kirche gehören. Aber eines ist gewiß und sicher, daß wir uns nicht selber in der Bantu-Kirche, die E.L.K., die registriert ist beim Bantu-Kommissar, reinmischen können. Erstens müssen wir unter die Bantu-Gesetze beugen. Was hat dieses mit uns in unserem Land zu tun? Alle Angelegenheiten von uns werden hier in Rehoboth mit unserem Baster-Rat beschlossen und beraten, damit es uns passt. Haben Sie das auch [sic!] nicht gewußt?"[47]

In Oliviers Position wird deutlich, wie sehr die Rheinische Mission sich nach den Vorgaben des Apartheidsystems richtete, statt sich am Selbstbild der Rehobother Baster zu orientieren.

Ein *Aksie-Komitee* wurde 1959 ins Leben gerufen, das dem Gemeinderat entsprach. Es hielt einen Gottesdienst in der Pauluskirche ab, eben jener Kirche, die die Baster erbaut hatten und die RMG als ihr Eigentum betrachteten. Zum Ende des Jahres 1960 gründeten die Rehobother Baser die *Rynse Kerk in Suidwes-Africa*, die sie als eigentliche Nachfolgerin der Rheinischen Missionskirche ansahen. Von der RMG angestrebte Einigungsversuche schlugen 1961 fehl.

---

46 RMG 2.608a, Bl. 6f. (Anna Olivier an Präses Diehl, Rehoboth, 16.12.1960).
47 Ebd.

4.4. Fazit

Die verschiedenen Abspaltungen von der Rheinischen Missionskirche beruhten auf dem durchaus gerechtfertigten Gefühl der Geringschätzung ihrer afrikanischen Akteure durch die Missionare, dem Bestreben nach eigener Ordinierung der indigenen religiösen Eliten und dem immer weniger in Zaum zu haltenden Eigenständigkeitsstreben der einzelnen Ethnien. Die Missionare erkannten die Eigenständigkeitsbestrebungen ihrer Evangelisten und Schulmeister, hatten dafür auch ein gewisses Verständnis, beklagen aber ihre mangelnde Geduld. Ihr durchaus vorhandenes Fehlerbewusstsein wurde nicht konsequent bis zur Fehlerbeseitigung verfolgt, da die Hauptursache in der irrigen Abweichung ihrer einheimischen Mitarbeiter gesehen wurde. Weiterhin blieb die Korrespondenz zwischen den Seiten im Lehrer-Schüler-Duktus verhaftet. Die Mission bildete im Prinzip eine neue indigene Elite heran, die sie aber nicht wirklich in die Unabhängigkeit entlassen wollte und die daraufhin ihre eigenen Wege suchte. Solche Abspaltungsbewegungen waren nicht zuletzt ein Prozess der Elitenbildung, der über die engen Grenzen kirchlicher Gemeinschaften hinausweist und zur gesamtgesellschaftlichen Elitenbildung beitrug, letztendlich zum *Nation-Building*. Die Missionare vertraten eine Vorstellung von Einigkeit durch das Christentum, die nicht die ethnische Vielfalt, insbesondere das damit verbundene partikulare Selbstbewusstsein, berücksichtigte. Dies heißt nicht, dass seitens der indigenen Christen keine Einigkeit angestrebt gewesen wäre, aber für viele war eine ‚Gleichschaltung' durch missionarisch kontrollierte Kirchengründung kein akzeptabler Rahmen mehr.

5. Zweite Emanzipation: Kirchen und nationaler Widerstand

Diese Kirchenspaltungen bereiteten den Weg zur zweiten Phase der Emanzipation, die sich zunächst durch die Übergabe der Leitung an schwarze Geistliche auszeichnete. Es war jedoch kein Zufall, dass die Etablierung indigener Kirchen und das Erwachen einer nationalen Widerstandsbewegung zeitliche beinahe in eins fielen. Folgerichtig sahen die Jahrzehnte seit 1960 eine Integration ‚schwarzer Kirchen' in die namibische Nationalbewegung als aktives Element, in manchen Punkten sogar als Vorreiter. Die beiden großen, aus der Mission hervorgegangenen Kirchen, die *Evangelical Lutheran Church in SWA* (ELCSWA) und die *Evangelical Lutheran Ovambo-Kavango Church* (ELOK), stellten sich schließlich ganz offiziell auf die Seite der SWAPO. Geradezu symbolisch dafür ist die Tatsache, dass die Ernennung des ersten schwarzen Bischofs, Leonard Auala von der ELOK, und die Gründung der

SWAPO unter anderem durch Sam Nujoma in das gleiche Jahr fiel (1960). Beides geschah wenige Monate nach den ersten Zwangsumsiedlungen nach Katutura und dem damit verbundenen Tod von elf Menschen bei der Räumung der *Old Location* in Windhoek.[48]

Während des Widerstands gegen das südafrikanische Apartheidsregime erfüllten die Kirchen eine mehrfache Funktion: Zunächst bereiteten sie den Boden für die Mobilisierung und sorgten so für Geschlossenheit im organisierten Widerstand. Dann stellten sie Bildungsressourcen zur Verfügung, die zumeist die Einzigen waren, die späteren Mitgliedern der Widerstandsbewegung zur Verfügung standen. Ein beträchtlicher Teil des Schulwesens war aus der Mission hervorgegangen. Noch bedeutsamer für die unmittelbare kirchliche Beteiligung am Widerstand war zudem das *United Lutheran Theological Seminary Paulinum* in Otjimbingwe.[49] Darüber hinaus stellten die Kirchen Personal und Führungspersönlichkeiten, die in ihren Lehranstalten ausgebildet worden war. Schließlich formulierten sie Kritik an den politischen und sozialen Verhältnissen und riefen zunehmend aktiv zum Widerstand auf. Und letztendlich boten sie eine Anlaufstelle für die Gemeindemitglieder und übernahmen eine Scharnierfunktion zwischen der weitgehend christianisierten Bevölkerung und dem organisiertem Widerstand.

5.1. Ein offener Brief

Die innerkirchliche Ablehnung des Odendaal-Plans, der 1962/63 die Grundlagen für die Etablierung der Apartheid in Namibia legen sollte,[50] und der darin vorgesehenen Aufteilung des Landes in zehn Homelands zeichnete den Weg zu einer einheitlichen Positionierung der Kirchen vor.[51] Das endgültige öffentliche politische Bekenntnis, hinter das kein Schritt mehr zurückführte, erfolgte jedoch erst in Gestalt eines gemeinsamen offenen Briefes der beiden größten lutherischen Kirchen im Jahr 1971.[52] Der Schritt fand vor dem Hintergrund zunehmender Auseinandersetzungen im Lande und im unmittelbaren Zusammenhang des Urteils des Internationalen Gerichtshofs, der die

---

48 Marion WALLACE, A History of Namibia. From the Beginning to 1990, Auckland Park 2011, S. 254; Henning MELBER, Revisiting the Windhoek Old Location, Basel 2016, S. 16f.
49 Paul John ISAAK (Hrsg.), The Story of the Paulinum Seminary in Namibia, Windhoek 2013.
50 Report of the Commission of Enquiry into South West Africa Affairs 1962–1963, Pretoria 1964.
51 Paul John ISAAK, Religion and Society. A Namibian Perspective, Windhoek 1997, S. 43.
52 Text u.a. in John DUGARD (Hrsg.), The South West Africa/Namibia-Dispute. Documents and Scholary Writings on the Controversy between South Africa and the United Nations, Berkeley 1973, S. 518f.

südafrikanische Besatzung für illegal erklärte, statt.⁵³ Von der Bewertung aus Den Haag angeregt, handelte es sich vor allem um ein politisches Statement, das an dieser Stelle nur wenig theologischen Inhalt transportierte. Ungeachtet dessen hatte der Brief seinen Ursprung direkt in der jüngeren Generation der Kirchen, wurde er doch von einer Gruppe Studenten am Paulinum unter Beteiligung einiger Betreuer verfasst und erst später von den Kirchenleitungen übernommen.⁵⁴ Die veröffentlichte Version unterzeichneten Pastor Paulus Gowaseb für die ELCSWA und Bischof Leonard Auala für die ELOK. Der wesentliche Bezugspunkt des Briefes war nicht die Bibel, sonder die Position der UNO und deren Menschenrechtserklärung. Der zentrale Standpunkt, den die Kirchen verkündeten, war die Einheit Südwestafrikas über alle ‚Rassengrenzen' hinweg und damit verbunden die Ablehnung der Beschränkungen durch die *Group Areas Legislation*. Der südafrikanischen Regierung wurde vor diesem Hintergrund der Vorwurf gemacht, die von der UNO manifestierten Menschenrechte nicht zu beachten, und es wurden Meinungs- und Pressefreiheit, die freie Betätigung der politischen Parteien und die Umsetzung der UN-Resolution eingefordert.

Der *Open Letter* fand nach seiner Veröffentlichung rasch weite Verbreitung.⁵⁵ Mehrere Kirchen schlossen sich an, so die Anglikanische oder die Römisch-Katholische.⁵⁶ Die wenigen Stimmen in den Kirchenleitungen – zumeist von weißen Mitgliedern –, die zu einer vorsichtigeren Vorgehensweise rieten, blieben ungehört.⁵⁷ Mit dieser klaren politischen Positionierung war die Kirche als Aktivist in der Mitte der Mehrheitsgesellschaft angekommen; sie wurde zur vielfach betonten ‚voice of the voiceless' in Namibia, indem sie nunmehr das Leiden der Bevölkerungsmehrheit adressierte und für Befreiung, Gerechtigkeit und Versöhnung eintrat.⁵⁸ Diese Rolle war umso bedeutsamer, als dass die meisten politischen Organisationen massiven Repressionen ausgesetzt waren.

---

53 Isaak, Religion and Society, S. 38, 41, 44; Wolfgang F. Krüger, Schwarze Christen, weiße Christen. Lutheraner in Namibia und ihre Auseinandersetzung um den christlichen Auftrag in der Gesellschaft, Erlangen 1985, S. 45f.
54 Johannes Lukas de Vries, Theological Consequences of the Historic "Open Letter", in: Hanns Lessing (Hrsg.), "That South West Africa May Become a Self-Sufficient and Independent State". Conference on the Occasion of the 25th Anniversary of the Open Letter of the Lutheran Churches in Namibia, Windhoek 1997, S. 11–20, hier: S. 11f.; Peter H. Katjavivi, The Historical Significance of the Open Letter of 1971, in: Ebd., S. 21–30, hier S. 22–24.
55 Isaak, Religion and Society, S. 37; Katjavivi, Open Letter, S. 13f.
56 Isaak, Religion and Society, S. 45–47; Krüger, Schwarze Christen, S. 57f.; Katjavivi, Open Letter, S. 24.
57 Krüger, Schwarze Christen, S. 46f.
58 Katjavivi, Open Letter, S. 25.

Der Brief markierte eine Politisierung der großen Kirchen nicht nur nach innen, wo sie bereits einen längeren Prozess hinter sich hatten, sondern auch als öffentliche Akteure. Diese Form der Politisierung bedeutete jedoch keineswegs eine Marginalisierung der Theologie in den ‚schwarzen' Kirchen Südwestafrikas. Wenige Jahre nach der Veröffentlichung des Briefs betonte Johannes Lukas de Vries, einer seiner Initiatoren als Dozent am Paulinum und seit 1972 der erste ‚schwarze' Präses der ELCSWA, dass es „sich nicht um politisches, sondern um ein von der Freiheit Jesu Christi bestimmtes Handeln" handelte.[59] Die Missionare hätten diese Freiheit nur als theoretische Möglichkeit gepredigt; ihre Theologie würde die Probleme des Landes nicht mehr lösen helfen, da sie einseitig auf die „geistliche Freiheit" des Menschen ausgerichtet wäre und daher den biblischen Sinn der „Befreiung von äußerer Sklaverei" nicht mehr verstünde.[60] Mit dem Weg, dessen erster Schritt der Offene Brief war, wurde ein Brückenschlag aus den ehemaligen Missionskirchen, die in dieser Tradition noch immer als schweigende Kirchen wahrgenommen wurden, in die längst politisierten Teile der von rassistisch begründeter Unterdrückung betroffenen Gesellschaft ermöglicht. Seine Bedeutung bestand vor allem darin, dass die Kirchen die Apartheid öffentlich und unmissverständlich ablehnten und die Theologie wieder mit der gesellschaftlichen Situation in Verbindung brachten.[61]

Entsprechend bildete der Offene Brief den Ausgangspunkt für den Versuch, eine Befreiungstheologie in die Tat umzusetzen. Johannes Lukas de Vries begann vor diesem Hintergrund, politisches Predigen zu lehren.[62] Im neuen Amt als Präses erklärte er 1975 auf einer Synode einerseits die Solidarität mit der Befreiungsbewegung, gleichzeitig aber auch die Ablehnung deren gewalttätiger Aktionen.[63] Diese Position relativierte er allerdings bereits 1978 im Zeichen verschärfter Auseinandersetzungen zwischen Nationalbewegung und südafrikanischem Staat. 1986 akzeptierte Zephania Kameeta, ebenfalls Dozent am Paulinum und zu diesem Zeitpunkt stellvertretender Bischof der ELCSWA, sogar den Griff zu den Waffen.[64] Im gleichen Jahr traten

---

59 Johannes Lukas DE VRIES, Die Kirche im südlichen Afrika aus der Sicht einer afrikanischen Theologie, in: LWB-Pressedienst 35/75, S. 5–13, hier: S. 6 (Archiv der Informationsstelle Südliches Afrika, NAM B7 Kirche).
60 Ebd., S. 6f.
61 So die nachträgliche Bewertung bei ISAAK, Religion and Society, S. 47, die auch die Sichtweise eines Johannes Lukas de Vries widerspiegelt.
62 DE VRIES, Theological Consequences, S. 16f.
63 KRÜGER, Schwarze Christen, S. 123.
64 Siegfried GROTH, Namibische Passion. Tragik und Größe der namibischen Befreiungsbewegung, Wuppertal 1995, S. 31–34.

die größeren Kirchen in der Ai-Gams-Erklärung, die sich gegen die von Südafrika eingesetzte Übergangsregierung wandte, gemeinsam mit diversen politischen Parteien, Organisationen und Councils auf.[65] Die SWAPO wurde in dieser Erklärung als verbotene Organisation zwar nicht explizit erwähnt, doch wurde hierin die Verknüpfung kirchlicher und politischer Belange noch einmal besonders deutlich gemacht.

Im Rückblick zieht de Vries vier Lehren aus dem offenen Brief und der damit verbundenen Befreiungstheologie. Zum einen sieht er die Aufgabe der Kirche darin, die Regierung zu kontrollieren und zu mahnen, jedoch nicht, ihr eine politische Agenda zu schreiben. Zum anderen darf sich die Kirche nie wieder hinter die Mauer des Schweigens zurückziehen. Darüber hinaus ist Theologie nicht statisch, sondern muss stets auf die Entwicklungen in der Welt reagieren. Und schließlich sieht er die Aufgabe der Befreiungstheologie noch lange nicht an ihr Ende gekommen an.[66]

5.2. Befreiungstheologie à la Namibia

Mit dem Offenen Brief war das Schweigen der Kirchen gebrochen – sie hatten nun etwas zu sagen, und zwar nicht nur im Sinne eines politischen Statements, sondern auf ihrem ureigensten Terrain, der Theologie.[67] Dies gewann eine besondere Bedeutung durch den Umstand, dass sich auch die Apartheid-Ideologie in ihrer Legitimation theologischer Versatzstücke bediente. Die Verfasser des Briefs bezogen sich mit Kapitel 13 des paulinischen Römerbriefs ganz bewusst auf eine Bibelstelle, deren erster Vers aufgrund seiner Betonung gottgewollter weltlicher Hierarchie und Autorität zur Legitimation der Apartheid herangezogen wurde.[68] Die befreiungstheologische Perspektive richtete nun den Blick auf die folgenden Verse dieser Bibelstelle und darauf, dass genau diese weltliche Autorität das Gute belohnen und die Bösen bestrafen sollte. Die Umkehr der biblischen Argumentation diente als An-

---

65 Weltkirche 5/1986 (Archiv der Informationsstelle Südliches Afrika, NAM B7 Kirche, o.P.)
66 DE VRIES, Theological Consequences, S. 19f.
67 Der Beginn einer Befreiungsbewegung namibischer Prägung wird vielfach hiermit in Zusammenhang gebracht: Zedekia MUJORO / Emma MUJORO, Namibian Liberation Theology and the Future, in: Peter H. KATJAVIVI / Per FROSTIN / Kaire MBUENDE (Hrsg.), Church and Liberation in Namibia, London 1989, S. 93–105, hier: S. 97. Angesichts der Adressaten und der inhaltlichen Orientierung dürfte jedoch eher der zeitgleich entstandene Epistel to the Namibians der eigentliche theologische Ausgangspunkt gewesen sein: LESSING, Self-Sufficient and Independent State, S. 58–60.
68 ISAAK, Religion and Society, S. 44; Zephania KAMEETA, Why, o Lord? Psalms and Sermons from Namibia, Genf 1986, S. viif.

satzpunkt einer theologisch begründeten Gegenposition zur Apartheid, wodurch nicht nur kirchliche Führungspersönlichkeiten, sondern die Theologie selbst den Schulterschluss mit der Befreiungsbewegung vollzog.

Mit Zephania Kameeta gewann die Befreiungstheologie der »schwarzen« Kirchen Namibias einen herausragenden, die Debatten prägenden Vertreter.[69] Nach seinem Studium am Priesterseminar Paulinum in Otjimbingue und seiner Ordinierung 1971 war Kameeta zunächst als Pfarrer tätig. Später übernahm er die Leitung des Paulinums (1976/77) und wurde nach der Unabhängigkeit Bischof der ELCRN (2002–2013). Er war aber auch als Mitglied des Zentralkomitees der SWAPO (1977–1990) und Vizepräsident des Parlamentes (1990–2000) politisch aktiv. 1975 verbrachte er nach einer Protestaktion gegen die Turnhallenkonferenz zwei Wochen in Dunkelhaft, was ihm zusätzlich einen Märtyrerstatus verlieh. In seiner Person vereinten sich eine durch persönliche Betroffenheit legitimierte politische Führungspersönlichkeit und ein Geistlicher, der seine Kirche gegen das Apartheidsystem dadurch in Stellung zu bringen suchte, dass er diesem auf dem theologischen Feld entgegentrat. Ihn trieb um, dass die Apartheid nicht nur wissenschaftlich, sondern auch christlich legitimiert wurde und damit aus seiner Sicht Christus okkupiert hatte. Der Erlöser musste für die Schwarzen zurückgewonnen werden,[70] weswegen Kameeta im Konflikt mit Südafrika vornehmlich einen Glaubenskampf zwischen weißen und schwarzen Christen um das rechte Verständnis des Evangeliums sah.[71]

Nicht zuletzt im Verständnis des einschlägigen 13. Kapitels im Römerbrief bezieht sich Kameeta auf Dietrich Bonhoeffer.[72] Dieser hatte 1937 mit seiner Interpretation der Rolle von Obrigkeit und christlichen Gemeindemitgliedern, die alle gleichermaßen auf die Verwirklichung von Gottes Willen und den damit verbundenen guten Taten verpflichtet sind, die Grundlage für eine Entkleidung der weltlichen Macht von einer göttlich gewollten Unanfechtbarkeit gelegt.[73] Kameeta brachte mit diesem Bezug seine Kirche nicht nur gegen die weltliche Macht in Stellung, welche angesichts ihres Unterdrückungsapparats nicht mehr das Gute nach dem Willen Gottes tun konnte.

---

69 Zu Kameetas Theologie siehe u.a. KRÜGER; Schwarze Christen, S. 126–132.
70 Zephania KAMEETA, Christus in der Schwarzen Theologie, in: Theo SUNDERMEIER (Hrsg.), Zwischen Kultur und Politik. Texte zur afrikanischen und Schwarzen Theologie, Hamburg 1978, S. 92–105, hier: S. 92.
71 Zephania KAMEETA, Rede vom 17.04.1975 (Archiv der Informationsstelle Südliches Afrika, NAM B7 Kirche, o.P.).
72 Zephania KAMEETA, Im Wind der Befreiung. Grenzgänger zwischen Kirche und Politik - Reden, Meditationen, Texte, hrsg. v. Jörg BAUMGARTEN, Wuppertal 2004, S. 92.
73 Dietrich BONHOEFFER, Nachfolge, Gütersloh 1937, S. 241–268.

Darüber hinaus knüpfte er an die *Bekennende Kirche* aus der Zeit des Nationalsozialismus an, indem er ihren grundlegenden Überlegungen folgte und auch dezidiert ihre Bezeichnung für die Kirche Namibias übernahm. Angesichts der historischen Verknüpfung seiner Kirche mit dem Protestantismus in Deutschland und der weltweiten Strahlkraft der *Bekennenden Kirche* kann darin ein wichtiger Schritt der internationalen Wahrnehmung gesehen werden, der kirchliche wie politische Beziehungen auf globaler Ebene gleichermaßen betraf.

In der Entfaltung seiner Theologie sieht Kameeta Gott in erster Linie als einen befreienden Gott.[74] Dabei sind „Versöhnung, Frieden und Gerechtigkeit […] wichtige Bausteine dessen, was Befreiung ausmacht und was Gott ist", und führen dazu, „dass die Trennmauern niedergerissen werden" und „dass Menschen wieder zusammenfinden, die zwangsweise getrennt waren."[75] In seinem Denken schafft Kameeta zudem eine Verbindung zwischen Gottesbild und Menschenbild, denn „nach dem Bild Gottes geschaffen zu sein, heißt, gegen alles, was mich dieser Ebenbildlichkeit berauben will, zu kämpfen."[76] Für die konkrete Situation unter dem Apartheidregime bedeutete dies, „die Botschaft von der Befreiung ‚zur Zeit und zur Unzeit' zu verkündigen, bis daß alle ihr Menschsein zurückgewinnen, dessen sie in diesem Land durch den weißen Mann beraubt worden sind."[77] Generell mündet dieses Denken in eine allgemeine Forderung:

> „Und wenn du deines Menschseins beraubt worden bist, kämpfe und erobere es dir zurück mit der Evangeliumsbotschaft. Menschsein heißt Freisein, und damit du diese Freiheit verstehen kannst, will Gott nicht, daß jemand anders darum für dich kämpft."[78]

Damit weist die Befreiungstheologie über die Apartheid hinaus. Auf der Grundlage eines solcherart weiten Befreiungsbegriffs betonte Zephania Kameeta schon in einem Interview 1989, am Vorabend der Unabhängigkeit Namibias, die dauerhafte Notwendigkeit einer Theologie der Befreiung, auch nach Ende der Apartheid.[79] Dies bedeutete die Öffnung der gerade erst politisierten Theologie über den konkreten Kampf gegen die konkrete Unterdrückungssituation hinaus.

---

74 KAMEETA, Wind der Befreiung, S. 14.
75 Ebd.
76 Ders., Christus, S. 97, unter Beziehung auf die „Gottesbildlichkeit" bei Sundermeier, siehe z.B. Theo SUNDERMEIER, Der Mensch in der Schwarzen Theologie Südafrikas, in: Ders. (Hrsg.), Zwischen Kultur und Politik. Texte zur afrikanischen und Schwarzen Theologie, Hamburg 1978, S. 142–169, hier: S. 149–154.
77 KAMEETA, Christus, S. 96.
78 Ebd.
79 Ders., Wind der Befreiung, S. 113.

Gleichzeitig reiht sie sich damit in den weiteren, internationalen Zusammenhang einer *Black Theology* ein – ein Begriff, den auch die namibischen Kirchenvertreter aufnehmen.[80] Sowohl in Nordamerika im Kontext der Bürgerrechtsbewegung gegen Rassendiskriminierung als auch in Südafrika in Konfrontation mit dem Apartheidsystem traten schwarze Theolog*innen in die Öffentlichkeit, die einen befreienden christlichen Gott verkündeten.[81] ‚Schwarze Theologie' dieser Prägung hatte stets eine befreiungstheologische Ausrichtung. Einerseits wurde sie an der konkreten Situation von Schwarzen in Gesellschaften, die von Weißen dominiert wurden, entfacht. Andererseits strahle sie international aus wie das 1985 in Soweto entstandene *Kairos Document* schwarzer südafrikanischer Theologen,[82] das breite internationale Debatten hervorrief. Die hiermit verbundene Theologie betont den Menschen, mithin den schwarzen Menschen, als Ausgangspunkt des theologischen Denkens. Dies wird in seiner Radikalität erst dadurch verständlich, dass sie sich von der im südlichen Afrika dominierenden ‚weißen' Theologie der reformierten Kirche burischer Prägung, die Gottes Ehre und Macht in den Mittelpunkt stellt, absetzt und dadurch einen dezidiert südafrikanischen Charakter erhielt.[83] Der weitere afro-amerikanische Zusammenhang blieb jedoch erhalten, war die ‚Schwarze Theologie' doch in allen Situation zwangsläufig eine politische Theologie, durch die spezifische Unterdrückungssituation untrennbar mit der ‚Befreiungstheologie' verbunden.[84]

Aus diesem Verständnis von Befreiungstheologie heraus bezog Zephania Kameeta dezidiert Stellung gegen den ‚Tribalismus'. So betonte er in einem Vortrag 1995 an der Universität in Windhoek die Gefahr, die „in der Vergötzung des eigenen Stammes oder Volkes und der eigenen Sprache" liege. Er verwehrte sich gegen die darin ausgedrückte Ablehnung des Gedankens „Ein

---

80 Per FROSTIN, The Theological Debate on Liberation, in: Peter H. KATJAVIVI / Per FROSTIN / Kaire MBUENDE (Hrsg.), Church and Liberation in Namibia, London 1989, S. 51–92, hier: S. 62–72; Gerhard TÖTEMEYER, Church and State in Namibia. The Politics of Reconciliation, Freiburg 2010, S. 80–83.
81 James H. CONE, For My People. Black Theology and the Black Church, New York 1984; ders., Risks of Faith. The Emergence of a Black Theology of Liberation, 1968–1998, Boston 1999; Timothy VAN AARDE, Black Theology in South Africa. A Theology of Human Dignity and Black Identity, in: HTS Teologiese Studies 72 (1), 2016, URL: http://dx.doi.org/104102/hts.v72i1.3176 [02.02.2022].
82 Vuyani VELLEM, Prophetic Theology in Black Theology. With Special Reference to the Kairos Document, in: HTS Teologiese Studies 66 (1) 2010, URL: http://dx.doi.org/104102/hts.v66i1.800 [02.02.2022].
83 SUNDERMEIER, Mensch.
84 So FROSTIN, Theological Debate, S. 64f.

Namibia – Eine Nation". Letztendlich setzte Kameeta in dieser Rede die „tribale Verherrlichung" mit Rassismus gleich.[85] Damit übernahm Kameeta ausdrücklich das Einheitspostulat der SWAPO, deren aktives, wenn auch stets kritisches Mitglied er war und ist, und suchte den Schulterschluss mit der politischen Befreiungsbewegung. Kirche im Sinne seiner Befreiungstheologie versteht sich politisch und gesellschaftlich einigend. Entsprechend geht Kameeta stets von einer einheitlichen Kirche aus; die Zersplitterung der christlichen Kirchenlandschaft, die wesentlicher Bestandteil seines Arbeitsalltags als Bischof der ELCRN war, thematisiert er als Theologe nicht: „Wenn ich von Kirche rede, meine ich die Kirche Jesu Christi und nicht eine bestimmte Konfession oder Denomination."[86]

5.3. Fazit

Die vielleicht wichtigste Rolle der Kirchen war wohl in der Tat die Möglichkeit für weite Teile der Bevölkerung, in einer als feindlich wahrgenommenen politischen und gesellschaftlichen Umwelt eine Heimstätte zu finden. Immerhin sah gegen Ende der südafrikanischen Zeit der US-amerikanische Historiker Peter L. Kjeseth in der Kirche „the most stable, trusted and enduring institution in Namibia."[87] In der gegebenen Situation der Apartheid war diese Stellung jedoch nur durch eindeutige politische Positionierung möglich. Sie begann 1971 mit der Veröffentlichung des *Open Letters* durch ELCSWA und ELOK und wurde bis zur Unabhängigkeit konsequent fortgesetzt. Dabei kamen zwei Ebenen zu Geltung. Auf der Alltagsebene sorgten politische Forderungen in verschiedenen Statements, tagespolitisches Engagement von Geistlichen bis hin zur Mitarbeit in der SWAPO und dem Risiko der eigenen Verhaftung oder Ermordung dafür, dass die Kirchen als Stimme der Unterdrückten glaubhaft wahrgenommen wurden. Auf der theologischen Ebene gelang es der Befreiungstheologie namibischer Prägung, sowohl eine in der Bibel fundierte Legitimation der eigenen politischen Position als auch eine Anschlussfähigkeit an international anerkannte christliche Bewegungen wie *Bekennende Kirche* oder *Black Theology* herzustellen. Dabei blieben die Aktivitäten auf höherer Ebene wie der Offene Brief oder

---

85 KAMEETA, Wind der Befreiung, S. 117.
86 Ebd., S. 56.
87 Peter L. KJESETH, The Church and Politics in Namibia, in: Africa Today 36, 1989, S. 7–22, hier: S. 9.

die Befreiungstheologie nicht ohne Wirkung an der Basis, wie am Fallbeispiel einer katholischen Missionsschule nachgewiesen wurde.[88]

Die Vielfalt der beteiligten Kirchen bedeutete keineswegs auch eine Vielfalt der Theologien. Nicht nur die lutherischen Kirchen konnten sich unter der Idee des „befreienden Gottes" versammeln. Lediglich das Verhältnis zu den ‚weißen' Kirchen der Buren und der Namibia-Deutschen blieb schwierig, jedoch nicht gänzlich ohne Ansatzpunkte der Kooperation. So konnte das Christentum über seine Institutionen, nicht zuletzt aber auch über ihre charismatischen Führungspersönlichkeiten einen Gemeinschaftssinn stiften, der über die ethnische und auch politische Diversität der Namibier auch zur südafrikanischen Zeit hinausging. Es trug auf diese Weise auch zu einem Selbstbewusstsein in der Bevölkerung bei, aus dem ein Nationalbewusstsein entstehen konnte.

Ungeachtet dessen blieb auch die kirchliche Landschaft zwischen Zweitem Weltkrieg und Unabhängigkeit von einer großen Diversität geprägt. Die immer wieder aufflackernden Streitigkeiten in der Vereinigung der lutherischen Kirchen – der kein Bestand auf Dauer beschieden war – oder im konfessionsübergreifenden namibischen Kirchenrat waren bereits zu dieser Zeit ein erkennbares Symptom für diese Verhältnisse. Die gemeinsame Rolle in der Opposition zum Apartheidsystem konnte dies jedoch überdecken und vor allem das einigende Band in den Vordergrund rücken. Damit war jedoch noch nichts über die Situation nach dem Ende des äußerlichen Drucks gesagt.

6. Christlicher Pluralismus

6.1. Weitere Diversifizierung und innerkirchliche Friktionen

Abspaltungen und Diversifikationen innerhalb der namibischen Kirchenlandschaft können hier nicht erschöpfend behandelt werden. Schon gar nicht kann dies bei der Vielfalt christlicher Kirchen, Sekten oder Gruppen, die mittlerweile in Namibia anzutreffen sind, gelingen. Daher sei nur zur Veranschaulichung eine kurze Rückkehr nach Rehoboth erlaubt, wo bei gerade einmal 28.800 Einwohnern nach der Unabhängigkeit eine schier unüberschaubare Vielfalt kirchlicher Gruppen vertreten ist. Neben der ‚offiziellen' Nachfolgerkirche der Rheinischen Missionskirche, der *Evanglical Lutheran*

---

88 Christian A. WILLIAMS, Student Political Consciousness. Lessons from a Namibian Mission School, in: Journal of Southern African Studies 30, 2004, S. 539–559.

Church in the Republic of Nambia (ELCRN, ehem. ELCSWA) führt die Rehoboth-Kennerin Cornelia Limpricht in ihrem Überblick die angesprochene Abspaltungen der *Rhenisch Church* in Namibia (*Moedergemeente*), die *Evangelical Mission Church* (*Rynse Bastergemeente*) sowie der *Rhenish Evangelical Lutheran Church* (RELC) an, daneben die *Methodist Church*, die *Congregation Church*, die *Dutch Reformed Church* (DRC, *Nederduits Gereformeerde Kerk*) und die Römisch-Katholische Kirche – von kleineren Gemeinschaften ganz zu schweigen.[89]

Angesichts einer solchen religiösen Vielfalt drängt sich die Frage auf, inwiefern hier von Sektenbildung die Rede sein kann. Unter den entsprechenden Definitionen in der Religionssoziologie kann diejenige von Ernst Troeltsch als die ‚klassische' gelten. In seiner Lesart sind Sekten kleine, exklusive, kompromisslose Glaubensgemeinschaften, die nach spiritueller Vervollkommnung streben; sie befassen sich ausschließlich mit den eigenen Doktrinen und begreifen sich als auserwählte Gemeinschaft.[90] Rodney Stark und William Sims Bainbridge definieren, dass Sekten schismatische Institutionen sind, die entstehen, wenn Dissidenten einer etablierten Kirche behaupten, die authentische gereinigte Glaubensversion zu verkünden.[91] Aktuell ist in der Forschung die Unterscheidung nach dem Kriterium der Ablehnung oder Akzeptanz der gesellschaftlichen Umgebung bestimmend.[92]

Welche konkrete Begrifflichkeit auch immer zugrunde gelegt wird: Abgesehen davon, dass mittlerweile auch die Zeugen Jehovas in Namibia präsent sind, lassen sich nur wenige Tendenzen zur Sektenbildung im religionssoziologischen Sinne in Namibia beobachten. Die meisten Abspaltungsentscheidungen hatten letztendlich (innen-)politische Gründe. Hier haben sich die drei für Namibia entscheidenden historischen Ebenen überlagert und ihre

---

89 Cornelia LIMPRICHT, Churches in Rehohoth, in: Dies. (Hrsg.), Rehoboth, Namibia. Past & Present, Hamburg 2012, S. 246-275. Ergänzend werden von Limpricht genannt: *Baptist Church*, *Apostolic Faith Mission* (AFM, *Apostoliese Geloofs Sending*), die Freien Pfingstgemeinden (*Vrye Pinkster Gemeentes*), die *Pentecostal Protestant Church* (PPC, *Pinkster Protestante Kerk*), die *Moreewak-Kerk*, die *Gospel Mission Church* (GMC), die *Universal Church of the Kingdom of God*, die *Rohoboth Covenant Ministries*, die Sieben-Tage-Adventisten (SDA), die Neuapostolische Kirche sowie die Zeugen Jehovas.

90 Ernst TROELTSCH, Die Soziallehre der christlichen Kirchen und Gruppen, Tübingen 1977 (1912), S. 370–373.

91 Rodney STARK / William Sims BAINBRIDGE, Of Churches, Sects, and Cults. Preliminary Concepts for a Theory of Religious Movements, in: Journal for the Scientific Study of Religion 18, 1979, S. 117–131.

92 Zum aktuellen Stand der Forschung zu religiösen Gruppen siehe u.a. Dorothea LÜDDECKENS / Rafael WALTHERT, Religiöse Gemeinschaften, in: POLLACK u.a. (Hrsg.), Handbuch Religionssoziologie, S. 467–488; Patrick HEISER, Religionssoziologie, Paderborn 2018, S. 113–157; Inger FURSETH / Pål REPSTAD, An Introduction to the Sociology of Religion. Classical and Contemporary Perspectives, Aldershot 2006, S. 133–150.

Auswirkungen in der religiösen Landschaft gezeitigt: Zum einen die prägende Christianisierung des Landes durch die europäische Mission, zum anderen die ethnische Vielfalt eines zunächst nur durch koloniale Grenzziehung definierten Staatsgebildes und schließlich die Strukturierung der Gesellschaft durch eine rassistisch fundierte Fremdherrschaft.

Die zunehmende Vielfalt in der religiösen Landschaft entstand zunächst durch die Reaktionen auf die weiße Vorherrschaft in den Missionskirchen, die auch institutionelle Folgen hervorriefen. Der Widerstand gegen die Dominanz der Missionare war letztendlich lokal, wie die Fälle AMEC, Oruuano oder Rehoboth gezeigt haben. Dies bedeutete nicht nur eine kleinteilige organisatorische Form, sondern auch den Rückgriff auf kulturelle bzw. religiöse Elemente, die traditionell vor Ort existierten. Durch die Politisierung des organisierten Christentums im Widerstand gegen das Apartheidregime wurden die unterschiedlichen Friktionen verdeckt. Mit der Unabhängigkeit ging diese Funktion verloren. Parallel zum abzusehenden Monopolverlust der SWAPO sahen sich die großen Kirchen mit einer zunehmenden Herausforderung durch charismatische Kirchen und andere christliche Gemeinschaften konfrontiert.[93] Gleichzeitig wurde die politische Beteiligung des Klerus deutlich geringer,[94] worüber Zephania Kameetas Engagement als politisch aktiver Bischof und seine Karriere in der SWAPO leicht hinwegtäuschen.[95]

Die längerfristige Entwicklung brachte nicht nur ethnisch geprägte eigenständige Kirchen hervor wie zum Beispiel die *Oruuano* bei den Herero oder die *Moedergemeente* in Rehoboth, sondern zeitigte auch Konflikte innerhalb der größeren Kirchen entlang ethnischer Trennlinien. Insbesondere die multiethnische ELCRN war davon betroffen, in der bereits während der ersten Jahre nach der Unabhängigkeit Siegfried Groth, Afrikareferent der Vereinten Evangelischen Mission, sorgenvoll erste Tendenzen zum Tribalismus beobachtete.[96] So scheiterte die Wiederwahl von Hendrik Frederik, des ersten offiziellen Bischofs der Kirche, an internen ethnischen Konflikten.

Aus der Sicht des (weißen) südafrikanischen Theologen Annes F. Nel war es gerade die politische Unabhängigkeit, die den Weg zu einer multi-religiösen Erziehung und damit zur Verfestigung konfessioneller Vielfalt geebnet hatte:

---

93 Kim Stefan GROOP, The Church, the State and the Issue of National Reconciliation in Namibia, in: Journal of Namibian Studies 11, 2021, S. 63–82, hier S. 66f.
94 Ebd., S. 69f.
95 Nach seiner Amtszeit als Bischof der ELCRN war Kameeta zwischen 2015 und 2020 Minister für soziale Gerechtigkeit in der ersten Regierung von Präsident Hage Gaingob.
96 Siegfried GROTH, Namibische Passion. Tragik und Größe der namibischen Befreiungsbewegung, Wuppertal 1995, S. 187–189.

„My contention is that differing world-views and their accompanying value systems have promoted misunderstanding and division, because they function on a deeper, or even subconscious level. These conflicting worldviews remain the silent background to the new society in Namibia, and lead to seemingly irreconcilable differences and intolerance. They carry with them clashing value systems, ideologies and language systems."[97]

Die Apartheid hatte zwar als gemeinsame Antipode für einen Schulterschluss der verschiedenen christlichen Gemeinschaften gesorgt, jedoch angesichts der strukturellen Eingriffe in das Gesellschaftsgefüge des zukünftigen Namibias eine echte Einigkeit verhindert. Gleichzeitig beinhaltete die Versöhnungspolitik, die sich die SWAPO nach der Unabhängigkeit auf die Fahnen geschrieben hatte, auch die Gleichbehandlung aller Religionen, einschließlich traditioneller afrikanischer Religionen. Diese sogar in der Verfassung verankerte Ausrichtung machte sich nicht nur im Schulunterricht bemerkbar, sondern auch in der religiösen Diversifizierung.[98] Vor diesem Hintergrund sieht Nel nach der Unabhängigkeit eine Notwendigkeit, überhaupt erst eine Rekonstruktion christlicher Theologien in Namibia herbeizuführen. Der Kirche kommt aus seiner Sicht eine wesentliche Rolle bei der offiziellen Versöhnungspolitik zu, die ohne „an orchestrated programme of demobilisation" und die Chance einer „ökumenischen Spiritualität" zum Scheitern verurteilt sei.[99]

Eine solche Forderung und die historische Wirklichkeit klaffen allerdings deutlich auseinander. Letztendlich wiesen die ökumenischen Bemühungen, die in Namibia durchaus unternommen wurden, nur geringen nachhaltigen Erfolg auf. 1972 fanden sich die beiden großen lutherischen Kirchen zur *Vereinigten Lutherischen Kirche in Südwestafrika* (VELKSWA) zusammen. Ihr Zusammenschluss scheiterte jedoch letztendlich, nicht zuletzt an den ethnischen Differenzen zwischen den Ovambo, die während der Apartheid besonders verfolgt wurden und nach der Unabhängigkeit in dominante Rolle in Politik und Gesellschaft eroberten, und den anderen christianisierten Ethnien.[100] Genauso misslang der Versuch, die *Deutschen Evangelisch-Lutheri-*

---

97 Annes F. Nel, Reconstructing Christian Theology in Namibian Society, in: Journal of Religion and Theology in Namibia 4, 2002, S. 54–76, hier: S. 63f.
98 So die Bewertung von S. K. Mbambo, Religious Change in Namibia, in: Journal of Religion and Theology in Namibia 2, 2000, S. 110–121, hier: S. 120f.
99 Nel, Reconstructing Christian Theology, S. 71–73. Ähnlich Gerhard Tötemeyer, The Role of the Church in Namibia. Fostering a Discourse on Reconciliation, in: André du Pisani / Reinhart Kössler / William A. Lindeke (Hrsg.), The Long Aftermath of War. Reconciliation and Transition in Namibia, Freiburg 2010, S. 103–138, hier: S. 117–136.
100 Für eine umfassende Darstellung der Vereinigungsbemühungen der lutherischen Kirchen siehe Gerhard Gurirab, Working toward Church Unity? Politics, Leadership and Institutional Differences among the Three Lutheran Churches in Namibia 1972–1993,

schen Kirche (DELK) in Namibia in einen größeren lutherischen Kirchenverbund zu integrieren. Bedingt wurde dies durch das gegenseitige Misstrauen zwischen ‚weißen' und ‚schwarzen' Kirchenführern, der Befürchtung einer einseitigen Politisierung von Religion seitens der deutschstämmigen Christ*innen und der Haltung vieler Kirchenmitglieder, die in der DELK vornehmlich eine kulturell-ethnische Institution der Deutsch-Namibier sahen.[101] Institutionell war der 1978 ins Leben gerufene namibische Kirchenrat CCN, dem neben den großen lutherischen Kirchen die römisch-katholische Diözese ebenso angehörte wie Anglikaner, Methodisten und Kongregationalisten, längerfristig existent. Jedoch bewährte sich dieser eher als Koordinationsgremium im Kampf gegen die Apartheid sowie als Organisator humanitärer Hilfe und weniger als integrative zwischenkirchliche Kraft.[102]

Die südafrikanische Besatzung und das System der Apartheid führten einerseits zu Gemeinsamkeiten unter dem Dach einer namibischen Befreiungstheologie. Sie legten aber auch den Grundstein für einen Partikularismus, der kleine Gruppen Zuflucht in eng umgrenzten religiösen Gemeinschaften suchen und finden ließ. Gerade in der jüngsten Zeitgeschichte entstand hier ein Einfallstor für neue missionarische Tätigkeiten von charismatischen oder evangelikalen Strömungen.

6.2. Einigkeit in der Vielfalt: Rückhalt an der Kirchenbasis

Vor dem Hintergrund einer schon frühzeitig diversifizierten Kirchenlandschaft ist es naheliegend, dass die Kirchenleitungen immer wieder ökumenische Tendenzen, wie die angesprochenen, verfolgten. Dieser ökumenischen Gedanke hatte jedoch nicht nur in den großen institutionellen, vertraglich abgesicherten Verbünden seinen Platz, sondern auch auf der Ebene der Begegnung im kirchlichen Alltag. Dabei konnte gelegentlich interessante Erfahrungen gemacht werden. Ein Beispiel sei hier kurz angeführt.

Im Juli 1971 hatte die ELK sämtliche Abspaltungen und Kleinkirchen zu einer Konferenz eingeladen, zu der bis auf zwei Ausnahmen auch alle Angeschriebenen erschienen. In Otjimbingwe saßen die Vertreter der verschiede-

---

MA Thesis University of Natal, Pietermaritzburg 2002, zur ethnischen Konfliktlinie insbesondere S. 90–93.

[101] Christo BOTHA, The Church in Namibia. Political Handmaiden or a Force for Justice and Unity?, in: Journal of Namibian Studies 20, 2016, S. 7–36, hier: S. 10–12.

[102] Ebd., S. 28–30; TÖTEMEYER, Role of the Church. Zur Struktur des CCN siehe Vezera KANDETU, The Work of the Council of Churches in Namibia, in: KATJAVIVI / FROSTIN / MBUENDE (Hrsg.), Church and Liberation, S. 207–214.

nen Kirchen bei Bibelstunden und Vorlesungen zusammen. Theo Sundermeier, Theologe und damals Dozent am Paulinum, berichtete von gelöster Atmosphäre und Zusammengehörigkeitsgefühl.[103] Niemand der Anwesenden wollte die Vergangenheit thematisieren und darob Streitigkeiten aufkommen lassen. Das Treffen endete mit einem Gottesdienst nach der Liturgie des Rheinischen Missionars Carl Hugo Hahn. Die große Begeisterung führte zu ambitionierten Plänen für ökumenische Maßnahmen, die natürlich nicht alle verwirklicht wurden. Dennoch kann aus dem kurzen Bericht über ein weitgehend vergessenes Treffen ein Fazit gezogen werden. Die äußere Situation schweißte zusammen, während die Gegensätze in echten Glaubensfragen kaum relevant waren und historische Gegensätze bewusst in den Hintergrund geschoben wurden. Dies war die Sicht des theologischen ‚Mittelbaus', der Pastoren vor Ort wie auch der Führer kleinerer Kirchen, bei denen dies zumeist in eins fiel.

Zwar stellt das eigentliche Gemeindeleben unter der Apartheid und nach der Unabhängigkeit noch ein erhebliches Forschungsdesiderat dar, doch lassen sich aus solchen Beispielen durchaus erste Fingerzeige ableiten. In der Gemeinde vor Ort stellte die Kirche den Rückzugsort dar, an dem die Menschen gemeinschaftlich Friede erfuhren, auch in einer ansonsten unfriedlichen Umwelt.[104] Ohne Zweifel gibt es in vielen Gemeinden Probleme, Gruppenbildung und auch Spaltungen, wie sie mittlerweile vielerorts in Namibia zu beobachten sind. Diese entwickelten sich jedoch entlang von ethnischen Grenzen und beruhen nicht auf Glaubenskontroversen. Wenn über den christlichen Glauben selbst gesprochen wurde, herrschten an der Basis keine signifikanten Gegensätze. Der christliche Glaube hat zumindest das Potential zum einigenden Band, auch wenn andere Faktoren, nicht zuletzt persönlich-politischen Ursprungs, desintegrativ wirken.

7. Zum Schluss: Christentum – Integrator oder Spaltpilz?

In seinem Jahresbericht von 1959 für die Ovambo-Gemeinde in Lüderitz verweist der zuständige Missionar Hans Roßkothen auf den erwachenden afri-

---

103 Theo SUNDERMEIER, Begegnung getrennter Brüder. Konferenz separatistischer Kirchenführer in Südwestafrika, in: In die Welt – Für die Welt. Berichte der Vereinigten Evangelischen Mission 8/2, 1972, S. 1–3; Archiv der Vereinten Evangelischen Mission, Wuppertal, VEM 237, Bl. 3 (Theo Sundermeier, Abschlussbericht, Paulinum, Otjimbingwe, 18.11.1971).
104 SUNDERMEIER, Quelle, S. 71–77.

kanischen Nationalismus und darauf, dass sich dieser auch in den Gemeinden der Rheinischen Missionskirche bemerkbar machte.[105] Namentlich bringt er die „Abfallbewegungen" bei den Nama, Herero und Rehobothern damit in Verbindung und betont, dass bei ihnen allein politische und nicht etwa geistliche Motive ausschlaggebend gewesen seien. Er unterliegt so dem zu seiner Zeit weit verbreiteten Missverständnis, dass sich diese beiden Ebenen in der spezifischen historischen Situation Namibias trennen ließen.

Roßkothens Beobachtungen standen am Ende einer weit über hundertjährigen Christianisierungsgeschichte im südwestlichen Afrika und gleichzeitig am Anfang eines namibischen Nationalbewusstseins. Sicherlich nicht aus der missionarischen, aber doch aus der nachträglichen historischen Sicht erwies sich das eine als wesentlicher Bestandteil der Vorgeschichte des anderen. Die von Roßkothen beobachteten Entwicklungen in den verschiedenen Gemeinden ließen erkennen, dass die namibischen Christen keine entsprechende Abgrenzung zwischen politischem Wollen und geistlichem Denken mehr verfolgten. Das christliche Denken widersprach keineswegs den politischen Unabhängigkeitsbestrebungen, sondern legte eine wichtige Grundlage hierfür. Es war längst internalisiert worden, nicht zuletzt durch die missionarischen Bemühungen selbst. Dass es damit folgerichtig zum identitätsbildenden Moment wurde, wollten Missionare wie Roßkothen in ihrem patriarchalischen Führungsanspruch nicht wahrhaben. Sie erlebten jedoch in der unmittelbaren Zukunft die endgültige, unübersehbare Verschmelzung der vermeintlichen Gegensätze in der namibischen Befreiungstheologie und der Verbindung der nun unabhängigen Kirchen mit der Nationalbewegung – repräsentiert durch charismatische Führungspersönlichkeiten, die religiöse wie politische Autorität ausstrahlten, wie beispielsweise Zephania Kameeta, und dadurch zusätzliche Wirkung unter der christlichen Bevölkerung entfachen konnten.

Dennoch hat die Rolle des Christentums im *Nation-Building* Namibias zwei Gesichter. Die Struktur von Besiedlung, aber auch Kolonialismus und Apartheid ließen viele Entwicklungen von Identitätsbildung im ethnischen Kontext vonstattengehen. Auf diese Weise wurden frühzeitig ethnische Differenzen in das christliche Selbstverständnis eingebracht. Diese waren bereits in kolonialer bzw. südafrikanischer Zeit sehr präsent, blieben jedoch noch ohne entscheidende Auswirkungen, da sie durch den Druck der Fremdherrschaft in ihrer Wirkung weitgehend überlagert wurden. Spätestens mit der Unabhängigkeit Namibias 1990 änderte sich die Situation. Von politischer wie kirchlicher Seite ist in der unabhängigen Republik die Rede vom

---

105 RMG 2.509b, Bl. 55f. (Hans Roßkothen, Jahresbericht Ovambogemeinde Lüderitzbucht 1959, 15.02.1960).

,Tribalismus' in vielerlei Munde. Führende Vertreter der politisch dominierenden Regierungspartei SWAPO wie auch der großen Kirchen nutzen den Begriff, um verschiedene partikularistische Organisationsformen auf der subnationalen Ebene durch eine Gleichsetzung mit vormodernen, ja nachgerade primitiven Gesellschaftsverhältnissen zu verdammen.

In seiner wortgebenden Bezugsgröße kann der Begriff jedoch nur wenig analytisches Erklärungspotential entwickeln. Es bedarf keiner weiteren Diskussion, dass sich die namibische Gesellschaft nicht mehr in eine ‚Stammesgesellschaft' zurückentwickeln kann, wie sie vielleicht einmal vorkolonial existiert haben mag. Bereits die seit den 1880er Jahren kolonisierten Ethnien und Gruppen waren teilweise christianisiert und hatten dadurch neue Erscheinungsformen und Strukturen entwickelt. Im weiteren Verlauf der jüngeren Geschichte wurde die Christianisierung so tiefgreifend, dass die Religion tatsächlich als ein maßgeblicher gesellschaftsbildender Faktor angesehen werden kann. Aus der zunehmenden Identitätsfindung in den christlichen Gemeinden – gerade auch in ihrer ethnischen Prägung – heraus konnten sie schrittweise in die Rolle eines Treibsatzes für das namibische *Nation-Building* hineinwachsen. In einem in ethnischer und siedlungsgeschichtlicher Hinsicht fragmentierten Land erwies sich das Christentum, trotz seiner eigenen inneren Fragmentierung, letztendlich als eine von zwei Schubkräften für die Identitätsfindung einer namibischen Nation. Die andere Schubkraft bestand in der gemeinsamen Kolonialerfahrung aller ethnischen Gruppen innerhalb einer extern definierten Grenzziehung. Beide Kräfte waren nicht in der Lage, jegliche Desintegrationsprozesse im modernen Namibia zu kontrollieren; dennoch ist auf ihrer Grundlage das *Nation-Building* so weit fortgeschritten, dass ein im postkolonialen Vergleich funktionsfähiges Staatswesen darauf aufbauen kann.

Der Blick auf die Fraktionierung in der religiösen Landschaft ist ohne Zweifel wichtig, legt er doch den Finger in die Wunde etlicher Integrationsprobleme eines multiethnischen Staates wie Namibia. Eine Betonung von Tribalismus, Partikularismus oder Sektenbildung verstellt jedoch die Sicht auf grundlegende und übergreifende Zusammenhänge. Diese sind in den langfristigen Prägungen und grundsätzlichen integrativen Momenten zu suchen. Unter dieser Maßgabe scheint die vordergründige Tatsache, dass das namibische Christentum in zahlreiche größere und kleinere Kirchen zerfällt, noch keine Beurteilung als vollständige Fragmentierung zu rechtfertigen. Die Aufspaltung der religiösen Landschaft stellt primär ein Thema der Kirchengeschichte dar, wird jedoch relativiert, wenn die Bezüge zur langfristigen Gesellschaftsentwicklung hergestellt werden. Daher ist an dieser Stelle nicht von Kirchengeschichte, sondern von Christentumsgeschichte die Rede. Die religionsgeschichtliche Betrachtungsweise zeichnet das Bild eines vielleicht labilen, aber dennoch durchgeführten *Nation-Building*, welches auf das Christentum als eine der tragenden Säulen – und eben nicht nur Rahmenbedingung – nicht hätte verzichten können.

Zusammenfassung

Das heutige Namibia ist ein weitgehend christlich geprägter Staat mit signifikantem kirchlichem Einfluss. Allerdings zeichnet sich das namibische Christentum auch durch einen hohen Grad an Diversität aus. Die Geschichte des namibischen Christentums beginnt bereits im frühen 19. Jahrhundert mit der Zuwanderung bereits christianisierter Gemeinschaften aus Südafrika und den ersten Aktivitäten protestantischer Missionare. Von diesen ersten Anfängen über den deutschen Kolonialismus und die südafrikanische Besatzung bis hin zur Unabhängigkeitsbewegung und der modernen Republik Namibia entfaltete die Religion eine zunehmende Prägungskraft für die Gesellschaft. Darüber hinaus spielten die Kirchen eine zunächst ambivalente, seit den 1970er Jahren als Teil der Unabhängigkeitsbewegung jedoch eine eindeutig positionierte Rolle im politischen Gefüge. Der Beitrag zeichnet am protestantischen Beispiel die Entwicklung des namibischen Christentums zwischen europäischer Mission und afrikanischer Souveränität nach und beleuchtet das Verhältnis zum gesellschaftlichen bzw. politischen Umfeld vor dem Hintergrund eines *Nation Building*. Betont wird einerseits die grundlegende Bedeutung des Christentums als einigendes Band einer Gesellschaft, die sich in Auseinandersetzung mit Kolonialherrschaft, Apartheid und Dekolonisierungskrieg überhaupt erst finden musste. Andererseits wird auf die Konfliktlinien verwiesen, die durch die emanzipatorischen Auseinandersetzungen in der Missionskirche und die komplexe ethnische Situation in Namibia bedingt wurden.

Summary

Today's Namibia is a largely Christian state with significant church influence. However, Namibian Christianity is also characterised by a high degree of diversity. The history of Namibian Christianity begins in the early 19th century with the immigration of already christianised communities from South Africa and the first activities of Protestant missionaries. From these first beginnings, through German colonialism, the South African occupation and the independence movement up to the modern Republic of Namibia, the religion developed an increasing formative power for society. In addition, the churches played an initially ambivalent, but since the 1970s, as part of the independence movement, a clearly positioned role in political life. Using the protestant example, the article traces the development of Namibian Christianity between European mission and African sovereignty and illuminates the relationship to the social and political environment against the background of *nation building*. On the one hand, it emphasises the fundamental importance of Christianity as the unifying bond of a society that still had to find itself in the face of colonial rule, apartheid and the war of decolonisation. On the other hand, reference is made to the lines of conflict that were caused by the emancipatory conflicts in the missionary church and the complex ethnic situation in Namibia.

Christlicher Sendungsglauben und europäische Kolonialmacht – ein historischer Abriss[1]

Hermann Joseph Hiery zum 65. Geburtstag am 17. April 2022

HORST GRÜNDER

„Es fuhr wohl kaum ein Forscher oder Eroberer aus ohne Priester, welche das Kreuz errichteten und das Christentum verkündeten, sobald sie den Fuß an das Land gesetzt hatten." So hat es zu Ende des 19. Jahrhunderts der englische Forschungsreisende, Kolonialbeamte und Expansionspublizist Harry Hamilton Johnston formuliert.[2] Verfolgt man sowohl die Expansion der europäischen Kolonialmächte seit den Entdeckungsfahrten der Portugiesen und Spanier im 15. Jahrhundert als auch die Ausbreitung des Christentums seit dieser Zeit in ihrem jeweiligen zeitlichen Ablauf, in ihrem historischen Prozesscharakter, muss man zwangsläufig eine erstaunliche Deckungsgleichheit konstatieren. Kurz gesagt: Beide Vorgänge verliefen zeitlich und regional nahezu parallel, wenn auch keineswegs immer mit gleichem Erfolg, wie zu zeigen sein wird. Daraus ergibt sich: Mit dem expansionistischen Aufbruch der Iberer begann nicht nur die Ausbildung europäischer Kolonialherrschaft über einen Großteil der Erde – über 85% der Erdoberfläche, wie der englische Historiker David K. Fieldhouse einmal berechnet hat –, sondern auch die „Welteroberung" durch das Christentum, das nach dem Siegeszug des Islam im Nahen Osten und in Nordafrika *faktisch* als die Religion Europas gelten konnte.[3] Das Christentum als die religiös-spirituelle Begleitseite der Kolonialeroberer – so sahen es in der Regel auch die vom Kolonialismus betroffenen Völker, worauf ebenfalls zurückzukommen sein wird.

---

1 Vortrag, gehalten am 21.1.2020 auf dem interreligiösen Symposium „Mission und Kolonialismus" an der WWU Münster, gesponsert von der Dres. Klaus und Monika von Wild Stiftung.
2 Harry H. JOHNSTON, Geschichte der Kolonisation durch fremde Rassen, Heidelberg 1903, S. 131.
3 Vgl. auch für das Folgende Horst GRÜNDER, Welteroberung und Christentum. Ein Handbuch zur Geschichte der Neuzeit, Gütersloh 1992.

Es bleibt ein Anfangs-Problem: Wie konnte es zu einer so engen Verbindung von Mission und Kolonialismus im europäischen Expansionismus der Neuzeit kommen? Scheinen doch christliche Glaubensverbreitung und weltliche Gewalt zwei auf den ersten Blick schwerlich kompatible Begriffe zu sein; denn der in Mt 28, 19 überlieferte Befehl Jesu an die Apostel: „Darum geht hin und machet alle Völker zu Jüngern", hatte ja alles andere als eine gewaltsame Mission impliziert. Gleichzeitig waren Christen ausschließlich *Opfer* von Gewalt.

Die Situation änderte sich *grundlegend* mit dem Beginn des 4. Jahrhunderts. Denn nunmehr erfolgte die sukzessive staatliche Tolerierung, Begünstigung und Bevorzugung der christlichen Religion. Der Wendepunkt ist bekanntlich der Sieg Konstantins des Großen über seinen Rivalen Maxentius an der Milvischen Brücke im Jahre 312. Seit 324, spätestens nach 380, ist das Christentum zur Staatsreligion des römischen Reiches geworden.

Diese „Konstantinische Wende" sollte in mehrfacher Beziehung zentrale Bedeutung für die Ausbreitung des Christentums und die Expansionsgeschichte des christlichen Abendlandes gewinnen. Zum ersten wurde mit ihr der Sendungsauftrag der Kirche unter den Schutz des Staates gestellt. „Ketzerkrieg" zur Reinhaltung der Kirche im Innern und „Heidenkriege" zur Verbreitung des Glaubens nach außen werden in der Folge religiös-kirchenrechtlich legitimiert.

Der nächste Schritt war, dass die christliche Religion in den Dienst des Staates trat. Die Interessen von Staat und Kirche begannen sich zu verflechten, da Missionierung die Ausdehnung der staatlichen Herrschaftssphäre versprach und der Kirche der weltliche Arm zur Verbreitung der Religion nützlich schien. Die Mission wurde denn auch künftig zu einer Angelegenheit der Kaiser, Könige und Fürsten, für die politische und religiöse Interessen zu einer Einheit verschmolzen. Der „helfende" Gott der Zeit der apostolischen Mission konnte (nicht *musste*!) zum „zürnenden" Gott der *Schwertmission* werden, d.h. der Glaube wurde gegebenenfalls mit Gewalt aufgezwungen und die Mission wurde zu einem Instrument der Ausbreitung des christlich gewordenen Staates. Die Alternative lautete im schlechtesten Fall: Bekehrung oder Vernichtung, „Taufe oder Tod", wie es der Missionar Lebuin den versammelten Sachsen auf ihrer alljährlichen Standesversammlung zu „Marklo" an der Weser ebenso unerbittlich verkündete, wie seit 1514 die Spanier in der Neuen Welt in ihrer berühmt-berüchtigten Konquistadoren-Proklamation die totale Unterwerfung der Indianer verlangten.[4]

---

[4] Texte: A. ANGENENDT, Kaiserherrschaft und Königstaufe. Kaiser, Könige und Päpste als geistige Patrone in der abendländischen Missionsgeschichte, Berlin 1984, S. 164 (Lebuin); Eberhard SCHMITT (Hrsg.), Dokumente zur Geschichte der europäischen Expansion, Bd. 3: Der Aufbau der Kolonialreiche, München 1987, Nr. 96a.

Letztlich sind Missionswille und Kreuzzugsgedanke jedoch nicht mehr die Hauptantriebskräfte des aufsteigenden neuzeitlichen Kolonialismus gewesen, sondern der moderne Handelskapitalismus. Dennoch gehörten beide auf Expansion zielenden Programme zu den wesentlichen konstitutiven, legitimatorischen und instrumentalen Momenten des expansiv gewordenen Staates, der in der Religion ein ideales Herrschaftsinstrument sah, mit dessen Hilfe sich auch in den eroberten Gebieten – wie in ihren eigenen Reichen – innenpolitische Homogenität durchsetzen ließ. Von missionarischer Seite kamen Schutzbedürfnis und Expansionsinteresse hinzu, aber auch die genuin christliche Sicht, dass sich der göttliche „Heilsplan" im weltlichen „Kolonialismus" offenbare. Für die christlichen Sendboten bestand kein Zweifel, dass sich im europäischen Expansionismus der verborgene Ratschluss Gottes manifestierte, der die Aufforderung zur Bekehrung der gesamten Welt enthielt. Kolonialismus und Imperialismus sollten daher bis in die Mitte des 20. Jahrhunderts ein providentielles Hilfsmittel zur Verbreitung des „Reiches Gottes" bleiben. Noch in den fünfziger Jahren des 20. Jahrhunderts wird ein weißer (anglikanischer) Bischof in Tanganyika, dem heutigen Tansania, den Kolonialismus *„a tool of Providence"* nennen – ein „Werkzeug der Vorsehung".[5] *„Gott will es"* galt jedenfalls – direkt oder indirekt, unmittelbar oder vermittelt – bis nahezu zum Ende des europäischen Expansionismus. Nebenbei: In Münster begründete der Redakteur Walter Helmes noch 1893 eine Zeitschrift mit dem Titel „Kreuz und Schwert", nachdem er sich 1888/89 vehement für den „schwarzen Kreuzzug" unter dem Kreuzzugslosungstitel *„Gott will es"* des französischen Kardinals Charles Martial Allemand Lavigerie, Erzbischof von Algier, Begründer der Weißen Väter und Primas von Afrika, eingesetzt hatte.[6]

Am Anfang der neuzeitlichen Expansion nach Übersee stehen Portugiesen und Spanier. Das koloniale Staatskirchentum der Iberer in Form des „Missions-Patronats" in der Neuen Welt (aber nicht nur dort) und die nahezu bedingungslose Kooperation von Staat und Kirche bildeten das Ausgangs- und Standard-Modell für das zukünftig enge Zusammengehen von Mission und Kolonialismus: Von Florida und Kalifornien bis zur Magellan-Straße reichten denn auch die von der Krone der „Armee" der Missionare und ihrer indigenen Helfer vorgegebenen Ziele, und zwischen 1493, als der erste Geistliche Hispaniola betrat, bis zur Unabhängigkeit Spanisch-Amerikas zu Anfang des 19. Jahrhunderts gingen mehr als 15.000 Missionare in die Neue Welt. Sie

---

5 I. LINDEN, Church and Revolution in Uganda, Manchester 1977, S. 222.
6 Vgl. Horst GRÜNDER, „Gott will es" – Eine Antisklavereibewegung am Ende des 19. Jahrhunderts, in: Geschichte in Wissenschaft und Unterricht 28, 1977, S. 210–224.

erfüllten eine wichtige Funktion bei der Unterwerfung der indianischen Bevölkerung, bei ihrer Zusammenziehung in Städten und Dörfern und bei ihrer Erziehung zu spanischen Untertanen. In diesen p*ueblos* herrschte die Kirche als „Staat im (Kolonial-)Staat", sie war gegebenenfalls sogar weltliche und geistliche Gebieterin, wie zum Beispiel in Guatemala nach der fehlgeschlagenen militärischen Okkupation. In Oberkalifornien dienten die staatsloyalen Franziskaner noch in der zweiten Hälfte des 18. Jahrhunderts als „Speerspitze" bei den kolonialstaatlichen Reaktionen gegen die von Alaska aus vordringenden Russen.

Allerdings war der Missionserfolg keineswegs so total, wie es die anfängliche *tabula rasa*-Methode der Schwertmission bezweckt hatte. Abseits der Herrschafts- und Verwaltungszentren hatte das weitgehende Fehlen des weltlichen Arms ohnehin eine irenischere Mission und eine stärker synkretistische Form des nominell akzeptierten Christentums zur Folge, was z. B. auch für die spanischen Philippinen gilt. Der „Guadalupe-Mythos" etwa, die Verehrung der *Santa María Tonantzin Virgen de Guadalupe*, also der „Maria Mutter Erde", stellte überdies eine Stärkung des Eigenwert- und Nationalbewusstseins der unterdrückten Indianer dar und bedeutete im religiöskirchlichen Bereich zum Teil auch eine Abkehr vom spanischen Katholizismus mit dem Ziel einer indigenen – in diesem Fall: „mexikanischen" – Theologie.

Für die Kolonialabsichten der Franzosen und ihr Vorgehen im Norden Amerikas, also in der „Nouvelle France" bzw. Kanada, lässt sich der temporal-kausale Gleichschritt von Mission und Kolonialismus am prägnantesten auf die Formel „Pelze und Seelen" bringen. Die Begegnung der Kolonialmacht mit den einheimischen Ethnien verliefen allerdings – konträr zum spanischen Modell – eher in partnerschaftlichen Beziehungen (außer zu den Irokesen), nicht weil, wie Wolfgang Reinhard meint, die Kolonialware Pelz weniger konfliktträchtig gewesen sei (das russische Beispiel würde schnell das Gegenteil belegen), sondern eher, weil alle Siedlungsbemühungen scheiterten und die Franzosen ihre wenigen Niederlassungen am St. Lorenz-Strom einvernehmlich mit den Indianern erwarben; es lebten ohnehin gerade einmal 50.000 Europäer in der gesamten „Nouvelle France". Die Jesuiten, die eine Monopolstellung in der Kolonie einnahmen, lehnten jede „Schwertmission" ab. Ihre Erfolge in der Indianermission waren indessen eher bescheiden, kurzzeitig etwa bei den Huronen, bevor diese von den „epidemiologischen Alliierten" der Europäer (Viren und Bakterien) und schließlich 1648 von ihren Todfeinden, den Irokesen, vernichtet wurden. Schließlich verwalteten die Missionare weitgehend nur noch die Schäden des Kolonialismus.

Völlig anders als in Kanada verlief die Entwicklung in der „Siedlungskolonie" New England. Ohnehin hält die Kolonialform der Siedlungskolonie im Grunde nur drei Verlaufsformen für die indigene Bevölkerung bereit: unterschiedliche Formen der Versklavung, Abschiebung in Reservationen oder als *ultima ratio* die Vernichtung in Kriegen. Obgleich die Engländer in der Neuen Welt sich in allen Bekundungen auch zum christlichen Missionsauftrag bekannten, richteten sich die Hauptanstrengungen der ersten Siedler eindeutig auf das *Land* der Indianer. Mit dem Puritanismus kam jene Ideologie der Auserwähltheit („*God's Chosen People*") hinzu, die die Jahrhunderte überdauern sollte und die die angelsächsische Beherrschung der Welt gedanklich begründete. Unter den realen Bedingungen des Siedlungskolonialismus kristallisierte sich gleichzeitig die in Neu-England vorherrschende Ideologie von den Indianern als „Kindern Satans" heraus, denen ihr Land rechtmäßig fortgenommen werden durfte und die ruhigen Gewissens ausgerottet oder versklavt werden konnten. Einen göttlichen „Bundesgenossen" erblickten die Puritaner gleichzeitig in den verheerenden Seuchen, die tatsächlich mehr Indianer dahingerafft haben als die kriegerischen Auseinandersetzungen zwischen „Bleichgesichtern" und „Rothäuten".

Was blieb, war, neben den Versuchen der Anglikaner bei den Mohawks und der Herrnhuter am Delaware, das bescheidene Experiment der *praying Indians* westlich von Boston durch John Eliot seit dem Ende der 1840er Jahre. Im Jahr 1674, dem Höhepunkt des missionarischen Erfolgs am Vorabend von *King Philip's War*, der das gesamte Werk Eliots nach einem Vierteljahrhundert bereits wieder zerstören sollte, hielten sich in den 14 „betenden Dörfern" gerade einmal ca. 1.100 sesshaft gemachte Indianer auf, von denen nur 18 getauft waren. Letztlich hatte selbst der als „Apostel der Indianer" geltende John Eliot von seinen Schützlingen nichts weniger verlangt, als dass sie zu „roten Puritanern" werden und nicht länger mehr Indianer sein sollten.

In der Tat haben die Engländer, anders als ihre kolonialen Rivalen, die Spanier und Franzosen, den Indianern in ihrer Kolonialpolitik in Amerika nie einen Platz und in ihrem Kolonialreich nie eine Zukunft eingeräumt. Der mexikanische Nobelpreisträger Octavio Paz schreibt dazu in seinem Werk „Das Labyrinth der Einsamkeit": „Der Unterschied zu den angelsächsischen Kolonien war radikal. Neu-Spanien lernte viele Schrecken kennen, jedoch nicht den größten von allen: die Verweigerung eines Platzes, selbst des untersten, in der Gesellschaft."[7] Zuletzt waren ihre Nachfolger, die Amerikaner, vom allmählichen Verschwinden der Indianer, vom „vanishing Indian",

---

7 Octavio PAZ, Das Labyrinth der Einsamkeit (1950), Baden-Baden ⁹1990, S. 124f.

überzeugt. Als zu Anfang des 19. Jahrhunderts die große Epoche der amerikanischen Mission einsetzte („Second Awakening"), galt sie in erster Linie dem „Export" des *american way of life* als der säkularisierten Form der puritanischen Theologie, nicht den Indianern im eigenen Land.

Auch im *pazifischen Raum* beruhten Erforschung und anschließende koloniale Eroberung seit Anfang des 19. Jahrhunderts (1828–1906) auf dem mehr oder weniger engen Zusammengehen von europäischen Händlern, Eroberern nahezu aller Kolonialnationen sowie Missionaren fast sämtlicher Konfessionen und Denominationen. Neben dem zwar nicht gänzlich konfliktfreien und auch auf konfessionellen Unterschieden beruhenden traditionellem Zusammengehen von Mission und Kolonialismus spielte allerdings, namentlich in Polynesien, ein weiterer Faktor für den Erfolg eine zentrale Rolle: Das Interesse der Südseebewohner am Modernisierungsangebot der Europäer, eben auch dem der Missionare. Hinzu kam, dass einzelne Häupter der in Kämpfen zerstrittenen Familiendynastien nicht nur die militärische Kooperation mit den fremden Kolonialmächten suchten, sondern gleichzeitig die christliche Religion als stabilisierende Herrschaftsideologie ihres eigenen Territoriums einführten. Auf diese Weise entstanden christliche Monarchien auf Tahiti, Hawaii, Tonga und den Fidschi-Inseln. Die Königin-Regentin Ka'ahumanu auf Hawaii dekretierte Mitte der 1820er Jahre das Christentum in seiner sittenstrengen protestantischen Form sogar als ‚Staatsreligion'. Hinsichtlich der Christianisierung Tahitis spricht der Ethnologe Wilhelm Emil Mühlmann vom Entstehen einer „puritanischen Hierokratie".[8] Schon der deutsch-russische Weltreisende Otto von Kotzebue, der 1816 und 1826 aus eigener Anschauung die zwischenzeitlich durch die Mission veränderten Lebensgewohnheiten der Einheimischen kennenlernte, hatte diese Veränderungen heftig als rigide und steril kritisiert. Sieben Jahre später (20.11.1835) nahm der gleichfalls auf seiner Weltreise mit der „Beagle" die Südsee bereisende Naturforscher Charles Darwin andererseits die christlichen Sendboten in gewisser Weise in Schutz, indem er unter anderem auf die Abschaffung von Menschenopfern, Kindermord und blutige Kriege durch ihre Tätigkeit hinwies.[9] Bis heute ist die Beurteilung des missionarischen Eingriffs in das seit dem 18. Jahrhundert idealisierte Südsee-Paradies denn auch kontrovers geblieben. Wenig Erfolg hatte das Christentum hingegen in den englischen Siedlungskolonien Australien und Neuseeland.

---

8   Wilhelm E. MÜHLMANN, Arioi und Mamaia. Eine ethnologische, religionssoziologische und historische Studie über polynesische Kultbünde, Wiesbaden 1955.
9   Otto VON KOTZEBUE, Neue Reise um die Welt in den Jahren 1823, 24, 25 und 26, 2 Bde., Weimar 1830, hier: Bd. II, S. 142f.; Charles DARWIN, Reise eines Naturforschers um die Welt, Frankfurt/Main / Leipzig 2008, S. 238f.

Ein weitgehendes Scheitern der christlichen Mission gilt hinsichtlich *Asiens*. Obgleich es auch hier zu dem traditionellen Zusammengehen mit dem kolonialen Staat kam, konnten sich doch nur die macht- und wirtschaftspolitischen Interessen der Europäer – mehr oder weniger – durchsetzen. Die Missionare scheiterten dagegen an dem ausgeprägten Identitätsgefühl der Asiaten, die nicht zuletzt aufgrund deren traditioneller Verwurzelung in Buddhismus, Hinduismus oder Konfuzianismus, z. T. auch im Islam, über ein ausgesprochen wirksames „ideologisches" Gegenargument verfügten. Engländer und Holländer verzichteten zudem, nach dem vorangegangenen Radikal-Modell der Portugiesen im „Goldenen Goa", dem Kolonial- und Missionszentrum des *Estado da India*, bis in das 19. Jahrhundert weitgehend auf missionarische Aktivitäten, da für diese Handelsnationen der Warenaustausch im Vordergrund stand. Unter der englischen Ostindien-Kompanie herrschte praktisch ein Missionsverbot für Indien. Erst 1706 betraten deutsche Missionare die dänische Kolonie Tranquebar. Die Engländer haben zu Anfang des 19. Jahrhunderts (1833) erstmals eine allgemeine Missionsfreiheit dekretiert, sind aber nach einem großen indischen Aufstand 1856 (*Sepoy Mutiny*) zur konservativ-religionsneutralen Kolonialpolitik zurückgekehrt. Die Missionare, namentlich Lutheraner, Anglikaner und Katholiken, haben ihrerseits – quasi als kirchliche Variante der kolonialen Rassengesellschaft – noch lange an der Kasten-Konversions-Methode festgehalten.

Japan und *China* waren zwar nie europäische Kolonien, trotz territorialer Amputationen und Eingriffe in staatliche Souveränitätsrechte von Seiten der Europäer in China sowie der gewaltsamen ‚Öffnung' Japans Mitte der 1850er Jahre durch die Amerikaner. Während die Japaner im Zuge der modernisierenden Meiji-Reformen den Christen seit 1873 Religionsfreiheit zugestanden, befürworteten in China die mit den Opium-Krieg 1842 ins Land gekommenen evangelischen und katholischen Missionen – den sie durchweg als Instrument der „göttlichen Vorsehung" interpretierten – eine ausgesprochen „starke Faust" ihrer imperialistischen Schutzmächte. Das enge Bündnis mit dem Kolonialismus im imperialistischen Zeitalter verbesserte zwar in Asien bis zu einem gewissen Grad die Voraussetzungen für einen Missionserfolg, ohne dass die Zahlen für den Anteil der christlichen Bevölkerung in kolonialer Zeit je die Marke von 8% überschritten haben (ungefähr in diesem Umfang in Vietnam und Indonesien unter dem stärkeren kulturpolitischem Druck von Franzosen und Niederländern), und meist weit darunter blieben (Japan: knapp über 1%, China sogar eher unter 1%, selbst im kolonialen Indien, dem englischen ‚Kronjuwel', lagen sie unter 3%). Nirgendwo in Asien ist das abendländische Christentum in die Kernzonen der einheimischen Gesellschaften vorgedrungen.

Einen letzten großen Höhepunkt erreichte das gemeinsame Vorgehen von christlicher Mission und europäischem Kolonialstaat mit dem „Wettlauf um Afrika" Ende des 19. Jahrhunderts, dessen projektierten Erfolg der englische Entdecker und *empire-builder* Henry Morton Stanley einmal unter das Motto „Bibel und Flinte" gestellt hat. Innerhalb weniger als zweier Jahrzehnte teilten die europäischen Mächte den gesamten Schwarzen Kontinent unter sich auf, mit der Ausnahme von Äthiopien und dem US-Stiefkind Liberia. Für den gleichen Zeitraum kann man unschwer von einem gemeineuropäisch-amerikanischen „*missionarischen* Wettlauf" um die Seelen der Afrikaner sprechen, wobei sich die Missionare seit dem attraktiven *Commerce and Christianity*-Programm des Missionars, Geographen und Afrikahelden David Livingstone oft in der Vorreiter-Rolle befanden. Auf Grund ihres insgesamt nur geringen Bekehrungserfolges haben die Missionsleitungen aber ihre Heimatnationen immer wieder zur Schaffung einer *pax colonialis* als Voraussetzung der *pax missionaria* gedrängt, sie geradezu zum Eingreifen aufgefordert. Ein Beispiel: Nachdem sich der Missionsinspektor der Rheinischen Mission in Wuppertal, Friedrich Fabri, wiederholt an die Engländer um Schutz für seine Mission in Südwest-Afrika gewandt hatte, forderte der „Vater der deutschen Kolonialbewegung", wie er gemeinhin apostrophiert wird, von Bismarck eindringlich eine koloniale Okkupation, sein Mitbruder vor Ort, Peter Heinrich Brincker, richtete sogar, nachdem nicht Fabri, sondern der Kaufmann Adolf Lüderitz mit seinem Annexions-Appell Erfolg hatte, in bedrängter Lage einen „Notschrei" an den Reichskanzler, von dem er „eine stehende Miliz von wenigstens 400 Mann und 2 Batterien" verlangte, „damit jeder Fall von Arroganz und Verletzung der Interessen bestraft werden kann."[10] Wie ein Kommentar von der Gegenseite hört sich die bereits von Desillusionierung und Resignation gekennzeichnete Formulierung des Zulu-Herrschers Cetewayo an, der auf das Drängen englischer Missionare auf Unterstellung seines Königreiches unter britisches Protektorat antwortete: „First a missionary, then a consul, and then come (sic) army."[11]

Tatsächlich verdankte auch die *deutsche* Mission ihren „Durchbruch" und ihre gefestigte Stellung in Kirche, Staat und Gesellschaft dem kurzlebigen deutschen Kolonialabenteuer; bot der Beginn der deutschen Kolonialära 1884 doch der Mission endlich die Chance, aus ihrem „Winkeldasein" herauszutreten und ihr *die* Anerkennung zuteilwerden zu lassen, die die englische Mission seit langem genoss. „Erst unsere Kolonialpolitik hat die Mission

---

10 Horst GRÜNDER, Christliche Mission und deutscher Imperialismus. Eine politische Geschichte ihrer Beziehungen während der deutschen Kolonialzeit (1884–1914) unter besonderer Berücksichtigung Afrikas und Chinas, Paderborn 1982, S. 119.
11 Zit. n. C. P. GROVES, The Planting of Christianity in Africa, 4 Bde., London 1948–1958, hier: Bd. III, S. 52.

hoffähig gemacht", meinte der keineswegs kolonialbegeisterte führende protestantische Missionswissenschaftler Gustav Warneck 1885.[12] Neue evangelische Missionsgesellschaften, nicht zuletzt mit spezieller Ausrichtung auf die deutschen Kolonien, kamen zu den etablierten hinzu – wie etwa die von dem deutschen Kolonialkonquistador Carl Peters mitinitiierte „Evangelische Missionsgesellschaft für Deutsch-Ostafrika", die spätere „Bethel-Mission". Auch die älteren Missionsgesellschaften, die nicht nur in den späteren deutschen Kolonien arbeiteten, verlegten den Schwerpunkt ihrer Tätigkeit zunehmend in die neuen Kolonien.

Für die *katholische* Mission in Deutschland änderte sich die Situation mit dem Kolonialerwerbungen seit 1884 noch grundlegender. Der schrittweise Abbau des Kulturkampfes sowie das Einschwenken des Zentrums als (Für-)Sprecher der katholischen Mission auf die kolonialpolitische Linie der Regierung führten schließlich zu dem größten Aufschwung des katholischen Missionswesens in Deutschland überhaupt. Bei Kriegsausbruch 1914 richteten sich schließlich etwa vier Fünftel der Aktivität der katholischen deutschen Missionen auf die eigenen Kolonien.

Die Einstellung zum Kolonialismus hatte sich zudem weiterhin in Richtung einer grundsätzlichen Akzeptanz des Kolonialismus – trotz gelegentlicher Kritik einzelner Kolonial-Übel – gewandelt. So lautet die Devise des protestantischen Missionswissenschaftlers Julius Richter zum Zusammengehen von Mission und (deutschem) Kolonialismus nunmehr gegenüber Warnecks Bedenken kurz und bündig: „getrennt marschieren und vereint schlagen", und sein katholischer Münsteraner Kollege Joseph Schmidlin sprach vom „Hand-in Hand-Gehen" von kolonialem Staat und kolonialer Mission. Gleichzeitig formulierte Schmidlin ungeschminkt die – wie er es nannte – „Verpflichtung" der Mission in diesem Bündnis. Für ihn vermochte sich der Staat zwar die Schutzgebiete „äußerlich an- und einzugliedern; das tiefere Ziel der Kolonialpolitik, die innere Kolonisation", musste jedoch die Mission leisten. „Die Mission ist es, die unsere Kolonien *geistig erobert und innerlich assimiliert* ... Durch Strafen und Gesetze kann der Staat den physischen Gehorsam erzwingen, die seelische Unterwürfigkeit der Eingeborenen bringt die Mission zustande."[13] Damit war exakt das gemeint, was bereits im 16. Jahrhundert der Jesuit und Provinzial in Peru José de Acosta im Zuge der spanischen Eroberungen in der Neuen Welt „*Conquista espiritual*" genannt hatte.

---

12 Gustav WARNECK, Welche Pflichten legen uns unsere Kolonien auf? Ein Appell an das christliche Gewissen, Heilbronn 1885, S. 32.
13 Julius RICHTER, Afrika, Bd. 3, 1896, S.46; Joseph SCHMIDLIN, Katholische Missionen in den deutschen Schutzgebieten, Münster 1913, S. 278 (kursive Hervorhebung im Original).

Aus der Sicht der kolonialisierten Völker musste das missionarische Vordringen und der koloniale Vorstoß des Westens zwangsläufig als eine zeitliche und inhaltliche Einheit erscheinen. Der zeremonielle, protokollarische, amtliche und persönliche Kontakt zwischen Kolonialverwaltung und Mission konnte den kolonial eroberten Völkern letztlich nichts anderes als eine *entente cordiale* zwischen beiden „Eindringlingen" signalisieren. Politisch bestand für die Unterworfenen infolgedessen kein Unterschied zwischen der instrumentalen Seite kolonialer Okkupation und ihrer „inhaltlichen" – „One white man gets you on your knees in prayer, while the other steels your land", wie ein Kikuyu-Sprichwort lautete[14] –, was nicht hieß, dass die Einheimischen im Einzelfall nicht sehr wohl zwischen weißem Eroberer oder Abenteurer und dem Missionar zu unterscheiden wussten. Generell ist das Christentum jedoch als die ideologische und rituelle Begleitseite des westlichen Imperialismus begriffen worden.

Mit ihrer Rolle als integraler Bestandteil der Kolonialbewegung und ihrer wichtigen Funktion im kolonialen Herrschaftsapparat erschöpft sich indessen die politische und soziokulturelle Bedeutung der Mission keineswegs. Denn wie dem europäischen Kolonialismus selbst, so lag auch dem kolonialen Christentum eine ‚dialektische' Wirkung im Hinblick auf die langfristigen Folgen seiner Einwirkung auf die außereuropäischen Gesellschaften inne. Gemeint ist die dem missionarischen Expansionismus inhärente Dialektik zwischen kulturellem Imperialismus einerseits – einschließlich der destruktiven Folgen für die kulturhistorische Identität unterworfener Völker – und den revolutionären, modernisierenden und emanzipatorischen Wirkungen der Christianisierung andererseits. Vor allem dort, wo das monotheistisch gefestigte Christentum auf segmentäre, politisch nur wenig interkommunikative Religionen traf – wie in Afrika und anders als in Asien –, hat es einen tief greifenden Umwälzungsprozess eingeleitet. Für die afrikanischen und pazifischen Kulturen stellte der Einbruch der abendländischen Religion zweifelsohne die größte Revolution in ihren Lebensgewohnheiten sowie in ihren Denk- und Wertvorstellungen dar. Die Missionsstationen mit ihrer wichtigsten Einrichtung – der Schule – entwickelten sich zu Keimzellen und schließlich Zentren des gesellschaftlichen, ökonomischen und politischen Wandels unter kolonialen Bedingungen. Der durch sie bewirkte Innovations- und Transformationsprozess lässt sich sowohl im individuellen als auch im politisch-gesellschaftlichen, im ökonomischen und natürlich im religiös-kulturellen Bereich festmachen.

---

14 Zit. n. F. B. WELBOURN, Missionary Stimulus and African Responses: in: L. H. GANN / P. DUIGNAN (Hrsg.), Colonialism in Africa, 5 Bde., Cambridge 1969/75, hier: Bd. III, S. 310.

Die Lehre des Christentums und die missionarische Schulerziehung besaßen jedoch nicht nur eine *systemimmanente* Bedeutung, indem sie sich als nützlich für das persönliche Fortkommen in der kolonialen Gesellschaft – freilich mit ihren rassistischen Barrieren wie der *colour bar* – und dem teilweisen Schutz vor kolonialer Ausbeutung erwiesen, sondern sie erhielten zugleich eine *systemüberwindende* Funktion, indem sie die Voraussetzungen für den nationalen Emanzipations-Kampf bereitstellten. Denn die Opposition der kolonisierten Völker und der aufkeimende nationale Protest artikulierten sich zunächst unter Christen und resultierten – neben den Ideen der europäischen Aufklärung – aus den Lehren der christlichen Botschaft. Auf diese Weise haben die Missionare durch die Verbreitung ihrer Lehre ein wachsendes Selbstwertgefühl und einen religiös-naturrechtlich begründeten Freiheits- und Emanzipationsdrang bei den von ihnen ausgebildeten Schichten ausgelöst, der die Entstehung und Entwicklung protonationalistischer Gruppen und Bewegungen und schließlich die Dekolonisation förderten. Durch ihre Bildungsarbeit haben die Missionen somit, wie es der namhafte afrikanische Historiker und erste einheimische Verfasser einer Gesamtgeschichte Schwarzafrikas, Joseph Ki-Zerbo, ausgedrückt hat, „eine wesentliche, positive Rolle in den von ihnen beeinflussten Regionen gespielt, und zwar in dem Maße, wie das einmal erreichte Wissen…eine unbändige autonome Kraft freisetzte."[15] Ohnehin lebte – um dies zum Schluss noch einmal zu betonen – vieles von dem, was die Missionare ausgelöscht zu haben glaubten, unter der Oberfläche weiter. Es sollte sich später entweder mit dem auch in seiner Substanz angenommenen Christentum ununterscheidbar vermischen, zu den heutigen Synkretismen vieler Kulturen oder – wie namentlich in Afrika – zu den zahlreichen prophetischen bzw. unabhängigen Kirchen führen.

Zusammenfassung

Ausgangspunkt und Hintergrund des Artikels stellen die enge Verbindung zwischen christlicher Mission und europäischem Kolonialismus seit dem Entdeckungszeitalter dar. Zunächst wird die Frage gestellt, wie es zu dieser Verbindung von säkularer Welteroberung und christlichem Sendungsglauben kommen konnte. Der historische Überblick reicht von dem staatskirchlichen „Missions-Patronat" der Iberer in Mittel- und Süd-Amerika und teilweise in Asien über die ungleich verlaufenen Missionsversuche in Afrika im frühen und im imperialistischen Zeitalter bis hin zur Entwicklung im pazifischen Raum sowie den unterschiedlichen Missionsansätzen in Nord- und Südamerika. Zusammenfassend werden sowohl die „systemstabilisierende" Rolle

---

15 Joseph Ki-Zerbo, Die Geschichte Schwarz-Afrikas, Wuppertal 1979, S. 481.

der christlichen Mission als auch die – „Dialektik" des missionarischen Zugriffs – „systemüberwindende Rolle" der christlichen Lehre für Dekolonisation und Emanzipation der ehemaligen Kolonien angesprochen.

Summary

The starting point and background of the article is the close connection between Christian missions and European colonialism since the age of discovery. First, the question is asked how this connection between secular conquest of the world and Christian teachings could come about. The historical overview ranges from the "missionary patronage" of the Iberians in Central and South America and partly in Asia, through the dissimilar run of missionary attempts in Africa in the early and imperialist era until the developments in the Pacific region and the different missionary approaches in North and South America. Finally, both the "system-stabilizing" of Missionizing and the "system-overcoming" role of Christianity related to the decolonization and emancipation of the former colonies (i.e. the "dialectics" of missionary impact) are addressed.

Volksreligiosität in Kuba 1850–1960.
Literarische Quellen in der Globalen Christentumsgeschichte

ROLAND SPLIESGART

1. Volksreligiosität und Globale Christentumsgeschichte

Eine der entscheidenden Fragen der jüngst entstandenen Wissenschaftsdisziplin *Globale Christentumsgeschichte*[1] ist, wie die Stimmen einheimischer Akteure in den jeweiligen Christentümern in angemessener Weise erfasst werden können. Die Perspektive der Christen in Asien, Afrika und Lateinamerika ist insofern von zentraler Bedeutung, als die Rezeption und Weiterentwicklung des Christentums in ihrer jeweiligen Partikularität programmatisch für die Globale Christentumsgeschichte ist. Schließlich war sie mit dem Anspruch eines grundsätzlichen Perspektivwechsels der bisherigen, eurozentristischen Missions- und Kirchengeschichte angetreten. Die Missions- als Aussendungsgeschichte wird für obsolet erklärt und durch die *Rezeptionsgeschichte* abgelöst. Damit stehen nicht mehr die Sichtweisen der Missionare im Fokus, sondern die der „Empfänger" der christlichen Botschaft sowie die bei den Begegnungen stattfindenden Interaktionen. *Dekolonisierung* lautet das alles entscheidende Stichwort.

Die Konzepte der *Volksreligiosität* und *Volksfrömmigkeit* drängen sich in dieser postkolonialen Perspektive zur Erforschung globaler Christentümer[2]

---

[1] Einer der Protagonisten im deutschsprachigen Raum ist der Kirchenhistoriker Klaus Koschorke. Vgl. die Beiträge zur "Munich School", in: Journal of World Christianity: Transcontinental Links, Enlarged Maps, and Polycentric Structures. A Special Issue on the "Munich School of World Christianity" 6/1, 2016, und Ciprian BURLACIOIU / Adrian HERMANN (Hrsg.), Veränderte Landkarten. Auf dem Weg zu einer polyzentrischen Geschichte des Weltchristentums (Festschrift für Klaus Koschorke zum 65. Geburtstag), Wiesbaden 2013. Das Konzept firmiert auch als *Geschichte des Weltweiten Christentums* bzw. *World Christianity*. Vgl. Heinrich BALZ, Weltchristentum, Mission und Theologie, in: Interkulturelle Theologie. Zeitschrift für Missionswissenschaft 44/4, 2018, S. 280–299.

[2] Klaus Koschorke verwendet hier den Begriff der „Christentumsvarianten"; Klaus KOSCHORKE, Einführung, in: Ders. (Hrsg.), „Christen und Gewürze": Konfrontation und Interaktion kolonialer und indigener Christentumsvarianten, Göttingen 1998, S. 10–30, hier: S. 27. Demgegenüber soll mit dem Begriff *Christentümer* stärker die Gleichwertigkeit

geradezu auf, denn diese nehmen häufig außerhalb institutionalisierter Kirchen – in sich verändernden Bewegungen sowie in Mentalitäten von Bevölkerungsgruppen – Gestalt an. Zudem sind die Volksreligiosität und Volksfrömmigkeit besonders auch zur Analyse religionsgeschichtlicher Dynamiken geeignet, da sie „Rezeptionsweisen – etwa die Akzeptanz, Ablehnung oder Modifikation – offizieller, organisatorisch verwalteter Lehrsätze und Praktiken, aber auch Generierungsweisen von religiösen Überzeugungen und Handlungen benennen."3 Entgegen einer häufig pejorativen Bewertung der Volksreligiosität der ungebildeten Massen im Gegenüber zur religiösen Elite und der ‚reinen' Lehre des westlich-europäischen Christentums als ‚theologischer Norm'4, versteht die Globale Christentumsgeschichte das Christliche per se als polyzentrisch und unterscheidet daher nicht zwischen ‚richtigem' und ‚falschem' Christentum. Vielmehr kommt ihr die Aufgabe zu, die authentische und gelebte Religiosität indigener Christen im Unterschied zu westlichen Konzepten von Theologie und Frömmigkeit zu profilieren. Dabei lenkt der Begriff der Volksreligiosität/Volksfrömmigkeit den Blick gerade auf nicht konventionelle und innovative religiöse Wissens-, Glaubens- und Handlungsformen, wie sie sich in asiatischen, afrikanischen und lateinamerikanischen Gesellschaften als plausibel erweisen.5

Nicht zuletzt ist die Volksreligiosität eine elementare Voraussetzung dafür, dass das Christentum in fremden Ländern überhaupt Fuß fassen und überleben konnte. Nach dem katholischen Konzept der *Inkulturation* ist es gerade ein Zeichen der Vitalität kirchlicher Frömmigkeit, dass sie sich in die religiösen Bedürfnisse und Formen der Völker und Gesellschaften inkulturiert.6

In Lateinamerika hat der Begriff der Volksreligiosität seit den 1960er Jahren Hochkonjunktur. Für die 1973 im Kontext der sogenannten Theologie der Befreiung gegründete „Kommission zur Erforschung der Kirchengeschichte Lateinamerikas" CEHILA (*Comisión de Estudios de la Historia de la Iglesia en América Latina*) war die Volksreligiosität ein Schlüsselbegriff.7

---

 der an den verschiedenen Orten der Welt entstandenen Formen des Christlichen betont werden.
3 Volkhard KRECH, Art. Volksfrömmigkeit/Volksreligion: religionswissenschaftlich, in: Religion in Geschichte und Gegenwart 8, Tübingen ⁴2005, Sp. 1170f., hier: Sp. 1171.
4 Dogmatische ‚Reinheit' ist zwar ein katholisches Konzept, auf protestantischer Seite gilt jedoch im westlichen Kontext die vorherrschende akademische Form des Theologietreibens ebenfalls als ‚Norm'.
5 Vgl. KRECH, Volksfrömmigkeit.
6 Vgl. Ottmar FUCHS, Art. Volksfrömmigkeit/Volksreligion: Christentum, in: Religion in Geschichte und Gegenwart 8, Tübingen ⁴2005, Sp. 1173–1176, hier: Sp. 1174.
7 CEHILA verstand sich als unabhängige Forschergruppe und wollte eine neue historiographische Schule im kulturellen Kontext Lateinamerikas – als Alternative zur klassischen

CEHILA verfolgte einen konsequent sozialgeschichtlichen Ansatz, der das ‚Volk' als Subjekt der Geschichte gegenüber der Institution Kirche ins Zentrum der Betrachtung rückte. Damit wollte man zugleich aus einer politischen Motivation die Interessen des lateinamerikanischen Volkes vertreten. Hier machte sich CEHILA die befreiungstheologische Sichtweise der Option für die Armen zu eigen, die das arme, unterdrückte und leidende lateinamerikanische Volk (span. *pueblo,* port. *povo*) in einem theologischen Sinn von Kirche als ‚Volk Gottes' definierte[8], und setzte es mit der marxistischen Kategorie der ‚Klasse der Ausgebeuteten' gleich. Dabei wurden die Kultur und Religiosität des Volkes (*cultura/religiosidad popular*) als die entscheidende Größe gesehen, von der aus sich Ressourcen zur Überwindung der Abhängigkeit von den dominierenden Schichten und Ländern generieren ließen. In ähnlicher Weise hatten auch die lateinamerikanischen Bischöfe auf ihrer 3. Generalkonferenz in Puebla 1979 von der Volksreligiosität v.a. der „Armen und Einfachen"[9] als einem wichtigen „Schatz von Werten"[10] gesprochen.

Nach dem Zusammenbruch des europäischen Sozialismus 1989/90 und der Schwächung der linken Volksbewegungen einschließlich der Befreiungstheologie in Lateinamerika setzte eine Entideologisierung des Volksbegriffs ein. Die Erkenntnis, dass ‚das Volk' keine einheitliche Größe ist und daher die soziokulturellen und religiösen Besonderheiten der Individuen und Gruppen betrachtet werden müssen, führte zur empirischen Wende bei CEHILA sowie zur interdisziplinären Zusammenarbeit von (Kirchen-)Historikern, Sozialanthropologen und Ethnologen. Damit folgte man einem allgemeinen Trend der lateinamerikanischen Geschichtswissenschaft.

Im Kontext der Globalen Christentumsgeschichte verweist das Konzept der Volksreligiosität auf einige Fragen, die in dem überaus pluralen Forschungsfeld symptomatisch sind, aber bislang kaum diskutiert wurden. Ganz generell erweisen sich die herkömmlichen Methoden der Missions- und Kirchengeschichte als nur bedingt tauglich, um die Religiosität von Menschen in fernen, kulturell fremden Räumen in ihren historischen Tiefen zu erforschen. Zur Lösung dieser Problematik sollten folgende Punkte bedacht werden:

---

europäischen Kirchengeschichtsschreibung – begründen. Vgl. Roland SPLIESGART, 40 Jahre CEHILA: Von der Befreiung der Armen zum Phänomen der Religion. Anmerkungen aus Lateinamerika zur Außereuropäischen Christentumsgeschichte, in: BURLACIOIU / HERMANN, Veränderte Landkarten, S. 385–402.

8 Vgl. Clodovis BOFF / Jorge PIXLEY, Opção pelos pobres, Petrópolis 1986, S. 253–258 u.a.
9 Die Evangelisierung in der Gegenwart und in der Zukunft Lateinamerikas: Dokument der III. Generalkonferenz des Lateinamerikanischen Episkopates in Puebla; 13. Februar 1979 (Stimmen der Weltkirche 8). Bonn, 1979, S. 447.
10 Ebd., S. 448.

(1.) Zunächst ist es nötig, alternative Quellen zu identifizieren, die Aufschluss über die religiösen Vorstellungen und Praktiken der Menschen an der Basis geben. Meist setzt sich das Volk jedoch aus nicht-westlich gebildeten oder illiteraten Personen zusammen, deren Leben und Denken gleichsam als „Nicht-Geschichte"[11] in der klassischen Historiographie gar nicht erscheint.[12] Die Zeugnisse wiederum müssen für uns so ‚lesbar' gemacht werden, dass deren Gehalt nicht aus unserer westlich-europäischen Sicht verfremdet oder verfälscht wird.

(2.) Die zweite Frage betrifft die Interpretation des erhobenen Quellenmaterials. Hier ist man auf die entsprechende kulturwissenschaftliche Expertise anderer Fachdisziplinen angewiesen, die sich traditionell mit fremden Kulturen beschäftigen. Mit seinem Plädoyer für eine „Ethnologie des Christentums" unterbreitet Jürgen Bräunlein einen entsprechenden Kooperationsvorschlag.[13] In analoger Weise fordert Klaus Hock eine transdisziplinäre Öffnung der Kirchengeschichte für die Religions- und Missionswissenschaft bzw. die Interkulturelle Theologie.[14] Und der aus Aruba stammende Theologe Armando Lampe erhebt die Forderung nach dem Gebrauch der religionsgeschichtlichen Methode für die Geschichte der Christen in der Karibik zum Programm.[15]

(3.) Da die Religiosität bzw. Frömmigkeit immer eine dynamische Größe im Austausch mit ihrer Umgebung ist, kommt es in den neuen Christentumsformationen zwangsläufig zur Vermischung christlicher mit nichtchristlichen Vorstellungen. Die Globale Christentumsgeschichte steht daher vor der Frage, wie sie mit der Spannung zwischen der theologisch begründeten Universalität des Christentums und dem Pluralismus seiner kulturellen Varianten umgehen soll. Da die Grenzen zwischen christlicher und nichtchristlicher

---

11 Michael ZEUSKE, Die Nicht-Geschichte von Versklavten als Archiv-Geschichte von „Stimmen" und Körpern, in: Jahrbuch für Europäische Überseegeschichte 16, 2016, S. 65–114.
12 Für den Fall, dass sich indigene christliche *Eliten* finden lassen, die ihre Gedanken publizistisch dargelegt haben (vgl. Klaus KOSCHORKE, „To give publicity to our thoughts." Journale asiatischer und afrikanischer Christen um 1900 und die Entstehung einer transregionalen indigen-christlichen Öffentlichkeit. Bericht über ein Forschungsprojekt, in: Jahrbuch für Europäische Überseegeschichte 19, 2019, S. 169–211), ist kritisch zu fragen, welche Gruppierungen des Volkes diese eigentlich repräsentieren.
13 Vgl. Peter BRÄUNLEIN, Polyzentrik des Christentums und das Projekt einer Ethnologie des Christentums. Ein Dialogangebot, in: BURLACIOIU / HERMANN (Hrsg.), Veränderte Landkarten, S. 243–265.
14 Vgl. Klaus HOCK, Transkulturelle Perspektiven auf polyzentrische Strukturen, in: Ebd., S. 295–314.
15 Armando LAMPE, Problemas de la historiografía del cristianismo en el área del Caribe, in: Hans Jürgen PRIEN (Hrsg.), Religiosidad e historiografía, Frankfurt/Main 1998, S. 147–154.

Religiosität häufig nicht klar oder erst im Nachhinein zu ziehen sind, ist es notwendig, die Christentumsgeschichte zur Religionsgeschichte hin zu öffnen.

Für konservative Theologen ist der bei den globalen Christentümern auftretende Synkretismus ein wichtiges, weil per se unerträgliches Thema.[16] Eine zentrale Frage in dieser Perspektive ist, inwieweit bei den Inkulturationsprozessen die religiöse Identität der Kirche zu Gunsten religionskulturell fremder Elemente erhalten bleibt oder verloren geht.[17] Die Kehrseite der *Inkulturation* ist die *Exkulturation*, eine nur oberflächliche Annahme christlicher Elemente bei gleichzeitiger Bewahrung traditioneller nichtchristlicher religiöser Gehalte.[18]

Für Ethnologen und Religionswissenschaftler ist der Begriff des Synkretismus dagegen „analytisch obsolet und inhaltslos"[19]. Für sie gilt es als Allgemeinplatz, dass jede Religion – wie auch jede Kultur – als dynamisches System dem ständigen Wandel unterworfen ist. Gegenseitige Entlehnung, Vermengung, Beeinflussung von Elementen, wie sie bei jeder Begegnung, zumal von Akteuren unterschiedlicher kultureller Herkunft, vorkommen, sind folglich unvermeidbar.[20] Dafür wiederholt sich in einer kulturwissenschaftlichen Herangehensweise das Problem der Religionswissenschaft, dass es alles andere als klar ist, wie der Gegenstand der Untersuchung, also Religion, genau zu definieren sei.[21] So scheint die Volksreligiosität auf den ersten Blick eine eindeutige, weil alltagssprachlich evidente Größe zu sein, auf den zweiten aber können die Grenzen dessen, was darunter zu verstehen ist, mitunter stark differieren.

Im Folgenden wird für eine *kulturwissenschaftliche Methode* bei der Erforschung der Globalen Christentumsgeschichte plädiert, die das Christen-

---

16 So Hans Jürgen PRIEN, Von der Alten Kirche bis zur Kirche in Lateinamerika heute. Synkretismus als kirchengeschichtliches Problem, in: Ders. (Hrsg.), Das Evangelium im Abendland und in der Neuen Welt, Frankfurt/Main 2000, S. 337–354.
17 Vgl. FUCHS, Volksreligiosität, S. 1174.
18 Vgl. Hermann BRANDT, Die heilige Barbara in Brasilien. Kulturtransfer und Synkretismus in Brasilien, Erlangen 2003, S. 127–133.
19 Mirko ROTH, Transformationen. Ein zeichen- und kommunikationstheoretisches Modell zum Kultur- und Religionswandel, exemplifiziert an ausgewählten Transformationsprozessen der Santería auf Kuba, Berlin / Münster 2016, S. 5.
20 Vgl. BRÄUNLEIN, Polyzentrik, S. 256–259.
21 Vgl. Michael BERGUNDER, Was ist Religion? Kulturwissenschaftliche Überlegungen zum Gegenstand der Religionswissenschaft, in: Zeitschrift für Religionswissenschaft 19/1-2, 2011, S. 3–55, hier: S. 3–17.

tum in einer phänomenologischen, anti-essentialistischen Herangehensweise als offene Kategorie versteht.[22] Denn nur der methodische Versuch, die Religiosität konsequent aus der Perspektive der jeweiligen lokalen Akteure zu begreifen, wird den angetroffenen Phänomenen gerecht und kann sich dem Vorwurf des Eurozentrismus und Neokolonialismus entziehen. Ein *theologisches Vorgehen*, das vorab ein ‚Wesen des Christentums' definiert und von diesem aus die inkulturierten Varianten betrachtet und bewertet, widerspricht dagegen dem emanzipatorischen Anspruch der Globalen Christentumsgeschichte. Ungeachtet dessen kann in einer theologischen Perspektive die Frage nach der Grenze von Inkulturation und Exkulturation des Christentums diskutiert und so auch die Grenze zwischen Theologie, Religionswissenschaft und Ethnologie markiert werden. Dies sollte allerdings methodisch sauber getrennt in einem zweiten Schritt erfolgen.

Der folgende Beitrag hat die *Volksreligiosität in Kuba* zu seinem Gegenstand. Zu dem Thema liegt bisher keine Literatur aus christentumsgeschichtlicher Perspektive vor. Im Fokus der kirchenhistorischen Arbeiten zu Kuba standen bisher der Aufbau der (katholischen) Kirche sowie das Verhältnis von Kirche und Staat im Sozialismus.[23] Die Religionskultur des kubanischen Volkes ist jedoch überaus lebendig. In ihr sind neben christlichen zahlreiche afrokubanische und spiritistische Traditionen erhalten, die in den unterschiedlichsten Mischungen auftreten und sehr fluide Grenzen zueinander aufweisen.

Die Volksreligiosität in Kuba ist bisher vorwiegend von Ethnologen bearbeitet worden.[24] Der Beitrag versucht, dieses christentumsgeschichtliche

---

22 In diesem Sinne hat Albrecht Beutel den Gegenstand der Kirchengeschichte als die „Inanspruchnahme des Christlichen" (Albrecht BEUTEL, Vom Nutzen und Nachteil der Kirchengeschichte: Begriff und Funktion einer theologischen Kerndisziplin, in: Zeitschrift für Theologie und Kirche 94/1, 1997, S. 84–110, hier: S. 88) definiert.

23 Vgl. Johannes MEIER, Die Anfänge der Kirche auf den Karibischen Inseln, Immensee 1991; ders., Kuba, in: Ders. / V. STRAßNER (Hrsg.), Kirche und Katholizismus seit 1945, Bd. 6: Lateinamerika und Karibik, Paderborn / München / Wien / Zürich 2009, S. 205–228; Othmar NOGGLER, Kuba, in: Hans Jürgen PRIEN (Hrsg.), Lateinamerika. Gesellschaft – Kirche – Theologie, Bd. I, Göttingen 1981, S. 273–303; Theodor HERR, Kirche auf Cuba, St. Ottilien 1988; Winfried MUDER, Zur Herausbildung und zum Stand des Verhältnisses von Kirche und Staat in Cuba, Frankfurt/Main u.a. 1992; Erwin GATZ, Kirche und Katholizismus seit 1945, Paderborn / München u.a. 2009.

24 Nach der Pionierarbeit von Stephan PALMIÉ, Das Exil der Götter, Frankfurt/Main u.a. 1991, sind die Studien von Natalie GOELTENBOTH, Kunst und Kult in Kuba, Berlin 2006; Claudia RAUHUT, Santería und ihre Globalisierung in Kuba, Würzburg 2012, und Huberta VON WANGENHEIM, BeGeisterte Wahrnehmung. Das Phänomen der médium unidad, eine besondere Form der Welterfahrung im Kontext afrokubanischer Religionen, Berlin 2009, zu nennen. Der Historiker und Kubaspezialist Michael Zeuske widmet sich in einem Aufsatz speziell der Sklavenreligion. Vgl. Michael ZEUSKE, Sklavenreligionen: Reglas auf Kuba,

Desiderat zu füllen. Anhand alternativer, bislang wenig beachteter Quellen sollen Wege aufgezeigt werden, wie eine Annäherung an die kubanische Volksreligiosität in einer historischen Perspektive möglich ist. Dabei wird der Zeitraum von 1850 bis 1960 betrachtet. Dieser tangiert drei verschiedene Epochen: die Zeit der Kolonie (bis 1898) mit der Sklaverei, die 1886 endete, die Phase der Republik mit zum Teil autoritären Regierungen und schließlich die Zeit nach der sozialistischen Revolution am 1.1.1959, auf die aber nur ein punktueller Ausblick gegeben wird.

2. Volksreligiosität in Kuba: Der Forschungsstand

In ihrer klassischen Studie zu den afrokubanischen Religionen „El Monte" vertritt die kubanische Ethnologin und Schriftstellerin Lydia Cabrera 1954 die These, dass die Kultur und Religion ihres Volkes entscheidend von afrikanischen Einflüssen geprägt sei. Dabei schließt sie explizit auch die Bevölkerung, die sich als weiß ansieht, mit ein:

> „Man wird unser Volk nicht verstehen, ohne den Schwarzen zu kennen. Dieser Einfluss ist heute evidenter als in den Tagen der Kolonie. Wir können in das kubanische Leben nicht sehr eintauchen, ohne dass wir es zulassen, der afrikanischen Präsenz zu begegnen, die sich nicht exklusiv in der Pigmentierung der Haut zeigt."[25]

Als wesentliches Merkmal der afrokubanischen Kultur in Kuba sieht sie deren magisches Weltverständnis an: „¡Cuba es tan brujera!"[26] – Kuba ist ganz von Hexerei bestimmt. Trotz öffentlicher Schulen, Universitäten und einer modernen Medizin habe sich die – als primitiv geltende – Mentalität der afrikanischen Vorfahren bewahrt. So bemühten Kubaner bei offensichtlich unerklärlichen Ereignissen wie Unfällen, Krankheiten und anderen Zwischenfällen sehr schnell magische Erklärungen. Und viele vertrauten viel mehr auf die Gnade der Ewe oder der Kongo und die magischen Rezepte ihrer Priester, die diesen von einer Gottheit diktiert werden, als den Kenntnissen eines Arztes.[27]

Der Katholizismus hatte den magischen Vorstellungen wenig entgegenzusetzen. Dies habe – so Cabrera weiter – in Kuba zu einem religiösen Synkretismus geführt, bei dem die „katholischen Heiligen immer in der besten Harmonie und Intimität – heute offen – mit den afrikanischen Heiligen [sic!]

---

in: Holger MEDING (Hrsg.), Brückenschlag. Hans-Jürgen Prien zum 75. Geburtstag, Berlin 2011, S. 105–142.
25 Lydia CABRERA, El monte, La Habana 2018, S. 15. Alle spanisch- und portugiesischsprachigen Zitate werden im Folgenden in eigener Übersetzung wiedergegeben.
26 Ebd., S. 23.
27 Vgl. ebd., S. 26.

gelebt haben"²⁸. Dabei habe sich der Katholizismus perfekt an die afrokubanischen Glaubensvorstellungen angepasst und „im Grunde die religiösen Ideen der Mehrheit nicht verändert."²⁹ Obwohl der Katholizismus auch nach der Unabhängigkeit von Spanien eng mit der kreolischen Oberschicht verbunden blieb, konnte er in Kuba nicht dieselbe systemstabilisierende, konservative Kraft entfalten wie in den übrigen Ländern Lateinamerikas. Der Historiker Walterio Carbonell sieht nicht zuletzt den Sieg der kubanischen Revolution als Beleg für die geringe Bedeutung des katholischen Christentums in Kuba:

> „es ist nicht so, dass die revolutionäre Kraft in Kuba stärker als alle revolutionären Kräfte gewesen wäre, die es in der Welt gab, vielmehr [ist es so, dass] der Katholizismus viel weniger stark war als in anderen Teilen der Welt [...] Es ist nicht so, dass die Revolution die Religion der Bourgeois besiegt hätte, sondern dass diese schon seit viel längerer Zeit durch die afrikanischen und spiritistischen Glaubensvorstellungen besiegt war. [...] Wenn die Kirche keinen Sektor der populären Schichten bewegen konnte – so wie sie es in Spanien, Mexiko und Kolumbien konnte –, dann ist dies der Tatsache geschuldet, dass die afrikanische Religion das religiöse Leben der arbeitenden Klassen des Landes dominiert. [...] Afrika hat den Triumph der sozialen Transformation [Kubas] erleichtert."³⁰

Damit konstituiert Kuba innerhalb der Religionsgeschichte Lateinamerikas einen Sonderfall. Während im übrigen Lateinamerika der Katholizismus eine entscheidende Größe der entstehenden Kulturen und der sog. Volksreligiosität ist, ist die nationale Religionskultur hier ganz von afrikanischen und spiritistischen Traditionen dominiert. Dafür werden in der Literatur v.a. historische Ursachen namhaft gemacht. So wohnten die katholischen Kleriker während der spanischen Kolonialzeit lieber in den Städten und waren offensichtlich nicht sonderlich daran interessiert, das Volk in den Grundzügen des christlichen Glaubens zu unterweisen.³¹ Das Christentum blieb daher vorwiegend auf die weißen städtischen Eliten beschränkt, während die Bevölkerung auf dem Land afrokubanischen Vorstellungen anhing. Hier hatten die Sklaven das Christentum nie verinnerlicht und betrachteten es in der ihnen eigenen afrikanischen Weltsicht als ein „Reinigungsritual gegen ‚Hexerei'"³². Wenn die schwarze Bevölkerung also die christliche Religion annahm, dann war dies nichts anderes als eine „formelle Maskarade"³³, um ihre als primitiv und unzivilisiert geltenden afrikanischen Praktiken zu bewahren.

---

28 Ebd., S. 26.
29 Ebd., S. 23.
30 Walterio CARBONELL, Crítica. Cómo surgió la cultura cubana, 1961. Cit.p. Serafín (Tato) QUIÑONES, Afrodescendencias (Vorwort von Mario G. CASTILLO SANTANA), S. XIV.
31 Vgl. MEIER, Anfänge, S. 147.
32 LAMPE, Historiografía, S. 152.
33 RAUHUT, Santería, S. 75, vgl. S. 75–78. Zu demselben Ergebnis kommt PALMIÉ, Exil, S. 121f.

In Kuba kam es daher nie zu einem *gleichberechtigten* Synkretismus von Christentum und afrikanischer Religiosität. Zentral für die Volksreligiosität blieben das afrikanische Wissen um Heilung und Magie sowie ein starker Glaube an die Geister von Verstorbenen. Dazu kamen spiritistische sowie vereinzelt auch indigene Traditionen. Das Strukturprinzip dabei bildete der – überaus offene und flexible – afrokubanische Spiritismus. So konnten christliche Elemente, wie die Verehrung von Heiligen, in die religiöse Matrix integriert werden, wurden aber zu Repräsentanten afrokubanischer Glaubensvorstellungen.[34]

Die Ethnologin Claudia Rauhut geht sogar so weit, in einer theologischen Perspektive von einer „Konversion in das Heidentum"[35] zu sprechen. Statt der von katholischen Missionaren intendierten ‚Inkulturation' des Christentums in die kubanische Kultur kam es in Kuba zur fast vollständigen ‚Exkulturation'[36]. Dies wiederum interpretiert sie als „subversive gegenhegemoniale Praxis"[37] der kubanischen, schwarzen Bevölkerung gegen die dominierende Kultur der Spanier und später gegen die der weißen Eliten.

Alle gegenwärtigen Forschungen stimmen darin überein, dass der religiöse Synkretismus das vorrangige Kennzeichen der kubanischen Religiosität sei und daraus resultierend eine multireligiöse Gesellschaft. Dabei folgen sie dem Konzept der *transculturación* (Transkulturation), das 1940 von dem kubanischen Soziologen Fernando Ortiz als „wesentlich und elementar unverzichtbar für das Verständnis der Geschichte Kubas"[38] entwickelt worden war. Ortiz grenzt sich damit bewusst von dem anglo-amerikanischen Konzept der Akkulturation ab, das eher Prozesse des Übergangs von einer Kultur zu einer anderen und dessen soziale Auswirkungen beschreibt.[39] Mit dem Neologismus Transkulturation möchte Ortiz klarstellen, dass die kulturellen

---

34 Vgl. RAUHUT, Santería, S. 78–85; PALMIÉ, Exil, S. 144f., 166–177. José Alberto GALVÁN TUDELA / Juan Carlos ROSARIO MOLINA/ Kety SÁNCHEZ RIQUENES, Multireligiosidad en Cuba y la competencia interreligiosa en el oriente cubano, in: Mónica CORNEJO VALLEM u.a. (Hrsg.), Teorías y prácticas emergentes en antropología de la religión (Congreso de Antropología 11.2008, San Sebastián), Ankulegi 2008, S. 95–122, hier: S. 98f.
35 RAUHUT, Santería, S. 59. Ähnlich sieht es PALMIÉ, Exil, S. 98f., 105, u.a.
36 Vgl. Roland SPLIESGART, Protestant German Immigrants in Brazil and the Importance of Historical Anthropology for the Study of Global Christianity, in: Journal of World Christianity: Transcontinental Links, Enlarged Maps, and Polycentric Structures 6/1, 2016, S. 148–167, hier: S. 158.
37 RAUHUT, Santería, S. 60.
38 Fernando ORTIZ, Del fenómeno social de la «transculturación» y de su importancia en Cuba, in: Ders., Contrapunteo Cubano del tabaco y el azúcar. Introducción de Bronislaw MALINOWSKI, La Habana ²1963 (1940), S. 98–104, hier: S.104.
39 Zum Begriff der Akkulturation vgl. Roland SPLIESGART, „Verbrasilianerung" und Akkulturation. Deutsche Protestanten im brasilianischen Kaiserreich am Beispiel der Gemeinden in Minas Gerais und Rio de Janeiro (1822–1889), Wiesbaden 2006, S. 72–82.

Phänomene in Kuba Ergebnis von Prozessen der Neuschaffung (*neoculturación*[40]) aus den Elementen der verschiedenen Bevölkerungsgruppen sind, die alle aus ihrer ursprünglichen Kultur entwurzelt waren (*desculturación*[41]).

Die Besonderheit des kubanischen Synkretismus bestehe darin, dass er eine „plurireligiöse Identität"[42] der Bevölkerung generiere – so der Kirchenhistoriker Armando Lampe –, die es den Kubanern ermögliche, zwischen den verschiedenen religiösen Traditionen souverän zu interagieren.[43] In diesem Sinne beobachtet der kubanische Soziologe Galván Tudela, dass die Gläubigen in großer Freiheit in der Lage seien, sich innerhalb des multireligiösen Szenarios eine eigene, passende Mischung zusammenzustellen.[44] Und die Ethnologin Ingrid Kummels stellt als Ergebnis zahlreicher Feldstudien zur Volksreligiosität fest, dass für die Mehrheit der Kubaner „religiöse Alltagspraktiken und die konfessionelle Zugehörigkeit stark auseinander[fielen]"[45]. Hinsichtlich der Funktion von Religion bescheinigt der Soziologe Ramírez Calzadilla dem kubanischen Volk eine überwiegend „spontane, unsystematische Religiosität, die hauptsächlich auf den Alltag bezogen ist und sich in verschiedenen Anbetungsformen, Glaubensansichten und Praktiken äußert, deren Inhalt vielmehr magisch und abergläubig ist."[46]

Ein gewisser Dissens in der Forschung besteht hinsichtlich der Einschätzung der gesellschaftlichen Bedeutung der Religion. Jorge Ramírez Calzadilla vertritt die Meinung, dass in Kuba der Einfluss der Religion auf soziale Prozesse weitaus geringer als in anderen lateinamerikanischen Ländern war, da hier „die wichtigsten nationalen Ereignisse v.a. eine laizistische Konnotation hatten"[47]. Dieser Trend habe sich nach der Revolution vom 1.1.1959 fortgesetzt. Unter Berufung auf den belgischen marxistischen Soziologen und

---

40 ORTIZ, Transculturación, S. 103.
41 Ebd.
42 LAMPE, Historiografía, S. 153.
43 Diese sei generell für die Landbevölkerung in der Karibik charakteristisch (vgl. ebd.), in Kuba jedoch in besonderer Weise ausgeprägt. Vgl. Armando LAMPE, História do cristianismo no Caribe, Petrópolis 1995, S. 147.
44 Vgl. GALVÁN TUDELA, Multireligiosidad, S. 100f.
45 Ingrid KUMMELS, Popmusik und das Sakrale: Kubanische Religiosität aus der Perspektive der Forschung zu Populärkultur, in: H. DROHTBOHM / L. ROSSBACH DE OLMOS (Hrsg.), Kontrapunkte: Theoretische Transitionen und empirischer Transfer in der Afroamerikaforschung. Beiträge der Regionalgruppe „Afroamerika" auf der Tagung der Deutschen Gesellschaft für Völkerkunde in Halle (Saale) 2007, Marburg 2009, S. 75–95, hier: S. 77.
46 Vgl. Jorge RAMÍREZ CALZADILLA Religión, cultura y sociedad en Cuba, in: Papers. Revista de Sociologia 52, 1997, S. 139–153, hier: S. 139.
47 RAMÍREZ CALZADILLA, Religión, S. 145. Jorge Ramírez Calzadilla war Leiter der Abteilung für Religionsforschung (*Departamento de Estudios Sociorreligiosos*/DESR) am „Zentrum für Psychologische und Soziologische Forschung" (*Centro de Investigaciones Psicológicas*

Theologen François Houtart argumentiert Ramírez Calzadilla, dass in Kuba die sozialistische Ideologie zur Begründung der Reproduktion der Gesellschaft ausreichend sei und daher der Rekurs auf etwas Metasoziales oder Übernatürliches wie Religion überflüssig.[48] Dieses Urteil scheint jedoch in erster Linie der offiziellen staatlichen Doktrin geschuldet zu sein. Die Mehrheit der außerhalb Kubas lebendenden Forscher:innen vertreten hingegen eher die Ansicht einer starken Religiosität des kubanischen Volkes mit einer entsprechend großen gesellschaftlichen Relevanz. So geht Claudia Rauhut davon aus, dass die Kubaner „schon immer ein religiöses Volk"[49] waren, dies aber unter den Vorzeichen der sozialistischen Gesellschaft nicht immer sichtbar wurde.

Aus der Sicht einer Globalen Christentumsgeschichte stellt sich angesichts der Frage nach der kubanischen Volksreligiosität eine doppelte Aufgabe. Zum einen soll die Religiosität verschiedener Akteure des ‚Volkes' in ihren Facetten erkundet werden, zum anderen gilt es, die speziellen Ausprägungen des Christentums in Kuba zu identifizieren und zu beschreiben.

3. Alternative Quellen und historische Annäherung

Alle bisherigen Arbeiten zur Volksreligiosität in Kuba stammen entweder von Ethnologen, deren Beobachtungen die Gegenwartsperskeptive widerspiegeln, oder von ‚klassischen' Kirchengeschichtlern, die vorwiegend die verfasste Kirche im Blick haben. Die methodische Herausforderung besteht nun gerade darin, die Größen *Religiosität* und *Frömmigkeit* innerhalb einer ziemlich großen Personengruppe historisch valide zu erheben und darzustellen, von der so gut wie keine schriftlichen Quellen vorliegen: dem einfachen *Volk* – d.h. den verschiedenen Gruppen von Einwanderern, Arbeitern und Landarbeitern und im Besonderen der aus Afrika verschleppten und versklavten Bevölkerung.

Es müssen also Quellen gefunden werden, die geeignet sind, die Volksreligiosität in ihrer Tiefendimension zu erfassen und diese, gleichsam als Sediment einer bestimmten historischen Stufe, greifbar zu machen[50]. Dies ist in besonderer Weise bei Zeugnissen von einzelnen Personen der Fall, da in ihnen eine unmittelbare Begegnung mit historischen Mustern möglich ist. Als materialisierte und damit ‚real-existierende' Erscheinung erklären diese

---

y Sociológicas/CIPS), einer Einrichtung des Ministeriums für Wissenschaft, Technik und Umwelt der Republik Kuba.
48 Vgl. ebd., S. 145.
49 RAUHUT, Santería, S. 106.
50 Vgl. BERGUNDER, Religion, S. 38f.

zugleich das – präsentische – Zustandekommen der historischen Realität. Da Religion als eine „Diskurskategorie [verstanden wird...], deren genaue Bedeutung und Implikationen kontinuierlich in der sozialen Interaktion ausgehandelt werden"[51], müssen bei der Annäherung an die Volksreligiosität „das Selbstverständnis der Anhänger und die Anerkennung dieses Selbstverständnisses durch das geschichtliche und soziale Umfeld"[52] voll und ganz zur Geltung gebracht werden. Dabei geht es nicht nur um einen theologischen oder philosophischen, sondern auch um einen „politisch sozialen Bedeutungs- und Erfahrungszusammenhang"[53]. Eine westlich-christliche oder konfessionelle Sichtweise wird so am besten vermieden.

Für die Religiosität des kubanischen Volkes sollen drei Quellen vorgestellt und ausgewertet werden, die in schriftlicher und edierter Form vorliegen, aber bislang in der Christentumsgeschichte Kubas wenig beachtet wurden. Ihnen ist gemeinsam, dass sie in einem weiteren Sinn als Literatur gelten können und folglich höchst individuelle, aber zugleich sehr tiefe Sichtweisen wiedergeben. Damit ist zugleich die Schwierigkeit verbunden, dass die ‚Stimmen' der Repräsentanten des ‚Volkes' jeweils nur in gebrochener Form – durch die Brille des Autors – greifbar sind. Dies erfordert eine gewisse methodische Vorsicht bei der Interpretation. Dennoch sind sie als Quellen für eine Ethnographie kubanischer Volksreligiosität von überaus großem Wert, da diese singulären Darstellungen an drei verschiedenen Punkten der Geschichte objektive gesellschaftliche Strukturen ihres zeitlichen Kontextes beispielhaft repräsentieren.[54] Dabei bleibt die Frage, inwieweit die Ergebnisse auch historische Kontinuitäten erkennen lassen.

1. Die schwedische Schriftstellerin FREDERIKA BREMER (1801-1865) war 1849 zu einer Reise in die USA und von dort nach Kuba aufgebrochen, wo sie sich insgesamt drei Monate (vom 5. Februar bis zum 8. Mai 1851) aufhielt. Hier entstanden ihre Tagebücher, die sie 1853/54 unter dem Titel „Hemmen i den nya världen" (Heimath in der neuen Welt) veröffentlichte. Diese erschienen wenig später auf deutsch.[55] Bremer stammte aus großbürgerlichen

---

[51] Arthur L. GREIL, Defining Religion, in: P. B. CLARKE / P. BEYER (Hrsg.), The World's Religions, London 2009, S. 135–149, hier: S. 148; cit.p. BERGUNDER, Religion, S. 17.

[52] Hartmut ZINSER, Grundfragen der Religionswissenschaft, Paderborn 2010, S. 68; cit.p. BERGUNDER, Religion, S. 16.

[53] BERGUNDER, Religion, S. 26.

[54] Zum Verhältnis von Literatur und Ethnologie liefern die Ausführungen von Roberto DaMatta eine gute theoretische Fundierung. Vgl. Roberto DAMATTA, A obra literária como etnografia: notas sobre as relações entre literatura e antropologia, in: Ders., Contos de mentiroso. Sete ensaios de antropologia brasileira, Rio de Janeiro 1993, S. 35–58.

[55] Friederike BREMER, Die Heimath in der neuen Welt. Ein Tagebuch in Briefen, geschrieben auf zweijährigen Reisen in Nordamerika und auf Cuba, London 2017 (1854).

Verhältnissen und hatte Philosophie und Theologie studiert.[56] Zunehmend widersetzte sie sich den Konventionen ihrer Gesellschaft und wurde so zur Initiatorin der Frauenbewegung in Schweden. Auf ihren Reisen war sie allein unterwegs, was damals für eine Frau völlig unüblich war. Besonderes Augenmerk richtete sie auf die Situation der Frauen und der versklavten Bevölkerung in der Neuen Welt und gelangte dabei mitunter auch zu einer Kritik an den Verhältnissen in ihrer schwedischen Heimat[57]. In Kuba jedoch blieb Bremer eine imperiale Erzählstimme mit einem „weibliche[n] koloniale[n] Blick"[58], die ihre Erlebnisse und Eindrücke fast durchweg in einer individualisierenden und romantischen, mitunter mystischen Perspektive interpretierte.[59]

Dennoch sind Bremers Tagebucheinträge überaus wertvoll, da sie Praktiken der katholischen Volksfrömmigkeit sowie der afrokubanischen Kultur darstellten. Obwohl ihre Wahrnehmung durchgehend von eurozentrischem Unverständnis geprägt ist, dokumentiert die schwedische Schriftstellerin – gleichsam im Nachhall – zahlreiche religiöse Phänomene und Strukturen in der Mitte des 19. Jh.s. Einmalig und ungewöhnlich für ihre Zeit sind ihre ausführlichen Beschreibungen der Tänze der Schwarzen, insofern sie „die kulturellen Ausdrucksformen der ‚Masse ohne soziale Klasse' ernst nimmt und ihren verkörperlichten Inhalt als voll von Sinn/Bedeutung interpretiert"[60]. Damit etabliert sie die Körper der Schwarzen als ein kulturspezifisches analoges Medium, in das sich Erinnerung und Information als gelebtes Körperwissen eingeschrieben haben und transformiert dieses in gespeichertes Erlebniswissen.[61] Auf diese Weise verschafft sich das Körperliche der Schwarzen in den Tagebuchaufzeichnungen von Frederika Bremer eine neue epistomologische Präsenz.

2. Das Werk „Der Cimarrón" ist die Autobiographie des ESTEBAN MONTEJO und eine in Lateinamerikanistenkreisen überaus prominente Quelle. Als „Lebensgeschichte eines entflohenen Negersklaven aus Cuba, von ihm selbst

---

56 Zur Vita vgl. http://www.fredrikabremer.net/aboutbremer.html (Zugriff am 3.7.2021).
57 Vgl. Johanna ABEL, Viajes corporales al Caribe: autoras del siglo XIX y sus saberes corporizados sobre las culturas, in: Liliana GÓMEZ / Gesine MÜLLER (Hrsg.), Relaciones caribeñas – Entrecruzamientos de dos siglos – Relations caribéennes – Entrecroisements de deux siècles, Frankfurt/Main 2011, S. 61–68, hier: S. 66.
58 Johanna ABEL, Transatlantisches KörperDenken. Reisende Autorinnen des 19. Jahrhunderts in der hispanophonen Karibik, Berlin 2015, S. 13.
59 Vgl. auch http://www.fredrikabremer.net/aboutbremer.html (Zugriff am 3.7.2021).
60 ABEL, Viajes, S. 66.
61 Vgl. dies., KörperDenken, S. 9, 12.

erzählt" – so der Untertitel von „Der Cimarrón"[62] – wurde es von dem Ethnologen MIGUEL BARNET in Form einer Ich-Erzählung herausgegeben. Dieser hatte 1963 den damals über hundertjährigen ehemaligen Sklaven Montejo in zunächst offenen und später strukturierten, jeweils mehrstündigen Tiefeninterviews zum Sprechen gebracht.[63] Das Werk enthält einen „unbestrittenen Lehrcharakter"[64] und wurde von Barnet als *novela testimonio* in der Absicht verfasst, die „Geschichte der Leute ohne Geschichte"[65] zu erzählen. Dabei vermischen sich die Genres der Ethnographie und des Romans zu einer völlig eigenen Gattung.[66]

Die Geschichte des Esteban Montejo hat einen inhaltlichen Schwerpunkt auf den afrikanischen Religionen.[67] Sie ist daher eine einzigartige historische Quelle für die Religiosität der versklavten und später freigelassenen afrikanischen und afrikanischstämmigen Bevölkerung sowie die mit diesen in Beziehung stehenden Weißen und Mestizen. Als *(ex-)slave narrative* dokumentiert sie die Zeit etwa von 1860 bis 1900 bzw. 1909.[68] Gleichwohl wurde kritisiert, dass der Bericht aus der Feder Miguel Barnets letztendlich „eine faktische Mimesis mit den Worten eines schwarzen Erzählers im Interesse der weißen Literatur"[69] sei. Dabei dominiere die „Zentralperspektive"[70] des – weißen, intellektuellen – Autors an vielen Stellen: Einerseits heroisiere Barnet die Person Montejos entsprechend der offiziellen, antiimperialistischen Sichtweise Kubas der frühen 1960er Jahre als Freiheitskämpfer, andererseits bescheinige er ihm „eine Neigung zum Aberglauben und zu den populären Glaubensvorstellungen"[71] und lasse ihn als vorwiegend reaktiv, mit

---

62 Miguel BARNET, Der Cimarrón. Die Lebensgeschichte eines entflohenen Negersklaven aus Cuba, von ihm selbst erzählt. Nach Tonbandaufnahmen hrsg. v. Miguel BARNET, Frankfurt/Main 1999.
63 Zu den strittigen Punkten der Person und Biographie des Esteban Montejo vgl. Michael ZEUSKE, Novedades de Esteban Montejo, in: Revista de Indias 59(216), 1999, S. 521–525.
64 Martin FRANZBACH, Die mehrfache Lehre der »novela testimonio«: Miguel Barnet, in: Iberoamericana 14/2-3 (40/41), 1990, S. 62–73, hier: S. 62.
65 Ebd., S. 63.
66 Das „Nachwort von Miguel Barnet", in: Miguel BARNET, Das Lied der Rachel. Frankfurt/Main 1983, S. 131–155, enthält die methodischen Überlegungen des Autors zu seiner literarischen Arbeit und dem Genre.
67 Vgl. BARNET, Cimarrón, S. 7.
68 Vgl. Michael ZEUSKE, El "Cimarrón" y las consecuencias de la guerra del 95. Un repaso de la biografía de Esteban Montejo, in: Ders. / Orlando GARCÍA MARTÍNEZ / Rebecca J. SCOTT (Hrsg.), Cuba. De esclavos, ex esclavas, cimarrones, mambises y negreros, o.J., S. 65–82, hier: S. 73. https://www.academia.edu/search?q=Zeuske%20Cuba%20De%20esclavos (Zugriff am 3.7.2021).
69 Ebd., S. 66.
70 ZEUSKE, Nicht-Geschichte, S. 70.
71 BARNET, Cimarrón, S. 7.

einem sexualisierten Freiheitsdrang ausgestattet, sich im Faktischen verlierend und ohne dauerhafte soziale oder organisatorische Bindungen erscheinen, d.h. als alles andere als einen souveränen Akteur seiner eigenen Geschichte.[72] Hier ist jedoch eher Martin Franzbach zuzustimmen, der zu dem Urteil kommt, dass „die Leidensgeschichte des »cimarrón« und sein Freiheitswille ... an die Geschichte des ausgebeuteten kubanischen Volkes vor der Revolution"[73] erinnern.

All diese Gesichtspunkte gilt es zu berücksichtigen, wenn die Lebensgeschichte des Esteban Montejo als historische Quelle zur Religiosität des kubanischen Volkes, seiner eigenen und der seiner Zeitgenossen, herangezogen wird. Insgesamt bleibt das Werk in seinem Wert singulär und kann als weitgehend authentische Stimme gelten, denn es lässt „den Willen, [...] die Lebensweisheit und die einzigartigen Perspektiven eines ehemaligen Sklaven in einer Gesellschaft erkennen, in der viele ihn und seine Kameraden als ‚Wilde' bezeichneten."[74]

3. Über die Zeit der ersten Hälfte des 20. Jahrhunderts bis in die ersten Jahre nach der Revolution am 1. Januar 1959 gibt die Autobiographie der Musikerin ALÍCIA CASTRO (1920–2014) in „Anacaona" Auskunft.[75] Die Autorin gründete zusammen mit ihren zehn Schwestern 1932 in La Habana ein erfolgreiches Frauenorchester, das es weit über die Grenzen Kubas zu internationalem Ansehen brachte. Die Autobiographie entstand in Zusammenarbeit mit der Nichte von Alícia Castro, der Ethnologin INGRID KUMMELS.

Obwohl die Geschichte der musikalischen Entwicklung der Gruppe im Vordergrund steht, ist das Werk eine gute Quelle zur kubanischen Alltagsreligiosität. Zum einen zeugen viele Begebenheiten von der Verwurzelung der kubanischen Rhythmen und vieler prominenter Musiker in afrokubanischen religiösen Traditionen, zum anderen gibt die Protagonistin Einblick in ihre religiöse Sicht und in zahlreiche Praktiken, mit denen sie ihr Leben interpretiert und zu bewältigen sucht. Alicia Castro selbst bezeichnet sich als Spiritistin[76], fühlt sich jedoch ebenso als Katholikin „eine[r] besondere[n] Form des Katholizismus"[77]. Darüber hinaus ist sie für viele weitere Formen von Religion sehr aufgeschlossen. Als Musikerin steht sie in engem Kontakt mit Kollegen aus der afrokubanischen religiösen Tradition.

---

72 Vgl. ZEUSKE, Consecuencias, S. 66.
73 FRANZBACH, Lehre, S. 67.
74 ZEUSKE, Consequencias, S. 67.
75 Alicia CASTRO, Anacaona. Aus dem Leben einer kubanischen Musikerin. In Zusammenarbeit mit Ingrid KUMMELS und Manfred SCHÄFER, München 2002.
76 Ebd., S. 261.
77 Ebd.

Anhand vieler Beispiele gibt Alicia Castro Einblick in die Vorstellungswelt der einfachen Leute ihres Viertels Lawton in La Habana. Lawton war in den 1920er Jahren als Arbeiterviertel gegründet worden und ist von einer plurireligiösen Geographie geprägt, mit einer katholischen Kirche und mehreren protestantischen Kirchen sowie im Privaten ausgeübten afrokubanischen und spiritistischen Praktiken. Damit ist der Mikrokosmos des Viertels einerseits repräsentativ für ganz Kuba, andererseits besteht in Lawton die Besonderheit, dass hier die Frauen ein „autonomes religiöses Feld"[78] errichtet hatten, in dem sie – anders als sonst üblich – eine fundamentale Rolle spielen und über Handlungsmacht (*agency*) verfügen.

3.1. Frederika Bremer: Tagebuch einer Reise nach Kuba

Vom ersten Tag an ist Frederika Bremer in Kuba an religiösen Phänomenen interessiert und als ‚teilnehmende Beobachterin' bei Messfeiern in den Städten Havanna und Matanzas anwesend. Dabei nimmt sie jedoch ganz eine protestantische Perspektive ein und gelangt zu einem vernichtenden Urteil über den angetroffenen Katholizismus: „Die Religion ist todt auf Cuba."[79]

Der Mehrheit der Katholiken bescheinigt sie „Mangel an Ernst in Allem, außer in der Gefallsucht und eitlem Tand"[80]. Dies belegt sie zum einen mit der prunkvollen Garderobe der Frauen der spanischen Oberschicht bei den Gottesdiensten sowie den Männern, die offensichtlich Gefallen daran hatten jene zu betrachten. Zum anderen nimmt Bremer keine Betenden in der Kirche wahr und deutet die zahlreichen nichtehelichen Verbindungen als Zeichen von geringer Sittlichkeit und Religiosität. Gleichwohl gesteht sie zu, dass die Prozession anlässlich des Todes Jesu, die sie in der Karwoche in Havanna erlebt, „groß und nicht ohne Pomp und Würde"[81] gewesen sei. Besonders entsetzt zeigt sie sich darüber, dass das Ende der Fastenzeit unmittelbar in ausgelassene Feierlichkeiten überging, an der sich die gesamte Stadtbevölkerung beteiligte. Gleichwohl belegt sie damit die Bedeutung und den öffentlichen Charakter religiöser Feste für das Stadtleben und deren Leistung für die Integration der unterschiedlichen Bevölkerungsgruppen: freier Schwarzer, Mulatten und Weißer.

---

78 Ingrid KUMMELS, Agencia y género en los espacio religiosos institucionales e informales de Cuba, in: Juliana STRÖBELE-GREGOS / Dörte WOLLRAD (Hrsg.), Espacio de género: ADLAF Congreso Anual 2012, Buenos Aires 2013, S. 272–287, hier: S. 277.
79 BREMER, Heimath, S. 208.
80 Ebd., S. 206.
81 Ebd., S. 208.

Fehlende innere Überzeugung im Glauben stellt Frederika Bremer auch bei einem französischen Plantagenbesitzer in Matanzas fest. Dieser hatte viele Sklaven durch die Cholera und weite Teile seiner Pflanzung durch einen heftigen Sturm verloren. Als er dies als Strafe Gottes für seine Sünden deutet, sieht die protestantische Reisende es als sehr zweifelhaft an, dass damit auch echte „Reue und Erkenntniß der Gerechtigkeit der Strafe"[82] verbunden sei. Etwas anders verhalte es sich bei der armen, von den kanarischen Inseln stammenden Landbevölkerung. Als Frau Fermiera erklärt, dass sie für einen Viertelpeso ein Bild mit einer Darstellung der Jungfrau Maria mit dem Jesuskind gekauft habe und dafür für vierzig Tage Ablass von ihren Sünden erlange, ist die protestantische Reisende erstaunt über deren Frömmigkeit und Harmlosigkeit.[83]

Die Gottesdienste beschreibt Bremer in erster Linie als „recht großes Priesterspectakel und [...] Priesterherrlichkeit in vollem Flor [...], aber augenscheinlich ohne Andacht."[84] Die Repräsentanten des Beamtenapparats waren während der religiösen Feiern stets an der Seite des Klerus zu sehen und demonstrierten so die Bedeutung der beiden wichtigsten Institutionen der kolonialen Gesellschaft. Von den Priestern werde berichtet, dass diese „größtentheils in offenem Streit mit ihren Gelübden leben"[85]. Damit sei der Klerus ebenso korrupt wie die Regierung, die sich an dem an sich verbotenen Sklavenhandel weiterhin bereichere.

Auf dem Land war die ‚Versorgung' mit katholischen Messfeiern offensichtlich nicht durchgehend gewährleistet. In dem Ort Serro schreibt Bremer in ihr Tagebuch, dass „unser Dörfchen nicht in die Kirche ging, denn es hat keine"[86]. Damit ist die Frage angesprochen, wie die versklavte afrikanische und afrikanischstämmige Bevölkerung die katholische Religion überhaupt praktizierte. Offensichtlich war es üblich, die neugeborenen Kinder der Sklaven zu taufen.[87] Allerdings blieben die Versklavten auf dem Land ohne jeden Religionsunterricht.[88] In den Städten dagegen nahmen sie regelmäßig an den Messen und religiösen Feiern teil, hielten sich aber im hinteren Teil der Kirche auf, wo sie auf dem Steinboden niederknieten; nicht zuletzt hatten sie ihre „Gebieterinnen und deren Töchter"[89] auch in der Kirche zu bedienen,

---

82 Ebd., S. 116.
83 Vgl. ebd., S. 120f.
84 Ebd., S. 81.
85 Ebd., S. 83.
86 Ebd., S. 88.
87 Vgl. ebd., S. 144.
88 Vgl. ebd., S. 128.
89 Ebd., S. 130.

etwa indem sie für sie Teppiche zum Beten ausbreiteten. Anlässlich der Prozession in der Karwoche bemerkt Bremer eine Menge Afrokubaner mit weißen Binden, dem Zeichen einer Vereinigung, die „sich durch Ausübung von Werken der Barmherzigkeit, Krankenpflege in den Spitälern u.s.w. an die Kirche anschließe."[90] Überhaupt seien einige barmherzige Stiftungen in Kuba sehr aktiv in der Unterstützung von Waisen und Kranken tätig. Hier nennt Bremer an erster Stelle den „liebenswürdigen Creolen Alfredo Sauval"[91], der die Aufsicht über das Krankenhaus zum heiligen Lazarus führte.

Darüber hinaus berichtet Bremer von einem Sklaven namens Samstag, der als „sehr fromm, ein guter Christ in jeder Beziehung"[92] gegolten hatte. Nach seinem Tod fand man auf seiner Brust ein Amulett, „ein gedrucktes und zusammengelegtes Papierblatt mit Buchstaben und Worten einer africanischen Sprache, welchem der Neger eine übernatürliche Kraft zugeschrieben zu haben schien"[93]. Dies überraschte seinen kubanischen (Ex-) Herren sehr; die in Schweden mit der Vorstellung von Elfen und Zaubergeistern vertraute Protestantin hat dagegen großes Verständnis für die offensichtlich synkretistische Praxis des Versklavten, wenn sie schreibt: „gutes Christenthum bekümmert sich nicht um ein bischen heidnischen Aberglauben"[94]. Das Faktum eines gewissen Synkretismus sieht Bremer nach einem Besuch in einem *cabildo*, einer Vereinigung von Schwarzen, in Havanna bestätigt. Als sie in dem Versammlungsraum christliche neben offensichtlich nicht-christlichen Symbolen und Gemälden, wie dem einer Sonne, bemerkt, stellt sie fest: „auch der getaufte und wirklich christliche Africaner behält hier Etwas von dem Aberglauben und den Götzenbildern seines Heimathlandes."[95]

Der folgende Eintrag während eines Aufenthalts auf einer Plantage erlaubt gute Einblicke in die religionskulturellen Gepflogenheiten der versklavten Bevölkerung. Am 7. März 1851 schreibt Frederika Bremer:

> „Heute ist es Sonntag, und Herr Chartrain erweist mir die Artigkeit, mich die Neger auf der Plantage sehen zu lassen, wie sie Vormittags ein Stündchen vertanzen. Sonst pflegen sie über die Zeit der Seca [Trockenzeit] nicht zu tanzen. Aber sie thun es, wenn sie nur Erlaubniß dazu erhalten, gerne, ungeachtet ihrer angestrengten Arbeit bei Tag und Nacht.

---

90 Ebd., S. 208.
91 Ebd., S. 251.
92 Ebd., S. 136.
93 Ebd.
94 Ebd. Weiter schreibt sie: „Unsere guten christlichen Bauern in Schweden können noch jetzt nicht umhin an Elfen und Zaubergeister, an kluge Männchen und Weibchen zu glauben, und ich selbst glaube bis einen gewissen Grad daran. Zaubergeister finden sich wohl und regieren auch, aber wer recht sein Vaterunser lesen kann, der fürchtet weder Teufel noch Zauber" (ebd., S. 136f).
95 Ebd., S. 216.

Schon höre ich die africanische Trommel mit ihrem eigenthümlichen, bestimmten, muntern Takt, und nachdem ein kleiner Negerjunge getauft worden, wird der Tanz beginnen."[96]

Obwohl getauft, erhielten die Sklaven auf den Plantagen offensichtlich keine Gelegenheit an einer Messfeier teilzunehmen. Jedoch war es ihnen überaus wichtig, begleitet von Trommelklängen gemeinsam zu tanzen. Auch die Taufe des Sohnes einer Sklavin geht unmittelbar in ein Tanzfest über. Was aber hatte Bremer hier gesehen? Es bleibt unklar, ob ein Priester den Jungen christlich taufte, ob dies ein Sklave oder eine andere Person machte oder ob hier ein eigenes Taufritual begangen wurde. Offensichtlich ist dagegen, dass die Tänze große Bedeutung für die Versklavten besaßen. Dies wirft die Frage auf, was genau die Sklavinnen und Sklaven antrieb, mit ihren von der harten Arbeit angestrengten Körpern auch in den Ruhepausen so intensiv zu tanzen? Was ist der Sinn, den sie mit ihren Tänzen zum Ausdruck bringen wollten? Wie interpretierten sie selbst den als Taufe bezeichneten Akt?

Im Folgenden wird die These vertreten, dass die Körper der afrikanischen Sklaven in Kuba zentral für den Versuch einer Rekonstruktion ihrer ‚Stimmen' sind, denn die Körper, auch wenn sie ihnen nicht gehörten, waren das einzige Ausdrucksmittel, dass ihnen in ihrer Situation der Versklavung geblieben war und über das sie verfügen konnten.[97] In den Tänzen konnten sie ihre kulturellen und religiösen Traditionen bewahren und zugleich aktualisieren, denn sie dienten einerseits der Kommunikation mit der afrikanischen Heimat und halfen andererseits zur Bewältigung der Situation der Sklaverei. Auf diese Weise waren die Körper ein wichtiges Medium gelebten Erfahrungswissens.

Frederika Bremer war von Anfang an von den Tänzen der Afrokubaner fasziniert. Sie bezeichnet diese als „vollendete Naturkunst […] [und] kann sich keine natürlich vollendetere, lebensfrischere Bestimmtheit in dem beständig gleichen Tacte denken"[98]. Dabei betrachtet sie die Tänze ganz aus ihrer eigenen kulturellen Perspektive und vergleicht sie häufig mit europäischen Gesellschaftstänzen. Zu einer angemessenen Interpretation jedoch fehlt Bremer jedes Wissen über afrikanische Kulturen. So schreibt sie:

„Der Tanz hat keine bestimmte Abtheilung, keine Entwicklung, keinen bestimmten Schluß, sondern scheint auf fortwährenden Variationen von einem und demselben Thema zu bestehen, die nach dem Gutdünken und der Eingebung der Tänzer improvisirt sind, aber sich in einem sehr beschränkten Kreis bewegen und nicht aus den zitternden Bewegungen, Biegungen und Krümmungen herausgehen, von denen ich gesprochen habe. […] Dieser Tanz unter dem Mandelbaum, um wie viel lebendiger und bedeutungsvoller ist er

---

96 Ebd., S. 143f.
97 Vgl. ZEUSKE, Nicht-Geschichte, S. 72f, 102f.
98 BREMER, Heimath, S. 89.

nicht, als die meisten unserer Gesellschaftstänze, [...] er ist lebendig und aufrichtig; [...] Es lebe der africanische Tanz!"⁹⁹

Bemerkenswert ist hier, dass Bremer den Tänzen große Bedeutung zuschreibt, obwohl ihr der religiös-kulturelle Sinn der Bewegungen der Körper verborgen blieb. Dennoch motiviert sie das Erlebte zu einer Kritik an europäischen Normen. Dies – so lautet die These der Hispanistin Johanna Abel – sei „ein Beispiel der subversiven Kraft des *Eigensinns des Körpers*, oder des *körperlichen Widerstands*, der nach Robert Gugutzer eine Dimension der sogenannten *körperlichen Intelligenz* ausmacht."¹⁰⁰ Sicher ist, dass in den Tagebuchaufzeichnungen über die Tänze durch Frederika Bremer ein deutlicher Nachhall der körperlichen Repräsentationen der Schwarzen wahrnehmbar ist. Indem die Autorin bei den Tänzen anwesend war, wurde das gelebtes Körperwissen der Afrokubaner zu gespeichertem Erlebniswissen, das sie in ihren Tagebüchern verschriftlicht. Insgesamt beschreibt sie zahlreiche Performances von Tänzen der Afrokubaner, die von Trommelrhythmen und Gesängen begleitet waren, sehr ausführlich. Dabei beobachtet sie Versklavte ebenso wie Freie, die zusammen einen großen Teil der kubanischen Bevölkerung ausmachten.

Für die Frage nach der Volksreligiosität ist dies insofern von Interesse, als davon ausgegangen wird, dass die körperlichen Manifestationen der Schwarzen in Musik und Tanz häufig mit religiösen Sinnzuschreibungen besetzt waren.¹⁰¹ – Kulturell entstammten die Afrikaner, die nach Kuba verschleppt wurden, zwei Großräumen: der Yoruba-Kultur in Westafrika, in und um das heutige Nigeria, sowie der Bantu-Kultur in Zentralafrika, aus den Gegenden des heutigen Angola, Kongo und Gabun. Allerdings war es übliche Praxis der Sklavenhändler, bereits bei der Einschiffung in Afrika die ethnisch und sprachlich verschiedenen Gruppen von Versklavten möglichst zu vermischen.¹⁰² Auf diese Weise suchte man die Gefahr von Aufständen zu minimieren.

Wenn Frederika Bremer zu der oben zitierten Tanzperformance schreibt, sie habe „Vertreter der verschiednen Nationen, der Congos, der Mandingos, der Luccomees, der Caraballis u.s.w. auf africanische Weise tanzen [sehen], jede Nation etwas verschieden von den andern, aber Alle mit der wesentlichen Gleichheit in den Hauptzügen des Tanzes"¹⁰³, dann belegt dies zum einen, dass sich auf den einzelnen Plantagen Sklaven sowohl der Bantu-

---

99 Ebd., S. 152.
100 ABEL, Viajes, S. 66.
101 Vgl. PALMIÉ, Exil, S. 99.
102 Vgl. Jorge und Isabel CASTELLANOS, Cultura Afrocubana, Bd. 1., Miami 1988, S. 26.
103 BREMER, Heimath, S. 148.

(Congo) als auch der Yoruba-Ethnien (Luccomee) befanden.[104] Zum anderen deutet ihre Beobachtung darauf hin, dass es trotz der Diversität der jeweiligen Tanzkulturen offensichtlich ein gemeinsames afrokubanisches Muster gab, unter dem sich die einzelnen kulturellen Manifestationen entfalten konnten.

Insgesamt soll gezeigt werden, dass die Bewegungen der Körper in den Tänzen, die Frederika Bremer in ihren Tagebucheinträgen beschreibt, Ausdruck der Fähigkeit zur Transzendenz der Schwarzen waren und Versuche darstellten, sich mit ‚dem Heiligen' zu treffen, Sinn für ihre Existenz zu konstruieren und so die durch die Versklavung auferlegten Leiden zu überwinden.[105] Die Basis der afrokubanischen Religionskultur bildet die Mythologie der Yoruba-Kultur, in die sich die anderen Traditionen integrierten.[106] Hinsichtlich der überaus differenzierten Riten lassen sich dennoch die Linien der Yoruba oder Lucumí – als *regla de ocha* oder *santería* – von denen der Bantu, die in Kuba meist unter dem Begriff Congo firmieren – als *regla de palo monte* – unterscheiden. Die beiden religiösen Traditionen verbindet eine im Wesentlichen einheitliche zentralafrikanische Kosmologie.[107]

Zentral ist die Vorstellung einer sichtbaren und einer unsichtbaren Welt, in der die Gottheiten angesiedelt sind, allen voran der Schöpfergott, von dem die vitale Lebensenergie, das aché stammt. Zwischen beiden Welten vermitteln die Geister von Verstorbenen: diejenigen der Vorfahren und – eine Stufe darüber – diejenigen der Urahnen. Durch Rituale werden die notwendige Interaktion und das Gleichgewicht in diesem großen Beziehungsgeflecht aufrechterhalten, was die Anwesenheit von aché und damit gutes Leben und die Abwesenheit von Übel garantiert. Zur Kommunikation zwischen den Welten dienen Rituale. Zum einen sind es Opfergaben an die Verstorbenen in Form

---

104 Vgl. CASTELLANOS, Cultura, S. 28-35. Die Caraballi hingegen stellen eine Zwischenform zwischen der Bantu- und der Yorubakultur dar.
105 Vgl. Robert DAIBERT, Em "certos dias santos" numa "dança sem fim": o movimento dos corpos dos escravizados em suas experiências religiosas no Brasil Colonial (Pernambuco, século XVII), in: Rever 20/1, 2020. DOI: https://doi.org/10.23925/1677-1222.2020 vol20i1a2 (Zugriff am 3.7.2021), S. 13f. Der brasilianische Religionswissenschaftler Robert Daibert weist anhand der Beschreibungen des Malers Zacharias Wag(e)ner während seines Aufenthalts in Pernambuco (Brasilien) überzeugend nach, dass die Tänze der Versklavten in der religiösen Kultur Zentralafrikas tief verwurzelt sind und von diesen als Reminiszenz an ihre alte Heimat auf den Plantagen Lateinamerikas jeweils neu aktualisiert wurden. Aufgrund der ähnlichen Struktur der Sklaverei in den portugiesischen und spanischen Kolonialgesellschaften können die Ergebnisse der Studie Daiberts gut von Brasilien auf Kuba übertragen werden.
106 Vgl. Miguel BARNET, Afrokubanische Kulte: Die Regla de Ocha. Die Regla de Palo Monte, Frankfurt/Main 2000, S. 16f. u.a.
107 Vgl. dazu und zum Folgenden DAIBERT, Dança, S. 14-23.

von Nahrungsmitteln und Getränken, mit denen Harmonie hergestellt werden soll. Zum anderen spielen Gesänge und Trommeln, die als heilig und Träger von *aché* gelten, eine wesentliche Rolle, denn diese stimulieren den Tanz und haben das Ziel, die Tänzerin oder den Tänzer in einen Zustand der Trance zu versetzen, der zur Besessenheit durch einen Geist oder eine Gottheit führt. Auf diese Weise kann die Lebensenergie zwischen den sichtbaren Körpern und der unsichtbaren Welt zirkulieren und das verlorene Gleichgewicht wiederhergestellt werden. Zugleich erhalten die Lebenden wichtige Botschaften aus der unsichtbaren Welt. In dieser afrokubanischen Weltsicht ist Leben nur als geteiltes Leben und in Solidarität mit der Gemeinschaft vorstellbar; der einzelne Mensch befindet sich in völliger Einheit von Körper und Geist, Individuum und Kollektivität. Tote und Lebende bilden eine Gemeinschaft und haben gegenseitige Verpflichtungen.

Indem der Körper im Tanzritual die Gottheit manifestiert, wird für die Teilnehmenden eine transzendente Verbindung mit dem Universum der afrikanischen Urahnen hergestellt und ein nonverbales körperliches Gedächtnis religiöser Bedeutung im kolonialen Territorium aktualisiert. In einer Situation, in der die Versklavten permanenten Versuchen der Kastration und Kontrolle ihrer Rede ausgesetzt sind, erschaffen ihre ritualisierten Körper durch die freie Bewegung Narrative, die die aktuelle Geschichte Kubas überschreiten und zu Symbolen des Widerstands gegen ihre Knechtschaft werden.

Im Folgenden soll der Frage nachgegangen werden, inwieweit die von Frederika Bremer beschriebenen Tänze mit religiösen Sinnzuschreibungen konnotiert waren, oder ob es sich vielleicht sogar um religiöse Rituale handelte, denen sie, ohne es selbst zu wissen, zugesehen hatte. Dazu müssen Merkmale religiöser Tanzrituale in den Tagebucheinträgen identifiziert werden. Als Indikatoren gelten an erster Stelle der Gebrauch von Perkussionsinstrumenten, Trommeln und Pfeifen, Gesänge in afrikanischen Sprachen, mit denen die Geister angerufen werden sowie monoton und endlos erscheinende, sich wiederholende Rhythmen, um die Tänzer so in Besessenheitstrance zu versetzen. Die Tänze, bei denen ein Geistwesen von dem Tanzenden Besitz ergriffen hatte, zeichneten sich durch Sprünge und extreme Verwindungen der Körper sowie durch die Fähigkeit der Tänzer zu Improvisation aus. Desweiteren wurde mitunter weißer Lehm, *mpemba*, auf die Körper aufgetragen, was sich aus der unwissenden Beobachterperspektive als Schmutz darstellt. Schließlich sind auch der Gebrauch starker alkoholischer Getränke aus Zuckerrohr und die Gaben von Essen und Trinken an die Geister typisch für die religiösen Rituale.

In der Tat lassen sich in den Tagebucheinträgen Bremers zahlreiche der oben genannten Indizien finden, die es wahrscheinlich machen, dass die

Schwarzen – darunter Freie wie auch Sklaven – aus Afrika stammende religiöse Praktiken im kolonialen Kuba ausübten und damit reaktualisierten.

An erster Stelle nennt Bremer die Omnipräsenz afrikanischer Rhythmen und Gesänge: „Wo man in Matanzas steht oder geht, hört man diese Tanzmusik. Tact und Rythmen stammen von den Kindern Africas."[108] Das Trommeln und Singen war offensichtlich die zentrale kulturelle Tätigkeit der Afrokubaner. So erklangen auf einem Weg durch das ländliche Serro an einem Sonntag „von mehreren Seiten hier die dumpfen Töne der wilden Trommeln."[109] Und in einer Siedlung freier Schwarzer bei Cardenas „konnte man jeden Abend und jede Nacht die fröhlichen Taktschläge der africanischen Trommeln von den Negertänzen nah und fern hören"[110]. Ebenso stimmten die Versklavten in ihren Hütten „bei Nacht oft africanische Lieder und muntere Rufe an"[111], wenngleich diese für die Schwedin „aller Melodie und Musik ermangeln"[112]. Aber auch bei ihrer Feldarbeit munterten sich die Sklaven nachts durch „unmelodisch[es] ... Geschrei und Gesinge"[113] auf.

Über den Inhalt der gesungenen Texte kann man nur spekulieren. Die Schwarzen selbst hielten sie bewusst geheim. Auf die Frage nach der Bedeutung der Worte erhielt Frederika Bremer die lapidare Antwort, dass sie „so unbedeutend, so Nichts [sei], daß sich nicht der Mühe lohne es zu sagen."[114] Zu Recht zweifelt die Reisende an der Wahrheit dieser Aussage und führt hier die Erzählungen und Gesänge der Sklaven in Nordamerika als Beleg an. Aber auch die Tatsache, dass bei Cardenas die Sklaven sich offensichtlich im Zusammenhang ihrer Musik und ihrer Tänze organisierten, um Aufstände – sehr wahrscheinlich gegen ihre weißen Besitzer – zu planen[115], lässt darauf schließen, dass den Rhythmen und Gesängen sehr wohl eine Bedeutung darin zukam, die eigenen Kräfte gegen das dominierende System zu mobilisieren und zu stärken. Bei vielen Arbeiten, wie hier in der Zuckermühle, motivierten sich die Versklavten mit Wechselgesängen: dabei stimmt ein ‚Vorsänger' „einen Ruf [an] und spricht ein paar Worte, und die andern antworten im Chor und wiederholen mit einiger Veränderung die angegebenen Worte"[116]; auch in diesem Fall lässt die Auskunft der Sänger, dass die Worte

---

108 BREMER, Heimath, S. 117.
109 Ebd., S. 90.
110 Ebd., S. 173.
111 Ebd., S. 132.
112 Ebd.
113 Ebd., S. 146f.
114 Ebd., S. 248.
115 Vgl. ebd., S. 173.
116 Ebd., S. 146f.

„größtentheils keine weitere Bedeutung haben"[117], eher das Gegenteil vermuten, denn die Preisgabe der Inhalte hätte einen Verlust der Macht über diese zur Folge.

Grundlage der Musik und der Gesänge ist der „lebensvolle(n) Rythmus der africanischen Trommel"[118]; diesen beschreibt Bremer als „nicht unähnlich dem Getöne der Dreschflegel in unsern Dörfern, wenn gedroschen wird, nur daß hier weit mehr sprühendes Leben ist."[119] Dabei sind es stets mehrere Personen, die eine Rhythmusgruppe bilden, so wie jene „drei Neger, [die,] nackt bis auf den Gürtel, mit wilden, energischen Figuren und Gesichtern, munter und kräftig die Trommel schlagen [...,] mit merkwürdiger Fertigkeit und einer wilden, artistischen Vollendung."[120] Die Trommeln werden „mit den Händen, Handgelenken, Daumen und hölzernen Schlägeln auf dem über ausgehöhlte Baumstämme gespannten Fell"[121] gespielt. In der Wahrnehmung der schwedischen Autorin ist es die Absicht der Musiker, „so viel Lärm als nur möglich [zu machen], aber immer mit ungemeinem Takt und Rhythmus."[122]

An dieser Stelle ergibt sich die Frage, ob die Rhythmen geeignet waren, die Tänzer in Besessenheitstrance zu versetzen. In der Tat enthalten die Tagebucheinträge einige Hinweise darauf, dass die Besessenheit durch einen Geist oder eine Gottheit nicht nur angestrebt, sondern auch erreicht wurde. Die folgende Szene, die sich auf dem Hof der Sklavenhütten (‚Bohea') der Plantage St. Amalienhaag an einem Sonntag zutrug, macht deutlich, wie fließend die Grenzen zwischen einem Tanz zur reinen Unterhaltung und einem religiösen Tanzritual verliefen:

> „Die Musikanten mit ihrem Trommeln waren im Schatten der einen Mauer des Küchengebäudes aufgestellt. Die Zahl der Tanzenden war nur gering. Der Tanz war von derselben Art wie auf Ariadne [Name einer Plantage] und bot kein Interesse der Neuheit dar, bis ein älterer Congoneger, Namens Carlo Congo, ein Mann von herculischer Brustbildung, sich dabei betheiligte. Er ließ die Trommler einen neuen Tanztakt schlagen und führte so einen Tanz aus, der sich mit seinen Biegungen, Schwingungen und Tremulirungen in einem Ballet auch im Pariser Opernhaus gut ausgenommen haben würde, nämlich in der Person eines Satyrs oder Fauns, denn einen höhern Charakter hatte der Tanz nicht, aber er war bewundernswürdig durch die Kraft, Gewandtheit, Geschmeidigkeit, durch die kühnen Uebergänge und die wildpittoreske Schönheit des Tänzers. Es war der Congotanz. Carlo Congo konnte ihn jedoch nicht in seiner ganzen Vollendung ausführen; müde von viermonatlicher Tag- und Nachtarbeit, besaß er augenscheinlich nicht Kraft genug in seinen Gliedern; er mußte mehrere Male abbrechen und ausruhen, und obschon er bald von Neuem

---

117 Ebd., S. 147.
118 Ebd., S. 88.
119 Ebd.
120 Ebd., S. 89.
121 Ebd., S. 151.
122 Ebd.

begann, mußte er doch auch wieder bald aufhören, wobei er gutmüthig den Kopf schüttelte, als wollte er sagen: ‚Nein, es will nicht gehen.'"[123]

In den Worten Frederika Bremers spiegelt sich noch ganz deutlich der große Eindruck, den die außergewöhnlichen Bewegungen des ‚Congotänzers' Carlo auf die Betrachterin ausgeübt hatten. Diese Intensität des Tanzes und die Tatsache, dass Carlo seine Performance unbedingt weiterführen wollte, obwohl er eigentlich nicht die Kraft dazu hatte, belegen eindeutig, dass diese nicht nur der reinen Unterhaltung diente, sondern offensichtlich einen höheren, spirituellen Sinn für die Gemeinschaft hatte. Diese tiefe Bedeutung scheint Bremer gleichsam körperlich zu spüren, wenn sie den Tänzer mit geistigen Wesen der griechischen bzw. römischen Mythologie – Satyr und Faun – vergleicht, auch wenn sie dies rational, wohl aufgrund ihrer protestantisch-europäischen Prägung, nicht zuzugeben vermag.

Die Fortsetzung des Eintrags zeigt, dass sich die Aufführung von Carlo Congo zu einem kollektiven Geschehen ausweitete, das sich sehr wahrscheinlich als ein religiöses Ritual identifizieren lässt:

„Es kamen Sklaven und Sklavinnen, die ein Solo zum Tact der Trommeln tanzten, indem sie sich auf einem Fleck drehten und dabei mit dem Körper auf und ab bogen; auch Kinder kamen, nackt wie Gott sie geschaffen, und ahmten die Tänze der Eltern vortrefflich nach. [...] Andere Neger kamen, beladen mit Büscheln von Bananas und Tomatos (die hier wild wachsen), sowie mit andern grünen Pflanzen, aus den Thoren der Bohea hervor. Der junge Herr [der Sohn des Sklavenbesitzers] fragte sie, ob sie aus ihrem Lande seien, und sie antworteten kurz „Ja'. [...] Der Tanz wurde inzwischen immer lebendiger in der heißen Sonne, und es kamen noch mehr Tänzer und Tänzerinnen dazu."[124]

Es lässt sich nicht mit letzter Sicherheit sagen, ob die Bewegungen der Tänzer Ausdruck von Besessenheit durch ein Geistwesen waren, jedoch sind die hier beschriebenen Verwindungen und „Tremulierungen" ein eindeutiger Hinweis, dass mit Hilfe dieser Technik ein Zustand der Trance zumindest herbeigeführt werden konnte. Sehr wahrscheinlich ist hingegen, dass es sich bei den Früchten um Opfergaben für die Geister der Toten und der Gottheiten handelte, die in der zentralafrikanischen Kosmologie – und bei den Congo handelt es sich um eine Bantu-Gruppe – mit Nahrungsmitteln versorgt werden müssen. Anders lässt es sich kaum erklären, dass während eines Tanzfestes am Sonntag plötzlich zahlreiche Früchte und Pflanzen auf den Platz getragen wurden.

Die kollektive Bedeutung des Tanzens zeigt sich in der Beteiligung einer großen Gruppe von Versklavten. Offensichtlich konnten sie auf diese Weise ihr gemeinsames kulturelles Körperwissen zum Ausdruck bringen und in

---

123   Ebd., S. 174f.
124   Ebd., S. 176.

Kuba ihre Erinnerung an Afrika bewahren. Dass und wie dieses Körperwissen tatsächlich erhalten und weitertradiert wurde, zeigt der Hinweis auf die Beteiligung der Kinder an der Performance.

Auch in anderen Beschreibungen von Tänzen kehren drei Motive immer wieder, zunächst die große Lautstärke der Musik mit Trommeln und anderen Perkussionsinstrumenten wie z.B. mit Steinen gefüllten Kalabassen, zum zweiten die zahlreichen Wiederholungen der Rhythmen, die der europäischen Hörerin eintönig und unharmonisch, wenngleich sehr lebendig erschienen[125], und schließlich die ungewöhnlichen Bewegungen, Verbiegungen und das Zittern der Körper der einzelnen Tänzer.

Wenn Bremer nach einem Besuch in einem *cabildo* in Havanna schreibt, dass sie zuletzt „des Getöses und Gerassels, des Geschreies, des Lärmens, des Staubes und der chaotischen Regellosigkeit, welche die Tänze und Bewegungen in diesen Versammlungen bezeichnete, herzlich müde"[126] sei, dann könnte dies sehr gut Ausdruck der eigentlichen Intention der Tanzveranstaltungen sein, nämlich die Tänzer und Tänzerinnen im Kontext eines Rituals in Trance zu versetzen, um so die Kommunikation mit den afrikanischen Geistwesen herbeizuführen. Diese trat bei der schwedischen Reisenden natürlich nicht ein, dafür aber eine große äußerliche Ermüdung. Dennoch scheint ihr trotz fehlenden Verständnisses für die kulturellen Codes der Tanzenden die tiefere Bedeutung der Performance und ihr Streben nach einem transzendenten Sinn nicht entgangen zu sein, denn kurz zuvor hatte sie notiert, dass

> „ganze Schaaren von Weibern sich in einer Art von Tanz bewegen wie galvanisirte Frösche, nur langsamer, wobei sie den Körper und alle Glieder bogen und schlangenartig krümmten; ohne daß ich Sinn und Zweck zu entdecken vermochte. Dieß schien der Ausdruck eines gewissen thierischen Wohlbefindens zu sein; es sah auch so aus, als suchten sie Etwas in der Dunkelheit."[127]

Es ist daher gut möglich, dass sich in den außergewöhnlichen Bewegungen ein geistiges Wesen manifestierte und die Körper der Tanzenden gleichsam steuerte. Dass in den Tänzen die Anwesenheit von Geistern und Gottheiten evoziert und dargestellt werden soll, darauf deutet auch die Verwendung bestimmter Accessoires und Verkleidungen hin. So heißt es: „Die meisten, auch die Männer, tragen Halsbänder von rothen oder blauen Perlen – die rothen von corallenartigen Samen einer Baumart auf der Insel – und fast alle, Männer sowohl als Weiber, haben um den Kopf baumwollene Tüchlein geschlungen."[128] Noch heute sind die Hals- und Armbänder mit Perlen in bestimmten

---

125 Vgl. ebd., S. 213, 247.
126 Ebd., S. 216.
127 Ebd., S. 215.
128 Ebd., S. 135.

Farben einzelnen Gottheiten (*orichas*) zugeordnet, und es ist üblich, dass ein Tänzer jeweils ‚seinen' *oricha* ‚empfangen' und damit darstellen kann. Auffällig dabei ist, dass sich hier die Rollen der Geschlechter auflösen. Eine Frau kann also ebenso einen männlichen *oricha* empfangen wie ein Mann eine weibliche.[129] Dies könnte auch der folgenden Szene zu Grunde liegen:

> „Tanzt Jemand gut, so treten Männer und Weiber aus dem Kreis, hängen ihm ihre Halstücher um die Schultern, oder setzen ihm einen Hut oder irgend eine Zierath auf den Kopf; und ich sah eine junge Negerin mit einem Mannshut auf dem Kopf und ganz mit Tüchlein behängt sich herumschwingen. Der tanzenden Dame eine kleine Silbermünze in den Mund zu stecken, scheint auch eine gebräuchliche, wenn auch nicht die feinste Art zu sein, um dem Tanz ein Ende zu machen."[130]

Hier beschreibt die Schwedin sehr wahrscheinlich die Manifestation eines *oricha*, denn das Anheften von Geld an den Körper oder die Kleidung einer oder eines Besessenen ist auch heute noch eine im rituellen Geschehen übliche Geste, mit der die Spender den *oricha* um segensreiches Einwirken auf ihre persönlichen finanziellen Umstände bitten.[131]

An einem Sonntagnachmittag am 20. April 1851 gelingt es Frederika Bremer, in Begleitung zweier Nordamerikaner an einer Zusammenkunft eines *cabildo* der Lucomeer.[132] Dies ist überaus ungewöhnlich, denn zu dieser Zeit war Weißen der Zutritt zu diesen Gesellschaften (*cabildos de negros*), in denen die Schwarzen nach verschiedenen Nationen (Lucumí, Ganga, Congo, etc.) organisiert waren[133], nicht gestattet. Auch diesmal wurden alle anderen Weißen abgewiesen, und es wurde von den Schwarzen streng darauf geachtet, dass Passanten keinen Blick auf das Geschehen in dem Versammlungssaal werfen konnten.

Die *cabildos* waren ursprünglich unter der Aufsicht der katholischen Kirche gegründet worden, um die Sklaven zu evangelisieren.[134] Diese nutzten die Zusammenkünfte jedoch, um ihr eigenen kulturellen und religiösen Traditionen zu bewahren und weiterzuentwickeln. Die schwedische Besucherin hatte also das Privileg, einer Performance beiwohnen zu dürfen, die ausschließlich Schwarzen vorbehalten war und ein ansonsten geheimgehaltenes kulturelles Erbe repräsentierte. Der folgende Tagebucheintrag beschreibt so gut wie sicher eine religiöse Veranstaltung, bei der die Tänzer durch die

---

129 Vgl. George COLE, Buscando Santo. Panorama histórico de la religión Yoruba. Negritude, in: Journal of Afro-Latino-American Studies 1/1, 2007, S. 217–230, hier: S. 222.
130 BREMER, Heimath, S. 151.
131 Vgl. PALMIÉ, Exil, S. 136.
132 Vgl. BREMER, Heimath, S. 210–215.
133 Vgl. PALMIÉ, Exil, S. 106–124.
134 Vgl. COLE, Buscando, S. 220–223.

Rhythmen in einen Zustand der Trance versetzt wurden, in der sie einen *oricha* empfingen:

> „Ein Weib tanzte allein unter einem von vier Personen getragenen Himmel. Man muß an ihrem Tanz, der nichts Anderes war als der Tanz der Negerdamen, den ich bereits beschrieben, großes Wohlgefallen gefunden haben, denn sie wurde mit mehreren Tüchlein behangen und bekam auch einen Mannshut auf den Kopf gesetzt. Die Weiber tanzten hier mit einander und ebenso die Männer, einige schlugen mit Stöcken an Thüren und Bänke, andere rasselten mit Calebassen, die mit Steinen gefüllt waren, und die Trommeln donnerten mit betäubender Macht. Man suchte offenbar so viel Lärm als möglich zu Stande zu bringen. Mitten unter diesem kam eine Figur mit scharlachrothem Hut auf dem Kopf und mit einer Menge von glitzernden Perlbändern, welche Hals, Arme und Leib bedeckten, nackt bis um die Mitte des Leibes, von wo ein scharlachrother Kinderrock herabhing. Diese Figur, vor der man sich auf zwei Seiten aufstellte, näherte sich mir unter biegenden Bewegungen, bei denen man sehen konnte, daß der ganze obere Theil des Körpers sich in schlangenartigen Falten bewegte. In dieser schlangenartigen Bewegung blieb er vor mir stehen, ohne daß ich wußte, ob er mich zum Tanz einlud, oder was er mit seinen freundlichen Mienen und Biegungen und den ausgestreckten, großen, schwarzen Händen wollte. Endlich sagten er und einige Andere die Worte: ‚Für die gute Sennora!' und dann begriff ich, daß die Biegungen und Krümmungen der burlesk ausstaffirten Person ein Compliment für mich bedeuteten. Ich beantwortete es dadurch, daß ich dem Mann die Hand schüttelte und eine Silbermünze hineinlegte, und dann machten wir sehr freundliche Gesichter gegen einander, worauf mein Tänzer einen schlangenartigen Rückzug antrat und auf eigene Faust zu tanzen anfing, offenbar unter großem Beifall der Umstehenden."[135]

Stephan Palmié vermutet, dass die Frau, über deren Kopf ein Baldachin gehoben wurde, von der Göttin *Oyá* besessen war.[136] Kaum Zweifel besteht dagegen bei der Annahme, dass es sich bei dem Tänzer mit dem scharlachroten Hut und ‚Rock' um die Manifestation von *Changó* handelte, einer mächtigen Gottheit des Donners und des Krieges, die bis heute in der beschriebenen, roten Kostümierung auftritt.[137] Wenn Frederika Bremer dem Tänzer nun ein ‚Trinkgeld' gab, zeigt dies einmal mehr ihr Unverständnis gegenüber den religiösen Codes der Schwarzen, die diese Geste als eine Opfergabe an den *oricha* mit der Bitte um Segen verstehen mussten.

Die Szene zeigt deutlich, wie hier die Tänzer als souveräne Akteure über ihre Körper verfügen und eigene Tanzrituale entwickeln. In diesen werden einerseits die quasi-verwandtschaftlichen Beziehungen zu den Mitgliedern der eigenen Nation – als einer in der kubanischen Diaspora entwickelten Größe – gepflegt und andererseits die Erinnerungen an Afrika und die Ahnen aktualisiert. Damit erschaffen sich die Schwarzen in Aushandlungsprozessen Räume der religiös-kulturellen Selbstbestimmung.[138] Der rituelle Tanz als

---

135 BREMER, Heimath, S. 213f.
136 Vgl. PALMIÉ, Exil, S. 134.
137 Vgl. ebd., S. 134–136; COLE, Buscando, S. 222.
138 Vgl. ZEUSKE, Nicht-Geschichte, S. 102–104.

ein körperliches Gedächtnis nonverbaler religiöser Bedeutungen ermöglicht den Tanzenden in den Bewegungen ihrer Körper die Erfahrung des Kontakts mit dem Universum der Urahnen, und sie erleben auf diese Weise Momente der Katarsis und Transzendenz in einem Netz von Widerstand gegen eine von Weißen dominierte Gesellschaft. Für die schwarze Bevölkerung in Kuba – Versklavte wie Freie – „war es daher fundamental, die Geschichten und Mythen ihres Geburtslandes zu singen und zu tanzen."[139]

Die Reaktualisierung der afrikanischen religiösen Symbole war jedoch den Sklaven keineswegs immer möglich. In vielen Fällen gelang es den Versklavten nicht, sich bestimmte Mobilitäten für ihre Körper auszuhandeln. In dem System der Sklaverei sahen sie häufig keine andere Möglichkeit, dieser Herrschaft über ihre Körper und damit ihren Traditionen zu entkommen, als durch Selbstmord[140]. Auch davon berichtet ein Eintrag im Tagebuch von Frederika Bremer:

> „Dieß [sc. Selbstmord] geschieht oft unter den Luccomees, die einer der edelsten Stämme Africas zu sein scheinen, und vor nicht langer Zeit fand man elf Luccomees an den Aesten eines Guasima, eines Baumes mit langen, horizontal ausgestreckten Zweigen, hängen. Sie hatten alle ihr Frühstück in einem Gürtel um den Leib gebunden, denn die Neger glauben, daß derjenige Africaner, der hier sterbe, in seinem Vaterland sogleich zu neuem Leben auferstehe. Manche Sklavin legt deshalb auf die Leiche des Selbstmörders dasjenige Hals- oder Kopftuch, das ihr am theuersten ist; denn sie glaubt, daß es auf diese Art ihren Angehörigen im Mutterlande zukommen und einen Gruß von ihr überbringen werde. Man hat Leichname von Sklaven mit hundert solchen Tüchlein bedeckt gesehen."[141]

3.2. Der cimarrón: Lebensgeschichte eines entflohenen Sklaven

Esteban Montejo wurde als Sklave vermutlich am 26. Dezember 1860 geboren und wuchs auf, ohne seine leiblichen Eltern zu kennen.[142] Später gelang ihm die Flucht von seiner Plantage und er lebte – vermutlich einige Jahre – versteckt in den Wäldern als *cimarrón*, bis 1886 in Kuba schließlich die Sklaverei abgeschafft wurde. Während des Unabhängigkeitskriegs (1895–1898) schloss sich Esteban Montejo den Freiheitskämpfern an. Über sein anschließendes Leben in Freiheit erfährt man nur wenig, und der Bericht endet etwa um das Jahr 1900, was vermutlich auf eine redaktionelle Entscheidung Miguel Barnets zurückgeht.[143]

---

139 DAIBERT, Dança, S. 23.
140 Vgl. ZEUSKE, Nicht-Geschichte, S. 104.
141 BREMER, Heimath, S. 156.
142 Zur historischen Person des Esteban Montejo vgl. ZEUSKE, Novedades.
143 Michael Zeuske geht sogar so weit zu sagen, Barnet habe Esteban Montejo gut 50 Jahre seines Lebens bewusst verschwiegen. Vgl. ZEUSKE, Consecuencias, S. 77.

Esteban Montejo wurde christlich getauft und erhielt seinen Namen aufgrund seines Geburtstags, dem Stefanstag. Auf die Taufe aller Sklavenkindern wurde streng geachtet:

> „Wenn eine Frau niederkam, mußte sie innerhalb von drei Tagen nach der Geburt des Kindes den Pfarrer rufen. Wenn sie das nicht tat, gab es einen Riesenkrach mit dem Plantagenbesitzer. Deshalb waren alle Kinder Christen."[144]

Als Taufpaten von Esteban dienten ebenfalls Sklaven, Gin Congo und Susana, die er in den 1890er Jahren kennenlernte. Dies zeigt die Bedeutung, die Taufe und Namensgebung als Machtmittel für die Herren und die Kirche hatten.[145] Darüber hinaus waren sie ein ebenso wichtiges Ritual neuer Vergesellschaftung für die Versklavten sowie Potential für religiösen Widerstand.

Auch nach dem Ende ihrer Versklavung hielten viele „Afrikaner" daran fest, ihre Kinder vierzig Tage nach der Geburt zu taufen,[146] auch wenn es in diesen Jahren keinen Unterricht mehr in der christlichen Lehre gab.[147] Zuvor war es offensichtlich so gewesen, dass die Pfarrer zwar die katholische Religion durch die Taufe einführten, dann aber „um nichts in der Welt in die Sklavenbaracken gingen. Sie waren sehr reinlich. Sie hatten ein ernsthaftes Aussehen, das nicht in die Baracken paßte."[148] Die christliche Unterweisung der Getauften erfolgte durch Haussklaven, die zuvor christianisiert worden waren:

> „Die hielten sich auf eine üble Weise an die Pfarrer. Sie lernten den Katechismus und lasen ihn den andern vor. Mit allen Wörtern und Gebeten. Diese Neger waren Haussklaven und trafen sich mit den andern, den Feldsklaven, auf den Höfen. Sie waren so was wie Botschafter der Pfarrer. Die Wahrheit ist, daß ich niemals diese Lehre gelernt habe, denn ich habe nichts begriffen. Ich glaube, die Haussklaven auch nicht, nur, weil sie so fein waren und so gut behandelt wurden, spielten sie die Christen. Die Haussklaven genossen Ansehen bei den Herrschaften."[149]

Für Montejo ist die essentielle Verbindung des Katholizismus und der spanischen Kolonialgesellschaft völlig klar: „Die Kirche war sehr wichtig für die Spanier. Jeden Tag drängten sie sie den Negern auf."[150] Die Pfarrer galten damals als heilig und wurden wegen ihres Titels sehr geachtet. Daher habe er auch „nie einen schwarzen Pfarrer gesehen. Das war mehr was für die Weißen und die Abkömmlinge von Spaniern."[151] Montejo hält sich daher von der

---

144 BARNET, Cimarrón, S. 87.
145 Vgl. ZEUSKE, Nicht-Geschichte, S. 99.
146 Vgl. BARNET, Cimarrón, S. 161.
147 Vgl. ebd., S. 94.
148 Ebd., S. 39.
149 Ebd.
150 Ebd., S. 94.
151 Ebd., S. 87.

katholischen Kirche fern, auch nach 1886, als er sich im öffentlichen Raum wieder frei bewegen konnte. Als weitere Begründung nennt er den unmoralischen Lebenswandel und die sexuellen Ausschweifungen der Pfarrer[152] sowie deren konservative, antikommunistische Haltung[153]. – Trotz seiner distanzierten Haltung beschreibt Montejo auch Praktiken der christlichen Volksfrömmigkeit – so in der Karwoche in Remedios, das

> „immer ein sehr religiöses und seriöses Dorf [war]. Alle Häuser hatten Altäre mit männlichen und weiblichen Heiligen. [...] Die Remedianer hatten den Ruf, in der Karwoche gute Feste zu feiern. Die ganze Woche ging mit Trauer dahin, sehr still und ernst. [...] Am Gründonnerstag durfte man das Haus nicht fegen, denn die Weißen sagten, das sei so, als wenn man Gott den Kopf fegte. [...] Es gab in Remedios viele seltsame Gewohnheiten, vor allem in der Karwoche. [...] Eine Sache, die man in diesen Tagen heimlich tun mußte, war Domino oder Kartenspielen. Am Karsamstag, an dem die Andacht gebrochen wurde, spielten die Leute in den Hauseingängen. An den anderen Tagen mußten sie sich verstecken. [...] Die reichen Weißen spielten in der Karwoche nichts von all dem. Sie sagten, es müßte vollkommene Trauer herrschen, weil Christus verschwunden sei."[154]

Die Abwesenheit Christi hält Esteban Montejo jedoch für eine bewusste Irreführung der Gläubigen. Er selbst wisse, „daß Christus der Sohn Gottes ist. Daß er von der Natur kam."[155] Die Originalität dieser Aussage belegt, wie tief der Ex-Sklave in der afrikanischen Kosmologie verwurzelt war, und sie zeigt sehr wahrscheinlich viel von der wahren Überzeugung des afrikanischstämmigen Mannes. Weiter glaubt er von Jesus: „das mit seinem Tod ist noch dunkel. Die Wahrheit ist, daß ich ihn viele Male gesehen habe, aber ich erkannte ihn niemals."[156] – Für Montejo ist die Begegnung mit dem Geist des verstorbenen Jesus offensichtlich eine geradezu gewöhnliche Vorstellung.

Zahlreiche Aussagen verdichten sich zu einem Muster, das die persönliche Religiosität des Esteban Montejo kennzeichnet. Es ist eine an praktischem Nutzen orientierte Religiosität, die von einer geistigen Welt ausgeht, die eine direkte Wirkung auf das eigene Leben hat. Diese kann jedoch umgekehrt von

---

152 Vgl. ebd., S. 89.
153 Vgl. ebd., S. 157: „Die Pfarrer hatten uns [die Veteranen des Unabhängigkeitsheeres] eingeladen. Einer von ihnen, der die Messe gelesen hatte, wollte die Veteranen mit Worten von Christus und anderem Unsinn an sich ziehen. Er ging so weit, in der Predigt zu sagen, die Kommunisten müßte man ausrotten und sie seien Söhne des Teufels. Ich wurde bockig, denn zu der Zeit war ich Mitglied der sozialistischen Volkspartei; wegen der Art, die sie hatte, und wegen der Ideen. Vor allem wegen der Ideen, die für das Wohl der Arbeiter waren. Nie wieder ging ich in diese Kirche. Und den Pfarrer sah ich auch nicht mehr." – Hier erscheint es fraglich, ob tatsächlich die Ansicht Montejos wiedergegeben ist, oder ob diese nicht durch die Perspektive der Begeisterung für die Revolution von 1959 geprägt ist.
154 Ebd., S. 150f.
155 Ebd., S. 151.
156 Ebd.

speziell dafür begabten Menschen mit entsprechenden Ritualen beeinflusst werden. Seine Grundüberzeugung drückt er folgendermaßen aus:

> „Die Götter sind launenhaft und uneinig. [...] Die Natur ist alles. Sogar das, was man nicht sieht. [...] Die stärksten Götter sind die aus Afrika. Ich behaupte, daß sie wirklich und wahrhaftig geflogen sind. Und die machten an Zaubereien, wozu sie gerade Lust hatten."[157]

Dazu kommt eine spiritualisierende Sichtweise auf die Natur, die einerseits eine Erinnerung an Afrika darstellt, das „voll von Bäumen, von Baumwollbäumen, Zedern, Jaguëy-Bäumen"[158] war, andererseits durch Montejos persönliche Erfahrung eines Lebens als *cimarrón* verstärkt wurde. Diese beschreibt er folgendermaßen:

> „In den Bergen gewöhnte ich mich daran, mit den Bäumen zu leben. Ich glaube, daß die Schatten der Bäume so was sind wie der Geist der Menschen. Der Geist ist die Spiegelung der Seele."[159]

In seinem Weltbild ist Montejo fest davon überzeugt, durch Visionen wahre Botschaften empfangen zu können. Diese Fähigkeit besäßen alle Menschen, wenngleich viele sie verschwiegen.[160] Ebenso sei es möglich, dass Verstorbene den Lebenden als Geister erscheinen und Menschen durch geistige Kräfte ihre Erscheinung verändern, so wie „die alten Kongoneger, die sich in Tiere, wilde Tiere verwandelten."[161] Dies Alles sei das Erbe Afrikas. Dieses habe in Kuba zu einer besonderen, lebendigen religiösen Alltagskultur geführt, in der zahlreiche Phänomene auf eine spirituelle Ursache zurückgeführt würden. Dementsprechend gelte:

> „Wer heute nicht an Wunder glaubt, wird morgen glauben. Beweise gibt es jeden Tag. Einige sind stärker als die andern, aber alle haben ihren Grund."[162]

Dies führt bei Esteban Montejo zu einer grundsätzlichen Offenheit für religiöse Einstellungen, die er folgendermaßen beschreibt: „Man muß die Religionen respektieren. Auch wenn man nicht recht glaubt."[163] Grundlage ist seine Überzeugung von einem strikten Tun-Ergehens-Zusammenhang: „Das Böse bleibt an dem hängen, der böse ist."[164]

Insgesamt erscheint Montejo als tief in einem magisch-spiritistischen, überwiegend afrikanischen Weltbild verwurzelt. In dieses integriert er auch

---

157 Ebd., S. 17f.
158 Ebd., S. 25.
159 Ebd., S. 61.
160 Vgl. ebd., S. 130.
161 Ebd., S. 145.
162 Ebd.
163 Ebd. S. 86.
164 Ebd., S. 117.

seine rudimentär vorhandenen christlichen Vorstellungen, etwa von der Person Jesu. Als besonders religiös aktiv beschreibt sich der ehemalige Sklave nicht. Von Praktiken der ‚schwarzen Magie' distanziert er sich explizit: „Ich bin kein Anhänger der Zauberei, aber ich rede auch nicht einfach Dummheiten. Mehr Angst hatte ich vor andern Sachen als vor der Zauberei."[165] Dabei erkennt er an, dass die „Zauberer" durchaus Wahrheiten offen ansprechen. Am ehesten scheint er der Tradition der *santería* zugeneigt, an deren Ritualen er mitunter teilnahm:

> „Die Feste der Heiligen mußte man mit großem Ernst besuchen. [...] Deshalb ging ich so still wie möglich hin, hörte mir das Trommeln an; ... und danach aß ich. Immer habe ich auf den Heiligenfesten gegessen. [...] Jeder Heilige hatte sein Gericht. Obbatalá hatte die ecrú von *carita*-Bohnen. Und noch andere, an die ich mich nicht erinnere. [...] Wenn die Heiligen sich in den Kopf setzten, daß man etwas nicht essen sollte, hatte das ja wohl seinen Grund. Ich – also nicht mal Witze mach ich darüber! Noch heute esse ich nichts davon, auch wenn der Pfarrer es sagt."[166]

Für die Zeit der Sklaverei erinnert sich Montejo, dass es auf den Plantagen zwei unterschiedliche afrikanische Religionstypen gab: die der Lucumí in der Tradition der westafrikanischen Yoruba-Kultur und die der zentralafrikanischen Kongo- oder Bantu-Stämme. Diese unterschieden sich insofern, als die Lucumís „mehr an die Heiligen und an Gott gebunden"[167] waren, während die Kongoreligion stärker mit Zauberei agierte. Letztere war in Montejos Herkunftort Flor de Sagua verbreiteter, „weil die Zauberer allmählich die Leute beherrschten. Mit der Hellseherei gewannen sie das Vertrauen aller Sklaven."[168] Da es sich um nicht erlaubte Religionen der Sklaven handelte, hielten diese ihre Praktiken weitgehend geheim.[169] In Kuba kam es offensichtlich auch zu Spannungen zwischen beiden religiösen Traditionen, die jedoch bei den Alten, die noch in Afrika geboren waren, nicht bestanden.

Damit gibt Montejo zum einen einen wichtigen Hinweis auf die religiöse Vielfalt der Versklavten und zum anderen auf die Tatsache, dass sich die afrikanischen Traditionen auch in Kuba weiterentwickelten. Darüber hinaus berichtet er an einer Stelle davon, dass es unter den Sklaven aus dem Kongogebiet Anhänger des jüdischen und christlichen Glaubens gab, die ihre Konflikte auch in Kuba fortsetzten.[170]

Der folgende Bericht eines Kongo-Rituals scheint sehr authentisch und lässt sich kaum als redaktioneller Eingriff Barnets erklären. Er zeigt, wie die

---

165 Ebd., S. 127.
166 Ebd., S. 85f.
167 Ebd., S. 37, vgl. S. 36–40.
168 Ebd., S. 36.
169 Vgl. ebd., S. 39.
170 Vgl. ebd., S. 40.

Versklavten eine religiöse Praxis sowohl für ihr eigenes Wohlergehen als auch als Mittel des Widerstands gegen ihre weißen Peiniger einsetzten:

> „Das mayombe-Spiel hatte mit der Religion zu tun. Sogar die Aufseher machten mit, um was von seinen Wohltaten zu haben. Sie glaubten an Zauberer, deshalb soll sich heute niemand wundern, wenn die Weißen immer noch an solche Dinge glauben. Beim mayombe wurden Trommeln geschlagen. Man stellte eine nganga, einen großen Kessel, in die Mitte des Patio. In diesem Kessel waren die Mächte; die Heiligen. Und das mayombe war ein nutzbringendes Spiel. Die Heiligen mußten zugegen sein. Man fing an zu trommeln und zu singen. Sie trugen Sachen zu den ngangas. Die Neger baten um Gesundheit für sich und für ihre Brüder, und daß sie sich mit ihnen vertrugen. Sie machten enkangues, das bedeutet: sie arbeiteten mit Friedhofserde. Mit dieser Erde wurden Häufchen an vier Ecken gemacht, das waren die Enden der Welt. In den Kessel taten sie pata de gallina, das war ein Kraut mit Maisstroh, um die Menschen zu schützen. Wenn der Herr einen Sklaven bestrafte, nahmen die andern ein bißchen Erde und taten sie in den Kessel. Mit dieser Erde erreichten sie, was sie wollten. Der Herr wurde krank, oder es geschah irgendein Unglück in der Familie. Denn solange die Erde im Kessel war, war der Herr da gefangen, und nicht einmal der Teufel hätte ihn rausbringen können. Das war die Rache des Kongos an den Herren."[171]

Auffallend und Hinweis auf einen beginnenden Synkretismus ist die Vermutung Montejos, dass auch die Weißen an die Macht des ‚schwarzen' Rituals glaubten. Er selbst wiederum geht soweit, die Angehörigen der Kongo, die diese Art des Schadens-Zaubers praktizierten, als „Mörder"[172] zu bezeichnen. Umgekehrt benutzten die Anhänger der Kongoreligion Amulette, die aus Hölzchen, Knochen oder Steinchen hergestellt waren, und dem eigenen Schutz sowie der Abwehr von Zauberei dienten.[173]

Die Praxis der Religion der Lucumí bestand dagegen vorwiegend in Festen zu Ehren der verschiedenen Gottheiten, die auch als ‚Heilige' bezeichnet werden. Von daher kommt es zur Bezeichnung der Religion als *santería* (wörtlich: Heiligenverehrung) und ihrer Anhänger als *santeros*. Der Bericht eines religiösen Festes zeigt, dass dieses ursprünglich allein den afrikanischstämmigen Anhängern vorbehalten war und der Verehrung afrikanischer Gottheiten diente. Diesen war ein christlicher Heiliger als Pendant, in erster Linie zum Schutz vor Verfolgung, zugeordnet. Später war offensichtlich auch Weißen der Zugang zu den ‚schwarzen' religiösen Festen möglich. Dazu berichtet Montejo:

> „Da die *santeros* an diesem Tag auch ihre Feste veranstalteten, hielt ich mir abends ein Stündchen frei und ging zu denen. Ich spazierte durch einige Häuser, grüßte die Leute und die Heiligenbilder, und dann ruhte ich aus. [...] Für einen Neger war das Größte, was es gab, der Pate oder die Patin, denn die hatten ihm ja seinen Heiligen gegeben. Die Feste in den Heiligenhäusern waren sehr gut. Da gingen nur Neger hin. Die Spanier waren keine

---

171 Ebd., S. 29.
172 Ebd., S. 37; vgl. S. 139f.
173 Vgl. ebd., S. 141f.

Freunde davon. Mit dem Lauf der Jahre änderte sich das. Heute sieht man da auch ein paar weiße Tölpel [im Original: einen weißen *babalao*[174]] mit roten Bäckchen. Aber früher war es anders, denn die *santería* ist eine afrikanische Religion. Nicht einmal die Polizisten, die reinrassig spanischen, mischten sich ein. Sie gingen vorbei und fragten höchstens: ‚Was gibt's da?' Und die Neger antworteten: ‚Wir feiern hier den heiligen Johannes.' Sie sagten San Juan, aber es war Oggún. Oggún ist der Gott des Krieges. In den Jahren war er der bekannteste in der Gegend. Er ist immer auf dem Feld, und sie ziehen ihn grün oder lila an. Oggún Arere, Oggún Oké, Oggún Aguanillé."[175]

Insgesamt kam den afrikanischen Religionen für die Versklavten und später die freien Schwarzen eine ganzheitliche Funktion zu. Sie dienten zum einen der Unterhaltung: „Man tanzt, singt, amüsiert sich, kämpft. [...] Fast immer schlugen sie Trommeln."[176] Zum anderen sorgten die Religionen für die Aufrechterhaltung der Gesundheit und der Heilung, und es herrschte die Überzeugung:

„Ein Kongo- oder Lucumí-Neger verstand mehr von Medizin als ein Arzt. Als der chinesische Arzt! Sie wußten sogar, wann ein Mensch sterben würde."[177]

An vielen Stellen lässt die Erzählung Esteban Montejos erkennen, dass sich christliche Tradition und afrikanische Religiosität begegneten und vermischten. Bei dem Thema des *Synkretismus* ist immer die Frage, in welchem Verhältnis die Mischung geschah und welche Anpassungen und Veränderungen stattfanden.

Das Christentum stand für die Versklavten ganz klar unter dem Vorzeichen ihrer Ausbeutung durch die spanische, weiße Kolonialgesellschaft. Diese begann auf den Plantagen häufig damit, dass der Aufseher um vier Uhr dreißig morgens die Glocken mit neun Schlägen zum Ave Maria läuten ließ.[178] Allein dies erklärt die große innere Distanz Montejos zur katholischen Kirche. Sein Freiheitsdrang hatte ihn aber auch zur erfolgreichen Flucht aus der Sklaverei geführt. Bei anderen Versklavten könnte die christliche Unterweisung durch ihre Mitsklaven durchaus eine positive Haltung gegenüber der Kirche bewirkt haben. So stellt er fest, dass auch nach der Abolition viele Bewohner in Remedios – und unter ihnen dürfte sich ein großer

---

174 Im Original heißt es: „Hoy uno ve un babalao blanco con los cachetes colorados. ..." (Miguel BARNET, Biografía de un cimarrón. Estudios y ensayos, Caracas 2012, S. 56). Das heißt wörtlich übersetzt: „Heute sieht man einen weißen Babalao mit roten Wangen." Dies würde bedeuten, dass später nicht nur weiße Spanier an *santería*-Ritualen teilnahmen, sondern sogar vereinzelt die priesterliche Funktion eines *babalao* ausübten. Die deutsche Übersetzung von Hildegard Baumgart stellt hier insofern eine Interpretation dar, als sie die Existenz und das Verhalten eines weißen *babalaos* per se als tölpelhaft bewertet.

175 Ebd., S. 84f.
176 Ebd., S. 147.
177 Ebd., S. 171.
178 Vgl. ebd., S. 25f.

Anteil an ehemaligen Sklaven befunden haben – das Christentum aus eigenem Antrieb praktizierten:

> „Ich habe nie ein Dorf gesehen, das derartig an Gewohnheiten und Bräuchen hing wie Remedios. [...] Sie gingen in die Kirche und auf die Feste wegen der religiösen Anlässe. Die Eltern zwangen die Kinder zu beten und bei den Messen auf der Straße zu singen."[179]

Dabei wurden eigene Auslegungen und im Volk überaus beliebte Traditionen kreiert und gepflegt. Zur Karwoche schreibt Montejo:

> „Der Karsamstag war der lustigste Tag des Jahres. Man verbrannte den Júa [sc. Joan / Johannes] wie bei den Johannesfesten. [...] Der Júa war so was wie der Feind der Christen, der, der Christus ermordet hatte, wie die Weißen sagen. Er ermordete Christus in einem Krieg unter Juden. All das haben sie mir mal erzählt, aber ich hab es ein bißchen vergessen mit den Jahren. Ich weiß genau, daß er gelebt hat und der Mörder von Christus war."[180]

Inwieweit alle Teilnehmer an den religiösen Festlichkeiten die christlichen Inhalte verinnerlicht hatten, bleibt fraglich. So gab es unter den Feiernden „welche, die nach der Auferstehung anfingen, Zauberei zu treiben." [181] So wie getaufte, afrikanischstämmige Kubaner christliche Feiertage beachteten und dennoch die alten afrikanischen Rituale weiterhin praktizierten, gab es auch den umgekehrten Fall, dass weiße, katholische Spanier und Kubaner religiöse Vorstellungen der Schwarzen übernahmen und mitunter auf Dienste von Zauberern zurückgriffen. Montejo kommt hier zu folgender Einschätzung:

> „Der Katholizismus verfällt immer in Geisterglauben. Das kann man als sicher ansehen. Einer, der bloß katholisch ist – das gibt es nicht. Die Reichen früher waren katholisch, aber von Zeit zu Zeit hörten sie auf die Zauberer. Von den Aufsehern gar nicht zu reden. Sie ließen die schwarzen Zauberer nicht aus den Augen, vor lauter Angst. Sie wußten genau, wenn die Zauberer wollten, konnten sie ihnen den Schädel spalten. Noch heute gibt es viele Leute, die sagen einem: ‚Ich bin katholisch und apostolisch.' Ach Unsinn!, das Märchen sollen sie jemand anders erzählen. Hier hat der Kleinste und der Größte sein Büchlein, seine Zauberregel. Niemand ist einfach so was Reines. Alle Religionen haben sich hier in diesem Land vermischt. Der Afrikaner brachte seine, die stärkste, und der Spanier brachte auch seine, die war aber nicht so stark. Man muß sie alle respektieren. Das ist meine Politik."[182]

In den Worten des ehemaligen Sklaven Esteban Montejo klingt die Theorie der Transkulturation von Fernando Ortiz, dem Lehrer Miguel Barnets, deutlich an, wenn er von der völligen Vermischung aller Religionen schreibt. Dennoch ist es plausibel, dass er das Phänomen eines praktizierten Synkretismus zur Zeit der Sklaverei treffend beschreibt. Fraglich bleibt, ob sich dieser bereits gegen Ende des 19. Jahrhunderts als Volkskultur etabliert hatte. Wahrscheinlicher ist, dass hier eine Mentalität beschrieben wird, die sich zunächst

---

179 Ebd., S. 152.
180 Ebd.
181 Ebd.
182 Ebd., S. 146f.

in der Gruppe derer ausgebreitet hatte, die in direktem Kontakt zu Versklavten und später Afrokubanern standen, und erst zu einem späteren Zeitpunkt in die gesamte Gesellschaft diffundierte.

3.3. Anacaona: Aus dem Leben einer kubanischen Musikerin

Alicia Castro wurde 1920 als neuntes von insgesamt 13 Kindern in Havanna geboren. Ihr Vater Matías war als Sohn chinesischer Kontraktarbeiter auf einem Landgut von der afrikanischen Ex-Sklavin Toya als Ziehmutter erzogen worden und bezeichnete später den Kommunismus als seine Religion.[183] Ihre Mutter Concepción war als Tochter eines baskischen Musikers und dessen früh verstorbener Frau vermutlich katholisch getauft. Die Familie legte keinen besonderen Wert auf eine christliche Erziehung ihrer Kinder, hatte aber alle offensichtlich taufen lassen.

Aus Geldmangel und wegen der guten Bildung wurden die Töchter auf die Klosterschule der Sociedad de Pilar bei den Señoras de las Luces geschickt. Die katholischen Schwestern nötigten nicht nur die Eltern zu einer kirchlichen Trauung nach vielen Jahren der Zivilehe – anderenfalls hätten die Mädchen die Schule nicht weiter besuchen können –, sondern sorgten auch dafür, dass diese den Katechismus-Unterricht besuchten und sich auf der Erstkommunion vorbereiteten. Alicia war die Erste, die sich weigerte, daran teilzunehmen. Ihr Argument lautete: „Was in aller Welt soll ich beichten? Ich habe noch gar keine Sünde begangen."[184]

In der Lebensgeschichte von Alicia Castro, in ihren Begegnungen und in ihrem musikalischen Wirken ist Religion immer wieder ein wichtiges Thema. Auf diese Weise gewinnt der Leser Einblick in das Milieu der einfachen Kubaner sowie die Bedeutung afrikanischer religiöser Traditionen für die Entwicklung der populären kubanischen Musik. Die Geschichte von Alicia und ihres Frauenorchesters Anacaona ist damit zugleich eine wichtige Studie der Volksreligiosität in Kuba in der ersten Hälfte des 20. Jahrhunderts:

> „Obwohl die Religion so stark in unserem Leben und der Musik verankert ist, sprachen nicht einmal wir Schwestern viel über religiöse Dinge. Noch viel weniger unterhielt ich mich mit anderen darüber. Trotzdem wusste ich, dass die meisten in der Nachbarschaft die Religion lebten. Jeder hatte seine eigene, diskrete Form, seinen Heiligen zu ehren und sich Schutz und Wohlergehen zu sichern. Man brauchte sich nur die Kleidung anzusehen: Die Töchter und Söhne der Liebesgöttin Ochún bevorzugen es, Kleider in Gelb anzuziehen,

---

[183] Vgl. CASTRO, Anacaona, S. 25–36.
[184] Ebd., S. 35f.

die des Donnergotts Changó nehmen rote und die der Meeresgöttin Yemayá gehen in blau."[185]

Offensichtlich war in dem Stadtteil Lawton, einem Arbeiterviertel in Havanna, zum einen Religion eine wichtige Dimension im Leben der Menschen, zum anderen waren in der alltäglichen Praxis afrokubanische und spiritistische Traditionen vorherrschend. Zu ihrer persönlichen Religiosität schreibt Alicia Castro:

> „Trotzdem fühlte ich mich, so wie fast alle Leute in Kuba, als Katholikin. Dass das eine besondere Form des Katholizismus war, wurde mir erst bewusst, als wir im Ausland auf Tournee waren und Katholiken kennen lernten, für die die sonntägliche Messe ein Muss ist. Nur wenn ich großen Kummer hatte, ging ich in die Messe, in jenen seltenen Augenblicken, in denen ich ein tiefes Bedürfnis verspürte, die Kirche zu betreten. Die Heiligen und die Toten ehrte ich meist zu Hause, denn ich für meinen Teil bin Spiritistin. Auf meiner Kommode hatte ich die Figuren des heiligen Lázaro und der Jungfrau der Caridad aufgebaut. Regelmäßig stellte ich ihnen Blumen hin. Vor allem aber achtete ich darauf, den Totengeistern hoch oben auf meinem Kleiderschrank ein Glas mit frischem Wasser darzubieten. Spiritismus und Santería sind verschiedene Richtungen und Glaubensgemeinschaften, aber meist sagen wir zu beidem einfach *la religión*."[186]

Dass dieses ‚synkretistische Bekenntnis' als Selbstzeugnis auch für viele Kubaner:innen aus dem Umfeld Alicias gelten könnte, belegt ihr Hinweis auf ihre Schwester Emma, die sie als „*calambuca*[187], katholischer als der Papst"[188] bezeichnet, da sie – als einzige ihrer Familie – alle Regeln der Kirche streng befolgte und sich zuletzt den Wunsch einer Reise nach Rom erfüllen konnte, um dort den Heiligen Vater zu sehen. Bei aller Kritik an einem ostentativen, pharisäischen Katholizismus, bildete dieser dennoch auch ein wichtiges Element ihrer eigenen Religiosität. So war es für Alicia und ihre Schwester unvorstellbar, dass ihre Nichte Ingrid, die Tochter von Millo, die inzwischen in Deutschland lebte und mit einem Atheisten verheiratet war, nach dem Willen des Vaters nicht getauft wäre. Ohne dessen Einverständnis einzuholen, organisierten sie daher die Taufe ihrer Nichte bei einem Besuch in Havanna. Ingrids Mutter Millo „konnte und wollte nicht protestieren."[189]

1932 gründete Alicas zweitälteste Schwester „Cuchito" (Concepcion Castro Zaldarriaga 1907–1976) ein Frauenorchester,[190] in das sich alle Schwestern nach und nach integrierten. Sie benannten es nach der indianischen

---

185 Ebd., S. 259.
186 Ebd., S. 261f.
187 Das bedeutet: heuchlerisch, pharisäisch, jemand, der eine übertriebene Frömmigkeit zur Schau stellt. Vgl. https://raicesdeperaleda.com/diccionario/calambuco/p-1897 (Zugriff am 3.7.2021).
188 CASTRO, Anacaona, S. 261.
189 Ebd., S. 311.
190 Vgl. Ingrid KUMMELS, Leben entlang der Achse Havanna – New York – Paris: Cuchito Castro Zaidarriaga (1907–1976) und ihre Frauenband Anacaona, in: Bernd HAUSBERGER

Fürstin Anacaona, die sich zur Zeit der Eroberung Hispaniolas, dem heutigen Haiti und der Dominikanischen Republik, den Spaniern entgegengestellt hatte. Daraufhin war sie von Kolumbus und seinen Leuten zusammen mit ihrem Volk der Taínos, zu denen auch die Ureinwohner Kubas gehörten, ermordet worden.[191] Der Gruppenname wurde Auslöser einiger seltsamer Ereignisse und schließlich der ‚spiritistischen Konversion' von Alicia und Cuchito.

Die Spiritistin Graciela Pérez (1915–2010), die eine Zeitlang Sängerin der Gruppe war, erzählte eines Tages, dass sich der Geist Anacaonas bei ihr gemeldet hätte und die übrigen Bandmitglieder aufforderte, an einer Sitzung teilzunehmen, um die Verwendung ihres Namens zu klären.[192] Obwohl Cuchito und ihre Schwestern das nicht sehr ernst nahmen, fanden sie sich doch bei einer Frau aus dem Stadtteil Regla ein, die als spiritistisches Medium den Kontakt zu Anacaona herstellen sollte. Von der Sitzung berichtet Alicia sehr eindrücklich:

> „Plötzlich saß da nicht mehr die Frau aus Regla, sondern eine Fremde. Mir lief ein Schaudern über den Rücken. Ist das Anacaona? Tatsächlich! Das musste sie sein, denn wütend presste sie die Worte heraus. ‚Warum habt ihr meinen Namen angenommen? Wer hat euch den Namen überlassen? Wen habt ihr um Erlaubnis gebeten, ihn zu benutzen?' Zornig brüllte sie: ‚Mit welchem Recht eignet ihr euch meinen Namen an? Wenn ihr mich nicht respektiert, wird euch einiges blühen.' [...] Cuchito war mit den Nerven am Ende. Sie fühlte sich schuldig und schwor, Anacaona künftig gebührend Aufmerksamkeit zukommen zu lassen."[193]

Die Folge war, dass Cuchito fortan, wie von Anacaona verlangt, regelmäßig spiritistische Sitzungen besuchte und sich Botschaften von Anacaona ausrichten ließ. Nach einigen Sitzungen merkte sie, dass auch sie über die Fähigkeit verfügte, mit den Geistern und speziell mit Anacaona direkt in Kontakt zu treten.

Ihre Schwester Alicia ist fest davon überzeugt, dass es Menschen gibt, die die besondere Gabe besitzen, Totengeister zu hören oder zu sehen und mit ihnen in wachem Zustand eine Beziehung einzugehen. Diese Fähigkeit allerdings müsse unter Anleitung erfahrener Leute entwickelt werden. Nur dann könne der Geist für eine Hilfe in Anspruch genommen werden. Sie selbst

---

(Hrsg.), Globale Lebensläufe. Menschen als Akteure im weltgeschichtlichen Geschehen, Wien 2006, S. 257–282.
191 Vgl. CASTRO, Anacaona, S. 59f sowie zu den historischen Hintergründen Bartolomé DE LAS CASAS, Kurzgefaßter Bericht von der Verwüstung der Westindischen Länder, Frankfurt/Main 1981, S. 20f.
192 Vgl. CASTRO, Anacaona, S. 145–148.
193 Ebd., S. 146f.

wollte sich nicht ernsthafter mit dem Spiritismus beschäftigen, da sie befürchtete, die Totengeister könnten ihr Probleme bereiten – wozu sie in der Lage wären:

> „Sie machen einen krank, nur damit man sich entschließt, diese Fähigkeit zu entwickeln. Die Geister rücken einem so nah, kleben sich förmlich so an einen, dass man sich am ganzen Körper unwohl fühlt. Man spürt starke Kopfschmerzen oder es wird einem schwindlig. Genau dies widerfuhr Cuchito. Sie fühlte sich krank und Anacaona, ihr Schutzengel, teilte ihr mit, was sie zu tun hatte. Erst nachdem sie deren Anweisungen befolgt hatte, kam sie wieder auf die Beine. So entwickelte Cuchito, wie viele in Kuba, eine besondere Beziehung zu einem Totengeist, zu dem unserer Namenspatronin. Anacaona war es, die sie fortan beschützte, und ich glaube, sie lenkte auch unser Glück."[194]

Nach diesem Erlebnis wurde der Spiritismus die vorherrschende Religion von Alicia Castro, mit der sie viele Probleme ihres Alltags zu lösen versuchte. Ein wichtiges Anliegen war es, Auskünfte und Ratschläge für die Zukunft zu erlangen. Zusammen mit der Spiritistin Celia Cruz (1925–2003), die eine Zeitlang Sängerin von Anacaona war, versuchten die Frauen, mithilfe eines umgedrehten Glases ihre zukünftigen Ehepartner herauszufinden. Als für Alicias Schwester Millo ein Mann mit dem Anfangsbuchstaben „K" genannt wurde, wunderten sich alle sehr, da sie keinen Mann mit einem K in seinem Namen kannten.[195] Dennoch sollte das Medium Recht behalten, da Millo später den Deutschen Karl Kummels heiratete.

Regelmäßig suchte Alicia die Spiritistin Margarita wegen ihrer Probleme mit den Atemwegen auf, aber auch für andere Belange. Als Alicia mit 56 den geschiedenen Andrés heiratete, dessen Frau nicht nur extrem eifersüchtig, sondern auch „der Hexerei mächtig"[196] gewesen sei, da sie aus dem Osten Kubas stammte, wo die Menschen „Experten in Sachen Magie sind und die Frauen es gut verstehen, einem den Mann auszuspannen"[197], erteilt Margarita ihr die entscheidenden Ratschläge. So ist es für Alicia selbstverständlich, ihre Schwester Ada ebenfalls zu einer Sitzung bei Margarita mitzunehmen, als diese über den Verlust ihres Sohnes trauerte. Der Besuch zeigte offensichtlich eine heilsame Wirkung:

> „Ich merkte, dass Ada die ruhige, entspannte Atmosphäre gut tat. Die Besucher gingen alle offen miteinander um. Bei den spiritistischen Befragungen erfuhr man ja ohnehin viel von den Sorgen eines jeden. Es half, zu wissen, dass nicht wenige aus der Nachbarschaft ebenfalls mit schweren Schicksalsschlägen und heimtückischen Krankheiten fertig werden mussten."[198]

---

194 Ebd., S. 147f.
195 Ebd., S. 252.
196 Ebd., S. 371.
197 Ebd.
198 Ebd., S. 369.

Alicias Bericht ist ein gutes Zeugnis dafür, dass der Spiritismus in ihrem Stadtteil – und vermutlich an vielen anderen Orten ebenso – die ‚Religion der kleinen Leute' war und die Medien in vielerlei Hinsicht karitativ wirkten. Dabei erwies sich der ‚weiße' Spiritismus, der sich auf die Lehren des Franzosen Alan Kardec bezog, als überaus anknüpfungsfähig an andere religiöse Traditionen wie das Christentum und afrokubanische Vorstellungen.[199] Die belegt die Spiritistin Margarita eindrücklich, die

> „jedes Jahr mit großem Aufwand den Tag der Jungfrau de las Mercedes, den 23. September, schon am Vorabend [feierte]. Die Jungfrau de las Mercedes ist Obatalá. Er, der oberste Herr, hat Erde und Menschen erschaffen und ist Besitzer der Träume und der Gedanken. Deshalb nennt man ihn auch den ‚Besitzer der Köpfe'. Obatalá symbolisiert den Frieden, die Ruhe, die Gerechtigkeit."[200]

Dass dieser synkretistische Volksglaube nicht von allen Kubanern geteilt wurde, zeigen die vielen Diskussionen, die Alicia mit ihrem damaligen Freund, dem Journalisten Eladio führte. Dieser äußerte sich in einer Zeitungskolumne überaus polemisch gegenüber dem Glauben Alicias und seiner Landsleute an Geister:

> „An Spiritismus zu glauben bedeutet nur, sich bei den Sitzungen viele Stunden um die Ohren zu schlagen, immer von der Hoffnung beseelt, einen verstorbenen Verwandten sprechen zu können. [...] Kann man die grausamsten Krankheiten kurieren, nur indem man ein Wasserglas auf die Kommode stellt? Wenn ja, sollten Sie den Spiritismus offiziell als Hydrotherapie anerkennen. In Wirklichkeit ist es ein wahres Mysterientheater, allerdings durchsetzt mit einer guten Portion Komik."[201]

Dennoch lässt sich die kubanische Bevölkerung nicht in eine spiritistisch-religiöse, ‚abergläubische' Gruppe auf der einen und eine intellektuelle, rational-aufgeklärte auf der anderen Seite einteilen. Vielmehr erhält Alicia von dem Kardiologen Dr. Torres angesichts einer möglichen Operation an ihrem Herzen den dringenden und ernst gemeinten Rat, nach Guanabacoa zu gehen und dort einen *babalao*, einen Priester der *santería* aufsuchen, da nur dieser ihre Krankheit heilen könne.[202] Dies belegt, dass kubanische Mediziner, die nach westlichen, rationalen Kriterien ausgebildet waren, offensichtlich keinen Widerspruch zum afrikanischen, religiösen Weltbild sahen und von den Fähigkeiten der afrokubanischen Priester überzeugt waren.

Bemerkenswert ist, dass der Ratschlag von Dr. Torres bereits in die Zeit nach der sozialistischen Revolution fiel. Auch Alicia ist über die Sympathie ihres Arztes für die *santería* erstaunt, muss aber feststellen, dass es unter

---

199 In analoger Weise hatte sich die Lehre Kardecs auch in Brasilien ausgebreitet. Vgl. dazu SPLIESGART, Akkulturation, S. 389–400.
200 CASTRO, Anacaona, S. 369.
201 Ebd., S. 199f.
202 Vgl. ebd., S. 381.

den Pflegekräften im Krankenhaus nicht wenige *santeros* gab. Da diese nämlich von Berufs wegen weiße Kleidung zu tragen hatten, fiel es nicht weiter auf, wenn sie ‚ihren Heiligen machten', d.h. sich als ‚Sohn' oder ‚Tochter' einem bestimmten Heiligen weihen ließen, da man dafür ein Jahr lang von Kopf bis Fuß ausschließlich weiß gekleidet sein musste.

Alicia Castro wuchs in einem musikbegeisterten Elternhaus auf. Ihr Vater Matías kannte viele populäre kubanische Musiker, die alle aus ähnlich einfachen Verhältnissen stammten wie er selbst. Nachdem er durch ein Geschäft zu einem bescheidenen Wohlstand gelangt war, veranstaltete er an zahlreichen Wochenenden Feste in seinem Haus, zu denen auch Musiker geladen waren. So kam Alicia, die Saxophon lernte, von Kind auf mit kubanischer ‚Volksmusik' in Kontakt, die zu dieser Zeit entstand. Indem die Musiker die mitreißenden afrikanischen Rhythmen mit den melodiösen Elementen spanischen Ursprungs verbanden, schufen sie das neue Genre des *Son*. Bislang hatte die weiße Elite alle afrikanischen Elemente wie Rumba und Conga sowie die dazugehörigen Instrumente und Tänze, als ‚primitiv' und ‚abstoßend' verachtet.[203] Erst 1937 ließ der Stadtrat von Havanna die Conga wieder zum Karneval zu.[204]

Der Son ist eine überaus komplexe Musik. Die Gruppen – häufig Septette – integrieren neben den verschiedenen Schlaginstrumenten ‚moderne' Instrumente wie Gitarre, Kontrabass und Trompete. Die Grundlage des Son bildet stets eine Vielzahl von unterschiedlichen Rhythmen, die sich ergänzen und zu spannungsreicher Harmonie überlagern. Der Ursprung der meisten Rhythmen liegt in afrikanischen religiösen Traditionen. So nimmt es nicht wunder, dass die meisten Musiker afrikanische Wurzeln hatten. Dabei war die Verbindung von Religion und Musik offenkundig, wie Alicia berichtet:

> „Durch Trommeln versucht man mit Gottheiten wie Ochún, Changó und anderen in Verbindung zu treten. Die verschiedenen Trommelschläge bilden eine eigene Sprache. Die Musiker bringen mit kurzen, langen, harten oder weichen Schlägen, am Rand der Trommel, in ihrer Mitte, laut, leise, mit der anderen Hand abgebremst oder durch das Reiben der Handfläche die ‚Worte' hervor. Ein guter Spieler lässt die Trommel mit einer unendlichen Bandbreite von Schlägen sprechen. Das ist nicht nur eine Frage der Technik, auch Gnade muss dem Musiker zuteil werden – das gilt nicht nur für das Zwiegespräch mit den Gottheiten, sondern auch für den Son."[205]

Viele der afrokubanischen Musiker, im Besondern die Percussionisten, waren als *santeros* in ihre Religion initiiert und beherrschten den ‚toque de santo', den „Trommelschlag des Heiligen", mit dem während der religiösen Zeremonien die Heiligen angerufen wurden. Eine besondere Rolle kam dabei

---

203 Vgl. ebd., S. 83.
204 Vgl. ebd., S. 180.
205 Ebd., S. 58f.

den drei *batá*-Trommeln zu, die auf beiden Seiten bespannt sind. Von ihnen wird gesagt, sie besäßen magische Kräfte, mit denen die Heiligen animiert werden können, zu den Menschen ‚herunterzukommen' und mit ihnen zu feiern. Durch die speziellen Rhythmen werden die Gläubigen in Trance versetzt, so dass die jeweilige Gottheit von ihnen Besitz ergreifen kann.

Alicia, die selbst keine *santera* ist, nimmt dennoch auch an afrokubanischen Zeremonien teil. Einmal wird sie zusammen mit ihrer Schwester Millo von dem Trompeter Lázaro Herrera (1903–2000) vom Septeto Nacional[206] zu einer Jam-Session am Vorabend seines Namenstages, dem 17.12., eingeladen. Diese hatte Lázaro, der *santero* war, von vornherein als religiöse Zeremonie geplant. In der afrikanischen Tradition wird San Lázaro, der heilige Lazarus, der als der zweitwichtigste Heilige Kubas gilt, mit der Figur des *Babalú Ayé* gleichgesetzt. In seinem Haus hatte Lázaro Herrera einen Altar geschmückt. Davor spielten Männer auf den heiligen *batá*-Trommeln, weitere Musiker und Sänger mit Perkussionsinstrumenten wie dem *chekeré*, einem Flaschenkürbis, der mit einem Netz aufgefädelter Samen überspannt ist, und der *huatraca* sorgten für einen „Rausch der Rhythmen"[207], zu dem viele Gäste frenetisch tanzten. Schließlich erreichten zwei der Anwesenden, von den Gottheiten *Ochún* und *Babalú Ayé* ‚besessen' zu werden. Alicia zeigt sich hier sehr verständig und berichtet ohne eine Spur von Furcht oder Entsetzen:

> „Bald fiel der erste Tanzende ohnmächtig zu Boden. Eine junge Frau ‚bekam ihren Heiligen' und wurde, wie man sagt, von ihrem Heiligen ‚geritten'. Nachdem sie sich scheinbar wieder gefangen hatte, tanzte sie weiter, nun aber ganz anders, denn eine Heilige war in sie gefahren. An der geschmeidigen, sinnlichen Bewegung merkte man: Es war Ochún, die Göttin der Liebe, die Herrin des Flusses. Wir pressten uns nun noch dichter zusammen, um Ochún Raum zum Tanzen zu geben. Da fiel ein weiterer Besucher zu Boden. Er verwandelte sich vor unseren Augen in einen hinkenden, in sich gewundenen, kauernden Krüppel – in Babalú Ayé, den leprakranken heiligen Lázaro. Er drehte seine Runden und einige suchten seine Nähe, um Fragen nach ihrer Gesundheit zu stellen. Babalú Ayé sprach aber auch von sich aus Besucher an. Er redete zu ihnen – in Yoruba oder Lucumí – in irgendeiner afrikanischen Sprache jedenfalls, die ich nicht verstand. Ein Kundiger übersetzte die Botschaften, wobei den Angesprochenen oft das blanke Entsetzen ins Gesicht geschrieben war. Der Heilige sagte ihnen Sachen, die keiner wissen konnte, welche Vergehen sie begangen hatten und mit welchen Gaben – Blumen, Kerzen, Honig, Hühner – sie es wieder gutmachen sollten."[208]

Die Anwesenheit von Alicia und Millo bei einem afrokubanischen Besessenheitsritual verdankte sich wohl in erster Linie der Freundschaft zu ihrem Musikerkollegen Lázaro Herrera. Darüber hinaus war es für die Frauen von Anacaona, die sich musikalisch der neuen kubanischen Stilrichtung des Son

---

206 Vgl. https://www.ecured.cu/Lázaro Herrera Díaz (Zugriff am 3.7.2021).
207 CASTRO, Anacaona, S. 258.
208 Ebd., S. 258.

verschrieben hatten, unverzichtbar, gründliche Kenntnis der afrokubanischen Rhythmen zu erlangen, die aus den religiösen Traditionen Afrikas stammten. Das Interesse an dem Fest zu Ehren von San Lázaro war daher zu einem guten Teil ein musikalisches. So hatte etwa Millo von dem Schwarzen Andrés Guerra Percussion-Unterricht erhalten.[209]

Wenn nun die Gruppe Anacaona afrokubanische Stücke auf der Bühne präsentierte, dann musste streng darauf geachtet werden, dass sie die Rhythmen so abwandelten, „dass sie keine Kraft mehr hatten"[210] d.h. keine religiösen Codes enthielten. Besondere Vorsicht galt den *batá*-Trommeln, auf denen nur Schläge gespielt werden durften, die denen des *toque de santo* ähnlich waren, aber nicht diesen selbst. Hier galt das Motto: „Spiel nicht mit den Heiligen!"[211] Offensichtlich gab es eine klare Grenze zwischen religiöser und profaner Musik, die von kubanischen Musikern penibel eingehalten wurde. Als daher der kubanische Conga-Spieler Chano Pozo 1948 in einer Bar in Harlem erschossen wurde, munkelte man, dass dies die göttliche Strafe dafür wäre, dass er geheime Trommelschläge für seine Karriere benutzt und in die Öffentlichkeit gebracht hätte.

Es lässt sich also festhalten, dass es unmöglich ist, den kubanischen Son zu spielen, ohne sich afrikanische, religiös-musikalische Traditionen anzueignen und sich mit ihnen auseinanderzusetzen. An diesem Punkt kam es innerhalb der Gruppe Anacaona zu einer Kontroverse, als sich die streng katholische Emma weigerte, ein afrokubanisches Stück, das Lázaro Herrera extra für die Schwestern geschrieben hatte, zu begutachten.[212] Sie konnte sich jedoch mit ihrer Meinung, dass das Stück auch in einer ‚gezähmten' Fassung noch ‚Aberglaube' transportiere, nicht durchsetzen.

Insgesamt war Alicia Castro mit ihren Geschwistern in einem Haus aufgewachsen, das von großer religiöser Offenheit und Toleranz geprägt war. Bemerkenswert ist, dass die Feste, die ihr Vater Matías Castro veranstaltete, häufig einen religiösen Charakter hatten, der dann in eine profane Feierlichkeit überging. Dies war vor allem bei den Feiern anlässlich der Namenstage der Fall. Den Namen der katholischen Heiligen war jeweils eine afrikanische Gottheit zugeordnet.[213] Dies geht zurück auf die Zeit, als die Sklaven die Spanier glauben machen wollten, dass sie katholische Heilige verehren. In Wirklichkeit beteten sie weiterhin ihre afrikanischen Gottheiten an. So war der Namenstag von Cachita am 8. September der Jungfrau der ‚Caridad', der

---

209 Ebd., S. 70.
210 Ebd., S. 260.
211 Ebd.
212 Ebd., S. 261.
213 Vgl. ebd., S. 55f.

Barmherzigkeit, zugeordnet, die der afrikanischen Gottheit *Ochún* entspricht. Die heilige Barbara entsprach *Changó*, dem Heiligen des Blitzes und des Donners.

Alicia berichtet, wie der Namenstag von Chuchito am 8. Dezember mit dem Fest zu Ehren der „Puríssima Concepción" (Maria Empfängnis) begangen wurde:

> „Meine Eltern hatten ein mannshohes Regal mit weißem Satin überworfen und mit dem Bild der Virgén de la Concepción und Kerzen geschmückt. Kurz vor Mitternacht knieten die Gäste, einer nach dem anderen, vor diesem Altar nieder und beteten. Sie wünschten sich etwas von Concepción und gaben ein Versprechen. Punkt Mitternacht wurden die Kerzen angezündet – hell leuchtete der Altar mit all den schönen Lichtern. Das ‚Septeto Nacional' spielte zuerst die religiösen Lieder für Concepción. Dann begann das Fest."[214]

Direktor des berühmten Septeto Nacional war Ignacio Piñeiro (1888–1969), einer der Begründer des kubanischen Son. Als Nachfahre von Sklaven hatte er in den 1920er Jahren „Dutzende von Liedern [geschrieben], die auf Praktiken oder auf Ausdrücke aus der Santería, dem *palo monte* und dem *abakuá* verweisen"[215]. Die Schilderung von Alicia ist ein hervorragender Beleg dafür, dass im Hause Castro eine häusliche Laienreligiosität gepflegt wurde. Hinsichtlich des Inhalts dieser Religiosität stellen sich jedoch einige Fragen.

Die Musiker des Septeto Nacional waren ganz in der afrokubanischen religiösen Tradition sozialisiert. Wenn sie nun ‚religiöse Lieder für Concepción' spielten, machten sie dann von der spanischen, christlichen Musikkultur Gebrauch oder spielten sie auch bei dieser Gelegenheit ihre afrokubanischen Stücke? Dies wiederum würde bedeuten, dass sie Lieder für die afrikanische Gottheit *Iroko* präsentierten, die in Kuba mit dem Ceiba-Baum identifiziert wird. Eine andere Frage betrifft die Gebete: An wen richteten die Gläubigen ihre Bitten? An Maria Concepción, die Jungfrau der unbefleckten Empfängnis, oder an die Gottheit Iroko? War es den Gästen freigestellt, zu welcher Tradition sie sich halten wollten? Oder wurden Christentum und afrikanische Religion gar nicht als Gegensatz empfunden? Wie wurde dies alles von den Schwestern der Familie Castro aufgenommen und verstanden? Bei Emma ist klar, dass sie sich an die Jungfrau Maria wandte, aber zu wem betete Alicia? Betete sie überhaupt?

---

214 Ebd., S. 57.
215 KUMMELS, Popmusik, S. 84.

4. Ergebnisse und Folgerungen für die Globale Christentumsgeschichte

1. Für die Globale Christentumsgeschichte ist das Konzept der Volksreligiosität insofern sinnvoll, als es den Blick konsequent auf die Akteure im jeweiligen Kontext lenkt. Für Kuba zeigt sich sehr schnell, dass das ‚Volk' extrem differenziert ist und dementsprechend betrachtet werden muss. Neben einer weißen, spanischen oder spanischstämmigen Oberschicht (Priester, Ärzte, Journalisten) wurden in den drei vorgestellten Quellen eine kreolische Stadtbevölkerung, französische Grundbesitzer, eine arme, von den kanarischen Inseln eingewanderte Landbevölkerung, Nachfahren chinesischer Kontraktarbeiter sowie verschiedene Gruppen von Versklavten oder ehemaligen Versklavten angetroffen: städtische Haussklaven, Sklaven auf Plantagen, entlaufene, freigelassene bzw. freigekaufte Sklaven, in Afrika Geborene und deren Nachfahren, Angehörige verschiedener afrikanischer Kulturen. Entsprechend der Zugehörigkeit zu einer dieser Gruppen wurden sehr individuelle religiöse Praktiken und Mentalitäten festgestellt. Es erscheint daher notwendig, dem vorkritischen Volksbegriff ein differenziertes Konzept zur Seite zu stellen. Ein Vorschlag ist, den Begriff des *Milieus* auch in außereuropäischen Kontexten anzuwenden.

2. Als Quellen der kubanischen Volksreligiosität wurden ein Reisebericht, ein ethnographischer Roman sowie eine Autobiographie herangezogen und nach einem individualgeschichtlichen Ansatz erschlossen. Dabei hat sich gezeigt, dass gelebte Religiosität immer in modifizierter und amalgamierter Form auftritt. Das Beispiel Kubas bestätigt, dass eine Erforschung des Christentums immer nur im Ausgang der allgemeinen Religionsgeschichte betrieben werden kann, denn eine Konzentration auf ‚das Christliche' ist ohnehin nicht möglich. Daraus ergibt sich für die Globale Christentumsgeschichte die Forderung nach *Transdisziplinarität*, d.h. der Berücksichtigung religionswissenschaftlicher, ethnologischer und literaturwissenschaftlicher Methoden.

Alle verwendeten Quellen gaben nur indirekt Auskunft über die Religiosität der jeweiligen Person bzw. Personengruppe aus ‚dem Volk'. Stets war eine intellektuelle Autorin bzw. ein Autor bei der Verschriftlichung der Erzählungen bzw. Eindrücke federführend: Frederika Bremer bei ihren Beobachtungen an der kubanischen Bevölkerung, Miguel Barnet an der Seite des illiteraten Esteban Montejo und Ingrid Kummels für ihre Tante Alicia Castro. In diesen Fällen ist die Quellen- und Tendenzkritik besonders streng durchzuführen.

Auffallend ist, dass alle Protagonisten einen klaren religiösen oder ideologischen Hintergrund haben, vor dem sie Religiosität – ihre eigene und die anderer – gleichsam als Kontrastfolie wahrnehmen: Bremer als schwedische

Protestantin mit mystischen Zügen, Montejo als antikolonial und antikatholisch eingestellter *cimarrón* mit großem Freiheitsdrang und Alicia Castro als undogmatische und zugleich katholische Spiritistin.

3. In allen Quellen war *Synkretismus* als Diskurskategorie durchgängig präsent – direkt oder indirekt. Da es ohnehin unmöglich ist, die Anteile von Christlichem und Nicht-Christlichem klar zu trennen oder gar zu quantifizieren, d.h. einen ‚Bauplan' für den jeweiligen Synkretismus zu ergründen und so an eine ‚Essenz' von Religion(en) zu gelangen, erscheint die Frage nach den ‚politics of syncretism' als wesentlich interessanter und ergiebiger: Wer redet zu wem und mit welchem Interesse von Reinheit oder Synkretismus?

Die Reisende Frederika Bremer spricht als nordeuropäische Protestantin den kubanischen Katholiken jegliche Ernsthaftigkeit ihrer religiösen Praxis ab. Anderseits ist sie gegenüber dem Synkretismus der afrikanischstämmigen Bevölkerung positiv eingestellt und wendet sich damit gegen einen – im Grunde protestantischen – Reinheitsdiskurs.

Esteban Montejo präsentiert sich als auf eine sehr eigene und pragmatische Weise als religiös und etwas christlich, obwohl er behauptet, das Christentum gar nicht verstanden zu haben. Den katholischen Spaniern bescheinigt er einen Hang zur afrikanischen, magischen Religiosität und damit zum Synkretismus. Damit macht er – nicht zuletzt mit dem Einverständnis Miguel Barnets – zum einen eine antikoloniale, antikatholische Perspektive geltend, zum anderen profiliert er die afrokubanische Kultur und Religiosität als wichtige Quelle des Widerstands gegen das spanische Kolonialsystem.

Alicia Castro bezeichnet sich selbst als Spiritistin auf einer, sehr individuell interpretierten, katholischen Grundlage. Sie widerspricht jedem religiösen Reinheitsdiskurs, explizit dem ihrer dogmatisch-katholischen Schwester Emma. Aufgrund ihrer Lebenspraxis als Musikerin und Kubanerin unter verschiedenen politischen Regimes propagiert sie einen allgemein-religiösen Synkretismus als pragmatische und sinnvolle Überlebensstrategie in Kuba.

4. Die Frage nach der historischen Kontinuität der verschiedenen Erfahrungen stellte sich als schwierig heraus, zu individuell sind die vertretenen Positionen. Gemeinsam sind den Protagonisten jedoch die *Erfahrungen unmittelbarer Transzendenz* sowie des Umgangs mit religiöser Andersheit in ihren Lebenskontexten. Dies mündet nicht zuletzt in einer großen religiösen Offenheit als notwendiger Eigenschaft in Kuba.

Insgesamt erscheint es als plausibel, dass in Kuba durch das Zusammentreffen der verschiedensten religiösen Traditionen im Laufe der Jahrhunderte so etwas wie eine *kubanische Religionskultur* entstanden ist, die sich aus afrikanischen, spiritistischen und einigen christlichen Elementen speist. Diese lässt sich in einem weiteren Sinn als ‚Volksreligiosität' beschreiben. Sie besitzt insofern einen öffentlichen Charakter, als sie alle kulturellen und religiösen Milieus durchzieht und auch von Menschen mit westlich-rationaler Bildung wie den Ärzten anerkannt wird. Was Roberto DaMatta für Brasilien konstatiert, lässt sich sehr gut auf Kuba übertragen: „ninguém é realmente 'de ferro' no que diz respeito a ideologias políticas e, também, a crenças religiosas."[216] – In Kuba „ist niemand in Bezug auf politische Ideologien und auch religiöse Überzeugungen wirklich ‚aus Eisen'".

Möglicherweise – die These greift weiter über das Anliegen dieses Beitrags hinaus und soll daher nur angedeutet werden – war die spezifische kubanische Offenheit für Transzendenz ein guter und notwendiger Resonanzboden für die Idee einer revolutionären Umgestaltung der Gesellschaft, denn auch diese bedarf einer enormen – transzendenten – Vorstellungskraft und Energie. Umgekehrt macht dieselbe Transzendenzoffenheit den Kubanern das Überleben unter den mitunter schwierigen gesellschaftlichen und wirtschaftlichen Bedingungen erträglich und ermöglicht ihnen aktuell und in der Zukunft auch die Umformung – oder Transkulturation – derselben.

5. Die Theorie der Transkulturation, die Fernando Ortiz für die kubanische Gesellschaft entwickelt hat, bestätigt sich als überaus plausibles Erklärungsmodell. Eine stärkere Berücksichtigung für die Christentumsgeschichte Lateinamerikas – wie von Ortiz selbst angemahnt[217] – ist daher naheliegend. Darüber hinaus ist eine Diskussion des Transkulturationsbegriffs für die Globale Christentumsgeschichte wünschenswert und überfällig.

Zusammenfassung

Die sogenannte *Volksreligiosität* (*religiosidad popular*) ist eine wichtige Größe für jeden, der sich in einer sozialgeschichtlichen Perspektive mit dem Christentum in Lateinamerika beschäftigt. Kuba ist insofern ein besonderer Fall, als sich der Katholizismus hier nicht in derselben Weise in der Kultur des ‚Volkes' verwurzeln konnte wie in den übrigen Ländern des Kontinents. Vielmehr waren und sind afrikanische und spiritistische Traditionen neben christlichen Elementen bestimmend für religiöse Ausdrucksweisen in Kuba. Diese in ihrer historischen Dimension zu erfassen, stellt eine doppelte methodische Herausforderung dar, denn zum einen lebte die Mehrheit der kubanischen Bevölkerung auf dem Land und hinterließ keine eigenen schriftlichen Quellen, zum anderen waren und sind viele religiöse Praktiken in Kuba körperlicher Natur. Der Beitrag unternimmt den Versuch, alternative, indirekte

---

216 Roberto DaMatta, Brasil & EUA; ou, as lições do número três, in: Viola Sachs u.a. (Hrsg.), Brasil & EUA. Religião e identidade nacional, Rio de Janeiro 1988, S. 11–26, hier: S. 25f.
217 Vgl. Ortiz, Transculturación, S. 104.

Quellen zu erschließen und aus diesen Wesenszüge kubanischer Religiosität herauszuarbeiten. Der Reisebericht der Schwedin Frederika Bremer beleuchtet die Zeit um 1850; die von dem kubanischen Ethnologen Miguel Barnet auf der Basis von Interviews verfasste Autobiographie des entflohenen Sklaven Esteban Montejo dokumentiert die Zeit von ca. 1860 bis 1900 und die Autobiographie der Musikerin Alícia Castro die erste Hälfte des 20. Jahrhunderts bis 1960. Insgesamt lassen diese sehr verschiedenartigen Quellen die Existenz einer kubanischen Religionskultur plausibel erscheinen. Als strukturelle Elemente lassen sich die immer wiederkehrende Rede von Synkretismus, die Erfahrung unmittelbarer Transzendenz sowie die Fähigkeit der Kubaner zu permanenter Anpassung ‚ihrer Religion' an neue Situationen namhaft machen. Ein plausibles Konzept für diese Prozesse der Reinterpretation und Produktion religiösen Sinns stellt der Begriff der Transkulturation des kubanischen Ethnologen Fernando Ortiz dar.

Summary

The so-called popular religiosity (*religiosidad popular*) is an important factor for anyone who deals with Christianity in Latin America from a socio-historical perspective. Cuba is a special case because Catholicism could not take root here in the culture of the 'people' in the same way it did in the other countries of the continent. Rather, African and spiritualist traditions, along with Christian elements, have been and continue to be decisive for religious expressions in Cuba. Their analysis in a historical perspective presents a double methodological challenge. On the one hand, the majority of the Cuban population lived in the countryside and did not produce written documents. On the other hand, many religious practices in Cuba were and are of a corporal nature. This article attempts to use alternative, indirect sources and to identify traits of Cuban religiosity from them. The travelogue by the Swede Frederika Bremer illuminates the period around 1850. The autobiography of the escaped slave Esteban Montejo, put into writing by the Cuban ethnologist Miguel Barnet on the basis of interviews, documents the period from about 1860 to 1900; and the autobiography of the musician Alícia Castro gives insights into the first half of the 20th century until 1960. These diverse sources make the existence of a distinctive Cuban religious culture quite plausible. As their structural elements can be identified the recurring talk of syncretism, the experience of immediate transcendence and the Cubans' ability to permanently adapt 'their religion' to new situations. A plausible concept for these processes of reinterpretation and production of religious meaning is the concept of transculturation by the Cuban ethnologist Fernando Ortiz.

Karl May und der Islam

WOLFGANG REINHARD

Wahrscheinlich haben durchschnittlich gebildete deutsche Leserinnen und Leser noch Mitte es 20. Jahrhunderts ihre Vorstellungen vom Islam hauptsächlich aus den Büchern des vielgelesenen „Volksschriftstellers" Karl May bezogen. Andere Information zum Thema mit vergleichbarer Verbreitung gab es nämlich nicht. Entwicklung und Wandel von Karl Mays Islam-Bild sind aber nur im Rahmen von dessen schwierigem Lebensweg mit seinen Identitätsproblemen ganz zu begreifen. Carl Friedrich May war Sohn einer bitterarmen sächsischen Weberfamilie, die nicht selten sogar Hunger leiden musste. Angeblich war er die ersten vier Jahre blind oder zumindest sehbehindert.[1] Der intellektuell und musisch begabte Junge wurde zum eifrigen Leser, nachdem sein ehrgeiziger Vater ihn alles Mögliche, sogar wissenschaftliche Werke, lesen und abschreiben ließ.[2] Der örtliche Kantor gab ihm gratis Geigen-, Klavier- und Orgelunterricht. May hat später sogar komponiert. Seine lebhafte Phantasie und sein Erzähltalent wurden durch die Märchen seiner geliebten Großmutter und Erlebnisberichte seines weit gewanderten Taufpaten weiter angeregt.[3] Wahrscheinlich begünstigte Flucht in Traumwelten seit damals seine notorische, allerdings literarisch höchst fruchtbare Neigung, Produkte der eigenen Phantasie als Wirklichkeit zu betrachten. Von 1856 bis 1860, also bereits mit 14 Jahren, studierte er am Lehrerseminar Waldenburg,[4] wo er sich vergebens schon als Autor und Komponist versuchte.[5] Wegen eines geringfügigen Eigentumsdelikts wurde er 1860

---

1 Karl MAY, Mein Leben und Streben (= Karl Mays Werke, Abteilung VI, Bd. 1) Bamberg / Radebeul 2012, S. 25, 36f.; Dieter SUDHOFF / Hans-Dieter STEINMETZ, Karl-May-Chronik, 6 Bde., Bamberg / Radebeul 2005/06, Bd. 1, S. 28.
2 MAY, Leben und Streben, S. 53–55, 65, 73; SUDHOFF / STEINMETZ, Karl-May-Chronik, Bd. 1, S. 47.
3 MAY, Leben und Streben, S. 28–30, 50–52; SUDHOFF / STEINMETZ, Karl-May-Chronik, Bd. 1, S. 37, 61.
4 MAY, Leben und Streben, S. 86–91; SUDHOFF / STEINMETZ, Karl-May-Chronik, Bd. 1, S. 68f.
5 MAY, Leben und Streben, S. 90; SUDHOFF / STEINMETZ, Karl-May-Chronik, Bd. 1, S. 75.

als unwürdig und lügnerisch aus dem Seminar entfernt, durfte aber nach einem erfolgreichen, vom Ortspfarrer unterstützten Gnadengesuch sein Studium am Lehrerseminar Plauen fortsetzen und 1861 erfolgreich abschließen.[6] Die breit angelegte Ausbildung hatte einen Schwerpunkt in der lutherischen Religionslehre, so dass May über eine gründliche Bibelkenntnis verfügte. Möglicherweise hat er hier wie zuhause einerseits Impulse pietistischer Herzensfrömmigkeit erfahren, andererseits aber auch eine lebenslange Abneigung gegen religiösen Formalismus und Dogmatismus gefasst. Als Hilfslehrer in Glauchau rasch wieder entlassen - er hatte sich im Klavierunterricht der Ehefrau seines Vermieters genähert – erhielt er eine neue Stelle in Chemnitz. Dort borgte er sich die Uhr seines Zimmergenossen ohne dessen Wissen aus, wurde daraufhin 1862 zu sechs Wochen Haft verurteilt und als Lehramtsanwärter gestrichen.[7] Im selben Jahr wurde er bei der Musterung für „gesundheitlich untüchtig" erklärt.[8]

May versuchte sich mit wenig Erfolg als Privatlehrer, Musiker und Komponist. 1864/65 beging er drei mit Hochstapelei verbundene Eigentumsdelikte und wurde zu vier Jahren Arbeitshaus verurteilt, von denen er in Schloss Osterstein bei Zwickau wegen guter Führung nur dreieinhalb absitzen musste.[9] Damals legte er eine Liste von Themen an, die er später als Schriftsteller zum Teil tatsächlich abarbeitete.[10] Erneut erfolglos, auch als Schriftsteller, beging er 1869/70 abermals eine Reihe von mit Hochstapelei verbundenen Betrügereien mit viel Aufwand und wenig Ertrag. Auf skurrile Weise setzte er dabei seine notorisch schöpferische Phantasie ein, um die Obrigkeit zu verhöhnen. In Böhmen aufgegriffen, wurde er zu vier Jahren Zuchthaus verurteilt, die er unter harten Bedingungen in Waldheim verbüßte, zunächst mit einer Psychose als Folge.[11] Wahrscheinlich von 1870 stammen atheistische Notizen, die freilich zu allen übrigen Äußerungen Mays in Widerspruch stehen.[12] Vor allem dem katholischen Anstaltskatecheten Johannes Kochta gelang es aber, May zu stabilisieren, unter anderem

---

6 MAY, Leben und Streben, S. 91–93; SUDHOFF / STEINMETZ, Karl-May-Chronik, Bd. 1, S. 79–101.
7 MAY, Leben und Streben, S. 95–99; SUDHOFF / STEINMETZ, Karl-May-Chronik, Bd. 1, S. 110–115.
8 SUDHOFF / STEINMETZ, Karl-May-Chronik, Bd. 1, S. 116.
9 MAY, Leben und Streben, S. 106–109, 112–117, 133; SUDHOFF / STEINMETZ, Karl-May-Chronik, Bd. 1, S. 122–42.
10 MAY, Leben und Streben, S. 122–132; SUDHOFF / STEINMETZ, Karl-May-Chronik, Bd. 1, S. 140.
11 MAY, Leben und Streben, S. 137–146; SUDHOFF / STEINMETZ, Karl-May-Chronik, Bd. 1, S. 142–178.
12 *Hinter den Mauern*, in: karl-may-gesellschaft.de.

auch durch Einsatz als Organist.[13] Von nun an wies der Lutheraner May eine deutliche Affinität zum Katholizismus auf, die später mit geschäftlichen Rücksichten auf katholische Verleger und Leser in ein Verhältnis wechselseitiger Verstärkung treten, aber schließlich in schwere Konflikte münden sollte. Im Mai 1874 wurde May aus dem Zuchthaus entlassen und für zwei Jahre unter Polizeiaufsicht gestellt.[14] Nichtsdestoweniger kann sein weiterer Lebensweg als Musterfall gelungener Selbst-Resozialisierung betrachtet werden.[15]

Der allgemeine Aufschwung des Pressewesens in der „Gründerzeit" begünstigte ihn dabei. 1873/74 erschienen in Zeitungen und Zeitschriften erste Gedichte und Erzählungen.[16] 1875 wurde May von Heinrich Gotthold Münchmeyer, der es vom Zimmergesellen und Musikanten zum Kolportageverleger gebracht hatte, als Redakteur eingestellt.[17] Er betrieb erfolgreiche Zeitschriften und veröffentlichte dort, aber auch anderswo zahlreiche Arbeiten, darunter 1875 die erste Indianergeschichte[18] und 1876 die von Wilhelm Hauff und Alfred Brehm inspirierte Erzählung *Leïlet*, die erste, die im Orient spielt,[19] beide bereits mit einem allerdings noch anonymen Ich-Erzähler. 1874 wurden von Münchmeyer vertriebene Lieferungswerke über Sexualität und Geschlechtskrankheiten sowie über Prostitution in Preußen und Österreich als pornographisch verboten,[20] teilweise zu Unrecht. Erst in jüngerer Zeit wurde bekannt, dass die daraufhin geschaffene und 1876 angebotene umfangreiche Buchausgabe *Das Buch der Liebe* von Karl May nicht nur redigiert, sondern im ersten und dritten Teil auch geschrieben wurde.[21] Der erste Teil über das Wesen der Liebe enthält bereits die Grundgedanken, die er erst in seinem Spätwerk wieder offen legte, die aber unterschwellig viele seiner Werke geprägt haben.

> Gott ist die Liebe und die Liebe demnach das Entwicklungsgesetz des Universums, dem der Mensch durch Nächstenliebe gerecht werden muss. Zwar sind Teufel und Hölle mit einem liebenden Gott nicht vereinbar, aber der Mensch steht als an die Erde gefesselter Egoist dennoch in Widerspruch zu dieser seiner edlen Bestimmung, die Christus wieder

---

13 MAY, Leben und Streben, S. 147–150, 152; SUDHOFF / STEINMETZ, Karl-May-Chronik, Bd. 1, S. 179f.
14 MAY, Leben und Streben, S. 146, 153f.; SUDHOFF / STEINMETZ, Karl-May-Chronik, Bd. 1, S. 185, 194.
15 Hermann WOHLGSCHAFT, Karl May. Leben und Werk (= Karl Mays Werke, Abteilung IX, 1), 3 Bde., Bargfeld 2005, Bd. 1, S. 341–355.
16 SUDHOFF / STEINMETZ, Karl-May-Chronik, Bd. 1, S. 182, 187.
17 MAY, Leben und Streben, S. 151, 154-57.
18 SUDHOFF / STEINMETZ, Karl-May-Chronik, Bd. 1, S. 203.
19 Ebd., S. 220.
20 Ebd., S. 187.
21 Ebd., S. 205.

in die Welt gebracht hat. Sie verwirklicht sich in der Liebe von Mann und Frau, von Eltern und Kindern, in der Familie, der Gemeinde, dem Staat und der Nation, schließlich in einer von Humanität geleiteten friedlichen Menschheit. *Die Liebe glaubt alles, sie hofft alles, sie duldet alles, aber sie kann auch alles, und nur ihr allein ist es möglich, ein Zeitalter zu schaffen, auf dessen Panier die Devise klingt* [sic!]: L i e b e u n d F r i e d e !²²

1876 kündigte May, versuchte es bei einem anderen Verlag und lebte seit 1878 mehr schlecht als recht als freier Schriftsteller von Erzählungen in verschiedenen Zeitschriften, zum Teil handelte es sich dabei um Romane in Fortsetzung.²³ Nach verschiedenen anderen Beziehungen verliebte er sich 1876 in die bildschöne Lebedame Emma Pollmer, die er 1880 bürgerlich und kirchlich heiratete.²⁴ In diesem Zusammenhang machte er sich 1879 einer Amtsanmaßung schuldig.²⁵ Die Ehe war allerdings von Anfang an problematisch und endete 1903 mit der Scheidung, auf die eine hasserfüllte Abrechnung Mays folgte.²⁶

1879 erhielt er das Angebot, regelmäßig für die katholische Familienzeitschrift *Deutscher Hausschatz in Wort und Bild* des Verlags Pustet, Regensburg, zu schreiben, wobei er den Stoff nach Belieben auswählen konnte. Die Zusammenarbeit dauerte bis 1897 und wurde 1907/08 wieder aufgenommen. Die meisten Reiseerzählungen erschienen zuerst als Fortsetzungsromane in dieser Zeitschrift. 1881 begann dort der erste Teil des späteren sechsbändigen Orientzyklus unter dem Titel *Giölgeda padiśhanün* zu erscheinen, 1891 sollte *Im Lande des Mahdi* folgen,²⁷ die beiden wichtigsten Texte für Mays Verhältnis zum Islam. 1887 kam die Stuttgarter Jugendzeitschrift *Der gute Kamerad* dazu, wo sorgfältig gearbeitete Erzählungen für die Jugend erschienen,²⁸ von denen allerdings nur *Die Sklavenkarawane* (1889/90) in der islamischen Welt spielt. Außerdem ließ sich May dazu bewegen, zum Teil pseudonym für Münchmeyer 1882–1887 fünf umfangreiche Kolportageromane mit zusammen über 12.000 großformatigen Druckseiten zu schreiben (Kolportage heißt: Fortsetzungsroman mit Lieferung in wöchentlichen Heften). Zwar sollte das Fehlen schriftlicher Vereinbarungen später zu Prozessen führen, aber die Romane hatten Erfolg und Mays Einkommen verbesserte sich erheblich. Drei der fünf Romane greifen ab und zu auf orientalische Schauplätze zurück.²⁹ Der Durchbruch zu Wohlstand und

---

22 *Das Buch der Liebe,* in: karl-may-gesellschaft.de.
23 Sudhoff / Steinmetz, Karl-May-Chronik, Bd. 1, S. 247, 254f.
24 Ebd., S. 215–217, 244, 257–262.
25 Ebd., S. 235–252.
26 *Frau Pollmer – eine psychologische Studie* 1907, in: karl-may-gesellschaft. de
27 Dieter Sudhoff / Hartmut Vollmer (Hrsg.), Karl Mays Im Lande des Mahdi (= Karl-May-Studien 7), Oldenburg 2003.
28 Sudhoff / Steinmetz, Karl-May-Chronik, Bd. 1, S. 333, 345, 370, 392.
29 Ebd., S. 277–281, 289f.

Ruhm kam 1891 mit dem Freiburger Verleger Friedrich Ernst Fehsenfeld, der 1892–1910 die *Hausschatz*-Romane, dann auch zusätzliche Originalmanuskripte in Buchform herausbrachte, *Carl May's* [sic!] *Gesammelte Reiseromane,* seit 1896 *Gesammelte Reiseerzählungen* in schließlich 33 Bänden.[30]

Die Änderung des Reihentitels auf Mays Wunsch sollte die behauptete Authentizität der geschilderten Abenteuer unterstreichen. Obwohl May erst 1899/90 in den Orient und 1908 nach Nordamerika reiste, behaupteten er und die Verlage Pustet und Fehsenfeld, er habe diese im Gegensatz zu den Jugendbüchern in der Ich-Form erzählten Abenteuer wirklich erlebt. Den Büchern wurden 1896 Fotos von einem als Old Shatterhand oder Kara ben Nemsi verkleideten Karl May beigegeben und der Autor ließ sich 1896 von einem Büchsenmacher den *Bärentöter* und die *Silberbüchse* seines fiktiven Apatschenfreundes Winnetou anfertigen, dazu noch 1902 den *Henrystutzen,* ein Winchester-Repetiergewehr mit 18 Schüssen.[31] Das 1895 erworbene Haus in Radebeul wurde *Villa Shatterhand* genannt.[32] Außerdem führte May seit ca. 1875 unberechtigterweise den Doktortitel, wie es sich für einen gebildeten Deutschen gehörte.[33] Abermals konnte der phantasiebegabte Autor mit dem schmächtigen Körper und dem pfiffigen Gesicht Fiktion und Wirklichkeit nicht mehr auseinanderhalten, aber die Selbst-Resozialisierung durch Erschreiben einer erfundenen Autobiographie hatte funktioniert!

Freilich nicht für immer. Die Orientreise von Ägypten bis Sumatra, keineswegs als Abenteurer, sondern als Luxustourist mit 50.000 Mark Reisekasse, brachte nach zweimaligem psychischen Zusammenbruch im November 1899[34] und Juli 1900[35] die Wende. May wurde nämlich nicht nur mit der Wirklichkeit des Orients konfrontiert, sondern auch mit seiner eigenen. Denn seit 1899 wurde er von verschiedenen Seiten in der Presse als Lügner bloßgestellt. Seine kolonialkritische Haltung erregte Anstoß. Obendrein wurden seine früheren Verfehlungen und Haftstrafen ans Licht gezerrt und zum Teil bösartig übertrieben der Öffentlichkeit präsentiert. Waren seine Bücher eben noch von katholischen Bischöfen empfohlen worden,[36] so sollten sie jetzt nach heftiger Kritik in der katholischen Presse aus den Pfarrbibliotheken zurückgezogen werden.[37] Dazu kamen das endgültige Scheitern seiner

---

30 Ebd., S. 399, 404–407, 412, 418–422 u. ö.
31 WOHLGSCHAFT, Karl May, Bd. 2, S. 1005f.
32 SUDHOFF / STEINMETZ, Karl-May-Chronik, Bd. 1, S. 514f.
33 Karl MAY, in: wikipedia.org.
34 SUDHOFF / STEINMETZ, Karl-May-Chronik, Bd. 2, S. 316.
35 Ebd., S. 380f.
36 Svenja BACH, Karl Mays Islambild und der Einfluss auf seine Leser, Radebeul, 2010, S. 55.
37 WOHLGSCHAFT, Karl May, Bd. 3, S. 1502, 1839, 1924.

Ehe und damit zusammenhängend Auseinandersetzungen mit Münchmeyer bzw. seinem Nachfolger. May wehrte sich mit Gegendarstellungen und Prozessen nicht immer geschickt und auch nicht ganz aufrichtig, aber auf die Dauer erfolgreich.[38] 1903 heiratete er seine *Herzensfreundin* Klara Beibler, verwitwete Plöhn, mit der er eine glückliche Ehe führte.[39]

1899 bat er Fehsenfeld, den Doktortitel wegzulassen,[40] und in dem 1903 erschienenen 4. Band von *Im Reiche des silbernen Löwen* hieß es dann: *Du bist Old Shatterhand – Ich war es … Du bist Kara ben Nemsi Effendi – Ich war es*. Der Held verschenkt daraufhin seine berühmten Gewehre und sagt dazu: *ich habe viel gefehlt, aber bereut und gebüßt*.[41] Auch literarisch distanzierte sich May von seinem bisherigen Werk, obwohl er zu Recht darauf bestand, er habe implizit dort dieselbe humanitäre Botschaft vermitteln wollen, der nun sein Spätwerk gewidmet sein sollte, jetzt freilich mit hoch elaborierter Symbolik. Während die Kolportageromane mit mehr, die Reise- und Jugenderzählungen mit weniger Recht die Einstufung als Trivialliteratur erfuhren, wurden die Bände 3-4 von *Im Reiche des silbernen Löwen* (1902/03) zusammen mit *Ardistan und Dschinnistan* I–II (1907–1909) von Arno Schmidt und Hans Wollschläger nach sprachlicher und inhaltlicher Qualität zu Spitzenleistungen der deutschen Literatur gerechnet.[42] Entsprechend gering war freilich der Absatz.

Bereits im unvollendeten Werk *Am Jenseits* (1899) werden explizit Probleme von Leben und Sterben, von Schuld und Sühne diskutiert. Auf die Orientreise folgte dann ein anti-kolonialistischer Geniestreich. Joseph Kürschner wollte die Konjunktur nutzen und anlässlich des Boxerkriegs beim Kriegerbund ein üppig ausgestattetes „patriotisches" Sammelwerk über China samt einem Beitrag des berühmten Karl May herausbringen.[43] May lieferte für diesen imperialistischen Wälzer aber ein an die Schilderung seiner Orientreise angelehntes, flammendes Plädoyer für Religions- und Völkerfrieden auf der Grundlage von Gleichberechtigung mit dem provozierenden Titel *Und Frieden auf Erden*. Um ein hochsymbolisches Chinakapitel ergänzt, erschien 1904 das gleichnamige Buch.

---

38 SUDHOFF / STEINMETZ, Karl-May-Chronik, Bd. 2–5, passim.
39 Ebd., Bd. 1, S. 122.
40 Ebd., Bd. 2, S. 309.
41 Karl MAY, Im Reiche des silbernen Löwen, Bd. 4, Bamberg 1957, S. 64, 67, 108.
42 Arno SCHMIDT, Sitara und der Weg dorthin. Eine Studie über Wesen, Werk und Wirkung Karl May's [sic!], Frankfurt/Main 1963; Hans WOLLSCHLÄGER, Karl May. Grundriss eines gebrochenen Lebens, Göttingen ³2004; ders., Annäherung an den Silbernen Löwen. Lesarten zu Karl Mays Spätwerk, Göttingen 2016.
43 Joseph KÜRSCHNER (Hrsg.), China. Schilderungen aus Leben und Geschichte, Krieg und Sieg. Ein Denkmal den Streitern und der Weltpolitik, Berlin 1901.

Während die ersten beiden Bände von *Im Reiche des Silbernen Löwen* (1897/98) noch Abenteuergeschichten sind wie bisher, dient die durchaus spannende Handlung der beiden Folgebände (1902/03) als Rahmen für umfangreiche Dialoge und die elaborierte Symbolik eines „psychodramatischen Mysterienspiels".[44] Es geht verschlüsselt um die Lebensprobleme Karl Mays und die Kämpfe mit seinen Feinden. Aber May versuchte bereits, sein Leben als exemplarisch für die Menschheit zu transzendieren. In *Ardistan und Dschinnistan* (1907–1909) und *Winnetou* IV nach der Amerikareise (1910) wird die Symbolik eines virtuellen Universums noch komplexer, und der Schwerpunkt verschiebt sich endgültig zu der Menschheitsfrage des Aufstiegs aus dem irdischen Schmutz *Empor ins Reich der Edelmenschen*. Das war der Titel von Mays letztem Vortrag am 22. März 1912 in Wien vor 2000 Zuhörern, darunter Bertha von Suttner und angeblich auch Adolf Hitler.[45]

Als unersättlicher Leser[46] hat Karl May zahlreiche Werke der Literatur und der Wissenschaft eingearbeitet und dabei bisweilen wohl die Grenze zum Plagiat überschritten. Mit Hilfe von Wörterbüchern renommierte er gerne mit Vokabeln aus orientalischen und indianischen Sprachen oder auch aus dem Niederländischen. Seine Sentimentalität, die ihm sogar das Verdikt „Kitsch" eingebracht hat,[47] ist heute schwer erträglich und seine Abenteuer variieren stets dieselben Handlungsmuster. Gut und Böse sind klar geschieden, komplexe Charaktere treten nicht auf. Wandel in der Einstellung von Personen läuft entweder auf die Entlarvung von Heuchlern oder die schlussendliche Bekehrung von Schurken hinaus. Gerne wird der unter Bosheit verborgenen guten Anlage die Entfaltung zum Edelmenschen ermöglicht. Aber May bietet dem Leser Identifikationsmöglichkeiten, insbesondere mit dem *Superman* Old Shatterhand/Kara ben Nemsi, und macht alle Schwächen durch erzählerische Meisterschaft wett, durch Sprachbeherrschung, überbordende Phantasie, die Fähigkeit, wie in einem Kriminalroman Spannung zu erzeugen, und nicht zuletzt durch einen bisweilen drastischen, aber noch in der Parodie warmherzigen Humor. So konnte er zwischen 1875 und 1975 weltweit Millionen von Lesern fesseln.[48] Schon 1899 hatte Fehsenfeld 722.000 Exemplare seiner Bücher verkauft,[49] 1912 waren es 1,5 Millionen

---

44 WOHLGSCHAFT, Karl May, Bd. 2, S. 1400.
45 SUDHOFF / STEINMETZ, Karl-May-Chronik, Bd. 5, S. 574–595.
46 Franz KANDOLF / Adalbert STÜTZ / Max BAUMANN, Karl Mays Bücherei, in: Karl-May-Jahrbuch 1931, S. 212–291.
47 Walther KILLY, Deutscher Kitsch. Ein Versuch mit Beispielen, Göttingen ²1962.
48 Karl MAY, in: wikipedia.org; WOHLGSCHAFT, Karl May, Bd. 2, S. 853.
49 WOHLGSCHAFT, Karl May, Bd. 2, S. 776.

geworden,[50] 1973 46 Millionen.[51] Eine Hochrechnung von 1983 kam auf 175 Millionen Leser seit 1892.[52]

Karl May verdankte seinen Ruhm zwar eher seinen Indianergeschichten, aber die Anzahl seiner Erzählungen, die zwischen Nordafrika und Iran spielen, ist weit größer. Der Islam kommt dabei auf Schritt und Tritt zur Sprache und wird immer wieder kritisch in Mays Auffassung vom Christentum gespiegelt. Dabei werden die Bekenner beider Religionen aber durchaus realistisch, bisweilen freilich auch polemisch nach Richtungen (Sunniten und Schiiten gegenüber Katholiken, Nestorianern und Protestanten) und Völkern differenziert (Araber, Türken, Kurden, Perser und muslimische Balkanvölker gegenüber Griechen, Armeniern, christlichen Kurden, Engländern, Franzosen und Deutschen). Außerdem spielen die Jesiden, die sogenannten Teufelsanbeter, eine große Rolle, und sogar der Babismus wird gelegentlich kritisch erwähnt.

Die Novelle *Leïlet* (1876) spielt ebenso in Ägypten wie Teile des Romans *Zepter und Hammer* (1879/80). Unter dem Titel *Giölgeda padiśhanün* (*Im Schatten des Großherrn*) erschien 1881-88 im *Deutschen Hausschatz* der sogenannte *Orientzyklus*, den Fehsenfeld 1892 in sechsbändiger Buchform übernahm: *Durch Wüste und Harem* (ab 1895 *Durch die Wüste*), *Durchs wilde Kurdistan, Von Bagdad nach Stambul, In den Schluchten des Balkan, Durch das Land der Skipetaren, Der Schut.* Karl May alias Kara ben Nemsi und sein Diener Halef Omar reiten von Tunesien nach Ägypten, setzen auf die Arabische Halbinsel über und besuchen Mekka, gelangen zu den Haddedihn-Arabern in Mesopotamien, denen Kara ben Nemsi zum Sieg über ihre Feinde verhilft. Sie befreien den Sohn des Scheiks aus einer Festung in Kurdistan, sind dabei den überaus positiv geschilderten Jesiden in der Auseinandersetzung mit dem korrupten Statthalter von Mossul behilflich und werden in Konflikte zwischen Kurden und Nestorianern verwickelt. Bei der Rückkehr nach Bagdad bekommen sie es mit edlen und mit verbrecherischen Persern, mit aufgeklärten und mit fanatischen Schiiten zu tun und erkranken an der Pest. Auf der Weiterreise treffen sie in Damaskus den Schurken aus Ägypten wieder, der sich als Anführer einer Bande entpuppt, der auch ein Mörder angehört, auf den sie schon in Tunesien gestoßen waren, ebenso dessen Bruder und Neffe. Nach spannenden Teilerfolgen in Stambul verfolgen sie mit neuen Begleitern die Übeltäter quer durch die Balkanhalbinsel bis zum dramatischen Finale in Montenegro. Die Reihe wird von Halef Omar mit dem berühmten Bekehrungsdialog eröffnet:

---

50 Gert UEDING (Hrsg.), Karl-May-Handbuch, Würzburg ²2001 (1987), S. 139.
51 Helmut SCHMIEDT, Karl May. Studien zu Leben, Werk und Wirkung eines Erfolgsschriftstellers, Königstein 1979, S. 15.
52 Ders. (Hrsg.), Karl May, Frankfurt/Main 1983, S. 101.

> Und ist es wirklich wahr, Sidhi, daß du ein Giaur bleiben willst, ein Ungläubiger, der verächtlicher ist als ein Hund, widerlicher als eine Ratte, die nur Verfaultes frißt? – Ja (antwortete ich). – Effendi, ich hasse die Ungläubigen und gönne es ihnen, dass sie nach ihrem Tode in die Dschehenna kommen, wo der Teufel wohnt; aber dich möchte ich retten [...] und darum werde ich dich bekehren, du magst wollen oder nicht.[53]

In Wirklichkeit wird freilich Halef auf die Dauer von der Nächstenliebe, die im Verhalten des unschlagbaren Kara ben Nemsi zum Ausdruck kommt, zu einem Christentum der Tat, nicht des Bekenntnisses bekehrt, was ihm aber nur langsam bewusst wird. Dabei handelt es sich um ein Leitmotiv sämtlicher Reiseerzählungen. In Ägypten wird *Leïlet* kaum abgewandelt als Schlüsselepisode eingebaut. Karl May arbeitet gerne mit solchen Versatzstücken, was die Analyse seines Riesenwerkes zusätzlich erschwert.

In den 1882-87 entstandenen Kolportageromanen spielt der Orient bisweilen ebenfalls eine Rolle, besonders ausführlich im zweiten Kapitel von *Deutsche Herzen – Deutsche Helden,* einer Romanze von Intrige, Krieg und Liebe unter dem Titel *Die Königin der Wüste* (1886). 1953 wurde es vom Verlag in ein selbständiges Buch *Allah il Allah* umgearbeitet. 1889/90 fand in Brüssel eine internationale Konferenz zur Bekämpfung der muslimischen Sklaverei in Afrika statt, die durch den erfolgreichen Aufstand des Mahdi Muhammad Ahmad im Sudan ab 1881 zusätzlich Bedeutung erhalten hatte. Alsbald wurde Karl May vom Verleger der Jugendzeitschrift *Der Gute Kamerad* aufgefordert, sich diesem Thema zuzuwenden. Daraufhin erschien dort 1889-90 in Fortsetzungen die Jugenderzählung *Die Sklavenkarawane,* 1898 als Buch. Pustets *Deutscher Hausschatz* zog 1891/92 mit *Im Lande des Mahdi* nach, das 1896 bei Fehsenfeld in Buchform erschien, durch zwei zusätzliche Kapitel auf den Umfang von drei Bänden gebracht. Der Ich-Erzähler gerät in Kairo in Konflikt mit einer abstoßend geschilderten Moslembruderschaft von Sklavenhaltern, die ihn weiter bedrohen, als er sich von einem türkischen Kaufmann, der sich als Sklavenhändler entpuppen wird, zur Reise in den Sudan bewegen lässt. Er trifft den Verfolger der Sklavenjäger, den Reïs Effendina, mit dem er schließlich den wichtigsten davon zur Strecke bringt. Dabei hat er eine Auseinandersetzung mit dem späteren Mahdi, in der er sich als kritischer Islamkenner profiliert. Nach einem Konflikt mit dem Reïs Effendina führt der Erzähler auf eigene Faust Krieg und stößt dabei auf einen alten Bekannten aus einer hier angehängten Bekehrungsgeschichte in Kurdistan. Letztgenannter Text folgt einem Schema, das in Geschichten wiederkehrt, die May in den 1890er Jahren für vier verschiedene katholische *Marienkalender* verfasst hat. Dreizehn von siebzehn spielen im Orient, ebenso

---

53 Karl MAY, Durch die Wüste (= Karl Mays Werke, Abteilung IV, Bd. 1), Bamberg / Radebeul 2016, S. 9.

zwei 1909/10 nachgeschobene. Die meisten davon sind in den Sammelbänden *Orangen und Datteln* (1894) und *Auf fremden Pfaden* (1897) zusammengefasst. *Christus oder Muhammad* (1891) und *Maria oder Fatima* (1894) bringen bereits als Titel das Schema auf den Punkt. In bedrängter Lage hoffen Muslime vergebens auf Hilfe des Propheten oder seiner Tochter und lernen durch Zusammenwirken äußerer Umstände, sprich der Vorsehung als *Deus ex machina,* mit dem ebenso tüchtigen wie gütigen Helden statt dessen zu Christus oder Maria Zuflucht zu nehmen.

Während die Auseinandersetzung mit dem Islam in *Am Jenseits* (1899) und den ersten beiden Bänden von *Im Reiche des silbernen Löwen* (1897/98) ähnlich wie bisher verläuft, rinnt sie in *Und Friede auf Erden* (1904) allmählich aus der Erzählung aus, die sich hier auf China konzentriert. Der muslimische Protagonist Sajjid Omar wird praktischer Christ wie Halef Omar. Der Hauptgegner von Mays Humanitätsevangelium ist jetzt ein fanatischer protestantischer Missionar aus Amerika. In den Spätwerken *Im Reiche des silbernen Löwen* III–IV und *Ardistan und Dschinnistan* tritt der Islam als Problem ebenfalls zurück, es bleibt aber beim orientalischen Charakter von Personen und Handlung. In *Im Reiche des silbernen Löwen* gelangen Kara ben Nemsi und Halef Omar in ein fiktives Hochtal zu einem gleichfalls fiktiven Kurdenstamm, wo sich die symbolische Handlung und die psychodramatischen Dialoge abspielen. In *Ardistan,* dem *Erdenland,* kämpfen sie sich durch symbolische Abenteuer an die Grenze von *Dschinnistan* empor und verwandeln dabei den grimmigen Herrscher Ardistans aus einem irdisch-tierischen Gewalttäter in einen Edelmenschen. Zwar wird erneut mit dem Islam als Gewaltreligion abgerechnet, aber eher beiläufig. Denn im Traumland *Sitara* erklingen Kirchenglocken gleichzeitig mit den Rufen des Muezzin,[54] ein Zustand, den man sich in vielen Ländern noch heute vergebens wünschen möchte.

Karl May hat sich wie immer so auch über den Islam gründlich zu informieren gesucht. Allerdings sind seine Quellen zu diesem Gegenstand noch nicht völlig bekannt, vor allem was verschiedene sonderbare und umstrittene, für ihn aber wichtige Behauptungen angeht. Zuverlässige Grundlageninformation bezog er offensichtlich aus den Artikeln *Islam, Muhammed, Muhammnedanische Religion* und *Muhammedanische Secten* der 4. Auflage des *Universal-Lexikons* von *Pierer*.[55] Als Ich-Erzähler brüstet er sich

---

[54] Ders., Ardistan und Dschinnistan, Bd.1–2 (= Karl Mays Werke, Abteilung V, Bd. 5–6), Bamberg / Radebeul 2002–07, Bd. 1, S. 14f.

[55] Heinrich August PIERER (Hrsg.), Pierer's Universal-Lexikon der Gegenwart und Vergangenheit, 19 Bde., Altenburg 41857–65, Bd. 9 (1860), 1884–88, Bd. 11 (1861) passim; Rudi SCHWEIKERT, Karl Mays Islamkenntnisse – aus dem *Pierer*, in: Mitteilungen der Karl-May-Gesellschaft 104, 1995, S. 34–39.

allerdings damit, bei besten Fachleuten gründliche islamwissenschaftliche Studien getrieben zu haben.[56] Zweimal schildert er die Anfänge des Propheten und die Spaltung in Sunniten und Schiiten nach dem damaligen Wissensstand sachlich korrekt.[57] Dabei betont er kritisch die jüdischen und christlichen Bausteine des Islam und erklärt den Propheten zum Epileptiker, seine Visionen damit zu Halluzinationen. Diese Behauptung taucht zwar nicht bei Pierer auf, geht aber auf die ältesten Mohammed-Biographen Ibn Ishaq und Theophanes Confessor zurück.[58] Auf der anderen Seite ist er voll des Lobes über die *gewaltige Poesie* der Korantexte. Er liebt es bekanntlich, Teile von Suren oder Gebeten ausführlich zu zitieren. Die komplexe Symbolwelt der Visionen in *Am Jenseits* stammt von verschiedenen arabischen Exegeten und persischen Dichtern, das Motiv vom Leben als Schlaf und dem Tod als Erwachen sogar aus der islamischen Mystik.[59]

Mays Islambild ist zwiespältig. Widersprüchliche Aussagen mögen auf sein Schreibtempo unter Termindruck zurückzuführen sein, aber sie bringen nichtsdestoweniger auch ein widersprüchliches Islambild zum Ausdruck. Auf der einen Seite bewundert er die Frömmigkeit muslimischer Beter,[60] und es fehlt nicht an edlen Anhängern des Propheten. Auf der anderen Seite nimmt er am Formalismus der geleierten Gebete Anstoß,[61] und viele seiner Schurken sind stolze Muslime. Der *widerlichen Salbung* islamischer Fakire[62] und der heuchlerischen Niedertracht einer ägyptischen Moslem-Bruderschaft werden *die Liebe, Sanftmut, Demut und milde Freundlichkeit [...] christlicher Kongregationen* gegenübergestellt,[63] vielleicht mit einem Seitenblick auf die katholische Leserschaft des *Deutschen Hausschatzes*. In *Durchs wilde Kurdistan* stoßen wir nämlich nicht nur auf Kritik an protestantischen Glaubensboten mit anschließender Verbeugung vor der *heiligen*

---

56 Karl MAY, Im Lande des Mahdi, Bd. 1–2 (= Karl Mays Werke, Abteilung IV, Bd. 9–10), Bamberg / Radebeul 2014–18, Bd. 2, S. 89f.; Bd. 3 (= Karl May's Gesammelte Werke, Bd. 18), Bamberg 1952, S. 166.
57 Ebd., Bd. 2, S. 88–99; Karl MAY, Von Bagdad nach Stambul (= Karl Mays Werke, Abteilung IV, Bd. 2), Nördlingen 1988, Bamberg/ Radebeul ²2016, S. 10–14 (benutzt wurde die 1. Aufl.).
58 Vgl. Tilman NAGEL, Mohammed. Zwanzig Kapitel über den Propheten der Muslime, München 2010, S. 39, 48f.
59 WOHLGSCHAFT, Karl May, Bd. 2, S. 1140f.
60 MAY, Durch die Wüste, S. 47, 131; Karl MAY, Deutsche Herzen – deutsche Helden, Bd. 1–2 (= Karl Mays Werke, Abteilung II, Bd. 20–21), Bargfeld 1996, Bd. 1, S. 747f., 756, 911, 917, 920f.
61 MAY, Von Bagdad nach Stambul, S. 194.
62 Ders., Im Reiche des silbernen Löwen, Bd. 3, S. 153f.
63 Ders., Im Lande des Mahdi, Bd. 1, S. 84.

christ-katholischen Kirche,[64] sondern auch auf ein Lob des Papsttums[65] und sogar auf einen Seitenhieb gegen den Kulturkampf.[66] Es gibt freilich auch die umgekehrte Perspektive. Der bigotte Orden der Taki-Kurden unter der Führung des persischen Scheik ul Islam, der mit frommer Niedertracht den Himmel für sich allein beansprucht und Andersdenkende als Ketzer verfolgt,[67] hat eigentlich nichts mit dem Islam zu tun, sondern stellt eine symbolische Abrechnung mit Mays neuen katholischen Gegnern unter Carl Muth dar.[68]

Von der aggressiven Verachtung für die unreinen *Giaurs*, eine Verballhornung der türkischen Übersetzung des arabischen *Kafir* (*Ungläubiger*), die May ins Deutsche eingeführt hat und die uns mit geradezu ritueller Regelmäßigkeit in seinen Werken begegnet,[69] ist es nur ein Schritt zu Erfahrungen mit dem gewalttätigen Fanatismus eines muslimischen Pöbels.[70] Bis zuletzt kritisiert May den Islam als Religion des Hasses und der Gewalt. Ausdruck der Gewaltbereitschaft des Islam ist die Pflicht zur Blutrache und die daraus erwachsende Rachsucht, an der Kara ben Nemsi ständig Anstoß nimmt.[71] May neigt allerdings dazu, die Strenge des Islam seiner angeblichen Herkunft aus der Wüste zuzuschreiben. Das entbehrungsreiche Wüstenleben habe die Beduinen hart gemacht.[72] Kara ben Nemsi wird demgegenüber als Glaubens-, Friedens- und Liebesbote der Tat vorgestellt, der mit großherziger Feindesliebe reagiert und die Bestrafung der Übeltäter allenfalls der Justiz, vor allem aber der göttlichen Vorsehung überlässt. Denn nach seiner Überzeugung und in den Erzählungen niedergelegten Erfahrung sorgt diese

---

64 Die kritische Ausgabe: Karl MAY, Durchs wilde Kurdistan (= Karl Mays Werke, Abteilung IV, Bd. 2), Bamberg / Radebeul 2019, S. 102, 562f., 578, 587, hat die Erwähnung der *christ-katholischen Kirche* gestrichen, die in früheren Ausgaben wie in der 3. Aufl., Freiburg 1892, S. 114, vorhanden ist, aber in den späten illustrierten Ausgaben letzter Hand von 1907–09 fehlt.

65 Ebd., S. 530.

66 Ebd., S. 91.

67 MAY, Im Reiche des silbernen Löwen, Bd. 4, S. 208, 397, 407.

68 WOHLGSCHAFT, Karl May, Bd. 2, S. 1408f.

69 MAY, Durch die Wüste, S. 1, 58, 89, 140, 173, 285; ders., Durchs wilde Kurdistan, S. 457f.; ders., Im Land des Mahdi, Bd. 1, S. 102 u. ö.

70 Ders., Von Bagdad nach Stambul, S. 215, 248–251, 263f.; ders., Im Reiche des silbernen Löwen, Bd. 1, S. 129, 164, 169.

71 Ders., Durch die Wüste, S. 52f.; ders., Im Lande des Mahdi, Bd. 3, S. 250; ders., Am Jenseits (= Karl May's Gesammelte Werke, Bd. 25), Bamberg 1951, S. 77, 435f.; ders., Im Reiche des silbernen Löwen, Bd. 1, passim; ders., Ardistan und Dschnnistan, Bd. 1, S. 129, 149.

72 Ders., In den Schluchten des Balkan, Freiburg 1892, S. 279; ders., Deutsche Herzen – deutsche Helden, Bd. 2, S. 743; ders., Am Jenseits, S. 107.

dafür, dass sich aus einem Verbrechen bereits in dieser Welt dessen Bestrafung entwickelt: *Alle Schuld rächt sich auf Erden.*[73]

Die Muslime halten dieser Botschaft vom praktizierten Christentum allerdings immer wieder entgegen, dass die meisten Christen ihr nicht gerecht würden. Erstens seien diese seit eh und je unter sich zerstritten, zweitens brächten sie dem Orient statt Nächstenliebe imperialistische Ausbeutung und Demütigung.[74] Als Autor trägt Karl May diesem berechtigten Vorwurf dadurch Rechnung, dass seine Schurken häufig gar keine Muslime, sondern Christen oder zumindest Renegaten sind. Die letzteren verurteilt er als Christ ohnehin oder billigt ihnen, falls sie sympathisch ausfallen wie der historische Krüger Bei in Tunesien, allenfalls zu, dass sie Opfer von Irreleitung geworden seien.[75] Die christlichen Schurken aber sind mit Vorliebe orientalische Christen und zwar bevorzugt Armenier.[76]

Denn der religiöse Gegensatz wird bei May regelmäßig von einem ethnischen überlagert, der mit massiven Vorurteilen belastet ist: *dem falschen Griechen, dem schachernden sittenlosen Armenier, dem rachsüchtigen Araber, dem trägen Türken, dem heuchlerischen Perser und dem raubsüchtigen Kurden gegenüber musste ich den fälschlicherweise so übel beleumundeten „Teufelsanbeter" achten lernen.*[77] Es fehlen an dieser Stelle nur der brutale albanische *Arnaut*[78] und *der schmutzige Jude.*[79] Doch während May von anderen Völkern und trotz seines deutlichen Antisemitismus auch von den Juden immer wieder edle und liebenswerte Vertreter vorstellt,[80] verkörpern

---

73 Ders., Durch die Wüste, S. 226; ders., Durchs wilde Kurdistan, S. 529, 531; ders., Von Bagdad nach Stambul, S. 199f., 543; ders., Im Lande des Mahdi, Bd. 2, S. 274, Bd. 3, S. 180–184, 276–278, 299; ders., Am Jenseits, S. 360, 395, 436f.; ders., Im Reiche des silbernen Löwen, Bd. 1., S. 206, 211; Bd. 3, S. 43.
74 Ders., Durch die Wüste, S. 471; ders., Durchs wilde Kurdistan, S. 101; ders., Im Reiche des silbernen Löwen, Bd. 3, S. 414, 522f.
75 Ders., Am Jenseits, S. 292f.; ders., Im Reiche des silbernen Löwen, Bd. 2, S. 93.
76 Ders., Durch die Wüste, S. 26, 68, 136; ders., Von Bagdad nach Stambul, S. 483; ders., Im Reiche des silbernen Löwen, Bd. 1, S. 226, 248; Bd. 2, S. 124; Bd. 3, S. 410.
77 Ders., Durch die Wüste, S. 473.
78 Ders., Im Reiche des silbernen Löwen, Bd. 1, S. 302.
79 Ders., Durchs wilde Kurdistan, S. 167, 196.
80 Ders., Von Bagdad nach Stambul, S. 411, 437, 445f.,465; Rainer JEGLIN, Karl May und der antisemitische Zeitgeist, in: Jahrbuch der Karl-May-Gesellschaft 1990, S. 107–131; Helmut SCHMIEDT, Der Jude Baruch. Bemerkungen zu einer Nebenfigur in Karl Mays „Von Bagdad nach Stambul", in: Dieter SUDHOFF / Hartmut VOLLMER (Hrsg.), Karl Mays Orientzyklus, Paderborn 1991, S. 185–194.

Armenier und Griechen das Böse schlechthin.[81] Die sogenannte *Orientalische Frage* läuft deshalb für ihn darauf hinaus, dass die türkischen Eroberer von *byzantinischer Heuchelei und griechischer Raffinerie* [sic!] verdorben und dadurch für englische und russische Machenschaften anfällig wurden. Allein die noblen Deutschen seien aus ehrlichen Feinden zu ehrlichen Freunden geworden.[82] Dem Leser wird zumindest nahegelegt, sich mit Schimin dem Schmied[83] das korrupte osmanische Herrschaftssystem und die allgemeine orientalische Indolenz und Schlamperei, die immer wieder geschildert und häufig verspottet werden,[84] wenigstens teilweise damit zu erklären. Kara ben Nemsi vertritt demgegenüber nicht nur die bessere Religion, gegen die er sich nur ausnahmsweise durch Teilnahme an muslimischen Bräuchen versündigt,[85] sondern bisweilen durchaus anmaßend auch eine überlegene Kultur, nach dem Motto: *Man muss den Orientalen zu behandeln verstehen*.[86] Und er ist stolz auf sein Deutschtum und die Helden des neuen Kaiserreichs Wilhelms I., Bismarck und Moltke.[87]

Doch mit der ethnischen Erklärung der orientalischen Inferiorität ist es für May nicht getan, heißt es doch auch, *dass der Islam seine Anhänger verhindere, in der Kultur Fortschritte zu machen*.[88] Immer wieder kommt Kara ben Nemsi darauf zurück, dass der Glaube an die göttliche Vorherbestimmung, das *Kismet*, die Muslime zum Fatalismus verdamme und in ihrer menschlichen Entfaltung lähme. Der Sklaverei des Kismet wird die *Freiheit der Christenmenschen* gegenübergestellt.[89]

Mindestens ebenso hoch wird der Schaden eingeschätzt, den Koranexegeten mit der Lehre angerichtet hätten, dass die Frau keine Seele habe. Da das

---

81 MAY, Durch die Wüste, S. 473; ders., Durchs wilde Kurdistan, S. 167, 196; ders., Im Reiche des silbernen Löwen, Bd. 2, S. 124; Rainer JEGLIN, Karl May und die Armenier, in: Mitteilungen der Karl-May-Gesellschaft 6, 1970, S. 11–14; 7, 1971, S. 22–25.
82 MAY, Von Bagdad nach Stambul, S. 385–387.
83 Ders., In den Schluchten des Balkan, S. 67–70.
84 Ders., Durch die Wüste, S. 56, 462; ders., Durchs wilde Kurdistan, S. 140, 153–155, 172, 241; ders., Von Bagdad nach Stambul, S. 360, 436f.; ders., In den Schluchten des Balkan, S. 395–399; ders., Im Lande des Mahdi, Bd. 1, S. 126.
85 Ders., Durch die Wüste, S. 203; ders., Durchs wilde Kurdistan, S. 19; ders., Von Bagdad nach Stambul, S. 162–165.
86 Ders., Durch die Wüste, S. 419; ders., Durchs wilde Kurdistan, S. 137.
87 Ders., Deutsche Herzen – deutsche Helden, Bd. 2, S. 701f.; ders., Im Land des Mahdi, Bd. 3, S. 387; ders., Im Reiche des silbernen Löwen, Bd. 3, S. 425.
88 Ders., In den Schluchten des Balkan, S. 67.
89 Ders., Scepter und Hammer (= Karl Mays Werke, Abteilung II, Bd. 1), Nördlingen 1987, S. 17, 23f.; ders., Durch die Wüste, S. 166; ders., Durchs wilde Kurdistan, S. 15, 38, 507; ders., Von Bagdad nach Stambul, S. 262, 290; ders., Im Lande des Mahdi, Bd. 1, S. 138; ders., Im Reiche des silbernen Löwen, Bd. 2, 300f.

weibliche Element für Mays Liebestheorie eine große Bedeutung hatte, beschäftigte er sich in zwölf Werken vierzehnmal mit diesem Problem.[90] Nun mag die Stellung der Frau im Islam durchaus umstritten sein; dass sie keine Seele habe, wurde nie gelehrt. Diese Fehlinformation stammt von dem Schweizer Ferdinand Perrier.[91]

Eine weitere Fehlinformation wird von May mehrfach dazu benutzt, Muslime dadurch von der Überlegenheit des Christentums zu überzeugen, dass Jesus Christus ja nach ihrer eigenen Lehre am Jüngsten Tag in Damaskus als Richter der Welt auftreten werde, das heißt also Mohammed übergeordnet sei.[92] Nun gibt es zwar tatsächlich eine Tradition, nach der Jesus eine endzeitliche Rolle spielen werde, aber als Vollender des Islam und gerade nicht als Weltenrichter. Nur Ibn Arabi (†1240) hatte einst eine missverständliche Andeutung in dieser Richtung gemacht.[93]

Auch dass der Halbmond als muslimisches Symbol vom Säbel des Propheten abgeleitet sei und deshalb für die Gewalttätigkeit des Islam stehe,[94] ist eine Legende.[95] Hingegen findet sich in Mays Vorlage Pierer, dass Muslime beim Barte des Propheten schwören, was die Deutschen anscheinend von Karl May gelernt haben.[96] Allerdings weigerte sich Kara ben Nemsi unter Berufung auf das biblische Verbot immer wieder, überhaupt zu schwören.[97] Dieser christliche Fundamentalismus war sonst gar nicht Karl Mays Art. Wollte er damit die Muslime bloßstellen? Gilt das auch für die immer wieder gerne geschilderte angebliche Praxis, Trunkenheit dadurch nachzu-

---

90 Ders., Die Juweleninsel (= Karl Mays Werke, Abteilung II, Bd. 2), Nördlingen 1987, S. 290; ders., Durch die Wüste, S. 79; ders., Durchs wilde Kurdistan, S. 487, 525; ders., Von Bagdad nach Stambul, S. 179, 333; ders., Deutsche Herzen – deutsche Helden, Bd. 1, S. 631; ders., Im Lande des Mahdi, Bd. 1, S. 309, 314; ders., Im Reiche des silbernen Löwen, Bd. 2, S. 14, 20–24; Wolfgang HAMMER, Karl Mays Aussagen über die Seele der Frau im Islam, in: Mitteilungen der Karl-May-Gesellschaft 107, 1996, S. 6–12.

91 Ferdinand PERRIER, Von dem Harem und den Frauen des Orients, in: Magazin für die Literatur des Auslandes 21/1, 1841, S. 186; zit. nach: Dieter SUDHOFF (Hrsg.), Zwischen Himmel und Hölle. Karl May und die Religionen, Radebeul 2003, S. 160.

92 MAY, Von Bagdad nach Stambul; S. 313; ders., Im Lande des Mahdi, Bd. 2, S. 91; Bd. 3, S. 173; ders., Im Reiche des silbernen Löwen, Bd. 4, S. 263.

93 G. C. ANAWATI, 'Isā, in: The Encyclopedia of Islam, Bd. 4, Leiden 1978, S. 84f.

94 MAY, Im Lande des Mahdi, Bd. 1, S. 185.

95 Inge HOFMANN / Anton VORBICHLER, Das Islambild bei Karl May und der islamo-christliche Dialog, Wien 1970, S. 195.

96 MAY, Durch die Wüste, S. 337, 371; ders., Im Lande des Mahdi, Bd. 1, S. 399; Bd. 2, S. 465.

97 Zum Beispiel: MAY, In den Schluchten des Balkan, S. 237.

weisen, dass man den Verdächtigen die kurze, aber kompliziert gebaute Koransure 109 aufsagen ließ?⁹⁸ May hat das einem Buch des Grafen d'Escayrac de Lauture entnommen.⁹⁹ Doch woher wollte er wissen, dass die Beduinen ihren edlen Rossen Koransuren ins Ohr flüsterten?¹⁰⁰

Auch wenn der Islam im Spätwerk Karl Mays keine große Rolle mehr spielt, so kritisiert er ihn doch bis zuletzt als Religion der Gewalt. Der gewalttätige Usurpator von Ardistan bekommt zwar keine Chance, aber er kann noch sein Programm verkünden. Er stellt darin der Seligkeit der Christen im Jenseits, im ewigen Frieden, die diesseitige des Islam gegenüber, der nach der irdischen Seligkeit trachtet, nach dem Frieden aller Völker. Diesen Frieden muss man aber erzwingen. Deshalb *ist der Krieg also das größte Friedenswerk, welches es auf Erden gibt.* 2000 Jahre Christentum haben noch keinem Volk den Frieden gebracht, er aber werde mit Krieg den Krieg zerschmettern. *Auge um Auge, Blut um Blut,* das ist das harte, aber unendlich gerechte Gesetz des Islam.¹⁰¹ *Am Jenseits* hatte dieses Programm sogar Zukunft, denn der Seher verkündet dort: *Da die Menschheit die Lehre Christi […] verwirft, wird sie sich von der Streitbarkeit des Islam bekehren lassen müssen.*¹⁰² In *Und Friede auf Erden* ist der Islam ein schlafender Riese, dessen Erwachen bevorsteht, *und es steht bei uns, ob dieses Erwachen ein freundliches, friedliches sein wird oder nicht.* Zwar geht es hier viel mehr um das Erwachen Chinas, aber im Gegensatz zu den Religionen Süd- und Ostasiens ist dem Christentum und dem Islam Aggressivität eigen.¹⁰³

> Der Riese Islam, dessen mächtige Gestalt auf europäischer, asiatischer und afrikanischer Erde ruht, fürchtet sich nicht vor der scheinbaren Übermacht des Abendlandes. Das Kismet, an welches er glaubt, ist unwiderstehlich im Angriff und von unendlicher Ausdauer. Es wiegt die Uebermacht der europäischen Waffen auf. Gebt dem Morgenland gute Führer, so wird es siegen. Und siegt es nicht, so wird sein Untergang zugleich der Eure sein.

---

98 Ders., Deutsche Herzen – deutsche Helden, Bd. 1, S. 342f.; ders., Im Lande des Mahdi, Bd. 3, S. 144f.; ders., Im Reiche des silbernen Löwen, Bd. 3, S. 52f.; ders., Ardistan und Dschinnistan, Bd.1, S. 290.
99 Helmut LIEBLANG, *Sieh diese Darb, Sidhi … Karl May auf den Spuren des Grafen d'Escayrac de Lauture,* in: Jahrbuch der Karl-May-Gesellschaft 1996, S. 132–204, hier: S. 186.
100 MAY, Durch die Wüste, S. 307. Immerhin kommunizieren laut Wikipedia so genannte „Pferdeflüsterer" angeblich nicht nur im Film nach wie vor mit edlen Rossen; für arabische Pferdeflüsterer fand ich allerdings keine Angaben. Aber auch neugeborenen Kindern wird nach islamischer Tradition vor Beschneidung und Namensgebung der Gebetsruf ins rechte, der Beginn des Gebets ins linke Ohr geflüstert (zikfrankfurt.de/islamische-rituale-bei-neugeborenen-und-namensgebung).
101 MAY, Ardistan und Dschinnistan, Bd. 2, S. 47.
102 Ders., Am Jenseits, S. 146f.
103 Ders., Und Friede auf Erden (= Karl Mays Werke, Abteilung V, Bd. 2), Bamberg / Radebeul 2018, S. 117, 141–149.

Die gelbe Rasse wird sich dann mit der germanisch-indianischen [Amerikas] in die Herrschaft über die Erde theilen. Und warum? Weil das Abendland nicht groß, gerecht und edel genug war, seine angeblichen „Interessensphären" einer humanen Revision zu unterwerfen und sich mit dem Morgenlande auszusöhnen.

Diese Prophezeiung seiner *Menschheitsseele* Marah Durimeh ist wohl Karl Mays letztes Wort zum Islam.[104]

Ein Schriftsteller mit Millionen von Lesern zu einer Zeit, in der seriöse Informationen über den Orient schwer verfügbar waren, hat mit Sicherheit für unzählige Deutsche die Vorstellungen vom Islam geprägt. Trivialliteratur oder nicht – er verdient unter diesen Umständen unbedingt eine gründliche Analyse. Dabei spielt die Erzählsituation keine große Rolle, denn für das Islambild von Mays Lesern machte es wenig Unterschied, ob der Autor sie belehrte, ob sein Held Kara ben Nemsi sprach oder ob Äußerungen anderer Personen zur Auseinandersetzung herausforderten. Vielmehr dürfte sich alles gleichermaßen in ihrem Bewusstsein niedergeschlagen haben.

Mit seiner deutlichen Vorliebe für das orientalische Milieu huldigte Karl May dem Exotismus und modischen Orientalismus seiner Zeit – 1908/09s wurde in Dresden sogar eine Fabrik als *Tabakmoschee* errichtet. Aber weit darüber hinaus verstand er sich in bewusster Anknüpfung an die Erzählungen der verehrten Großmutter, die als Schutzgeist Marah Durimeh in seinen Büchern wiederkehrt, als *Hakawati,* als Märchenerzähler orientalischer Tradition.[105] Bezeichnenderweise ist gerade sein Spätwerk in diesem Sinne stilisiert. Die symbolischen Namen der Heldinnen und Helden sind daher dem arabischen Wörterbuch entnommen.

Aufgrund dieser Basissympathie begegnete er den Bekennern des Islam mit Respekt, freilich mit kritischem Respekt, was ihre Religion anging. Diese Sympathie wurde dadurch verstärkt, dass er, vermutlich durch seine Biographie bedingt, von Anfang an Solidarität mit den Schwachen und Benachteiligten empfand. Bereits im „Räuberroman" *Zepter und Hammer* (1879/80) sind Zigeuner Helden, und das Volk erkämpft sich eine Verfassung. Und noch zum Schluss vertritt Kara ben Nemsi gegenüber einem Tyrannen die Gleichheit der Menschen.[106] Vor allem war er ein entschiedener Pazifist und Gegner des Imperialismus. Seine Kritik am deutschen Kolonialismus und Hurrapatriotismus schloss freilich einen missionarischen Edelimperialismus nicht aus und ging mit deutlichen nationalistischen Ressentiments einher. Viele der Franzosen, die bei May auftauchen, sind Schurken, und seine

---

104 Ders., Ardistan und Dschinnistan, Bd. 1, S. 23.
105 Ebd., Bd. 2, S. 224f.
106 Dieter SUDHOFF / Hartmut VOLLMER (Hrsg.), Karl Mays *Ardistan und Dschinnistan*, Paderborn 1997, S. 121.

beiden englischen Freunde David Lindsay und John Raffley bleiben liebenswerte, aber schrullige Karikaturen. Denn ansonsten geht er von Anfang bis Ende mit dem brutalen und heuchlerischen britischen Imperialismus gnadenlos ins Gericht.[107]

Auf religiöser Ebene hielt May den Islam vermutlich für eine bloße menschliche Kompilation und vor allem wegen seiner Affinität zur Gewalt für nicht kompatibel mit dem Christentum, an dessen Überlegenheit er stets festgehalten hat. Denn Karl May war ein gläubiger und frommer Christ, aber im Sinne seines undogmatischen persönlichen Evangeliums der Liebe und des Friedens, dem es auf die Güte, nicht auf den Glauben ankam.[108] *Ich bin Christ, einfach Christ, weiter nichts!*[109] Für den ultramontanen Katholizismus seiner Leser war das unerträglich und hat ihm sogar eine Denunziation seiner Spätschriften bei der vatikanischen Indexkongregation eingebracht.[110] Dieses sein Evangelium war universalistisch, denn es sollte auf dem gemeinsamen Gottesgedanken der Menschheit beruhen.[111] *Das kommt heraus, wenn man einen Christen, einen Muhammedaner und einen Heiden zusammenrechnet und dann mit der Drei hineindividiert, nämlich ein Mensch.*[112] Allerdings hatte diese universale Humanität anders als bei Lessing nach wie vor ganz selbstverständlich christlichen Charakter im Sinne von Mays Liebesevangelium, das die Endstufe einer Art von spiritueller Evolution der Menschheit darstellen sollte.

Aber es blieb nicht bei diesem sublimierten Edeleurozentrismus. Karl May wollte zwar alle Kulturen gelten lassen,[113] blieb aber dennoch, möglicherweise ohne es zu bemerken, in einer milden, das heißt wohlwollend-herablassenden Variante des rassistischen Diskurses seiner Zeit befangen.[114]

---

107 MAY, Die Juweleninsel, S. 147, 181, 222; ders., Deutsche Herzen – deutsche Helden, Bd. 1, S. 81, 161–167, 186–189, 275–278; ders., Und Friede auf Erden, S. 106, 113, 124–151, 159–163 u. ö.; ders., Im Reiche des silbernen Löwen, Bd. 3, S. 14f., S. 60f.; ders., Ardistan und Dschinnistan, Bd. 1, S. 18–23, 87–90.
108 MAY, Durchs wilde Kurdistan, S. 13; Wohlgschaft, Karl May, Bd. 1, S. 102f.
109 1904 nach: Dieter SUDHOFF, Parerga und Paralipomena über Gott und die Welt aus Karl Mays späten Jahren, in: Ders. (Hrsg.), Zwischen Himmel und Hölle, S. 209–331, hier: S. 290.
110 Hubert WOLF, Karl May und die Inquisition, in: Ebd., S. 333–422.
111 MAY, Im Lande des Mahdi, Bd.1, S. 129.
112 Sajjid Omar in: MAY, Und Friede auf Erden, S. 472.
113 MAY, Durchs wilde Kurdistan, S. 513f.
114 Werner KITTSTEIN, *Und Friede auf Erden*. Im Imperialismusdiskurs um 1900, in: Mitteilungen der Karl-May-Gesellschaft 136, 2003, S. 20–23; ders., *Ach was Chinese! Er ist ja gar keiner, sondern ein Gentleman ...* Imperialistische Tendenzen in Karl Mays *Und Friede auf Erden*, in: Dieter SUDHOFF / Hartmut VOLLMER (Hrsg.), *Und Friede auf Erden*, Oldenburg 2001, S. 237–271.

Selbstverständlich kann er an ein Kunstwerk in Ardistan nicht die hohen europäischen Maßstäbe anlegen.[115] Selbstverständlich zeigt ein edler Kurdenhäuptling *den reinen kaukasischen Typus*.[116] Selbstverständlich sind „Neger" einerseits grotesk komisch, andererseits hemmungslos in ihren Leidenschaften, obwohl ihnen dieselben Gefühle wie den Europäern und sogar Wohlgestalt bescheinigt werden. In anderen Werken Mays tauchen ausgesprochen sympathische schwarze Helden auf, und 1879 verheiratet er sogar einen Burenführer mit einem schwarzen Mädchen.[117] Doch während May auf der einen Seite die bewundernswerte dichterische Veranlagung von „Negern" anerkennt, legt er ihnen gleichzeitig eine verstümmelte Kindersprache in den Mund, in der die Personalpronomina durch die Eigennamen ersetzt werden.[118] Im Kontext seiner Zeit allerdings, in der Imperialismus, Sozialdarwinismus und Rassismus den Ton angaben, verdient Kara ben Nemsis Umgang mit Afrikanern und Muslimen dennoch den größten Respekt!

Zusammenfassung

Die Orient-Erzählungen Karl Mays waren noch im 20. Jahrhundert für deutsche Leser die wichtigste Informationsquelle über den Islam. Ihre Botschaft ist aber nur auf dem Hintergrund der problematischen Geschichte seines Lebens und seiner Ideen verständlich. May hat sich gründlich über den Islam informiert und liebte es, mit einschlägigen Lesefrüchten Eindruck zu machen. Aufrechten Muslimen begegnete er mit Respekt, lehnte aber den Kismet-Glauben als kulturell steril ab und stellte der Gewaltkultur des Islam sein persönliches Programm christlicher Menschenliebe entgegen. Bisweilen unterlag er Fehlinformationen, vor allem mit der Behauptung, dass die Frau keine Seele habe, die ihn immer wieder beschäftigte. Zwar war er trotz seines pazifistischen Antikolonialismus nicht immer über die europäischen Vorurteile erhaben, stellte aber im Zeitalter des Imperialismus dennoch einen wichtigen Lichtblick dar.

---

115 MAY, Ardistan und Dschinnistan, Bd. 2, S. 164.
116 Ders., Durchs wilde Kurdistan, S. 358.
117 Karl MAY, Der Boer van het Roer, in: Ders., Auf fremden Pfaden (= Karl May Werke, Abteilung IV, Bd. 26), Bamberg / Radebeul 2019, S. 49–166.
118 Ders., Die Sklavenkarawane (= Karl Mays Werke, Abteilung III, Bd. 3) Nördlingen 1987, S. 208, 582–584, 596f.; ders., Im Lande des Mahdi, Bd. 1, S. 44f.; Bd. 3, S. 65–78, 135; Hartmut SCHMIDT, Karl May und die Neger [sic!], in: Mitteilungen der Karl-May-Gesellschaft 24, 1974, S. 11–14; 25, 1975, S. 12–15.

Summary

Karl May's oriental stories remained the most important source of information on the Islam down to the twentieth century. But their message needs explanation from the always problematic history of his life and ideas. He disposed of solid information on the Islam and enjoyed to demonstrate this competence by respective quotations. He respected honest Muslims but abhorred their belief in the Kismet because of its cultural sterility. In addition, he used to contrast Muslim violence to his personal program of Christian love. Sometimes, however, his information was defective, in particular in the case of the belief that females have no human soul, a problem which he discussed again and again. Despite his declared pacifism and anti-colonialism he was not completely free of typical European prejudices. But according to standards of the age of imperialism May's attitude remained an outstanding positive exception.

DEBATTE

Museen, Dekolonisation, Zukunft – Wem gehört das Sammlungsgut aus kolonialen Kontexten?

HANS-MARTIN HINZ

Seit einigen Jahren werden von Kultureinrichtungen, der Kulturpolitik und zivilgesellschaftlichen Gruppen intensive Dekolonisationsdebatten zum Sammlungsgut aus kolonialen Kontexten und zur Verbesserung von Bildungsangeboten zum Kolonialismus geführt. Diese Diskurse, verbunden mit Erwartungen und Forderungen nach fairen Lösungen beim Umgang mit Sammlungsgut aus kolonialen Kontexten und effektiveren Kooperationen, sind keineswegs neu, zeichnen sich aber durch eine größere Bereitschaft der Beteiligten und eine intensivere Öffentlichkeitswahrnehmung als in der Vergangenheit aus. Anders als in früheren Jahrzehnten wird die Debatte von zielgerichteten staatlichen Unterstützungsmaßnahmen begleitet, so dass sich die Gesellschaften des globalen Nordens und des globalen Südens möglicherweise auf dem Weg zu einer veränderten kooperativen und respektvolleren Erinnerungskultur befinden.

1. Die Initiative der französischen Politik

Mit seiner am 28. November 2017 an der Universität von Ouagadougou, Burkina Faso, gehaltenen Rede über die künftigen Beziehungen Frankreichs zu den frankophonen Staaten Afrikas und der Ankündigung, temporäre und dauerhafte Kulturgutrückführungen aus französischen Museen in die Staaten einstiger Kolonialgebiete vorzusehen, hat der Französische Präsident Emmanuel Macron eine intensive kulturpolitische Debatte in Gang gesetzt.[1]

---

[1] https://www.elysee.fr/emmanuel-macron/2017/11/28/emmanuel-macrons-speech-at-the-university-of-ouagadougou.en, S. 22.

Seine Ankündigung hat, obwohl das Thema seit Jahrzehnten Gegenstand von politischen Diskussionen und Forderungen ist, massive Reaktionen über den heutigen Umgang mit der Kolonialgeschichte und den Status der Sammlungen aus kolonialen Kontexten hervorgerufen.

Macrons Rede löste einerseits und vor allem bei Museen sowie Regierungen westafrikanischer Staaten große Hoffnungen auf baldige Rückführung materieller Zeugnisse der eigenen Kulturen (aus französischen Museen) aus. Ein vom französischen Präsidenten in Auftrag gegebener Bericht über Umsetzungsmöglichkeiten seiner Ankündigung wurde im November 2018 vorgelegt,[2] der die Erwartungshaltung bei Vielen noch verstärkte. In der Vorlage werden konkrete und vor allem zügig zu realisierende Empfehlungen zur Restitution[3] von Sammlungen aus kolonialen Kontexten unterbreitet, vor allem solche, deren ungerechte Erwerbungsumstände wegen gezielt gewaltsamer Aneignung leicht zu belegen sind.

Andererseits zeigten sich französische Museen über die angekündigten pauschalen Rückführungsforderungen des Präsidenten irritiert und verwiesen auf die vielfältigen und unterschiedlichen Umstände, unter denen Objekte aus kolonialen Kontexten in ihre Sammlungen gelangten, die rasche und pauschale Rückführungen nicht nachvollziehbar machten. Stattdessen seien, so die Position der Museen, notwendige Provenienzrecherchen zur Klärung von Sachverhalten erforderlich.

Infolge der Rückführungsankündigung verstärkten Museen afrikanischer Länder – dort wo erforderlich – ihre Recherchen zur Lokalisierung von Sammlungen, die einst aus ihren Regionen stammten und – anders als die prominenten und in europäischen Museen präsenten Artefakte – vielfach noch nicht auffindbar waren. Bisherige Recherchen, etwa im Rahmen von Kooperationen im International Council of Museums (ICOM), aber auch zwischen einzelnen Museen hatten sich oft als schleppend gezeigt, so dass – infolge der neuen politischen Ankündigungen – Jahrzehnte alte Forderungen nach generell verbesserter Transparenz der entsprechenden Bestände europäischer Sammlungen lauter wurden.

---

2 Felwine SARR / Bénédicte SAVOY, Zurückgeben – Über die Restitution afrikanischer Kulturgüter, Berlin 2019.

3 (Wieder-)Verschaffung des Besitzes als tatsächliche Sachherrschaft an den ursprünglich Berechtigten (Eigentümer). Mit dem Aufkommen von Restitutionsbegehren afrikanischer Museen und junger unabhängiger Staaten in den 1970er Jahren wurden rechtliche Verpflichtungen zur Rückführung von Sammlungsgut von europäischen Museen und Behörden verneint und daher der Begriff Restitution lange Zeit vermieden.

In der Erwartung auf baldige Rückführungen intensivierten lokale Behörden in afrikanischen Staaten, Museumsverbände[4] und internationale Kooperationspartner in die weitere Professionalisierung des Museumspersonals und leiteten zusätzliche Maßnahmen zur Verbesserung der vielfach als defizitär bezeichneten Infrastruktur vieler Museen ein.[5] Internationale Stiftungen stellten Sondermittel zur Verfügung, um Rückgaben nach Afrika zu beschleunigen.[6] Internationale Fachkonferenzen von Kultur- und Bildungseinrichtungen sprachen sich zudem für intensivere afrikanisch-europäische Kooperationen aus.[7]

Viele Museen afrikanischer Ländern klagen seit langem über extremen Mangel an originalen Objekten, die ihnen für die hinreichende Darstellung der eigenen Geschichte und Kulturen fehlten.[8] Nach Präsident Macrons Rede von 2017 hofften sie, mit den zu erwartenden raschen Rückführungen

---

4   Der Weltmuseumsverband ICOM führt seit längerem Fortbildungsveranstaltungen für Museumspersonal in verschiedenen Regionen Afrikas durch. Darüber hinaus nimmt Museumspersonal des mittleren Managements an Workshops des 2013 in Peking gegründeten ICOM International Training Center for Museums (ICOM-ITC) teil. 2015 wurde zusätzlich ein ITC-Workshop in Arusha, Tansania, durchgeführt. 2018/19 wurden europäische ICOM Nationalkomitees um zusätzliche Fortbildungsmaßnahmen für afrikanisches Museumspersonal gebeten, um auf mögliche Restitutionen besser vorbereitet zu sein.

5   Das International Centre for the Study of the Preservation and Restauration of Cultural Property (ICCROM, Rom), eine Unterorganisation der UNESCO, führt seit vier Jahrzehnten u.a. in Ländern Afrikas Fortbildungsveranstaltungen zur Verbesserung der Depotsituation und zur Pflege von Museumsbeständen durch. Das 2011 aufgelegte RE-ORG-Programm für Heritage-Institutionen mit begrenzten Ressourcen, das weltweit Anwendung findet, hat für afrikanische Museen – als Nachfolgeprogramm des „Preventive Conservation in Museums in Africa Program (PREMA)"(1985–2000) – grundlegende Bedeutung bei der Bewahrung von Sammlungsgut, siehe: Catherine ANTOMARCHI u.a., RE-ORG: Unlocking the Potential of Museum Collections in Storage, in: International Council of Museums (Hrsg.), Museum International, Bd. 73, Paris 2021, S. 204–217. Beispiele der Depotsituation afrikanischer Museen: Hermann BÉLY / Abdoul-Karim NIANGAO, New Perspectives on Collections Management at the Musée National du Burkina Faso, in: Ebd., S. 164–173. Bako RASOARIFETRA, The RE-ORG Method Applied to Collections Storage at the Andafiavaratra Palace Museum, Madagascar, in: Ebd., S. 218–225.

6   Die Open Society Foundation von George Soros stellte 15 Mio. Dollar bereit.

7   "Sharing Past and Future: Strengthening African-European connections", Afrikanisch-europäische Museumskonferenz, Brüssel, 2018, siehe: https://www.africamuseum.be/fr/research/discover/publications/open-access/documents-social-sciences-humanities.

8   Beispiel: Das Musée des Civilisations Noires in Dakar, Senegal, eröffnete 2018 mit z. T. noch leeren Galerien, was mit einem Mangel an originalen Objekten begründet wurde. Nach Ankündigung des ghanaischen Staatspräsidenten vom Mai 2021, soll in seinem Land ein Pan-African-Museum für rückgeführtes Sammlungsgut errichtet werden, siehe: https://www.pulse.com.gh/news/local/we-must-retrieve-all-artefacts-and-treasures-stolen-from-africa-akufo-addo/lkmc5mv.

originaler materieller Zeugnisse, historische und kulturelle Identitäten, besonders der autonomen vorkolonialen afrikanischen Kulturen, in der Bevölkerung zu stärken. Den vielfach so empfundenen enteigneten Erinnerungen durch die Ereignisse der Kolonialzeit wollte man damit entgegenwirken. Jahrzehnte lange vergebliche Restitutionsbemühungen schienen nun, 2018, aussichtsreicher als je zuvor.

Die Euphorie erhielt allerdings einen Dämpfer, als Frankreichs Kulturminister in einer Stellungnahme vom 4.7.2019 – eineinhalb Jahre nach Macrons Rede – die Bedenken der französischen Museen hinsichtlich einer radikalen Umsetzung der präsidialen Ankündigungen aufgriff und den öffentlich entstandenen Eindruck rascher Restitutionen relativierte. Stattdessen wurden Einzelfallprüfungen, Leihgaben-Initiativen sowie das Erstellen von Realisierungseinschätzungen vor Ort als Handlungsempfehlungen gegeben. Gleichzeitig wurden – auch um die Ernsthaftigkeit der Kulturpolitik zu belegen – Einzelprojekte angekündigt, wie z.B. die Restitution von Sammlungsbeständen des ehemaligen Königreichs Dahomey in einem von Frankreich neu zu errichtenden Museumsgebäude an historischer Stätte.

Die Radikalität der politischen Initiative des französischen Präsidenten hat der Dekolonisationsdebatte allerdings – auch international – in einem viel breiteren Sinn enormen Auftrieb verschafft und geht weit über die Statusklärung von Sammlungen aus kolonialen Kontexten hinaus. Sie hat intensive nationale und internationale Diskurse über die Komplexität von Dekolonisation neu belebt und knüpft damit an Debatten an, die seit den 1930er Jahren geführt wurden.

Nach Erreichen der staatlichen Unabhängigkeit als Kernanliegen der Dekolonisation war und ist die Restitution von Sammlungsgütern aus kolonialen Kontexten Schwerpunktanliegen der Dekolonisationsdebatten geblieben. Sie hat seit den frühen 1970er Jahren zu offiziellen Restitutionsforderungen der betreffenden Staaten und Gemeinschaften geführt und erlebt aktuell eine Intensivierung.

Darüber hinaus wird in der Dekolonisationsdiskussion seit langem kritisiert, dass in vielen Gesellschaften, vor allem des globalen Nordens, die historische und kulturelle Bildung zu den Themen Kolonialismus und Rassismus bis heute defizitär ist, qualitativ wie quantitativ. Mit Forderungen nach Verbesserung eines fairen interkulturellen Dialoges durch Intensivierung historischer Bildungsarbeit werden Einstellungs- und Haltungsänderungen bei den Menschen erhofft, globalisierungsbedingte gesellschaftliche Prozesse und Machtstrukturen in Geschichte und Gegenwart gerechter und mit mehr Verständnis beurteilen zu können als dies bislang der Fall gewesen ist.

Unter anderem werden Museen seit einigen Jahrzehnten als Einrichtungen gesehen, die mit ihrer Arbeit diesen Zielen auch nachhaltig dienen können, wenn sie in Ausstellungen und Programmarbeit Multiperspektivität und unterschiedliche Erzählungen zuließen und damit ein verändertes Geschichts- und Menschenbild förderten.[9]

Diese Forderung, die auch unter dem Schlagwort „Decolonizing history" geführt wird, trifft auf die Ausstellungsarbeit vieler Museen längst zu. Defizitär bleibt noch vielfach die Provenienz der konkreten Erwerbssituation, wenn auch seit langem die An-Eigner der gezeigten Objekte aus Mission, Wissenschaft und Militär in Ausstellungen thematisiert werden. Dies gilt nicht nur für Frankreich, sondern auch für Museen und Initiativen in Ländern anderer ehemaliger Kolonialmächte, die sich heute verstärkt mit der Epoche des Kolonialismus auseinandersetzen. Das trifft beispielsweise für Belgien zu (neukonzipiertes Königliches Museum für Zentralafrika in Tervuren bei Brüssel), auf die Niederlande (Begriff des „Goldenen Zeitalters", aber auch bei Universitäts- und Museumsprojekten zur Erforschung kolonialer Sammlungsbestände, wie etwa das aktuelle Projekt „Pressing Matter"[10]), auf Portugal (Gedenkstätte für die Opfer der Sklaverei in Lissabon) und eben auch auf viele Museen Deutschlands.

Das Dekolonisationsthema konzentriert sich in den öffentlichen Debatten gegenwärtig vor allem auf das europäisch-afrikanische Verhältnis, geht aber weit darüber hinaus, wie folgende ausgewählte Beispiele zeigen: Österreich, selbst nie Kolonialmacht, aber mit traditionsreicher ethnologischer Forschung, wird z. B. seit langem von Mexiko aufgefordert, den altamerikanischen Federkopfschmuck aus dem Weltmuseum Wien zurückrückzuführen, dessen bedeutendstes Stück von mexikanischer Seite Moctezuma zugeschrieben wird.[11]

In Europa weitgehend unbekannt führen etwa Japan und Südkorea seit 1965 Restitutionsgespräche, die bislang nur bedingt Erfolge gezeigt haben,

---

9   Hans-Martin Hinz, Grußwort des Wissenschaftlichen Beirats zur Ausstellung, Deutsches Historisches Museum, Deutscher Kolonialismus – Fragmente seiner Geschichte und Gegenwart, Ausstellungskatalog, Berlin 2016, S. 12 f.
10 Zum Projekt „Pressing Matter", 2021-2025, siehe: https://www.clue.vu.nl/en/projects/Pressing-Matter/index.aspx und https://www.materialculture.nl/en/research/projects/pressing-matter-ownership-value-and-question-colonial-heritage-museums.
11 Sabine Haag / Alfonso de Maria y Campos / Lilia Rivero Weber / Christian Feest (Hrsg.), Der Altmexikanische Federschmuck, Wien 2012 (Buch zur Ausstellung des Völkerkundemuseums, heute Weltmuseum, Wien).

weil Japan die Annexion Koreas im Jahre 1910 weiterhin als legal betrachtet.[12]

In Indien gibt es vielfältige Initiativen, die Rückführungen insbesondere aus Großbritannien fordern.[13] Das Nationalmuseum von Costa Rica erhielt 2020 insgesamt 1.300 prä-kolumbianische Objekte aus dem New Yorker Brooklyn Museum zurück, die einst ein amerikanischer Bananen-Baron gesammelt hatte.[14]

Im weiteren Sinne betrifft das Dekolonisationsthema auch die Staaten, die durch Erweiterung ihrer Territorien quasi interne koloniale Räume schufen, in denen die Ursprungsgesellschaften Enteignung (Siedlungsräume, Kulturgüter), Verdrängung, Umerziehung, Identitätsverlust oder gar Vernichtung erfuhren.[15]

2. Aktuelle Entwicklungen in Deutschland

Parallel zur Debatte in Frankreich, aber tatsächlich schon sehr viel früher als zum Zeitpunkt der Präsidentenrede, waren es in Deutschland vor allem die Konzeptionsdebatten der 2010er Jahre über das sich zu diesem Zeitpunkt in Vorbereitung befindende Humboldt Forum in Berlin[16], die zunehmend auch

---

12 Jongsok KIM, Museums and Cultural Heritage: To Examine the Loss of Cultural Heritage during Colonial and Military Occupations with Special Reference to the Japanese Occupation of Korea, and the Possibilities for Return and Restitution, London 2018; http://openaccess.city.ac.uk/20813.

13 Überblick über indische Rückführungsbegehren, siehe: Regine HÖFER, „Bring Home our Gods", Köln 2019; https://blog.uni-koeln.de/gssc-humboldt/bringing-home-our-gods/.

14 Alex GREENBERGER, Brooklyn Museum Returns More than 1 300 Artifacts to Costa Rica, in: ARTnews, 6. Juli 2021.

15 Seit einigen Jahrzehnten wird in Einwanderungsgesellschaften wie den USA, Kanada, Australien und Neuseeland ein fairer Dialog mit den indigenen Gesellschaften gesucht und zunehmend praktiziert. Menschliche Überreste und Kulturobjekte wurden repatriiert und restituiert. Ausstellungen werden gemeinsam und auf Augenhöhe kuratiert und für den Umgang mit indigenem Sammlungsgut wurden respektvolle Regeln entwickelt. Die Maori-Gesellschaften haben inzwischen völlige Autonomie über ihre Bestände in den staatlichen Museen Neuseelands. In Nord-Europa sind es die Gemeinschaften der Samen, mit denen die skandinavischen Staaten in vergleichbarem Dialog stehen. Das Finnische Nationalmuseum in Helsinki hat 2021 bedeutende Sammlungen an das Sámi-Museum in Inary in Lappland zurückgegeben.

16 Das Humboldt Forum befindet sich im zwischen 2013–2020 rekonstruierten Berliner Schloss, einst Sitz Brandenburgischer Kurfürsten, Preußischer Könige und Deutscher Kaiser. Die Entscheidung zum Wiederaufbau des Gebäudes mit größtenteils historischen Fassaden und moderner Innenarchitektur erfolgte 2002 durch Beschluss des Deutschen Bundestages. Eigentümerin und Bauherrin ist die 2009 gegründete Stiftung Humboldt Forum

öffentliche Aufmerksamkeit auslösten. Auch wenn ethnologische Museen bereits seit einigen Jahrzehnten partizipatorische Konzeptionen in Ausstellungen umsetzen, löste der Diskurs um neue, gerechte Narrative und Präsentationsformen der Kulturen der Welt – gleichsam am Platz Nr. 1 der Republik – rasch Hinterfragungen aus, wessen Geschichte und durch wen diese in den künftigen Ausstellungen des Humboldt Forums erzählt werden würden.

Im Zuge dieser Konzeptionsdiskussion rückte auch die Frage des Status der Museumssammlungen und möglicher Restitutionsforderungen mehr und mehr in den Mittelpunkt der Berliner Debatte. Wäre es moralisch zu verantworten, bei diesem aktuell bedeutendsten Kulturprojekt der Bundesrepublik Deutschland Objekte zu präsentieren, die möglicherweise unter zweifelhaften Bedingungen in die Staatlichen Museen zu Berlin, Preußischer Kulturbesitz gelangt waren?

Befördert wurde diese Berliner Debatte durch die parallel national und international geführten Diskussionen um den Status der in ca. 160 Kultureinrichtungen weltweit verteilten Benin-Bronze-Bestände.[17] Das Berliner Ethnologische Museum besitzt das zweitgrößte Konvolut, aus dem die Eröffnungsausstellung im Humboldt Forum bestückt werden soll.

---

im Berliner Schloss. Die Stiftung Preußischer Kulturbesitz mit dem Ethnologischen Museum und dem Museum für Asiatische Kunst, das Land Berlin mit der Stiftung Stadtmuseum und der Humboldt-Universität sind mit Ausstellungen präsent, die zwischen 2020 und 2022 schrittweise eröffnen.

17 Benin-Figuren und -Tafeln wurden vor allem ab dem 15./16. Jahrhundert überwiegend aus Messing, aber auch aus anderen Materialgruppen gefertigt. Sie thematisieren die höfische Gesellschaft des heute fast eintausend jährigen Königreichs Benin (Hof des Obas) und zeigen u.a. Jagd- und Kampfszenen, Trophäenköpfe sowie europäische Handelspartner. Sie werden als religiös legitimierte Insignien der königlichen Macht eines Kriegerstaates bewertet; Brigitta HAUSER-SCHÄUBLIN, Von Schuld und Tätern, in: Rotary Magazin, September 2021, S. 41–43. Britische Truppen entwendeten einen Großteil der Benin-Bronzen 1897 im Zuge eines militärischen Konflikts um Handelsfragen und verbrachten sie zu Versteigerungen auf dem europäischen und nordamerikanischen Kunstmarkt; Neil MACGREGOR, Eine Geschichte der Welt in 100 Objekten, München 2012, S. 573–579. Zur Kultur des Königreichs Benin in Politik, Gesellschaft, Handel und Kunst Barbara PLANKENSTEINER (Hrsg.), Benin: Könige und Rituale – Höfische Kunst aus Nigeria (Ausstellungskatalog), Wien 2007. Zum frühen Kulturkontakt Benins mit Europa Stefan EISENHOFER, Das westafrikanische Reich Benin und die Portugiesen, in: Michael KRAUS / Hans OTTOMEYER (Hrsg.), Novos Mundos – Neue Welten. Portugal und das Zeitalter der Entdeckungen (Ausstellungskatalog des Deutschen Historischen Museums), Dresden 2007, S. 107–113. – Im Jahr 2022 wird am Hamburger Museum am Rothenbaum, Kulturen und Künste der Welt (MARKK) eine online Plattform „Digital Benin" eingerichtet, die anstrebt, alle Benin-Bronzen sowie Dokumentationsmaterial zu den Beständen aufzunehmen und Interessierten zugänglich zu machen, siehe: https://digital-benin.org.

Gegenwärtig wird auf politischer Ebene und in der bereits 2010 gegründeten internationalen Benin-Dialogue-Group[18] über ein international abgestimmtes Vorgehen, mit dem Ziel von Kooperationen und Rückführungen an Nigeria verhandelt. In diesem Zusammenhang ist das gemeinsame Vorgehen der deutschen ethnologischen Museen mit Benin-Bronze Beständen zu sehen, die sich 2021 verständigten, ab 2022 – fünf Jahrzehnte nach der ersten Restitutionsforderung – Benin-Bronzen nach Nigeria zurückführen zu wollen.[19] Für deren Unterbringung in einem Neubau (Edo Museum of West African Art, EMOWAA) am Herkunftsort in Benin-City hat bereits der britisch-ghanaische Stararchitekt David Adjaye die Pläne entwickelt.[20]

Die zeitliche Nähe von weltweiten Benin-Bronze-Diskussionen und der Eröffnung der Ständigen Ausstellung des Berliner Ethnologischen Museums im Humboldt Forum löste 2020/21 in Berlin ein gewisses „Dilemma" aus: Wie mit den Benin-Bronzen aktuell umgehen? Das Thema gewann durch die Veröffentlichung einer historischen Studie über den möglicherweise zweifelhaften Erwerb eines anderen Hauptobjekts der Ausstellung im Humboldt Forum, eines Südsee-Bootes, zusätzliche Brisanz.[21] Andererseits deutet sich an, dass gerade diese scheinbare Verkomplizierung lösungsorientierte Bewegung in die Frage des Umgangs mit Sammlungsgut aus kolonialen Kontexten bringen könnte, denn die Ständige Ausstellung im Humboldt Forum soll den

---

18 Die Benin-Dialogue-Group besteht aus Museen mehrerer Staaten mit Sammlungsbezug zu Nigeria und Repräsentanten aus Nigeria (Regierung, Gemeinschaften, Museen). Gegenwärtige Co-Vorsitzende: Prof. Dr. Barbara Plankensteiner, Hamburg.

19 Pressemitteilung des Auswärtigen Amtes vom 30.4.2021, siehe: https://www.auswaertiges-amt.de/de/newsroom/benin-bronze/2456786.

20 https://www.adjaye.com/work/edo-museum-of-west-african-art.

21 Götz ALY, Das Prachtboot. Wie die Deutschen die Kunstschätze der Südsee raubten, Frankfurt/M, 2021. Das Outrigger-Boot von der Insel Luf/Hermit Islands (Papua Neu-Guinea) wurde 1903 von Max Thiel im Auftrag von Eduard Hernsheim, Hamburger Handelsunternehmen in das Deutsche Reich verbracht und 1904 dem Ethnologischen Museum Berlin verkauft. Ab 1968 war es eines der beliebtesten Objekte in der Ständigen Ausstellung des Ethnologischen Museums in Berlin-Dahlem. Götz Aly beschreibt darüber hinaus den systematischen, z.T. militärischen Raub sowohl umfangreicher ethnologischer Objekte als auch menschlicher Überreste, die in deutsche ethnologische Museen gelangten und dort heute die allergrößten Sammlungsanteile ausmachen würden. Er kritisiert die Aufstellung des Boots im Berliner Humboldt Forum und fordert dessen Rückführung. Allerdings wird dem Autor vorgeworfen, in seiner Veröffentlichung selektiv herangezogene Quellen zu verabsolutieren und einseitig zu interpretieren; Hermann MÜCKLER, Das Prachtboot, in: Pazifik Netzwerk e.V., Rundbrief September 2021. Zudem wird Aly der Vorwurf des Eurozentrismus gemacht, da in seiner Arbeit Sichtweisen der Südseevölker fehlten; Hermann J. HIERY, Das Boot des weißen Mannes, in: Rotary Magazin, September 2021, S. 48–51.

Prozess der Aushandlung transparent darstellen. Damit würde zugleich der Wandel im Umgang mit dem Sammlungsgut vorprogrammiert.[22]

Die deutsche Politik reagierte auf die aktuelle und zunehmend öffentliche Dekolonisationsdebatte dieser Jahre, die längst über den Einzelfall Humboldt Forum hinaus an Fahrt aufgenommen hatte, mit unterstützenden finanziellen und infrastrukturellen Maßnahmen für die Museen. Dabei zielen das Auswärtiges Amt (AA) und die Beauftragte der Bundesregierung für Kultur und Medien (BKM) mit neuen Fördermaßnahmen auf verbessertes Wissen über Herkunft und Lokalisierung der Sammlungen aus kolonialen Kontexten in deutschen Museen. Angedacht ist, Maßnahmen zur Transparenzverbesserung der Bestände prioritär anzugehen und die Provenienzforschung an den entsprechenden Beständen deutscher Museen zu unterstützen.[23] Darüber hinaus werden Ausstellungsprojekte und internationale Museumskooperationen gefördert, um so die Kommunikation zwischen Nord und Süd zu intensivieren und Vertrauen in die Ernsthaftigkeit des aktuellen kulturpolitischen Handelns zu schaffen.[24]

Zu den staatlichen Unterstützungsmaßnahmen gehört auch die Förderung der deutschen Museumsverbände durch die BKM für deren Arbeit zum Dekolonisationsthema. So hat der Deutsche Museumsbund (DMB) nach einem intensiven nationalen und internationalen Diskurs einen grundlegen-

---

[22] Jonathan FINE, Wandel ist vorprogrammiert, in: Humboldt Forum Magazin 1, Juni 2021, S. 40–43.

[23] Planstellen zur Provenienzforschung gibt es an deutschen öffentlichen Museen in nur geringer Zahl und auch erst seit zwei Jahrzehnten. Wegen des Provenienz Schwerpunkts NS-verfolgungsbedingt entzogenen Kulturguts sind sie bislang zumeist an Kunstmuseen angesiedelt. Nach Auskunft der Leitung des Ethnologischen Museums, SMB, verfügen die im Humboldt Forum wirkenden Museen lediglich über vier Stellen zur Provenienzforschung an Sammlungen aus kolonialen Kontexten, Humboldt Forum, Online-Diskussion „Koloniale Sammlungen in europäischen Museen", Berlin, 15. April 2021; https:// www.humboldtforum.org/de/programm/termin/diskurs/status-quo-14182/. Zur Provenienzforschung auch: Deutsches Zentrum Kulturgutverluste, Leitfaden Provenienz Forschung, Magdeburg, 2019; Wiebke ARNDT / Bettina VON BRISKORN / Patrick HEGE, Koloniale Provenienzen als Herausforderung, in: Deutscher Museumsbund (Hrsg.), Museumskunde, 2/2020, S. 14–21.

[24] Das Auswärtige Amt gründete 2019 die „Agentur für Internationale Museumskooperationen", deren Arbeitsaufnahme für 2021 angestrebt wurde. Außerdem wurde 2021 das Projekt „The MuseumsLab" mit Unterstützung dreier Bundesministerien und Partnern gestartet, das deutsche und afrikanische Museen in Workshop ähnlichen Seminaren zu gemeinsamer Arbeit zusammenführt, siehe: https://themuseumslab.org.

den Leitfaden für deutsche Museen zum Umgang mit Sammlungsgut aus kolonialen Kontexten erstellt.[25] Das deutsche Nationalkomitee des Weltmuseumsverbandes ICOM wiederum trägt zum weltweiten fachlichen Austausch über „Dekolonisation und Museen" bei, wie z. B. auf der ICOM-Generalkonferenz 2019 in Kyoto, Japan, mit knapp 5.000 Teilnehmenden.

Auf der Ebene der Bundesländer hat die Kultusministerkonferenz der Länder (KMK) die Themen „Dekolonisation" und „Umgang mit Sammlungsgut aus kolonialen Kontexten" zur politischen Aufgabe erklärt und dazu, gemeinsam mit dem Bund, eine Bund-Länder-Arbeitsgruppe eingerichtet.

Die vom Bund, den Ländern und kommunalen Spitzenverbänden 2015 gegründete Stiftung Deutsches Zentrum Kulturgutverluste (DZK) in Magdeburg unterstützt Museen finanziell bei deren Provenienzforschung und hat aus diesem Grund 2018 einen eigenen Förderbereich für Sammlungsgut aus kolonialen Kontexten eingerichtet.[26]

Darüber hinaus haben Bund, Länder und kommunale Spitzenverbände am 13. März 2019 „Erste Eckpunkte zum Umgang mit Sammlungsgut aus kolonialen Kontexten" verabschiedet[27], dem im gleichen Jahr der Beschluss über die Einrichtung einer „Kontaktstelle für Sammlungsgut aus kolonialen Kontexten in Deutschland" folgte, die im Jahr 2020 bei der Kulturstiftung der Länder in Berlin angesiedelt wurde. Im Herbst des gleichen Jahres wurde als eine der ersten inhaltlichen Maßnahmen die Umsetzung einer sogenannten 3-Wege-Strategie beschlossen, die die Erfassung und die digitale Veröffentlichung von Sammlungen in kolonialen Kontexten vorsieht und damit Transparenz über die Bestände schaffen will. Die Pilotphase ist eingeleitet und wird von Fachgesprächen mit Museumsverbänden, Herkunftsgesellschaften und diasporischen Gemeinschaften begleitet.[28]

Fachverbände wie der Deutsche Kulturrat und die Gemeinschaft der ethnologischen Museen im deutschsprachigen Raum[29] sowie zivilgesellschaftli-

---

25 https://www.museumsbund.de/publikationen/leitfaden-zum-umgang-mit-sammlungsgut-aus-kolonialen-kontexten/.

26 https://www.kulturgutverluste.de/Webs/DE/Forschungsfoerderung/Projektfoerderung-Bereich-Kulturgut-aus-kolonialem-Kontext/Index.html;jsessionid=0E0D6ED96E977C023D257D892D2C94A4.m7.

27 www.kmk.org/fileadmin/pdf/PresseUndAktuelles/2019/2019-03-25 Erste-Eckpunkte-Sammlungsgut-koloniale-Kontexte final.pdf.

28 www.kmk.org/fileadmin/Dateien/pdf/presseundoeffentlichkeit/201014.

29 Der Deutsche Kulturrat unterbreitete am 20.2.2019 über den Museumsrahmen hinausgehende Vorschläge für den Umgang mit dem Kolonialismus Thema; www.kulturrat.de/positionen. Die ethnologischen Museen des deutschsprachigen Raums haben in einer Heidelberger Erklärung vom 6. Mai 2019 Präzisierungen zum Umgang mit Sammlungen aus

che Gruppen, wie z. B. der Verein Berlin Postkolonial, aber auch andere, haben zu den aktuellen politischen Ankündigungen Stellung bezogen. Sie reichen vom behutsamen Ausloten möglicher Lösungen bis zu Rückführungsforderungen ohne (erneute) Verzögerungen.

Neben dem Komplex Sammlungsgut steht aktuell auch das Bildungsthema zum Kolonialismus im Mittelpunkt von Debatten und Forderungen. Da das historische und kulturelle Wissen um den Kolonialismus in Deutschland auch von der deutschen Politik als defizitär gesehen wird, sollen Kultur- und Bildungseinrichtungen künftig intensiver zur Aufklärung und Auseinandersetzung über diese Phasen der Geschichte beitragen. Einzelne Bundesländer und Kommunen haben zudem Sonderprogramme zum Dekolonisationsthema aufgelegt. Forderungen nach Erweiterung des Curriculums des schulischen Geschichtsunterrichts um einen Schwerpunkt „Kolonialismus" werden seitdem verstärkt von Lehrerverbänden und der Bildungspolitik diskutiert. Postkoloniale Vereinigungen in Deutschland bieten Stadtrundgänge in deutschen Städten zur Sichtbarmachung kolonialer Vergangenheit im öffentlichen Raum an und vergrößern damit vergleichbare Angebote, wie sie bereits seit zwei Jahrzehnten bestehen. Allerding beinhalten heutige Angebote die Perspektive der Diaspora stärker.[30]

In jüngster Zeit ist das Dekolonisationsthema zudem national und international über den musealen Sammlungskontext und die angestrebten Bildungsmaßnahmen hinaus in größeren Zusammenhängen aktueller Rassismus- und Identitätsdiskurse (Critical Race Theory) besprochen worden.

Dabei kommen erneut, wie schon mehrmals in den vergangenen Jahrzehnten, Forderungen nach Umbenennungen von Straßennamen, Beseitigung von Denkmälern sowie Errichtung von alternativen Erinnerungsorten zu Kolonialismus und Sklaverei auf. Im Vergleich zu früher haben dabei Betroffenheitsargumente zugenommen. Historiker beklagen allerdings zuweilen die zu geringe Wahrnehmung historischer Forschungsergebnisse in diesen Debatten und deren nicht hinreichenden Einfluss auf politische Entscheidungen.[31]

---

kolonialen Kontexten formuliert, https://www.museumsbund.de/wp-content/uploads/2019/05/heidelberger-stellungnahme.pdf.

30 Beispiel einer frühen räumlichen Bestandsaufnahme in Form einer Publikation: Ulrich VAN DER HEYDEN / Joachim ZELLER, Kolonialmetropole Berlin, Berlin 2002. Bereits zu dieser Zeit wurden, etwa in Berlin, Stadtrundgänge zum Kolonialthema angeboten.

31 Ulrich VAN DER HEYDEN, Die Umbenennung der Berliner „Mohrenstraße" – eine Blamage, in: Berliner Debatte, Initial 31, 2020/4, S. 133–143; ders., Das Märchen von der Verdrängung der Kolonialgeschichte, Berliner Zeitung, 31.1.2021; https://www.berliner-zeitung.de/mensch-metropole/das-gerede-von-der-kolonialen-verdraengung-ist-ein-maerchen-li.135339.

Intensiver als in Deutschland wurden in vielen Ländern, einst Kolonialmächte bzw. ehemalige Kolonialräume, in den vergangenen Jahrzehnten bereits beeindruckende Erinnerungsorte an historischen Stätten des Kolonialismus und der Sklaverei eingerichtet.[32]

---

[32] In der französischen Stadt Nantes wurde 2012 der Uferbereich, an dem einst die Schiffe in die Kolonien ablegten, zum offenen Mahnmal für Kolonialismus und Sklaverei umgestaltet. Im englischen Liverpool wurde 2007 das einstige, in den Docks gelegene Maritime Museum zum International Slavery-Museum entwickelt. Gebäude ehemaliger Welt- bzw. Kolonialausstellungen, erhielten moderne Kolonialismus-Ausstellungen (historische Ausstellung Brüssel 1897, Eröffnung des neukonzeptionierten Koninkijk Museum voor Midden-Afrika, 2018) bzw. wurden in Immigrationsmuseen umgewandelt (historische Ausstellung Paris 1931, Neueröffnung als Cité nationale de l'histoire de l'immigration, 2007). Im ehemaligen italienischen Kolonialmuseum in Rom (Museo delle Civiltà) wird gegenwärtig eine multiperspektivische Ständige Ausstellung zum italienischen Kolonialismus erarbeitet. Die 2021 erfolgte Einweihung des Denkmals für die Opfer von Sklaverei und Kolonialismus in Gestalt stilisierter Palmen in Lissabon durch den angolanischen Künstler Kiluanji Henda setzt am Ufer des Tejo einen Kontrapunkt zu den ansonsten dominierenden Denkmälern für Seefahrer und Eroberer (Belem) und hat die portugiesische Dekolonisationsdebatte erheblich belebt; www.dw.com/de/portugals-schwieriges-gedenken-an-den-transatlantischen-Slavenhandel. Die permanente Installation wird durch Beiträge der 2021 Biennale of Contemporary Art, Lissabon, ergänzt, wie die Installation eines 32 m langen Bootes der portugiesischen Künstlerin Grada Kiloma am Flussufer; The Art Newspaper, 3.9.2021, S. 1–3. – Auch in afrikanischen Ländern wird an Stätten des Kolonialismus Erinnerungskultur gepflegt. Die einstige Deportationsinsel Gorée bei Dakar, Senegal, ist das prominenteste Beispiel. In mehreren afrikanischen Ländern gibt es kleinere Erinnerungsstätten an Orten, die einst Zielpunkte europäischen Kolonialismus und Sklavenhandels waren. In Togo, Senegal, Benin, Nigeria und Elfenbeinküste werden im Hinterland sogenannte Sklavenrouten mit Skulpturen, Informationsboxen und Memorials eingerichtet: http://network.icom.museum/ fileadmin/user_upload/minisites/icmah/PDF/ ActesMarseilles3.pdf. Die Diskussionen darüber gestalten sich vor Ort durchaus kontrovers. Insbesondere Vertreter einer neuen Mittelschicht betrachten die Fokussierung auf die Kolonialzeit (Opferrolle) als zu dominant für die Ausbildung neuer afrikanischer Identitäten. Seit 2018 gibt es eine kenianisch-britische Initiative zur Errichtung eines British Colonial Museum und 2021 wird in Kamerun über ein deutsch-kamerunisches Geschichtsmuseum für Duala diskutiert. – Auf dem amerikanischen Kontinent ist es vor allem das 2016 eröffnete Memorial ACTe auf Guadeloupe, das an Kolonialismus und Sklaverei erinnert. In einer Reihe von Zielorten des Kolonialismus, von den USA, über die Karibik bis Brasilien, werden z. B. ehemalige urbane Sklavenmärkte (bislang oftmals als Parkplätze benutzt) zu Erinnerungsstätten umgestaltet. Im ländlichen Raum, auf historischen Plantagen werden Alltagsleben und Ursachen des Kolonialismus in baulich erhaltenen ehemaligen Sklavenhäusern erläutert. Stätten der spanischen Herrschaft werden in Gedenk- und Erinnerungsorte umgewandelt, wie z.B. der Palast der Inquisition in Cartagena, Kolumbien, während in Spanien selbst das Dekolonisationsthema aktuell kaum diskutiert wird. Kolonial- und Sklavenmemorials gibt es auch an den Küsten des Indischen Ozeans, etwa auf Sansibar. Dort war der Sklavenhandel nicht minder intensiv, ist aber weniger dokumentiert als vergleichsweise der atlantische koloniale Handel. Zur Sklaverei im Bereich des Indischen Ozeans siehe: Michael MANN, Sahibs, Sklaven und Soldaten – Geschichte

3. Was bereits getan wurde

Die gegenwärtigen öffentlichen, oft heftig geführten Debatten zum Thema Dekolonisation vermitteln zuweilen den Eindruck, als würde das Dekolonisationsthema gerade erst entdeckt. Weder stehen Wissenschafts- und Kultureinrichtungen ganz am Anfang des Umgangs mit dem Thema, noch handelt es sich um kulturpolitisches Neuland.

Im Gegenteil, so wird auf der internationalen politischen Ebene, etwa im Rahmen der Arbeit der UN und der UNESCO, seit über einem halben Jahrhundert kulturpolitisch über den Status des Sammlungsguts aus kolonialen Kontexten diskutiert. Mit der ersten UN-Resolution zur Restitution von Kulturgut aus kolonialen Kontexten von 1973 gibt es einen politischen Grundsatzbeschluss.[33] Als wichtigste NGO in diesem Sachzusammenhang war der International Council of Museums (ICOM), Paris, eine treibende Kraft und unterstützte die Dekolonisationspolitik der Staatengemeinschaft der UNESCO von Anbeginn.[34]

---

des Menschenhandels rund um den Indischen Ozean, Darmstadt 2012. Zur Geschichte der Sklaverei generell, siehe: Michael ZEUSKE, Handbuch Geschichte der Sklaverei, Berlin / Boston ²2019; ders., Slaving: Traumata und Erinnerungen der Verschleppung, in: Jahrbuch für Europäische Überseegeschichte 13, 2013, S. 69–104.

33 Die UN-Resolution 3187 (XXVIII) vom 18.12.1973 wurde auf Initiative vom Präsident Mobuto, Zaire, von der Generalversammlung mit deutlichem Appell an die einstigen Kolonialmächte verabschiedet. Darin wird der Abtransport von Kulturgut als oftmaliges Ergebnis kolonialer oder fremder Besetzung bedauert und Rückerstattung von Museumsstücken, Kunstwerken, und Dokumenten gefordert, um schwere Schäden wieder gutzumachen (Restitutionen) und die internationale Zusammenarbeit zu fördern. Abstimmung: 113 pro bei 17 Enthaltungen (die Gegner von Restitutionen). Das Thema stand in den folgenden Jahrzehnten jährlich auf der jeweiligen Tagesordnung der UN-Generalversammlung, wobei neue, weniger konfrontative Formeln gesucht wurden, um Verhaltensänderungen bei den Kritikern zu bewirken. Zu den Restitutions-Resolutionen der UN und ihren Veränderungen siehe: Thomas FITSCHEN, 30 Jahre Rückführung von Kulturgut – Wie der Generalversammlung ihr Gegenstand abhandenkam, in: Deutsche Gesellschaft für die Vereinten Nationen (Hrsg.), „Vereinte Nationen", 2/2004, S. 46–51, siehe auch: www.zeitschrift-vereinte-nationen.de.

34 Der Museumsweltverband ICOM verabschiedete bereits auf seiner Generalkonferenz 1971, Paris und Grenoble, eine befürwortende Resolution zur Restitution von Sammlungen aus kolonialen Kontexten. Diese ging auf Initiative des damaligen nigerianischen Vizepräsidenten von ICOM, Ekpo Eyo zurück und erfolgte bereits zwei Jahre bevor die UN-Vollversammlung ihre erste Resolution zum Restitutionsthema verabschiedete. In der Folgezeit unterstützte ICOM die UNESCO bei deren fachbezogener Museumsarbeit, u.a. mit der Empfehlung einer Expertengruppe zur Erstellung von UNESCO-Positionspapieren zum Restitutionsthema. Auf ICOM-Seite wurde der Prozess maßgeblich durch den deutschen Präsidenten des Internationalen Fachkomitees ICOM-ICME (Ethnologische Museen) Ganslmayer aus Bremen (1974–1980 und 1986–1991) unterstützt, der zudem von

Aus dem intensiven ICOM-UNESCO-Dialog der frühen 1970er Jahre, sowohl zum Restitutionsthema als auch zum Kulturgutschutz[35], entwickelte sich im Weltmuseumsverband eine über 15 Jahre dauernde Debatte um die Einführung von universal geltenden und für Museen und Mitglieder verpflichtenden „Ethischen Richtlinien für Museen". Sie wurden auf der ICOM-Generalkonferenz 1986, Buenos Aires, mit Ergänzungen 2001 und 2004 verabschiedet und fordern u. a. den notwendigen respektvollen Umgang mit Sammlungen in Bezug auf Erwerb, Provenienz, ggf. auch Rückführung.[36] Im Originaltext der Richtlinien heißt es im 6. Kapitel „Origin of Collections":

> 1 Co-operation: Museums should promote the sharing of knowledge, documentation and collections with museums and cultural organizations in the countries and communities of origin. Partnerships with museums in countries or areas that have lost a significant part of their heritage should be explored.
>
> 2 Return of Cultural Property: Museums should be prepared to initiate dialogues for the return of cultural property to a country or people of origin. This should be undertaken in an impartial manner, based on scientific, professional and humanitarian principles as well as applicable local, national and international legislation in preference to action at a governmental or political level.
>
> 3 Restitution of Cultural Property: When a country or people of origin seeks the restitution of an object or specimen that can be demonstrated to have been exported or otherwise transferred in violation of the principles of international and national conventions, and shown to be part of that country's or people's cultural or natural heritage, the museum concerned should, if legally free to do so, take prompt and responsible steps to cooperate in its return.[37]

1980 bis 1986 Vorsitzender des einflussreichen ICOM Advisory Committee war. Die UNESCO sprach sich immer für bilaterale Verhandlungen zwischen den betroffenen Ländern aus und sah darin höhere Erfolgsaussichten als in den eher deklaratorischen Ansprüchen der frühen UN-Restitutions-Resolutionen.

35 Die vielfältigen Kulturgutschutzaktivitäten der UNESCO mündeten 1970 in eine grundlegende Konvention zum illegalen Umgang mit Kulturgut: „Convention on the Means of Prohibiting and Preventing the Illicit Import, Export and Transfer of Ownership of Cultural Property", siehe: http://portal.unesco.org/en/ev.php-URL_ID=13039&URL_ DO =DO_ TOPIC&URL_SECTION=201.html.

36 Geoffrey Lewis, The ICOM Code of Ethics for Museums: Background and Objectives, in: Bernice Murphy (Hrsg.), Museums, Ethics and Cultural Heritage, London / New York 2016, S. 45–53; ICOM, Ethische Richtlinien für Museen; http://www.icom-deutschland. de/schwerpunkte-ethische-richtlinien-fuer-museen.php. Unter ICOM-Präsident Alpha Konaré, Mali, wurde 1990 ein Ethik-Komitee als Standing-Committee zur Befassung mit ethischen Konfliktfällen eingerichtet. In den vergangenen drei Jahrzehnten kam es zu einer Vielzahl vorgetragener Konfliktfälle, bei denen u. a. Diebstähle, gutgläubiger bzw. nicht gutgläubiger Erwerb vorlagen. Die Fälle betrafen Objekte u. a. aus Ägypten, Ghana, Kambodscha und Museen in Europa und den USA.

37 International Council of Museums, Code of Ethics for Museums, Paris 2013, S. 10; https://icom.museum/en/resources/standards-guidelines/code-of-ethics/. In der aktuellen

Diese Standards wurden weltweit in nationale Gesetze oder staatliche Verordnungen aufgenommen und liegen übersetzt in über 40 Sprachen vor. Der Deutsche Bundestag hat im Jahre 2007 den „Code of Ethics for Museums" von ICOM als eine bedeutende Grundlage der Museumsarbeit in Deutschland bezeichnet.[38] In Bezug auf Restitutionen entfaltet der Code eine tiefe moralische Verpflichtung für Museen und Politik, weltweit.

Bei den aktuellen Rückführungsdiskussionen bleibt oftmals ausgeblendet, dass politische Bemühungen um Anspruchsklärung und ggf. Restitution lange Zeit vielfach an der Ablehnung der betroffenen Museen des globalen Nordens sowie Teilen der dortigen Politik bzw. der zuständigen Behörden scheiterten. Selbst Nationalkomitees des Weltmuseumsverbandes ICOM vertraten in den 1970er und frühen 1980er Jahren und im Gegensatz zur internationalen Verbandsebene eher die Interessen der heimischen Museen und deren Begründungen der Verweigerung.[39] Als erschwerend in den Restitutionsdebatten erwiesen sich in manchen Ländern die jeweiligen gesetzlichen Grundlagen, die die Sammlungsbestände als Eigentum des Sitzlandes ausweisen.[40] Die moralische Ungerechtigkeit dieser Gesetzeslagen wird bislang selten hinterfragt.

Andererseits, und das wird häufig ebenfalls nicht hinreichend gewürdigt, hat es seit den 1970er Jahren immer wieder Fälle erfolgreicher Rückführungen in die Ursprungsstaaten bzw. Herkunftsgesellschaften – soweit noch existent – gegeben. Es sind vor allem menschliche Überreste, einst zu medizinischen, oft zu pseudo-wissenschaftlichen, „rassenkundlichen" Forschungszwecken in Museen verbracht (oftmals geraubt), die seit Jahren repatriiert werden. Darunter befinden sich auch neuseeländische Maori-Schädel, die – einst künstlerisch gestaltet – international gehandelt, in die Sammlungen des globalen Nordens gelangten.

Dekolonisationsdebatte haben belgische Museen im Juni 2021 konkretere „Ethical Principles for the Management and Restitution of Colonial Collections in Belgium" vorgeschlagen, siehe https://restitutionbelgium.be/.

38 Deutscher Bundestag, Bericht Enquete Kommission „Kultur in Deutschland", Berlin 2007, S. 118; https://dip21.bundestag.de/dip21/btd/16/070/1607000.pdf. Wegen der verfassungsmäßigen Kulturhoheit der Bundesländer gibt es in Deutschland kein Museumsgesetz, das für den Bereich des Grundgesetzes gelten würde.

39 Zu den ablehnenden Restitutionsargumenten des Präsidenten des deutschen ICOM-Nationalkomitees, Hermann Auer (1968–1992), aber auch anderer Repräsentanten deutscher Museen; Bénédicte SAVOY, Afrikas Kampf um seine Kunst – Geschichte einer postkolonialen Niederlage, München 2021, S. 112 ff.

40 Nach der staatlichen Unabhängigkeit einstiger Kolonien in den frühen 1960er Jahren verabschiedeten u.a. Frankreich und Großbritannien Museumsgesetze, die die Sammlungen aus den ehemaligen Kolonien zum Eigentum des Besitzlandes erklärten und somit Restitutionen erschwerten.

Dennoch handelt es sich bislang – im Vergleich zum Umfang der Gesamtbestände – überwiegend um vereinzelte Rückgaben von Ethnologika, Kunstobjekten und menschlichen Überresten. Aber, anders als noch vor Jahren, hat die grundsätzliche Bereitschaft beider Seiten zur offenen Kommunikation deutlich zugenommen. So wurde, als eines unter vielen Beispielen, nach wissenschaftlichem Austausch und kulturpolitischer Verständigung die sogenannte Kreuzkap-Säule, ein portugiesisches Hoheitszeichen an Afrikas Küsten, die zur Kolonialzeit in das Deutsche Reich verbracht wurde, aus der Ständigen Ausstellung des Deutschen Historischen Museums nach Namibia zurückgeführt (2019).[41]

Aus der jüngeren Vergangenheit gibt es auch Rückführungsbeispiele größerer, viele tausend Objekte umfassender Konvolute, wie die der einstigen Kolonialmacht Dänemark an die früheren Kolonien Island und Grönland. Die Nationalmuseen der drei Länder hatten sich bereits in den 1990er Jahren nach langen Verhandlungen und gemeinsamen Projektarbeiten in den 1980er Jahren sowie auf der Basis des Prinzips „Shared History" geeinigt, die verabredeten umfangreichen Rückführungen mit dem Wunsch zu verknüpfen, die gemeinsame, auch belastete Geschichte in den drei Häusern ausstellen zu wollen. Dafür wurden erforderliche zusätzliche Objekte, die nicht aus kolonialen Kontexten stammten, bereitgestellt. Solche museumspraktischen Verabredungen gelten durchaus als gelungene Beispiele unter vielen Lösungsmodellen.[42] Aktuelle Diskussionen über geteilte Eigentümerschaft als Lösungsansatz deuten ebenfalls in diese Richtung.

Eine Rückführungssituation im Wartestand zeigt sich gegenwärtig in Belgien, wo das Afrika-Museum in Tervuren bei Brüssel infolge eines „Restitution Depot" – Vertrags, die eindeutig als illegal identifiziert ins Land gelangten Objekte gesondert aufbewahrt, bis die Regierung des Kongo die Rückführung unter Wahrung professioneller Konservierung beantragt.[43]

In der aktuell geführten Dekolonisationsdebatte dominiert bekannter Weise der Kulturgutaspekt. Forderungen nach Bildungsanstrengungen zum Thema Kolonialgeschichte und Kolonialismus stehen dem aber nicht nach. Dabei wird weitgehend ignoriert, dass sich nationale Geschichtsmuseen, ethnologische und archäologische Museen, aber auch Stadtmuseen, Naturkun-

---

41 Deutsches Historisches Museum, Historical Judgement, The Stone Cross from Cape Cross, Colonial Objects and Historical Justice, Berlin 2019; Hans-Martin Hinz, Die Kreuz-Kap Säule, in: Van der Heyden / Zeller (Hrsg.), Kolonialmetropole Berlin, S. 265–268.
42 National Museum of Denmark und Greenland National Museum, UNESCO; Utimut-Return, The Return of More than 35 000 Cultural Objects to Greenland, Gyllin 2004; Gabriele Mille / Jens Dahl, Utimut-Past Heritage-Future Friendships, Copenhagen 2008.
43 https://nos.nl/artikel/2385725-roofkunst-africamuseum-belgie-wordt-eigendom-cong.

demuseen, Technikmuseen oder Kunstmuseen sowie Universitäten seit mindestens drei bis vier Jahrzehnten in unzähligen Ausstellungen, Veranstaltungen und Forschungsprojekten kritisch und ethisch vorbildhaft mit dem Kolonialismus als historischem Thema auseinandersetzen, was vom Publikum aufmerksam und zustimmend angenommen wird.[44]

In diesem Zusammenhang ist vor allem die veränderte konzeptionelle Ausrichtung gerade der ethnologischen Museen hervorzuheben, die seit langem ihre Ausstellungen multiperspektivisch, oft in Kooperation mit Einrichtungen aus den Herkunftsregionen der kolonialen Sammlungen entwickeln. Kurator*innen aus den ehemaligen Kolonialgebieten präsentieren dabei längst ihre Sichtweisen. Als gelungene Beispiele seien das Kölner Rautenstrauch-Joest-Museum genannt, das für seine Arbeit im Jahr 2012 mit dem Museumspreis des Europarates ausgezeichnet wurde[45] sowie das 2018 neu eröffnete Weltmuseum Wien, das 2019 den europäischen Kenneth Hudson Award erhielt.[46] Solche Museen wollen keine Völkerkundemuseen mehr sein, für viele sind die geänderten Namen auch Programm: Fünf Kontinente Museum, Weltmuseum, Kulturen der Welt Museum etc. Kritiker bezeichnen die Namensumstellung allerdings als eigennützlich, da die oftmals brutale Objekterwerbung und der aktuelle Umgang mit den kolonialen Sammlungen keine gleichberechtigte Situation herstellen würden. Im Gegenteil würden

---

[44] Die grundlegenden konzeptionellen Veränderungen vieler Museen seit den 1980er Jahren sowie die Gründungswelle neuer Geschichts- und kulturhistorischer Museen hängt primär nicht mit dem sich intensiver etablierenden Nord-Süd-Dialog dieser Jahrzehnte zusammen, kommt ihm aber entgegen. Das tiefgreifende Selbstverständnis der Museen, im Dienst der Gesellschaft und ihrer Entwicklung wirken zu wollen, ist Reaktion auf gesellschaftlichen Wandel, zuerst in den postindustriellen Staaten mit ihren neuen und veränderten Werten. Museen sind heute mit besser gebildeten, individualisierten, international und global orientierten und anspruchsvolleren Zielgruppen konfrontiert, die keine einfachen Antworten suchen, sondern Anregungen zur Auseinandersetzung erwarten. Soziolog*innen und Museumswissenschaftler*innen ordnen diese Entwicklung, die Multiperspektivität, Inklusion, Versöhnung und Nachhaltigkeit der Arbeit beinhaltet, der Theorie der „Zweiten Moderne" bzw. der „Reflexive Modernization" zu, die sich von der ersten Moderne (Industriezeitalter) mit ihren traditionellen Werten von Staat, Familie, u. a. unterscheidet. Siehe dazu: Rosmarie BEIER, Geschichtskultur in der Zweiten Moderne, Frankfurt/Main 2000; Rosmarie BEIER-DE HAAN, Erinnerte Geschichte – Inszenierte Geschichte. Ausstellungen und Museen in der Zweiten Moderne, Frankfurt/Main 2005; Ulrich BECK / Anthony GIDDENS / Scott LASH, Reflexive Modernisierung, Frankfurt/Main 1996.
[45] Bereits 1997 wurde das Tropenmuseum, Amsterdam, mit dem Museumspreis des Europarats für seine überzeugende Neukonzeption ausgezeichnet; https://europeanforum.museum.
[46] European Museum Forum, Kenneth Hudson Award – Winners, The European Museum of the Year Award, https://europeanforum.museum/winners/kenneth-hudson-award/.

die neuen Namen den Sammlungen einen Universalcharakter verleihen und damit dem hiesigen Besitzanspruch Vorschub leisten.[47]

Unter den Geschichtsmuseen ist es wiederum das Deutsche Historische Museum in Berlin, das nationale Geschichtsmuseum, das sich schon bald nach seiner Gründung 1987 dem Thema Kolonialismus zuwandte und bereits 1998 mit einer multiperspektivischen Ausstellung zur deutschen Kolonialzeit in China, die auf der Basis einer gemeinsamen Konzeption mit chinesischen Einrichtungen entstanden war, an die Öffentlichkeit ging.[48] Öffentliche Fachsymposien und Veranstaltungen des DHM zur deutschen Kolonialzeit in China[49] und in den Folgejahren zu Namibia (Ausstellung und Symposien),[50] Tansania[51] sowie zum pazifischen Raum (Südsee) wurden zusammen mit deutschen und ausländischen Universitäten, Museen und wissenschaftlichen Vereinigungen, wie der Gesellschaft für Überseegeschichte (GÜSG), und immer auch mit Wissenschaftlern und Wissenschaftlerinnen aus den Staaten der einstigen Kolonialräume durchgeführt. Waren die regionalen Kolonialthemen des DHM-Programms in der Vergangenheit an die jeweiligen 100-Jahres Erinnerungen geknüpft, so fand 2016/17 die thematisch übergeordnete Ausstellung „Deutscher Kolonialismus – Fragmente seiner Geschichte und Gegenwart" große Beachtung.[52] Auch die Ständige Ausstellung des DHM wurde um eine neue Kolonialismus Abteilung erweitert, die Themen der aktuellen Debatte mit aufgriff. Ob die jeweiligen Ausstellungsziele, wie genügend umfängliche Information, Anregung zur Auseinandersetzung mit dem Thema und Präsentation unterschiedlicher Sichtweisen auf Geschichte auch erreicht wurden, belegen Kommentare in Besucherbüchern und im Feuilleton sowie Stellungnahmen aus der Fachwissenschaft.[53]

---

47 ALY, Das Prachtboot, S. 16f.
48 Hans-Martin HINZ / Christoph LIND (Hrsg.), Tsingtau - Ein Kapitel deutscher Kolonialgeschichte in China. 1897–1914, Ausstellungskatalog, Eurasburg 1998.
49 Hermann HIERY / Hans-Martin HINZ (Hrsg.), Alltagsleben und Kulturaustausch. Deutsche und Chinesen in Tsingtau 1897–1914, Wolfratshausen 1999.
50 Larissa FÖRSTER / Dag HENRICHSEN / Michael BOLLIG (Hrsg.), Namibia–Deutschland – Eine geteilte Geschichte. Widerstand – Gewalt – Erinnerung (Ausstellungskatalog), Wolfratshausen 2004.
51 Hans-Martin HINZ / Hans-Joachim NIESLER / Almut NOTHAGLE (Hrsg.), Mit Zauberwasser gegen Gewehrkugeln – Der Maji-Maji-Aufstand im ehemaligen Deutsch-Ostafrika vor 100 Jahren, Frankfurt/Main 2006.
52 Deutsches Historisches Museum (Hrsg.), Deutscher Kolonialismus, Fragmente seiner Geschichte und Gegenwart, Ausstellungskatalog, Berlin 2016.
53 Die DHM Ausstellung zum deutschen Kolonialismus 2016/17 löste beim Publikum ganz unterschiedliche Reaktionen aus, von großer Zustimmung bis totaler Ablehnung. Kommentaren aus den Fachdisziplinen war deutliche Skepsis ablesbar. Siehe hierzu Stellungnahmen im Jahrbuch für Europäische Überseegeschichte 17, 2017: Horst GRÜNDER, Eine Berliner Ausstellung zur deutschen Kolonialgeschichte, die Vieles zu wünschen übrig lässt,

4. Erwartungen

Wirklich neu an der aktuellen kultur- und bildungspolitischen Debatte ist eine zuvor nicht gekannte öffentliche Wahrnehmung des Themas sowie das verstärkte Engagement zivilgesellschaftlicher Gruppen, die sich auf allen Ebenen um Aufklärung, neue und damit differenzierte Sichtweisen bemühen sowie mit politischen Forderungen aufwarten. Dabei treffen sie heute auf Museen, die sich in ihrer Arbeit zum Kolonialismus partizipatorisch zeigen.[54]

Neu und anders als zuvor ist das ernsthafte Mitwirken der Politik in Form der Bereitstellung staatlicher Unterstützungsmaßnahmen für Museen und anderen Bildungseinrichtungen; dies vor allem bei der Förderung von Beständetransparenz, Provenienzforschung und Projektkooperationen. Damit wurden Abwehrmechanismen gegenüber Forderungen aus den Staaten einstiger Kolonialräume früherer Jahrzehnte aufgegeben. In Zeiten zunehmender weltweiter Migrationen, eines zunehmenden Rassismus und spürbarer Auswirkungen der Globalisierung auf das Alltagsleben vieler Menschen, kommen die Museen und die unterstützenden Behörden in vielen Bereichen den oft 50 Jahre alten Forderungen aus den Staaten einstiger europäischer Kolonialräume entgegen. Das erstmals so intensive Engagement deutscher Politik nach innen und nach außen kann daher auch als Zeichen einer Bereitschaft zur Anerkennung der kolonialen Unrechtspolitik des damaligen Deutschen Reiches gewertet werden.

Parallel führen Museen und ihre Verbände den weltweiten Dialog über aktuelle gesellschaftliche Herausforderungen weiter. Die inhaltlichen Themen Dekolonisation und Kolonialgeschichte behalten dabei ihren zentralen Stellenwert, für die sie neue Vermittlungsstrategien und Bildungsangebote entwickeln.[55]

S. 241–243; Hermann HIERY, Politik oder Geschichte? Anmerkungen zum Versuch des Deutschen Historischen Museums, die deutsche Kolonialgeschichte auszustellen, S. 243–245; Ulrich VAN DER HEYDEN, Eine vertane Chance. Bemerkungen zu Ausstellung und Katalog des Deutschen Historischen Museums zur deutschen Kolonialgeschichte, S. 245–249; Hermann MÜCKLER, Anmerkungen eines Kulturanthropologen zur Kolonialismus-Ausstellung im Deutschen Historischen Museum, S. 250–252.

54 Das Dekolonisationsthema wird nicht nur von Museen thematisiert, sondern auch von Universitäten und Wissenschaftsvereinigungen, wie z. B. bei der Online geführten Podiumsdiskussion der Gesellschaft für Überseegeschichte (GÜSG) zum Thema „Zur aktuellen Dekolonisationsdebatte – Wem gehört das Sammlungsgut aus kolonialen Kontexten?" im Rahmen ihrer Jahrestagung 2021; https://www.uni-bamberg.de/hist-ng/guesg.

55 George Okello ABUNGO, Museums: Geopolitics, Decolonisation, Globalisation and Migration, in: International Council of Museums (Hrsg.), Museum International, Bd. 71, 2019, S. 62–71.

Aufgrund der aktuellen Intensität deutscher Debatten zur Dekolonisation könnte man von einer neuen Phase von „Vergangenheitsbewältigung" sprechen, denn die gegenwärtige bzw. angestrebte Vermittlung historischer und kultureller Kenntnisse zum Kolonialismus, bei der Verdrängtes und Belastetes nicht tabuisiert wird, erinnert an die großen politisch-historischen Bildungsthemen der Weltkriege und des Holocaust, die in Deutschland Jahrzehnte lang Priorität besaßen und möglicherweise den Blick auf die belastete historische Epoche davor verstellten. Im Ergebnis sollte es aber mehr als eine Bewältigung von Vergangenheit sein: Eine neue und nachhaltige Erinnerungskultur, die sich durch Respekt, durch Kooperationen, die Rückgaben von Kulturgut mit einschließen, auszeichnet und zur Versöhnung beiträgt. Museen, die sich laut Museumsdefinition des Weltverbandes ICOM als „In the service of society and its development" sehen, können dabei eine wichtige Rolle spielen.

Was die Restitutionsansprüche an Sammlungsgut anbelangt, bleibt allerdings abzuwarten, ob mit den aktuellen Ankündigungen von Museen und Politik den Erwartungen der Betroffenen entsprochen wird. Nach den langen Phasen negativer Erfahrungen sind Hoffnungen auf faire Lösungen und ehrliche Kooperationen wichtig, damit sich nicht erneut Enttäuschungen und Misstrauen einstellen.

Zusammenfassung

Die Ankündigung des Französischen Staatspräsidenten Macron von 2017, Sammlungsgut der französischen Museen aus kolonialen Kontexten in die Ursprungsländer bzw. -gemeinschaften zurückführen zu wollen sowie die Diskussionen um Konzeption und Provenienz von ethnologischen und Kunstobjekten für die Ständige Ausstellung des Humboldt Forums in Berlin haben Jahrzehnte alte nationale und internationale Dekolonisationsdebatten neu belebt: Wem gehört das Sammlungsgut aus kolonialen Kontexten? Neben der Diskussion um die Eigentumsfrage und zu Fragen nach der Zukunft der Sammlungen aus kolonialen Kontexten werden – zunehmend öffentlich – ein kooperativer Umgang mit den Herkunftsgesellschaften und den Restitution fordernden Staaten sowie ein faires und ethisch gerechtes Verhalten hinsichtlich der kolonialen Sammlungen gefordert, ebenso verbesserte Bildungsangebote zum Thema Kolonialismus. Deutsche Politik unterstützt den Dialog zwischen Einrichtungen des globalen Südens und Nordens und stellt erstmals umfängliche staatliche Zuwendungen sowohl für betroffene Museen hinsichtlich der Provenienzforschung an ihren kolonialen Sammlungsbeständen zur Verfügung, wie auch für die Intensivierung internationaler Kooperationen mit Kultureinrichtungen des globalen Südens. Dabei zeigt sich deutsche Kultur- und Außenpolitik lösungsorientiert und unterscheidet sich darin vom politischen Verhalten früherer Jahrzehnte.

Die Förderung von Bildungsangeboten zum Kolonialismus (Curricula, Ausstellungen etc.) in Zeiten zunehmender Globalisierung sollen Wissensdefizite reduzieren helfen, zu Auseinandersetzungen mit Kolonialismus und Rassismus anregen und letztlich zur Entwicklung einer respektvolleren und nachhaltigen Erinnerungskultur beitragen.

Summary

The announcement by French President Macron in 2017 concerning the return of collections from colonial contexts in French museums to their countries and communities of origin, as well as the debates about conception and status of ethnological and art-objects for Berlin's Humboldt Forum have intensified decades old national and international decolonisation debates: Whom do collections from colonial contexts belong to? Status, ownership and future of those collections are discussed in the meantime by a wider public, and there is a great demand for a fairer and ethical dialogue about the museum-objects in an impartial manner with the country or people of origin. Since there is a lack of knowledge, education programs concerning Colonialism should be intensified. For the first time German politics supports the dialogue between institutions of the global south and north by intensive public subventions for provenience research at German museums on their colonial collections and by fostering international co-operations with partners from the global south. German foreign and cultural policy is solution-oriented, thus breaking with the policy of earlier decades. The support of educational programming (curricula, exhibitions etc.) are meant to lead to a better understanding of racism and the colonial past as well as to a more respectful and sustainable culture of memory.

Die Berliner Mohrenstraße und die Ignoranz geisteswissenschaftlicher Forschungen – Versuch einer geschichts- und politikwissenschaftlichen Analyse

Ulrich van der Heyden

> „Am meisten Angst macht mir die Weltanschauung derer,
> die die Welt nicht angeschaut haben."
> Alexander von Humboldt

Einige persönliche Vorbemerkungen

Die deutsche Wissenschaftslandschaft bewegt sich rasant. Die Auseinandersetzung mit dem europäischen (nicht jedoch: asiatischen, etwa dem chinesischen, indischen oder japanischen) Kolonialismus, und seiner spezifisch deutschen Variante im Besonderen, hat eine derart breite Öffentlichkeit erreicht, wie noch nie zuvor in der deutschen Geschichte – trotz jahrzehntelanger wissenschaftlicher Anstrengungen nach Ende des Zweiten Weltkrieges in beiden deutschen Staaten.[1] Ein solch erwachtes öffentliches Interesse sollte eigentlich für einen Kolonialhistoriker, der Zeit seines Berufslebens sich hiermit beschäftigt hat, mit Genugtuung erfreuen. Aber leider gibt es Gründe, die jeden Kolonial-, Global-, Welt- oder Überseehistoriker nachdenklich machen und zum kritischen Hinterfragen der Debatten veranlassen sollten. Da ist einerseits die Tatsache, dass nicht mehr die wissenschaftliche Erkenntnis die Richtung vorgibt und das öffentlich geprägte Geschichtsbild beeinflusst, nein, sie wird sogar weitgehend ausgeblendet und durch politische Zielsetzungen ersetzt. Dies geschieht andererseits in zunehmendem Maße durch Laien, die versuchen, mit Lautstärke ihre fehlende Kompetenz auf diesem Gebiet zu kompensieren und sich dadurch in der Öffentlichkeit Gehör zu verschaffen.

---

1 Vgl. Ulrich van der Heyden, Kolonialgeschichtsschreibung in Deutschland. Eine Bilanz ost- und westdeutscher Kolonialhistoriographie, in: Neue Politische Literatur. Berichte über das internationale Schrifttum, Nr. 3, Frankfurt/Main 2003, S. 401–429.

Sind die Geisteswissenschaften zu einem Auslaufmodell geworden, deren Forschungen einfach negiert werden können? Steuern wir auf ein neues Mittelalter zu, bei dem der Glaube die Erkenntnisse der Wissenschaft beherrscht und kontrolliert? Vor einem unausweichlichen Niedergang der Geisteswissenschaften bis hin zu ihrem historischen Ende warnte Hans Ulrich Gumbrecht, Philosoph und Romanist, Träger von zehn Ehrendoktorwürden aus aller Welt, nicht ohne Grund.[2]

Kein Mensch käme doch auf die Idee, ohne entsprechendes Studium einen Plan für den Bau eines Hochhauses zu entwerfen oder einem anderen auf dem OP-Tisch den Bauch aufzuschneiden! Dagegen wird die Historiographie von einem kleinen, aber zunehmend lauteren Teil der Öffentlichkeit nicht (mehr) als Wissenschaft betrachtet. Anders ist es kaum zu erklären, dass an der Vergangenheit interessierte Laien an historischen Forschungsergebnissen vorbeigehen, ja diese öffentlich in Abrede stellen und gleichzeitig einen Absolutheitsanspruch ihrer Sichtweise einfordern, den man nur als atemberaubend bezeichnen kann.[3]

Im Mittelpunkt meiner Ausführungen stehen die Diskussionen um die Umbenennung des etwa 320 Jahre alten Namens der Mohrenstraße in Berlin. An diesem Exempel können nämlich ähnliche, die wissenschaftlichen Erkenntnisse missachtende, kontrovers geführte „Mohren-Diskussionen" in wohl allen Regionen der Bundesrepublik angeführt werden, wie die zu Gaststätten, Hotel- und Gemeindewappen, Apotheken und Straßen, die in ihrem Namen den Begriff „Mohr" führen. Aber keine dieser Auseinandersetzungen hat eine solch öffentliche Resonanz gefunden wie jene um die Mohrenstraße im Stadtbezirk Mitte der deutschen Hauptstadt. Hier hat sich nachdrücklich herausgestellt, dass jedes noch so wissenschaftlich begründete Argument gegen eine Umbenennung bei den dafür zuständigen Lokal- bis Landespolitikern auf taube Ohren gestoßen ist. Auch demokratische Prinzipien wie die Meinung der direkt betroffenen Anwohner galten plötzlich nicht mehr. Auch in Berlin findet die Warnung des Historikers Andreas Rödder Bestätigung,

---

2   Vgl. Hans Ulrich GUMBRECHT, Wer würde denn die Geisteswissenschaftlichen verneinen?, in: Neue Züricher Zeitung, 29.10.2019.
3   Ich verzichte hier auf eine direkte Auseinandersetzung mit der Polemik der Vertreter der Cultural Change, die nach Ansicht des Verfassers lediglich Bedeutung in gewissen intellektuellen Kreisen genießt und von der Masse der Bevölkerung nicht anerkannt wird und vermutlich ohne Transferierung durch einige Journalisten kaum Aufmerksamkeit gefunden hätte. Zur breiteren Auseinandersetzung hiermit vgl. das aktuelle Buch der selbst in der eigenen Partei dafür unter Kritik geratenen Linken-Politikerin Sahra WAGENKNECHT, Die Selbstgerechten. Mein Gegenprogramm für Gemeinsinn und Zusammenhalt, Frankfurt/Main / New York 2021.

der feststellen musste, dass andere als die Wissenschaftler bestimmen „was öffentlich erinnert werden soll und wer nicht."[4]

Die weitab von wissenschaftlichen Ansprüchen daherkommende Aktionen einer Minderheit haben nunmehr auch die Kunstgeschichte erreicht. Die Staatlichen Kunstsammlungen Dresden (SKD) haben beispielsweise damit begonnen, bei Objekten Begriffe durch Asterisken, d.h. mit vier Sternchen, zu ersetzen. Auch hier war die Verwendung des Namens Mohr der Stein des Anstoßes. Bei diesem Umbenennungsvorgang wird zumindest indirekt anerkannt, dass der Mohr in der Kunstgeschichte ein bevorzugtes Objekt war und nunmehr der Sprachreinigung zum Opfer fiel. Der im Grünen Gewölbe ausgestellte „Mohr" heißt jetzt nach mehreren Jahrhunderten „**** mit Smaragdstufe".[5]

Gegen diese geschichtsvergessene Handlung regt sich Widerspruch, nicht nur von Politikern und Bürgern, die sich von der Museumsleitung entmündigt fühlen, sondern auch von Fachleuten, wie vom Deutschen Museumsbund, der darauf hinweist, dass Museen nicht berechtigt sind, althergebrachte, vermeintlich diffamierende Begriffe zu tabuisieren. Und in der FAZ wird die sicherlich von Experten unterstützte Frage aufgeworfen, ob mit öffentlicher Tilgung oder Überarbeitung der Bezeichnung von musealen Kunstobjekten der Fall erledigt sei und damit die traditionelle Bezeichnung quasi ungeschehen gemacht werden kann, oder ob Museen nicht vielmehr die Aufgabe haben, die Dinge öffentlich in den historischen Kontext zu stellen.[6]

Die ganze hier nur skizzenhaft angesprochene Entwicklung verlangt von einem Afrika- und Kolonialhistoriker, sich mit den Diskussionen um die Umbenennung der Mohrenstraße in der deutschen Hauptstadt, die inzwischen nicht nur national, sondern auch international Aufmerksamkeit[7] erlangt haben und eigentlich von den zuständigen Politikern als Blamage erkannt sein sollten,[8] intensiv auseinanderzusetzen. Das soll im Folgenden geschehen.

---

[4] Andreas RÖDDER, Die neue Systemfrage, in: Der Spiegel, Nr. 52, Hamburg 2020, S. 136.

[5] Vgl. Gerhard MATZIG / Cornelius POLLMER, Asterisk bei den Dresdnern, in: Süddeutsche Zeitung, 15.09.2021.

[6] Vgl. Stefan LOCKE, Weg mit dem Hottentottenpaar, in: Frankfurter Allgemeine Zeitung, 16.09.2021. Empfehlenswert als Übersicht zu einem angemessenen Umgang der Museen mit dem kolonialen Erbe ist: Hans-Martin HINZ, Museen und die koloniale Frage – Wem gehört das Sammlungsgut aus kolonialen Kontexten?, in: Horst GRÜNDER / Hermann HIERY, Die Deutschen und ihre Kolonien. Ein Überblick, Berlin ³2022, S. 316–335.

[7] Vgl. etwa Jenny ENGLER, Renaming Streets, Inverting Perpectives. Actes of Postcolonial Memory Citizenship in Berlin, in: Focus on German Studies 20, Cincinnati 2013, S. 41–61; Merlijn SCHOONENBOOM, De Moor kann gaan, in: De Groene Amsterdammer, 02.09.2020.

[8] Vgl. Ulrich VAN DER HEYDEN, Die Umbenennung der Berliner „Mohrenstraße" – eine Blamage, in: Berliner Debatte INITIAL 4, 2020, S. 133–144.

Vor allem soll in dieser Studie dargelegt werden, wie mit dem Begriff „Mohr" umzugehen ist, warum dieser Name sich in der deutschen Sprache verfestigt hat, was man ehemals darunter verstand und welche differenzierenden akademischen Auffassungen vom Ursprung des Namens Mohrenstraße existieren, auch wenn hier nicht der Anspruch auf eine vollständige Erfassung der akademisch begründbaren Wortentstehung erfüllt werden kann. Vielmehr sollen die folgenden Ausführungen Anlass für weiterführende Diskussionen bieten, aber – so der Wunsch des Verfassers – auf akademischer Basis, die Fantasien und politisch gewollte oder zumindest akzeptierte Verdrehungen und Halbwahrheiten ausschließen.

Es geht in diesem Aufsatz – um dies gleich vorweg zu betonen - um keine „Rehabilitation des Kolonialismus", wie man in der letzten Zeit immer wieder hören muss, wenn eine wissenschaftlich fundierte Geschichtsbetrachtung angemahnt wird, sondern um eine reale Darstellung des kolonialen Projektes. Es wird dafür plädiert, die ideologischen, wirtschaftlichen, machtpolitischen, mentalen wie gesellschaftlichen Vorbedingungen der kolonialen Eroberungen zu berücksichtigen, d.h. um eine dem Forschungsstand angemessene sachliche Darlegung des Beginns und Verlaufs der Kolonialherrschaft - ohne beispielsweise die Kollaboration anderer ethnischer Gemeinschaften und Persönlichkeiten der im Ganzen oft undifferenziert als Kolonisierte bezeichneten Menschen auszuklammern. Und natürlich sollen, wie vielfach in der akademischen Publizistik bereits geschehen, die Folgen der direkten Kolonialherrschaft einen Platz in den wissenschaftlichen Diskursen finden.

Denn was soll dabei herauskommen, wenn quellengestützte Ansichten gegen Fantastereien und Verweise auf die Realitäten als Verschiebung von „diskursiven Grenzen" angesehen werden, um „die weiße Definitionshoheit zu erhalten"? Oder wenn denjenigen Wissenschaftlern, die sich gegen unsinnige Behauptungen wenden, vorgeworfen wird, sie würden „Angst vor Veränderungen" haben.[9] Solche Versuche scheint der SPD-Politiker Wolfgang Thierse gemeint zu haben, als er konstatierte, dass eigentlich „die Reinigung und Liquidation von Geschichte … bisher Sache von Diktatoren, autoritären Regimes, religiös-weltanschaulichen Fantastikern" gewesen wäre.[10]

---

9 So Tobis SCHMITT, Die Rehabilitierung des Kolonialismus? Umdeutungen kolonialer Geschichte und Gegenwart im Kontext der Kontroverse um die Umbenennung von Straßennamen, in: Ausdruck. Informationsstelle Militarisierung, Nr. 1, Tübingen 2018, http://www.imi-online.de/download/Ausdruck-2018-1-TS.pdf. Schmitt hat nach eigenen Aussagen kein Geschichtsstudium absolviert.
10 Wolfgang THIERSE, Wie viel Identität verträgt die Gesellschaft? Identitätspolitik darf nicht zum Grabenkampf werden, der den Gemeinsinn zerstört, in: Frankfurter Allgemeine Zeitung, 22.02.2021.

In der Tat: Politische Interessen scheinen manchen sich Gehör verschaffen wollenden Menschen, die jedoch für ihre Verlautbarungen keine Qualifikation besitzen, wichtiger zu sein als wissenschaftliche Forschungsergebnisse. Der Historiker und Kolumnist Götz Aly bringt es auf den Punkt: „Die Wegbenenner der Mohrenstraße werden von Senator Klaus Lederer (Linke) mit einigen Millionen aus Steuermitteln gefördert und als ‚zivilgesellschaftliche Akteur*innen' umschmeichelt".[11] Wie weit die durch Fakes gespickte Politisierung der Kolonialgeschichtsschreibung mittlerweile gediehen ist, zeigt der zweifelhafte Verkaufserfolg des seit 2021 in deutscher Sprache vorliegenden, in großen Teilen falschen, unsäglich dummen und ideologischplump daherkommenden Buches von Bruce Gilley über den deutschen Kolonialismus[12], der rechten „Antwort" auf den linken Kolonialaktivismus.

Die zunehmende politische Aneignung und Auslegung der Geschichte ist nicht nur viel zu kurz gedacht, sie ist falsch. Es geht um nichts anderes als um die Akzeptanz wissenschaftlicher Forschungsergebnisse! Denn wer sich von der geschichtlichen Realität abwendet, kann nicht die Zukunft gestalten.

Keine Tradition in der Kolonialhistoriografie

Eine solche Entwicklung, die das Primat der Politik (oder was dafür gehalten wird) vor die wissenschaftliche Erkenntnis stellt, ist einem im Osten Deutschlands sozialisierten Historiker nicht unbekannt. Dabei konnte man in der DDR als Kolonialhistoriker durchaus schreiben, was man, aus Quellen entwickelt und mit diesen abgestützt, für richtig hielt, solange die angemaßte Herrschaftsrolle der Einheitspartei und ihrer Führung nicht infrage gestellt wurde.[13]

---

11 Götz ALY, Meine letzte Kolumne, in: Berliner Zeitung, 29.06.2021.
12 Bruce GILLEY, Verteidigung des deutschen Kolonialismus, Lüdinghausen 2021.
13 Vgl. Ulrich VAN DER HEYDEN, Zwischen Bevormundung und Kreativität. Die Afrika-Geschichtsschreibung in der DDR, in: Berliner Debatte INITIAL. Zeitschrift für sozialwissenschaftlichen Diskurs 4, 1992, S. 33–46; ders., Die Afrika-Geschichtsschreibung in der ehemaligen DDR. Versuch einer kritischen Aufarbeitung, in: Afrika Spectrum 2, 1992, S. 207–211; ders., Die Afrika-Geschichtsschreibung im Osten Deutschlands – langsamer Abbruch und zäher Neuanfang, in: Internationales Afrikaforum 2, 1993, S. 181–187; ders., Die historischen Afrikawissenschaften in der DDR, in: Ders. / Ilona SCHLEICHER / Hans-Georg SCHLEICHER (Hrsg.), Engagiert für Afrika. Die DDR und Afrika II, Münster / Hamburg 1994, S. 230–252; ders., Sichten auf die historische Afrikawissenschaft in der DDR. Ein Rundtischgespräch, in: Asien-Afrika-Lateinamerika 5, Berlin 1994, S. 539–571; ders., Handling GDR Colonial Historiography, in: Axel FAIR-SCHULZ / Mario KESSLER (Hrsg.), East German Historians since Reunification. A Discipline Transformed, New York 2017, S. 203–220.

Dies wusste man sowohl in der alten Bundesrepublik positiv zu werten,[14] wie es in den unabhängigen Nachfolgestaaten ehemaliger deutscher Kolonien bis heute mit Anerkennung vermerkt wird.[15]

Insofern ist die Feststellung des in Kanada lehrenden Politikwissenschaftlers Erich Vogt in zweifacher Hinsicht unzutreffend, der hinsichtlich der selbst gestellten Frage, was die Kolonialländer angetrieben habe, „Dunkelhäutige zu versklaven und systematisch zu ermorden", die Meinung vertritt, dass es „darauf noch keine konklusiven Antworten" der Sozialwissenschaften gäbe.[16] Zum einen geht die Pauschalisierung am historischen Forschungsstand völlig vorbei, zum anderen hat nicht nur die DDR-Kolonialismusforschung immer wieder darauf hingewiesen, dass für den Kolonialisierungsprozess letztendlich ökonomische und machtpolitische (und damit im Ergebnis wieder wirtschaftliche Interessen) ausschlaggebend gewesen waren.

Eine solche Sichtweise auf die Wurzeln des Kolonialismus wird einigen Kollegen nicht gefallen haben, aber immerhin sei der Marxismus eine Theorie, mit „der zu arbeiten keine Schande ist". Das „gelte auch für die Erforschung Afrikas", schrieb der Nestor der westdeutschen Afrika-Politikwissenschaften Franz Ansprenger.[17] Trotz des marxistischen Blicks auf die Ursachen und den Verlauf der Kolonialgeschichte war die sorgfältige Auswertung der historischen Quellen[18] Grundlage und Maßstab für die Geschichtsschreibung.

Was dagegen heute unter bewusster Verweigerung von historischer Methode und Analyse über die deutsche Kolonialgeschichte geschrieben wird und als links verstanden werden möchte, wäre vor mehr als dreißig Jahren im Osten Deutschlands durch jede Qualitätskontrolle gefallen.

---

14 Vgl. beispielsweise Erhard KAMPHAUSEN / Werner USTORF, Deutsche Missionsgeschichtsschreibung. Anamnese einer Fehlentwicklung, in: Verkündigung und Forschung 2, 1977, S. 2–57.

15 Adjaï Paulin OLOUKPONA-YINNON, DDR-Afrikawissenschaftler aus aktueller Sicht eines afrikanischen Germanisten, in: Dorothee RÖSBERG / Monika WALTER (Hrsg.), Die DDR als kulturhistorisches Phänomen zwischen Tradition und Moderne, Berlin 2020, S. 243: „Aus heutiger Sicht bleibt der Beitrag der DDR-Afrikawissenschaft zur Stärkung afrikanischen Bewusstseins m. E. unvergesslich, vielleicht (ist das; UvdH) sogar wichtiger als das politische Erbe und die wirtschaftlichen Errungenschaften aus den 40 Jahren Beziehungen Afrikas zur DDR ..." Und weiter: „Viele DDR-Historiker und -Afrikanisten ... haben durch ihre wissenschaftlichen Publikationen dem ganzen afrikanischen Kontinent neue Wege der Geschichtsschreibung erschlossen."

16 Erich VOGT, Kolonialismus, Rassismus und die schöngefärbte Geschichtsschreibung, in: Neue Züricher Zeitung, 19.09.2021.

17 Franz ANSPRENGER, Zur Wiedervereinigung der deutschen Afrikawissenschaft, in: Internationales Afrikaforum 1, 1991, S. 71.

18 Vgl. Ulrich VAN DER HEYDEN, Die Kolonialgeschichtsschreibung in der DDR, in: Politisches Lernen, Nr. 1–2, Göttingen 2021, S. 11–18.

Aber die Unkenntnis oder Ignoranz historischer Prozesse, Daten und Fakten ist nicht nur in Berlin zu beobachten, sondern in Bezug auf den kritischen Umgang mit kolonial – hier wirklich – belasteten Straßennamen auch westlich von Elbe und Spree. In Köln, wo um den Umgang mit kolonialen Namensgebungen gegen Ende der 1990er Jahre gestritten wurde, entschied man sich, zwei Straßen umzubenennen. Ein „afrikanischer Name" sollte der neue sein. Und so nannte man die Carl-Peters-Straße in Namibiastraße und die Lüderitzstraße in Usambarastraße um. Dass Carl Peters nichts mit dem heutigen Namibia und Lüderitz nichts mit Deutsch-Ostafrika/Tansania, wo sich die Usambaraberge befinden, zu tun haben, fiel erst später auf.[19]

Die Mohrenstraße als Objekt des Cultural Change

Allgemein anerkannt ist, dass im Berliner Stadtbezirk Mitte bereits Ende des 17. Jahrhunderts ein unbefestigter Weg als Mohrenweg bezeichnet wurde. Bei der Anlage des Friedrichstadt genannten Quartiers war er als Querverbindung zur Friedrichstraße entstanden. Den Namen hatte die nicht allzu lange Verkehrsverbindung deshalb erhalten, weil hier eine Delegation afrikanischer Repräsentanten aus der brandenburgischen Kolonie Großfriedrichsburg in einem Gasthaus vor den Toren Berlins für einige Monate einquartiert war. Es handelte sich um eine Abordnung von Häuptlingen oder Ältesten unter Leitung des Häuptlings Janke aus der Ortschaft Poqueso, welche nach dem Tode des Großen Kurfürsten im Jahre 1688 und der Übernahme der Macht durch den brandenburgischen Kronprinzen den bis heute übernommenen Namen Princes Town im heutigen Ghana annahm.[20] Dies ist die vom Verfasser favorisierte und begründete Meinung.[21]

Daneben existieren andere Interpretationen auf die Frage, woher die Mohrenstraße ihren Namen hat. Hierüber ließe sich diskutieren, solange nicht Fantastereien als angebliche Argumente ins Feld geführt werden, die in den Köpfen von denjenigen entstanden sind, die Hans Ulrich Gumbrecht

---

19 Vgl. Marianne BECHHAUS-GERST, Koloniale Straßennamen und Erinnerungskultur, in: Dies. / Anne-Kathrin HORSTMANN (Hrsg.), Köln und der deutsche Kolonialismus. Eine Spurensuche, Köln / Weimar / Wien 2013, S. 240.
20 Vgl. Ulrich VAN DER HEYDEN, Rote Adler an Afrikas Küste. Die brandenburgisch-preußische Kolonie Großfriedrichsburg in Westafrika, Berlin 1993, Berlin ²2001; ders., Der Mohr hat seine Schuldigkeit getan. Der sträfliche Umgang mit der Geschichte in der deutschen Hauptstadt, in: Berlin in Geschichte und Gegenwart. Jahrbuch des Landesarchivs Berlin, 2014, S. 247–266.
21 Ders., Auf Afrikas Spuren in Berlin. Die Mohrenstraße und andere koloniale Erblasten, Berlin 2008.

als „gebildete Halbgebildete"[22] bezeichnete. Davon bestimmen nicht wenige das gegenwärtige Narrativ; ihnen sollen aber hier ob ihrer demonstrierten Unwissenschaftlichkeit selbst im negativen Sinne kein Podium geboten werden.

Wolfgang Thierse, Literaturwissenschaftler und Politiker, warnte nicht zu Unrecht vor einer „neue(n) Bilderstürmerei" und davor, dass „die subjektive Betroffenheit" angesichts einer „lastenden, lästigen bösen Geschichte" jetzt „mehr als der genaue Blick auf die Bedeutungsgeschichte eines Namens, eines Denkmals, einer Person" zählen würden.[23]

Eindimensionale Sichtweisen sind per se geschichtslos. Sie bringen auch die notwendige Diskussion um die koloniale Vergangenheit nicht wirklich voran. Das machte der französische Romancier und Essayist Pascal Bruckner schon im Februar 2018 in einem Artikel eindringlich deutlich.[24] Der Münchener Ethnologe und Spezialist für Diaspora- und Postcolonial Studies Thomas Reinhardt hatte sich sogar schon im Jahre 2007 kritisch zu dieser Art Literatur geäußert:

> „Schon die oberflächliche Lektüre eines kleinen Korpus afrozentristischer Texte reicht ja in der Regel aus, um zu erkennen, dass die Hauptstoßrichtung des Afrozentrismus nicht wissenschaftlicher, sondern politischer Natur ist. Vorrangiges Ziel ist die Rehabilitierung Afrikas und der Afrikaner. Das mag ein nobles Ziel sein, es entbindet jedoch Afrozentristen ‚als Wissenschaftler' nicht von der Verpflichtung, ihren Diskurs auf eine solide Datenbasis zu stellen. Weder geht es an, dass politisch unliebsame Fakten vollständig ignoriert werden, noch, dass Autoren, deren Werke nicht den ideologischen Vorgaben entsprechen, pauschal als Rassisten (wenn sie weiß sind) oder Verräter ihrer Rasse (sind sie schwarz) verurteilt werden."[25]

Der Ursprung der Berliner Mohrenstraße

Gegen Mitte der 1680er Jahre traf eine offizielle Gesandtschaft von 26 Personen aus Westafrika in Berlin ein. Sie kamen aus Poqueso, in deren unmittelbarer Nähe Brandenburg 1683 die Festung Großfriedrichsburg errichtet hatte. Die Afrikaner wurden am Hofe wie europäische Diplomaten bzw.

---

22 Hans Ulrich GUMBRECHT, Die neue Internationale der Halbgebildeten, in: Neue Züricher Zeitung, 25.11.2017.
23 THIERSE, Wie viel Identität.
24 Pascal BRUCKNER, Kolonialismus ist keine Schwarz-Weiss-Geschichte, in: Neue Züricher Zeitung, 03.02.2018.
25 Thomas REINHARDT, Geschichte des Afrozentrismus. Imaginiertes Afrika und afroamerikanische Identität. Stuttgart 2007, S. 217. Zur Kritik an dem Afrozentrismus in wissenschaftlichen Publikationen vgl. ausführlicher die Arbeit des afroamerikanischen marxistischen Forschers Stephen C. FERGUSON, Philosophy of African American Studies. Nothing Left of Blackness, New York 2015.

Herrscher empfangen, sie genossen die Gastfreundschaft wie andere ‚fremdländische' diplomatische Delegationen. Kurfürst Friedrich Wilhelm traf die afrikanische Abordnung mehrfach. Erst nach einiger Zeit kehrten sie in ihre westafrikanische Heimat zurück. Einwohner des heutigen Princes Town bestätigen dies dem Verfasser anlässlich einer seiner Feldforschungen vor Ort in Westafrika. Direkte Nachfahren der damals Beteiligten leben noch heute dort. Dagegen wollen Berliner Aktivisten, die eine Umbenennung der Mohrenstraße fordern, nicht einsehen, dass eine so große Delegation afrikanischer Würdenträger in Berlin weilte, ohne auf Rassismus zu stoßen, ja sogar bevorzugt behandelt wurde.[26]

Im Jahre 1787 wurden am östlichen Ende der nunmehrigen „Mohrenstraße" sogenannte „Mohrenkolonnaden" errichtet und dort Militärmusiker einquartiert. Hier residierten die Janitscharen. Das waren in der Regel fremdländische Militärmusiker, die durch einen marschartigen Rhythmus mit vornehmlich Metallschlaginstrumenten ein besonders exotisch anmutendes „türkisches Kolorit" entstehen ließen. Unter den Musikern befanden sich auch einige Schwarzafrikaner. Diese Musiktruppe wurde über Preußen hinaus bekannt und diente an anderen europäischen Höfen bald als Vorbild.[27] Um die Ausstattung den damaligen Vorstellungen von Exotik anzupassen, waren sie mit einem weißen oder bunten Turban auf dem Kopf ausstaffiert. Es wurden damals alle südlich Europas angesiedelten Völkerschaften, also auch Schwarzafrikaner, als Muslime angesehen, die nach damaliger Auffassung Turbane tragen mussten. Deshalb bezeichnete man sie zuweilen auch als „Türken" oder eben Mauren. Sie mussten sich (im Unterschied zu den anderen preußischen Soldaten) keinen Zopf flechten und ihre Haare blieben ungepudert. In dem Standardwerk zur Geschichte der afrikanischen Diaspora in Deutschland schreibt Peter Martin: „Einige echte Türken, die ursprünglich zu der Truppe gehört hatten, wurden nach ihrem Ausscheiden durch Tod oder andere Gründe in der Regel durch schwarze Musiker ersetzt, so dass sich später (1786) der türkische Botschafter Ahmad Effendi mit säuerlicher Miene und den Worten: ‚Das ist nicht türkisch!' an Friedrich II.

---

26 So Christian KOPP, White Myths – Black History. Der Fall der Berliner „Mohrenstraße", 7.10.2015, in: http://lernen-aus-der-geschichte.de/Lernen-und-Lehren/content/12338 (letzter Zugriff: 19.11.2020). Negiert wird von Kopp und anderen das wissenschaftliche Standardwerk von Christina BRAUNER, Kompanien, Könige und Caboceers. Interkulturelle Diplomatie an Gold- und Sklavenküste im 17. und 18. Jahrhundert, Köln / Weimar / Wien 2015.

27 Vgl. Heinz DUCHARDT, Europäisch-afrikanische Rechtsbeziehungen in der Epoche des „Vorkolonialismus", in: Saeculum. Jahrbuch für Universalgeschichte 4, 1985, S. 374.

wandte, als dieser ihm zu Ehren seine schwarzen ‚Türken' aufziehen ließ."[28] Unter dem „Soldatenkönig" wurde – wie bei den bekannten „langen Kerls" – beim soldatischen Nachwuchs besonderer Wert auf große und stattlich wirkende Afrikaner gelegt, die in der Janitscharentruppe Dienst tun sollten. Noch heute gibt es in der deutschen Hauptstadt die „Berliner Janitscharenkapelle", die sich selbst „Berlin Mehter Takımı" nennt und durch bundes- und europaweite Konzerte diese musikhistorische Kunstform fortleben lässt.

Die Präsenz der afrikanischen Soldaten kann, so wie die genannten Mohrenkolonnaden, ein weiterer akzeptabler Grund gewesen sein, der Mohrenstraße ihren Namen zu geben.

Argumente für eine Beibehaltung des Namens

Basiert „der jetzige Name der Straße, in der versklavte Minderjährige aus Afrika lebten, die am brandenburgisch-preußischen Hof dienen mussten [...] auf einer rassistischen Fremdbezeichnung und verletzt die Würde Schwarzer Menschen", wie einer der Umbenennungsbefürworter in einem Zeitungsinterview[29] zu Protokoll gab? Schon 1996 hat der Wiener Historiker Walter Sauer deutlich gemacht, dass Berlin nicht die einzige europäische Hauptstadt ist, die durch die Benennung von Örtlichkeiten mit Namen aus vergangenen Zeiten an die Anfänge ihrer Multikulturalität erinnert. Er belegt dies am Beispiel der österreichischen Metropole. Im Buch „Das afrikanische Wien" zeigt er auf, dass mit der Bezeichnung „Mohr" durchaus nicht nur Schwarzafrikaner, sondern „Außereuropäer im Allgemeinen" gemeint waren:

> „Sosehr man die Bewohner/innen außereuropäischer Kontinente [...] generell als in äthiopischen (paradiesischen) Umständen lebende edle Wilde assoziierte, sowenig war man noch an ‚rassischen' Besonderheiten (etwa unterschiedlichen Hautfarben) als Abgrenzungs- und Unterscheidungskriterien interessiert; dies sollte der Epoche des Kolonialismus vorbehalten bleiben. Der Äthiopier (als Synonym für Afrikaner) konnte schwarz sein, braun oder weiß – wichtig war nur, daß er (im Unterschied von den Europäern) nahe dem Paradiese war."[30]

Der Wissenschaft sind einige ehemals in Berlin wohnende afrikanische Militärpersonen, zumeist Pauker und Pfeifer, namentlich bekannt. Wenn sie getauft wurden, waren die Paten in der Regel hochgestellte Persönlichkeiten;

---

28 Peter MARTIN, Schwarze Teufel, edle Mohren. Afrikaner in Bewußtsein und Geschichte der Deutschen, Hamburg 1993, S. 125.
29 Cornelia SCHMALENBACH / Olga BOBILELEVA, Mohrenstraße zu rassistisch?, in: Berliner Kurier, 18.02.2014.
30 Walter SAUER, Das afrikanische Wien. Ein Führer zu Bieber, Malangatna, Soliman, Wien 1996, S. 19.

bei einigen war es sogar der preußische König. Sie dienten nach ihrer Ausbildung in der Mohrenstraße in renommierten preußischen Armeeeinheiten. Viele der „Mohren" oder „Turkos" arbeiteten nach Verlassen des Militärs als „Kammer"-, „Leib"- oder „Hofmohren". Das waren im feudalen Zeitalter besonders gefragte Stellungen. Jene konnten, wie neuere Forschungen belegt haben, aufgrund ihres exotischen Aussehens bei ihren adligen Dienstherren herausgehobene Positionen innerhalb des Personals einnehmen und Vorgesetzte von „weißer" Dienerschaft sein. In einer 2013 veröffentlichten Dissertation wurde nachgewiesen, dass etwa Trompeter und Pauker in den preußischen Militärkapellen, „ohne Zweifel als frei und – angesichts ihres gehobenen Status als Hof- und/oder Militärmusiker – sogar als privilegiert" betrachtet werden können.[31] Interessant ist auch die dort auf einer gründlichen Auswertung der relevanten Quellen beruhende wie folgt zitierte Feststellung:

„Vor allem als Musiker und Diener in verschiedenen, hierarchisch gestuften Positionen waren Schwarze hochsichtbar für die Öffentlichkeit und exponiert an den Höfen als politische, kulturelle, soziale, religiöse und militärische Zentren des Alten Reichs. Hier waren sie entweder als Bedienstete angestellt (und wurden als solche entlohnt) oder als Musiker und Soldaten in privilegierten Armeeeinheiten wie dem Roten Grenadierbataillon, der Elitetruppe der preußischen Könige mit vorwiegend repräsentativen Funktionen. Berufliche Veränderungen waren dabei nicht ausgeschlossen: Einige verzichteten auf den Dienst in der Armee oder am Hof, um anderswo bessere Positionen zu suchen, andere änderten ihr berufliches Profil grundlegend."[32]

In der Beschäftigung mit dieser Thematik existiert bis heute in einer wichtigen Frage eine auffallende Forschungslücke. Es ist nämlich in der Fachliteratur kaum thematisiert worden, wie, auf welchen Wegen und warum Afrikaner zu jener Zeit nach Brandenburg bzw. Preußen gelangten. Als Sklaven, wie oft behauptet wird, jedenfalls nicht, denn Sklavenhandel war den Preußen im eigenen Land nicht erlaubt (anders als in den überseeischen Kolonialgebieten). Bislang ist die Frage nach dem „Sklavenstatus" und der vermuteten oder wirklichen Unfreiheit von Außereuropäern im preußischen Staat, ebenso wie die Beschäftigung mit abolitionistischen Initiativen in Deutschland nur ab und an Gegenstand in der Forschungsliteratur gewesen; Ausnahmen bestätigen die Regel.[33] Durchaus bekannt sind Fälle, in denen Afrikaner von Europäern auf dem afrikanischen Sklavenmarkt freigekauft und, um zu

---

[31] Anne KUHLMANN-SMIRNOW, Schwarze Europäer im Alten Reich, Göttingen 2013, S. 124. Vgl. auch Monika FIRLA, Afrikanische Pauker und Trompeter am württembergischen Herzogshof im 17. und 18. Jahrhundert, in: Georg GÜNTHER / Helmut VÖLKL (Hrsg.), Musik in Baden-Württemberg, Stuttgart 1996, S. 11–42.

[32] KUHLMANN-SMIRNOW, Schwarze Europäer, S. 126.

[33] Vgl. z. B. Sahra VON LENTZ, „Wer helfen kann, der helfe!" Deutsche SklavereigegnerInnen und die atlantische Abolitionsbewegung, 1780–1860, Göttingen 2020.

verhindern, dass sie sofort wieder dort hingelangten, mit nach Europa genommen wurden. [34]

Von der Posse zum Plagiat

Der vorläufige Höhepunkt einer nur als Posse der Berliner Lokalpolitik zu bezeichnenden unbewusst demonstrierten Unwissenheit wurde erreicht, als mit den ersten für die Aufarbeitung der kolonialen Vergangenheit Berlins vorgesehenen Geldern eine Broschüre finanziert wurde: „Grenzgänge*innen. Schwarze und osmanische Präsenzen in der Metropole Berlin um 1700".[35] Verfasserin und Verantwortliche aus dem Umkreis des Vereins „Berlin postcolonial", die sicherlich etwas Gutes tun wollten, erreichten das Gegenteil und blamierten mit der Publikation nicht nur sich, sondern auch die das Geld gebende hauptstädtische Regierung, den Berliner Senat. Die Verantwortlichen suchten sich für ihre Broschüre ein exemplarisches „Opfer" aus, das von „heterosexuellen, christlichen, vermögenden, einflussreichen Männern" mit Füßen getreten worden sein soll. Auf 42 Seiten wird das traurige Schicksal der „Familie Aly ab 1668" beleuchtet. Das Missgeschick besteht darin, dass die Alys angesehene Bürger in Berlin waren. Der bekannte Historiker Götz Aly, ein Nachfahre jener angeblichen Opfer-Familie, konnte nachweisen, dass es sich hier in großen Teilen um ein Plagiat aus dem Buch mit dem Titel „Türken, Mohren und Tataren. Muslimische (Lebens-)Welten in Brandenburg-Preußen im 18. Jahrhundert" des Historikers Stephan Theilig, handelte.[36] Aly wirft den Abschreibern sogar vor, dass sie dort, wo sie ihre Argumente nicht mit Fakten belegen konnten, ihre Darlegungen in einer „rassistisch verengten Zuschreibung" skandalisierten und die Hautfarbe der Beschriebenen „zum einzigen Charakteristikum" machten. Dabei hätten sie sogar davor nicht zurückgeschreckt, den Kolonial- und Sklavenhalterstaat Osmanisches Reich zu verherrlichen, und stellten den europäischen Widerstand gegen die einfallenden osmanischen Truppen, die bekanntlich bis Wien vordrangen, so Aly, „als schändliche Tat" dar. Das erinnere ihn an die

---

34 Vgl. ein solches Beispiel bei Ulrich VAN DER HEYDEN / Horst GNETTNER (Hrsg.), Allagabo Tim. Der Schicksalsweg eines Afrikaners in Deutschland. Dargestellt in Briefen zweier deutscher Afrikaforscher, Berlin 2008.
35 Nicola LAURÉ AL-SAMARAI, Grenzgänger*innen: Schwarze und Osmanische Präsenzen in der Metropole Berlin um 1700, 2 Bde., Berlin 2019.
36 Vgl. Stephan THEILIG, Türken, Mohren und Tataren. Muslimische (Lebens-)Welten in Brandenburg-Preußen im 18. Jahrhundert, Berlin 2013.

großosmanische und sunnitisch-islamische Geschichtspolitik Recep Tayyip Erdogans.[37]

Daraufhin wurde nachträglich eine Lizenz mit Versäumnisaufschlag eingeholt. Ein Einleger muss nun in jedem Exemplar beigefügt werden, in dem vermerkt ist, dass große Teile der zweiteiligen Broschüre auf der Forschungsarbeit von Stephan Theilig basieren. Die daraus gezogenen Schlussfolgerungen jedoch würden allein in der Verantwortung der Autoren der Broschüre liegen. Es ist schon verwunderlich, dass ein so blamabler Vorgang in einem Projekt, welches vom Berliner Senat mit Steuermitteln gefördert und das inzwischen von einem wissenschaftlichen Beirat, aus dem einige professionelle Historiker wieder ausgetreten sind, beraten wird, passieren konnte.

Mohren – Wahrheit und Fiktion

In der Wissenschaft wird zur Ursprungsbezeichnung der Mohrenstraße bis in die Gegenwart verschieden diskutiert, also nicht nur ob diese neben der – von dem Verfasser am wahrscheinlichen angesehenen Möglichkeit – von einem Weg, wie dargelegt, oder etwa von einem Gasthaus oder einer Apotheke, die sich dort befand, stammen könnte - oder ob die Mohrenkolonnaden die Namensnennung bewirkten oder diese zumindest unterstützten. Gleichgültig, welcher Variante der Vorzug gegeben wird, keine taugt für die Behauptung, dass „Mohr" ein Beleg für Kolonialismus sei. Denn der Name ist älter als der europäische Kolonialismus. Es ist belegt, dass solche Bezeichnungen wie „Mohren-Apotheke" oder „Zum Mohren" (für Gastwirtschaften) in Deutschland schon einige Jahrhunderte, bevor das Deutsche Reich oder Teile davon, wie Brandenburg-Preußen, Kolonialmacht wurden, existierten.

Diese Hinweise, dass der Name Mohr älter ist als der europäische Kolonialismus, werden jedoch von der aktivistischen Gegenseite ausgeblendet und einfach nicht zur Kenntnis genommen. Dabei braucht man nur auf den Minnesänger Heinrich von Morungen schauen, der schon im 14. Jahrhundert mit einem Mohren-Wappen abgebildet worden ist,[38] oder auf den heiligen Märtyrer Maurus, dessen Reliquien im St.-Maurus-Schrein auf der Prager Burg

---

37 Vgl. Götz ALY, Osmanische Reichsbürger in Berlin. Teil I bis Teil IV, in: Berliner Zeitung, 8.09.2020, 14.09.2020, 21.09.2020, 29.09.2020. Beachtenswert in diesem Zusammenhang auch ein Interview Alys: Ders., „Es gibt nichts, das deckungsgleich mit dem Holocaust wäre", in: Deutschlandfunk Kultur, 13.07.2021, https://www.deutschlandfunk.kultur.de/goetz-aly-es-gibt-nichts-das-deckungsgleich-mit-dem.100.html?dram:article_id=500220.

38 Vgl. Horst BRUNNER, Geschichte der deutschen Literatur des Mittelalters und der Frühen Neuzeit im Überblick, Stuttgart ³2013, S. 169–171.

ruhen. Sie gelten dort als nationales Kulturgut.[39] Neue archäologische Forschungen haben ergeben, dass auch in den Kirchennamen Berlins mehr Mauritiuskult zu Ehren des heiligen Mohren steckt, als gemeinhin angenommen. Dies hatte man bisher vornehmlich in Mitteldeutschland im Magdeburger Dom angenommen.[40]

Mohr war zweifelsohne eine ehrende Bezeichnung für diejenigen Menschen, die Wissen, etwa in Form von medizinischen Heilmitteln und -methoden (warum sonst sollten sich Apotheken so nennen?) nach Europa brachten. Es ist unzweideutig eine positive Referenz an die maurische (mohrische) Heilkunde.[41] Mit deren Nutzung in Europa begann, wie der Journalist und Redakteur der FAZ, Jasper von Altenbockum, zu Recht herausgefunden hat, eine Tradition, „die mehrere Jahrhunderte hielt".[42] Und zwar bis zum Beginn der direkten europäischen Kolonialherrschaft, die im Allgemeinen mit der sogenannten Kongokonferenz von 1884/85 als Zäsur angesetzt wird.

Eine weitere Begründung für die erst nach mehreren Jahrhunderten zum Streitpunkt gewordene Straßenbezeichnung könnte die Tatsache sein, dass der Name auf die Anwesenheit der Mauren (genannt Mohren) im Mittelmeergebiet verweist. Diese nordafrikanischen Berberstämme eroberten vom 7. bis ins 10. Jahrhundert hinein den mediterranen Küstenraum, vor allem in Spanien und Italien. Heute nennt man solche Expansionisten Kolonialisten. „Soll in Deutschlands Hauptstadt eine Straße nach Kolonialisten benannt sein?" Das ist eine der in der aufgeheizten Diskussion aufgeworfenen Fragen, nachdem der frühere Direktor des Instituts für Europäische Ethnologie der Humboldt-Universität zu Berlin, Professor Wolfgang Kaschuba, in mehreren Zeitungsinterviews geäußert hat, dass „der Mohr [...] der Eroberer nicht der Sklave" gewesen ist.[43] In einem Rundfunkinterview präzisierte er seine Auffassung und erläuterte: „,Der Mohr' steht in der europäischen Geschichte vor tausend Jahren für den Täter, der ganz Südeuropa – Spanien, Italien, Griechenland – erobert hat. Sie finden heute noch ungefähr 150 Ge-

---

39 Vgl. Ondřej CINK / Tomáš WIZOVSKÝ / František MARYŠKA / Daniela STAŇKOVÁ, Relikviář svatého Maura, Sokolov 2010.
40 Vgl. Maritta TKALEC, Womöglich Berlins ältestes Gotteshaus, in: Berliner Zeitung, 21.09.2020.
41 Vgl. Heinrich LOTH, Altafrikanische Heilkunst. Europäische Reiseberichte, Leipzig 1984.
42 Jasper VON ALTENBOCKUM, Als der Schwarze wieder weiß wurde, in: Frankfurter Allgemeine Zeitung, 13.11.2020.
43 Julius BETSCHKA / Wolfgang KASCHUBA, „Der Mohr war Eroberer, nicht Sklave". Warum die Mohrenstraße weiter Mohrenstraße heißen soll, in: Der Tagesspiegel, 8.07.2020.

meinden in Italien, die Gedenktage abhalten für ermordete Christen vor tausend Jahren, die nicht zum Islam übertreten wollten."⁴⁴ Die Kunsthistorikerin Gude Suckale-Redlefsen, die sich intensiv mit der Ikonographie des Mauritius als den „heiligen Mohren" beschäftigt hat und die die religiös-ideologischen Hintergründe dafür erforscht hat, formuliert: „Man lernte sie als Söldner im Dienste des Islam kennen"⁴⁵. In einem im Sommer 2020 veröffentlichten Artikel der „Stuttgarter Zeitung" wurden die diesbezüglichen Interviews zur Thematik kurz und bündig zusammengefasst und auf die von Kaschuba formulierten Folgen einer Änderung des Mohrenstraßen-Namens verwiesen: „Die Umbenennung von Straßen ebnet [...] eine schwierige und schmerzhafte Geschichtslandschaft eher ein".

Das Unverständnis über die Straßenschilder-Stürmerei in Berlin lässt sich nicht zuletzt anhand zahlreicher Leserbriefe und Stellungnahmen in den sozialen Medien belegen. „Ich bin ganz allgemein gegen Straßenumbenennungen", schreibt etwa Joachim Wädlow, „weil sie eine Spielwiese für selbstgerechte Aktivisten und Ideologen sind, die sich profilieren, Deutungshoheit beanspruchen und damit einfache politische ‚Erfolge' verbuchen wollen. Opfer dieses Machtgerangels sind die Bürger der Stadt, ihre Identität und Tradition"⁴⁶. Die überwiegend ablehnenden Stellungnahmen der betroffenen Berliner Bevölkerung wurden von der Politik links liegengelassen. Das bestätigt die Auffassung, dass die Umbenennung der Mohrenstraße als eine Art Meilenstein für jene gilt, die mit Gewalt ihre Sichtweise von Geschichte der Mehrheit der Bevölkerung aufzwingen wollen. Fast resignativ resümiert der renommierte Journalist Alexander Kulpok: „Übrig bleibt nur, den Straßen Nummern wie in New York zuzuteilen."⁴⁷ Wenn auch die deutsche Hauptstadt hinsichtlich ordentlicher Verwaltung, geordneten Finanzen, Effektivität und funktionierendem Rechtsstaat anderen deutschen Städten kaum noch als Vorbild dienen kann, so schlagen doch die von der historischen Forschung völlig losgelösten Debatten um die Bedeutung des Namens Mohr auch außerhalb Berlins hohe Wellen, etwa in Köln.⁴⁸ Hier hatte die Mohren-

---

44 Wolfgang KASCHUBA, „Rassismus hat ein doppeltes Gesicht", in: Deutschlandfunk Kultur, 13.06.2020, https://www.deutschlandfunkkultur.de/ethnologe-wolfgang-kaschuba-rassismus-hat-ein-doppelten.1008.de.html?dram:article_id=478569.
45 Diskussion um Mohrenstraße. Kulturwissenschaftler warnt vor Umbenennung, in: Stuttgarter Zeitung, 8.07.2020.
46 Joachim MÄDLOW, Ganz allgemein gegen Straßenumbenennungen, in: Berliner Zeitung, 12.11.2020.
47 Alexander KULPOK, Ran wie Blücher. Welche Berliner Straßennamen wären eigentlich untadelig?, in: Berliner Zeitung, 9.12.2020.
48 Nun diskutiert auch Köln über seine Mohrenstraße, in: Die Welt, 9.07.2020.

straße bis zu Beginn der 2010er Jahre keinerlei Anlass zur Diskussion gegeben, ja, sie taucht nicht einmal in einem Sammelband zu den kolonialen Spuren in der Stadt am Rhein auf.⁴⁹ Am heftigsten wird dieser Disput gegenwärtig wohl in Radebeul ausgefochten.⁵⁰ Selbst in der Schweiz ist eine Debatte um die angebliche Notwendigkeit der Umbenennung von Orten, die den Namen Mohr tragen, entbrannt.⁵¹

Ob die historisch begründeten Hinweise, die gegen eine Umbenennung sprechen, letztendlich Aktivisten auch zum Nachdenken animieren, darf bezweifelt werden, wenn man die Erfahrung eines ehemaligen Bezirksstadtrats aus Berlin zur Kenntnis nimmt, der zu einem vor Jahren gegründeten Umbenennungsarbeitskreis in einem Leserbrief Folgendes resignierend zu berichten weiß: „Mit Neurotikern hatte ich als Arzt schon zu tun. Aber um den Streit von hysterischen oder zumindest hysteroiden Rechthabern um den richtigen Nachfolgenamen freiwillig mitzuerleben, war mir meine Lebenszeit zu schade."⁵²

Wissenschaftlich hergeleitet drückt der emeritierte Professor an der Universität Siegen, Clemens Knobloch, die Hintergründe für die nimmermüden Aktivitäten einer Straßenumbenennung kurz und knapp mit den Worten zusammen: „Je attraktiver die Rolle des Opfers wird, desto schneller wächst die Neigung, diese Rolle auch für sich selbst zu beanspruchen bzw. anzunehmen."⁵³

Was bringt die Umbenennung? – Sachliche und persönliche Argumente

Ohne Gesichtsverlust der Berliner Kommunalpolitiker ist eine Hinwendung zu einer effektiven zukunftsorientierten Bearbeitung der kolonialen und postkolonialen Vergangenheit in der deutschen Hauptstadt – so ist zu befürchten – nicht mehr hinzukriegen. Diese haben sich in dem Gerangel um

---

49 Vgl. BECHHAUS-GERST / HORSTMANN (Hrsg.), Köln und der deutsche Kolonialismus.
50 Vgl. Peter MAXWILL, Debatte um Namen spaltet eine Stadt. Soll die „Mohrenstraße" weg – oder sogar noch verlängert werden?, in: Spiegel-Online, 17.03.2021; Claudia BECKER, Mohrenstraße und Mohrenhaus. Erinnerungskultur oder Rassismus?, in: Die Welt, 18.03.2021.
51 Vgl. beispielsweise Urs BÜHLER, Wer Hausfassaden von der uralten Inschrift „Mohr" befreit, tilgt nicht den heutigen Rassismus in den Köpfen, in: Neue Züricher Zeitung, 27.05.2021.
52 Olaf MAI, Als Bezirksstadtrat habe ich die Umbenennungsorgie erlebt, in: Berliner Zeitung, 22.04.2021.
53 Clemens KNOBLOCH, Die Figur des Opfers und ihre Transformation im politischen Diskurs der Gegenwart, in: Zeitschrift für Politik 4, 2020, S. 455–472, hier: S. 470.

die Umbenennung der Mohrenstraße international in ihrer sachlichen Kompetenz desavouiert, spätestens seitdem durch Reuters-TV von Taipeh bis Johannesburg über die Negierung wissenschaftlicher Erkenntnisse bei der Debatte über die Umbenennung der Mohrenstraße in der deutschen Hauptstadt berichtet worden ist. Betont wurde dort, dass nunmehr dank politischer Rückendeckung jeder rassistisch eingestellte Bürger weiß, dass man Schwarze als „Mohren" bezeichnen kann, um sie zu beleidigen.

Die gut gemeinte, aber schlecht begründete und noch schlechter umgesetzte Umbenennung der Mohrenstraße hat für viele Menschen in Afrika genau das, wovon man sich eigentlich lösen wollte: den Anschein von kolonialistisch-paternalistischer Überheblichkeit. Das brachte der in Deutschland lebende gebürtige Nigerianer Andrew Onuegbu gegenüber der Presse und in einem Gespräch in der ARD-Sendung „Hart aber fair"[54] deutlich zum Ausdruck: „Ich halte es für rassistisch, wenn mir ein Deutscher erklären will, wann meine Gefühle verletzt sind" und wies Argumente zurück, dass er sich doch von dem Wort „Mohr" verletzt fühlen müsse. Herr Onuegbu betreibt in Kiel eine Gaststätte mit den Namen „Zum Mohrenkopf". Auch in verschiedenen anderen Interviews wusste er seinen Standpunkt zu verteidigen. „Für mich ist ‚Mohrenkopf' eine Auszeichnung"[55] und „Ich bin ein Mohr und stolz darauf!"[56] Sogar in der konservativen Zeitung „Junge Freiheit" macht er deutlich – was wohl nicht nur er, sondern auch andere Afrikaner von den deutschen Vorkämpfern und Anhängern des Culture Changes halten, wenn sie behaupten, dass der Begriff Mohr rassistisch sei –, indem er klarstellte: „Wie kann eine Weiße mir erklären, wann meine Gefühle als Schwarzer verletzt sind?"[57]

Ganz ähnliche Reaktionen hat der Verfasser bei Lehrveranstaltungen an mehreren afrikanischen Universitäten zur Kenntnis nehmen müssen. Dort wird von Studierenden, mit denen der Verfasser in verschiedenen Ländern des schwarzen Kontinents über die Umbenennungsforderungen von vorgeblichen Afrikanern („schwarze Deutsche" werden dort als Deutsche und nicht als Afrikaner – wie von den Betreffenden selbst – identifiziert) debattierte, für Unsinn gehalten.

Die immer wieder vorgetragene Behauptung, schwarze Menschen sähen sich durch den Begriff „Mohr" diskriminiert, widerspricht ebenso den auf langjährigen Forschungen basierenden Erfahrungen vieler Afrikaexperten.

---

54 Hart aber fair: Streit um die Sprache, in: ARD, 5.10.2020.
55 Bild, 20.08.2020.
56 Zum Mohrenkopf. Schwarzer Chef verteidigt Namen seines Restaurants, in: Berliner Zeitung, 6.10.2020.
57 Andrew ONUEGBU, „Der Haß der Deutschen auf sich selbst", in: Junge Freiheit, 21.05.2021.

Keine der diesbezüglichen Befragungen und Diskussionen von bzw. mit Afrikawissenschaftlern – die in Ostberlin, wo sich die Mohrenstraße befindet, bis in die DDR-Zeit zurückreichen – haben zu Tage gefördert, dass, wenn sie afrikanischen Kollegen die Berliner Stadtmitte zeigten, sie sich in irgendeiner Weise ob des Straßennamens betroffen gefühlt hätten. Eine vor einigen Jahren von einem Radiosender initiierten Umfrage bei afrikanischen Botschaften in Berlin hat ein ähnliches Ergebnis gezeigt.

Die für die Umbenennung der Mohrenstraße nach langen und lautstarken Protesten von rund einhundert Personen (so ein Augenzeuge gegenüber der FAZ[58]) stimmenden Abgeordneten der dafür zuständigen Bezirksverordnetenversammlung sollten sich einmal die Frage stellen – so ist in den sozialen Medien und bei entsprechenden Diskussionen mehrfach zu lesen und zu hören -, wie die Islamische Republik Mauretanien reagieren wird, wenn ihre Diplomaten und Politiker erfahren, dass ihr Staatsname rassistisch sei. Gefragt werden kann ebenso, was die zu Hunderten zählenden deutschen Bürger machen sollen, die den Familiennamen „Mohr", „Mohre" oder davon abgeleitete Formen tragen.

Die Journalistin Sabine Beppler-Spahl macht auf eine gravierende negative Folge der unsinnigen Debatten um die Umbenennung oder Tilgung von historisch entstandenen Bezeichnungen aufmerksam, denn sie formulierte eindringlich, dass „das Traurige ist, dass der wirkliche Rassismus Gefahr läuft, bagatellisiert zu werden, wenn es mit kleinen Ärgernissen (‚Mikroaggressionen') wie diesen gleichgestellt wird."[59] Und die Berliner Journalistin Maritta Tkalec hat in einem Zeitungsaufsatz anhand der „Genossenschaft für Kolonialwarenhändler", heute EDEKA, brillant an einem konkreten kolonialen Beispiel nachgewiesen, wie Sprachsäuberung zu historischen Bewusstseinstrübungen führt.[60]

Das (vorläufige?) Ende der Mohrenstraße

Die Umbenennung der Mohrenstraße ist inzwischen von der zuständigen Stadtverordnetenversammlung beschlossen worden, nachdem die Abgeordneten sehenden Auges einem Akt zugestimmt haben, der weder demokratisch war (die betroffenen Bewohner der Straße wurden nicht befragt), noch

---

58 Vgl. Markus WEHNER, Kein Halt mehr an der Mohrenstraße, in: Frankfurter Allgemeine Zeitung, 04.07.2020.
59 Sabine BEPPLER-SPAHL, Einleitung, in: Dies. (Hrsg.): Schwarzes Leben, weiße Privilegien? Zur Kritik an Black Lives Matter, Frankfurt/Main 2020, S. 10.
60 Maritta TKALEC, Wie Kreuzberg zu seinem Namen kam, in: Berliner Zeitung, 25.07.2018.

den Beschlüssen des Berliner Abgeordnetenhauses, der nächst höheren parlamentarischen Instanz, entspricht. Im Berliner Straßengesetz heißt es nämlich unmissverständlich: „Umbenennungen sind nur zulässig zur Beseitigung von Straßennamen aus der Zeit vor 1933 wenn diese nach heutigem Demokratieverständnis negativ belastet sind und die Beibehaltung nachhaltig dem Ansehen Berlins schaden würde."[61]

Eine Zusammenfassung des aktuellen Standes der administrativen Vorgänge zu Beginn des Dezembers 2020 um die eingeleitete Umbenennung der Mohrenstraße gibt der dortige Anwohner und Aktivist zur Verteidigung des Straßennamens Bodo Berwald. Er informierte den Verfasser wie folgt:

„Die Bezirksverordnetenversammlung Mitte von Berlin (BVV) und das Bezirksamt (BA) haben seit 2016 alle Angebote zu sachlicher Diskussion über die Mohrenstraße abgelehnt. Auf Petitionen Berliner Bürger erfolgte nicht einmal eine Eingangsbestätigung. Nachdem nun die bezirklichen Gremien vollendete Tatsachen geschaffen haben, besteht keine Basis mehr für eine partizipatorische Beteiligung der Berliner. ... Am 20.08.2020 hat die BVV die Umbenennung der Mohrenstraße in Anton-Wilhelm-Amo-Straße beschlossen und das BA als zuständige Behörde ersucht, unverzüglich den Vorgang zur Umbenennung zu beginnen. Gegen alle demokratischen Gepflogenheiten wurde dieser Beschluss im Eilverfahren durch die Zählgemeinschaft von SPD und Bündnis 90/Die Grünen ohne Beteiligungsmöglichkeit von Historikern oder Berliner Bürgern durchgepeitscht. ... Die Umbenennung selbst verstößt gegen das Willkürverbot und ist somit rechtswidrig. ... Der Straßenname hat über 300 Jahre lang weder das Demokratieverständnis der Bürger negativ belastet noch dem Ansehen Berlins geschadet. ... Heimatgeschichte und deren Aufarbeitung ist nicht Privileg einer bezirklichen Zählgemeinschaft, sondern Sache der Historiker und aller Berliner."[62]

Im Verlauf des Jahres 2021 haben 1.134 Berliner beim zuständigen Bezirksamt Mitte Einspruch gegen die Tilgung des historischen Namens Mohrenstraße erhoben. Gemeinsam mit der amtlichen Eingangsbestätigung erhielten diese den „vorsorglichen Hinweis", dass die Gebühren für dessen Bearbeitung bis zu 741,34 Euro betragen könnten. Mehr als 300 Personen zogen daraufhin ihren Protest zurück. Der Unterschied zwischen „von Demokratie sprechen" und „Demokratie wagen", ist in Berlin mit den Händen zu greifen. Die Berliner Zeitung kommentierte dies folgerichtig: Die zuständigen Volksvertreter haben sich „einer klaren Pressure-Group ergeben"[63] oder, um es mit den Worten des Dramaturgen am Berliner Ensemble Bernd Stegemann zu sagen: „Identitätspolitik ist ein Politmodus für vormoderne Gesellschaf-

---

61 Berliner Straßengesetz Nr. 2, Absatz 2, Buchstabe c der Ausführungsschriften zu § 5 des Berliner Straßengesetzes (AV Benennung), Bekanntmachung vom 1. Februar 2017.
62 Bodo BERWALD, Email an den Verfasser vom 20.11.2020.
63 Maritta TKALEC, Umbenennung der Mohrenstraße. Widerspruch, jetzt erst recht, in: Berliner Zeitung, 5.07.2021. Siehe auch Thomas SCHMOLL, Wer widerspricht soll zahlen, in: Die Welt, 22.07.2021.

ten." Je länger mit deren rückschrittlichen Methoden, so Stegemann, „versucht wird, die Probleme der Gegenwart zu bewältigen, umso tragischer wird es werden".[64]

Zusammenfassung

In den gegenwärtigen Debatten um die deutsche koloniale Vergangenheit werden in der Öffentlichkeit immer wieder Behauptungen mit eingebracht, die nicht auf Grundlage von wissenschaftlichen Erkenntnissen oder als Frage formuliert werden, sondern als Forderungen. Diese finden leider in der Politik gewisse Resonanz, wodurch das vorherrschende Narrativ zu den verschiedensten Aspekten der Kolonialgeschichte bestimmt oder zumindest beeinflusst wird. Dieser Vorgang wird hier anhand der Umbenennungsdebatten in der deutschen Hauptstadt um den Namen „Mohrenstraße" als Politikum aufgezeigt.

Summary

In the current debates about the German colonial past, statements are repeatedly made in public that are not formulated on the basis of scientific knowledge or as a question, but as demands. Unfortunately, these find a certain resonance in politics, which determines or at least influences the prevailing narrative on the most diverse aspects of colonial history. This process is shown here as a political issue based on the renaming debates in the German capital about the name "Mohrenstraße".

---

64 Bernd STEGEMANN, Anerkennung kostet nichts, in: Der Spiegel, Nr. 2, Hamburg 2021, S. 111.

MITTEILUNGEN

Bericht aus dem Vorstand der Forschungsstiftung für die Jahre 2019 und 2020

Wie schon in den vergangenen Jahren setzte die Forschungsstiftung auch 2019 und 2020 ihre nunmehr schon traditionelle Förderung des *Jahrbuchs für Europäische Überseegeschichte* und der 2. Auflage des Lexikon-Projekts fort. Darüber hinaus sind aus der Forschungsstiftung keine bemerkenswerten Entwicklungen zu verzeichnen, zumal der Ausbruch der Corona-Pandemie auch hier weiteres Engagement hemmte. Das Stiftungskapital belief sich zum Jahresende 2019 auf knapp € 85.500, zum Jahresende 2020 auf gut € 80.500.

Markus A. Denzel (1. Vorsitzender)

Bericht aus dem Vorstand der Gesellschaft für Überseegeschichte (GÜSG)

Wie viele andere wissenschaftliche Gesellschaften und Vereine war auch die Gesellschaft für Überseegeschichte von der im Frühjahr 2020 ausgebrochenen Corona-Pandemie stark betroffen. Nachdem die für Juni 2020 an der FernUniversität Hagen geplante, von Jürgen G. Nagel organisierte Jahrestagung „Islam und Empire. Muslimische Gesellschaften, islamische Bewegungen und europäischer Herrschaftsanspruch in Asien und Afrika" zunächst um ein Jahr verschoben werden musste, fand sie im Juni 2021 im Online-Format statt. Der Qualität der Beiträge tat dies jedoch ebenso wenig Abbruch wie der Teilnehmerzahl – im Gegenteil: Mit über 80 Zuhörerinnen und Zuhörern gehörte diese virtuelle Tagung zu den bestfrequentierten in der Geschichte der Gesellschaft. Zum rundum positiven Gesamtbild der Hagener Tagung trug auch eine hochkarätig besetzte, von Hans-Martin Hinz moderierte Podiumsdiskussion „Zur aktuellen Dekolonisationsdebatte – Wem gehört das Sammlungsgut aus kolonialen Kontexten?" bei.

Die 2019 vom Vorstand angestoßene Debatte über eine Umbenennung der Gesellschaft wurde im Rahmen der Hagener Mitgliederversammlung lebhaft fortgeführt und im Sommer 2021 schließlich durch eine Briefwahl entschieden. Nach Angaben des Wahlleiters sind dabei 109 gültige Stimmen abgegeben worden (eine Stimme war ungültig). 83 Mitglieder haben für die Umbenennung in „Gesellschaft für Globalgeschichte" gestimmt, 26 dagegen. Dies entspricht einer Mehrheit von gut

76% der gültig abgegebenen Stimmen für die Umbenennung; die vereinsrechtlich vorgeschriebene Dreiviertelmehrheit wurde damit erreicht. Eine Wahlbeteiligung von rund zwei Dritteln aller Stimmberechtigten ist zugleich ein starkes Zeichen der Anteilnahme an den Geschicken der Gesellschaft. Die Umbenennung ist mittlerweile auch vom Vereinsgericht Bamberg bestätigt worden und damit rechtskräftig. Damit ist die im Juni 2022 von Markus A. Denzel in Leipzig organisierte Jahrestagung „Kolonialismus – Imperialismus – Dekolonisation: Mitteleuropa im globalen Kontext" die erste, bei der die Gesellschaft sich unter ihrem neuen Namen präsentiert. Mittlerweile hat die Gesellschaft überdies einen neu gestalteten Webauftritt, für den sich insbesondere der Zweite Vorsitzende Hermann Mückler stark engagiert hat (vgl. www.gesfg.org). Inwieweit auch ein Relaunch des (bisherigen) „Jahrbuchs für Europäische Überseegeschichte" zum neuen Erscheinungsbild der Gesellschaft beitragen kann und muss, ist derzeit Gegenstand intensiver Beratungen.

Mark Häberlein (1. Vorsitzender)

Professor Dr. Dietmar Rothermund
(20. Januar 1933 – 9. März 2020)

Der Heidelberger Südasien-Historiker Professor Dr. Dietmar Rothermund, ehemaliger langjähriger Geschäftsführender Direktor des Südasiens-Instituts (SAI) der Ruperto Carola, ist am frühen Morgen des 9. März in seinem Dossenheimer Domizil friedlich und ohne Schmerzen im Alter von 87 Jahren verstorben.

Am 20. Januar 1933, wenige Tage vor der nationalsozialistischen Machtergreifung, in Kassel geboren, wuchs Dietmar Rothermund in einem durch Faschismus und Krieg gezeichneten Land auf. In den frühen 1950er Jahren studierte er die Fächer Geschichtswissenschaft und Philosophie an den Universitäten Marburg und München. Ein Fulbright-Stipendium führte ihn 1956 an die University of Pennsylvania, wo er bis zur Promotion im Jahr 1959 eine Dissertation über Pennsylvania in der Kolonialzeit verfasste. Daran schloss sich eine glückliche Fügung an: Mit einem Stipendium der Deutschen Forschungsgemeinschaft (DFG) begab sich Dietmar Rothermund 1960 zu einem Auslandsaufenthalt nach Indien, wo er den folgenreichen Entschluss fasste, seine Forschungen künftig Südasien zu widmen. 1963 erhielt er eine Assistentenstelle an der Universität Heidelberg am neu gegründeten Südasien-Institut, das auf Betreiben von Werner Conze eingerichtet worden war. Dort erfolgte 1968 die Habilitation mit der seitdem als Standardwerk geltenden Monographie *Die politische Willensbildung in Indien, 1900–1960*. Kurze Zeit später erhielt Rothermund die Professur für die Geschichte Südasiens. Zu den Schwerpunkten seiner wissenschaftlichen Arbeit gehörten fortan die Geschichte der politischen Ideen in Indien, das Agrarsystem des Landes während der Kolonialzeit, die Person Mahatma Gandhis sowie die indische Wirtschaftsgeschichte.

Im Jahr 1991 etablierte Dietmar Rothermund die Heidelberger Südasiengespräche als Forum für den Austausch zwischen Wissenschaft, Wirtschaft, Politik und Vertretern des öffentlichen Lebens. Der renommierte Südasien-Historiker war langjähriges Vorstandsmitglied der Deutschen Gesellschaft für Asienkunde und engagierte sich zehn Jahre in der vom Auswärtigen Amt eingesetzten *Indo-German Consultative Group*. Von 1997 bis 2006 hatte Dietmar Rothermund den Vorsitz der *European Association of South Asian Studies* inne. Schon 1988 war er zum Fellow der *Royal Historical Society* in London gewählt worden; 1994 erhielt er die *Hemchandra Raychaudhury Gold Medal* der *Asiatic Society* in Kalkutta (Indien) und 2011 den Rabindranath Tagore-Kulturpreis der Deutsch-Indischen Gesellschaft.

Für seine Verdienste um das Südasien-Institut der Universität Heidelberg, die Verbreitung indienkundlichen Wissens in Deutschland und sein beeindruckendes wissenschaftliches Werk wurde Dietmar Rothermund im Oktober 2011 mit dem Bundesverdienstkreuz ausgezeichnet. Er erhielt das Verdienstkreuz 1. Klasse des Verdienstordens der Bundesrepublik Deutschland.

Professor Rothermund hat das Feld der sozialen, politischen, intellektuellen und vor allem der ökonomischen Geschichte des indischen Subkontinents mit eminenter Schaffensfreude und energischer Tatkraft beackert, und er hat nicht nur eine deutsche, sondern auch eine internationale Leserschaft überaus großzügig an seinen Forschungsergebnissen teilhaben lassen: in ungefähr 45 publizierten Monographien, weiteren 30 von ihm herausgegebenen Bänden und in beinahe 200 wissenschaftlichen Aufsätzen. Der internationale Aspekt seiner Wirkung verdient auch darum eine besondere Hervorhebung, weil ungefähr die Hälfte seiner Arbeiten in englischer Sprache erschienen ist, die er meisterhaft beherrschte, und seine wichtigsten Werke (etwa die von ihm gemeinsam mit Hermann Kulke verfasste kanonische Geschichte Indiens) in mindestens ein Dutzend fremder, auch nicht-europäischer Sprachen übersetzt wurden. Dietmar Rothermunds Ruhm als eminenter Historiker Südasiens hat mithin eine wahrhaft globale Dimension. Sein wegweisender Status und Rang in der deutschen Historiographie Indiens und Südasiens ist umso erstaunlicher, wenn man bedenkt, dass er seine akademische Laufbahn als Amerikanist mit der schon erwähnten Dissertation von 1959 über die koloniale Religionsgeschichte Pennsylvanias begonnen hat!

Neben seiner erstaunlichen Produktivität als Gelehrter und Publizist – seit seiner Emeritierung im Jahr 2001 hat sich seine jährliche Veröffentlichungsrate nochmals annähernd verdreifacht – galt Dietmar Rothermunds besondere Sorge dem Anliegen, den Südasien-Studien in Deutschland und Europa ein institutionelles Fundament zu verschaffen, und auch dieses Ziel hat er brillant erreicht: Das bezeugen Markseine wie die von ihm 1966 initiierte *European Conference on Modern South Asian Studies*, die schon erwähnten Heidelberger Südasien-Gespräche, der Arbeitskreis Außereuropäische Geschichte oder *Periplus*, das Jahrbuch für Außereuropäische Geschichte. Nicht zu vergessen ist darüber Rothermunds führende Rolle in der Deutschen Gesellschaft für Asienkunde sowie in der regierungsamtlichen Indisch-Deutschen Konsultationsgruppe. Dietmar Rothermund fungierte über mehrere

Jahrzehnte als eine Art „one-man political think-tank" auf dem Gebiet des politischen und wissenschaftlichen Austauschs zwischen Deutschland und Indien, und bis kurz vor seinem Ableben wurde er nicht müde, den Medien zu allen einschlägigen Fragen erschöpfende und professionelle Auskunft zu geben. Er blieb jahrzehntelang die erste Adresse für alle, die hier kundige Auskunft und kluge Einschätzungen begehrten, ein jederzeit hoch kompetenter und zugleich nüchterner und sachlicher Experte für alle südasiatischen Schlüsselfragen und immer eine wohltuend ruhige und besonnene Stimme als Gegengewicht zu den Aufgeregtheiten und der Sensationsgier des globalen Nachrichtenbetriebs.

Rothermunds inniges Verhältnis zu Indien hatte auch eine persönliche Seite: Seine indische Frau Chitra, mit der er fast 50 Jahre verheiratet war, stammt aus Maharashtra; ihre drei Kinder tragen alle indischen Namen. Als regelmäßiger, über lange Zeiträume hinweg alljährlicher Indien-Besucher unterhielt Rothermund warmherzige und dauerhafte Freundschaften mit einer großen Zahl einflussreicher Persönlichkeiten. Sein unlängst veröffentlichtes Buch *Meine Begegnungen in Indien* [oder *My Encounters in India*, Primus Books 2019] enthält 133 Vignetten dieser indischen Kontakte und Begegnungen, darunter Erinnerungen an Jawaharlal Nehru, Indira Gandhi, Morarji Desai, Narasimha Rao, Zakir Husain, Manmohan Singh und Jayaprakash Narayan, um nur einige der bekanntesten Persönlichkeiten zu nennen.

In seinem unverwechselbaren Habitus verband Dietmar Rothermund die solide und sorgfältige Forschungsarbeit eines Gelehrten alter Schule mit einer Kreativität und geistigen Beweglichkeit, die ihm eine große Attraktivität auch für die jüngere Generation von Wissenschaftlern eintrugen. Auch für das Feld der transkulturellen Studien kann er mit Recht als eine Art *spiritus rector* gelten, war er es doch, der schon in den 1990er Jahren ein DFG-Schwerpunktprogramm zum Thema „Transformationen der europäischen Expansion vom 15.–20. Jahrhundert. Untersuchungen zur kognitiven Interaktion von europäischen und außereuropäischen Gesellschaften" aufbaute. Und derart einfallsreich und produktiv ging es immer weiter; stets war bereits das nächste Projekt in der ‚Pipeline', auf diesem Feld etwa die im Mai 2013 durchgeführte internationale Konferenz zum Thema *Memories of Post-Imperial Nations*, die die Konjunktur gegenwärtiger Forschung auf dem Gebiet der Erinnerungskulturen in höchst origineller und scharfsinniger Weise mit Prozessen historischer Selbstreflexivität in vormals kolonialen Nationen verband. Für mich persönlich war es eine Ehre, an diesem Pionierunternehmen mitwirken zu dürfen, wie ich überhaupt als seine Nachfolgerin auf dem SAI-Lehrstuhl (2002–2018) beständig von Dietmar Rothermunds Großmut und souveräner „Elder Statesmanship" profitiert habe.

Nicht umsonst war das SAI jahrzehntelang in aller Welt als „Dietmar's Institute" bekannt, und das nicht nur in Indien, sondern auch unter Heidelberger Taxifahrern, denen die geographische Lage des Instituts (bis 2019 noch im Neuenheimer Feld) durch Professor Rothermund, einen ihrer regelmäßigsten und eindrucksvollsten Fahrgäste, ein fester Begriff war. Es war seine angeborene Umgänglichkeit und Nahbarkeit, die Dietmar Rothermund zu einem so besonderen Menschen machte: Obwohl seit 2011 Träger des Bundesverdienstkreuzes (als Höhepunkt einer ganzen Serie von Ehrungen und Auszeichnungen), blieb Dietmar Rothermund auf liebenswürdige Weise zugänglich und ließ sich mit gleichem Interesse und gleicher Aufmerksamkeit auf Gesprächspartner mit den unterschiedlichsten Anliegen und Hintergründen ein.

Niemand hat dem Heidelberger Südasien-Institut länger kontinuierlich angehört und es stärker geprägt als Dietmar Rothermund. Kein deutscher Wissenschaftler hat die Vergangenheit und Gegenwart Südasiens einer deutschen und globalen Leserschaft in einer synergetischen Verbindung von Akribie und Passion zugänglicher gemacht als Dietmar Rothermund, der Riese, auf dessen Schultern wir gegenwärtigen Kollegen, Forscher und Studierenden des SAI stehen – wir ernten heute die Früchte seiner Arbeit von damals, in den Gründerzeiten des Institutes und lange darüber hinaus, und lassen uns von seinen großartigen Leistungen inspirieren. Auch die Gesellschaft für Überseegeschichte wird ihrem Ehrenmitglied Dietmar Rothermund, dem herausragenden Wissenschaftler, charismatischen Kollegen und liebenswürdigen Menschen, ein ehrenvolles und dankbares Andenken bewahren.

Gita Dharampal, Jalgaon, Maharashtra, Indien

Professor Dr. Hermann Wellenreuther
(23. Juni 1941 – 3. April 2021)

Am Karsamstag, den 3. April 2021, starb Hermann Wellenreuther – emeritierter Professor für Mittlere und Neuere Geschichte an der Universität Göttingen, Ehrenmitglied der Gesellschaft für Überseegeschichte und der führende deutschsprachige Historiker der atlantischen Welt – im Alter von 79 Jahren.

Hermann Wellenreuther kam am 23. Juni 1941 in Freiburg i.Br. zur Welt und wuchs in der Landgemeinde Aglasterhausen im Odenwald auf. Nach dem Studium der Geschichte, Deutschen Philologie und Soziologie in Heidelberg und Köln wurde er 1968 in Köln promoviert. Bereits in seiner Dissertation *Glaube und Politik in Pennsylvania 1681–1776. Die Wandlungen der Obrigkeitsdoktrin und des Peace Testimony der Quäker* sind mehrere Themen angelegt, die Wellenreuthers weiteres wissenschaftliches Werk kennzeichnen sollten: der Fokus auf die Genese der nordamerikanischen Kolonialgesellschaft und die Ursprünge der Amerikanischen Revolution; das ausgeprägte Interesse an dem spannungsreichen Verhältnis zwischen Glaubensüberzeugungen und politischen Haltungen in einer pluralistischen Gesellschaft; sowie die feste Überzeugung, dass gute Geschichtsschreibung nur auf der Grundlage eingehenden Quellenstudiums möglich ist (dieser Überzeugung verdankte er den unter seinen Studierenden kursierenden Spitznamen „Quellenreiter"). Im Vorwort seiner Dissertation formulierte er seine Position folgendermaßen:

„Ich verstehe des Historikers Aufgabe in erster Linie darin, religiöse, politische, wirtschaftliche, gesellschaftliche und andere Faktoren einer historischen Situation in ihrer Gesamtheit und gegenseitigen Bedingtheit zu sehen, darzustellen, zu verstehen und dann so zu analysieren, daß die Verflechtung einzelner Faktoren mit anderen evident bleibt. Unbedingte Voraussetzung dafür scheint mir, daß der Historiker sich selbst ebenso wie den Leser in die Situation der handelnden Person versetzt. Denn nur so [...] können deren Begrenzungen, mögliche Alternativen und letztlich deren Entscheidungen selbst auch verstanden werden."[1]

Ein hochkarätiges Stipendium ermöglichte Wellenreuther anschließend einen zweijährigen Forschungsaufenthalt in den USA. Nach einem Jahr an der Eliteuniversität Yale, wo er lebenslange Freundschaften mit Kolonialhistorikern wie Timothy H. Breen und James H. Hutson schloss, ging er für ein weiteres Jahr an die Tulane University in New Orleans. Nach seiner Rückkehr nach Deutschland wurde er Assistent am Anglo-Amerikanischen Institut der Universität zu Köln, wo er sich mit der 1979 gedruckten Studie *Repräsentation und Großgrundbesitz in England 1730–1770* habilitierte. 1983 folgte er einem Ruf an die Georgia Augusta in Göttingen. Dort wurde er auch zum Dekan der Philosophischen Fakultät gewählt und organisierte eine Vorlesungsreihe sowie zwei Ausstellungen zum Universitätsjubiläum im Jahre 1987. Mit einer Gruppe von Studierenden vertiefte er sich in die archivalische Überlieferung zur damals noch weitgehend unerforschten frühneuzeitlichen Stadtgeschichte Göttingens; aus diesem Projekt sind ein Sammelband und mehrere Dissertationen hervorgegangen.

Die große Leidenschaft des Göttinger Historikers blieb indessen die Geschichte Britisch-Nordamerikas und der europäisch-amerikanischen Beziehungen. Das von anglo-amerikanischen Forscherinnen und Forschern entwickelte Konzept der *Atlantic History* griff er frühzeitig auf und machte es gemeinsam mit einem Kreis von Schülerinnen und Schülern – Claudia Schnurmann, Thomas Müller-Bahlke, Carola Wessel – für die deutschsprachige Geschichtswissenschaft fruchtbar. Zudem suchten amerikanische Historiker wie Anthony Gregg Roeber den Austausch mit ihm. 2002 nahm Wellenreuther eine Gastprofessur an der Northwestern University in Evanston/Illinois wahr, und wiederholt führten ihn längere Forschungsaufenthalte an die Huntington Library in San Marino/Kalifornien. Die Deutsche Forschungsgemeinschaft unterstützte mehrere seiner Projekte mit Sachbeihilfen. Über viele Jahre hinweg war er zudem Mitorganisator von Symposien in Krefeld, die deutschen und amerikanischen Wissenschaftlerinnen und Wissenschaftlern ein Forum des Austauschs über vergleichende und transatlantische Themen boten. Diese mehrtägigen Symposien bezogen auch die interessierte Öffentlichkeit mit ein, und die aus ihnen hervorgegangenen Tagungsbände fanden große Resonanz.[2]

---

1 Hermann WELLENREUTHER, Glaube und Politik in Pennsylvania 1681–1776. Die Wandlungen der Obrigkeitsdoktrin und des Peace Testimony der Quäker, Köln / Wien 1972.
2 Vgl. v.a. Hermann WELLENREUTHER / Claudia SCHNURMANN (Hrsg.), Die amerikanische Verfassung und deutsch-amerikanisches Verfassungsdenken. Ein Rückblick über 200 Jahre, New York 1991; Hermann WELLENREUTHER / Hartmut LEHMANN (Hrsg.), German and American Nationalism. A Comparative Perspective, Oxford 1999.

All diese Aktivitäten schlugen sich in einem wissenschaftlichen Oeuvre nieder, das hinsichtlich seiner Qualität und Kohärenz seinesgleichen sucht. 1995 legte er gemeinsam mit Carola Wessel die Edition *Herrnhuter Indianermission in der Amerikanischen Revolution. Die Tagebücher von David Zeisberger 1772 bis 1781* vor, und sieben Jahre später zeichnete er für den fünften Band der Korrespondenz Heinrich Melchior Mühlenbergs, des Pioniers der lutherischen Kirche in Pennsylvania, verantwortlich. Die Beschäftigung mit den Quellen zur Herrnhuter Brüdergemeine und zum Halleschen Pietismus in Nordamerika inspirierte ihn zu zahlreichen Aufsätzen – beispielhaft genannt sei hier seine faszinierende Rekonstruktion indigener Perspektiven aus den Zeisberger-Tagebüchern[3] –, zur Organisation eines Symposiums zu Mühlenbergs 300. Geburtstag in den Franckeschen Stiftungen (Halle) im Jahre 2011[4] sowie zu der zwei Jahre später erschienenen Monographie *Heinrich Melchior Mühlenberg und die deutschen Lutheraner in Nordamerika 1742–1787. Wissenstransfer und der Wandel von einem atlantischen zu einem amerikanischen Netzwerk*. Im Jahre 2013 begann überdies die Arbeit an einer achtbändigen Ausgabe der Amtskorrespondenzen und Tagebücher von Mühlenbergs lutherischen Pastorenkollegen in Pennsylvania, die mittlerweile kurz vor dem Abschluss steht.[5] Eine umfangreiche Edition der Briefe David Zeisbergers war zum Zeitpunkt von Wellenreuthers Tod ebenfalls weitgehend abgeschlossen; eine vergleichende Studie zu Mühlenberg und Zeisberger als Repräsentanten des mitteleuropäischen Pietismus in der atlantischen Welt wird 2022 posthum erscheinen. Weitere grundlegende Arbeiten galten dem 1691 als Rebellen hingerichteten deutschstämmigen New Yorker Gouverneur Jacob Leisler,[6] dem politischen Mobilisierungsprozess am Beginn der Amerikanischen Revolution[7] sowie den deutschsprachigen Einblattdrucken, die in den amerikanischen Kolonien und in der Frühzeit der USA hergestellt wurden.[8]

---

3 Hermann WELLENREUTHER, White Eyes and the Delawares' Vision of an Indian State, in: Pennsylvania History 68/2, 2001, S. 139–161.
4 Druck: Hermann WELLENREUTHER / Thomas MÜLLER-BAHLKE / A. Gregg ROEBER (Hrsg.), The Transatlantic World of Heinrich Melchior Mühlenberg in the Eighteenth Century, Halle 2013.
5 Mark HÄBERLEIN / Thomas MÜLLER-BAHLKE / Hermann WELLENREUTHER (Hrsg.), Hallesche Pastoren in Pennsylvania, 1743–1825. Eine kritische Quellenedition zu ihrer Amtstätigkeit in Nordamerika, 7 Bde., Halle 2019–2021. Das Erscheinen des achten Bandes ist für 2022 geplant.
6 Hermann WELLENREUTHER (Hrsg.), Jacob Leisler's Atlantic World in the Later Seventeenth Century. Essays on Religion, Militia, Trade, and Networks, Berlin 2009.
7 Hermann WELLENREUTHER (Hrsg.), The Revolution of the People: Thoughts and Documents on the Revolutionary Process in North America, 1774–1776, Göttingen 2006.
8 Hermann WELLENREUTHER, Citizens in a Strange Land: A Study of German-American Broadsides and their Meaning for Germans in North America, 1750–1830, University Park (PA) 2013. – Für eine Bibliographie der bis 2006 erschienenen Schriften vgl. Claudia SCHNURMANN / Hartmut LEHMANN (Hrsg.), Atlantic Understandings: Essays on European and American History in Honor of Hermann Wellenreuther, Münster / Hamburg 2006, S. 461–471.

Hermann Wellenreuthers *opus magnum* ist jedoch die zwischen 2000 und 2016 erschienene vierbändige Geschichte Nordamerikas von den Anfängen menschlicher Besiedlung bis zum Ende des 18. Jahrhunderts. Auf annähernd 3.000 Seiten behandelt dieses monumentale Werk die Geschichte des Kontinents in einer Breite und Tiefe, die in der internationalen Forschung ohne Parallele ist. Die Rolle der indigenen Bevölkerung wird darin ebenso umfassend dargestellt wie die ethnische und religiöse Vielfalt der europäischen Kolonialgesellschaften; die kontinentale Dimension der nordamerikanischen Geschichte wird ebenso ausgeleuchtet wie die transatlantische; Verfassung, Politik und Recht stehen gleichberechtigt neben Wirtschaft, Kultur und Alltag. Die Aufgabe des Historikers, die Hermann Wellenreuther im oben zitierten Vorwort seiner Dissertation 1972 formulierte, hat er damit auf eindrucksvolle Weise eingelöst.[9] Für die ersten beiden Bände, aber auch für sein Lebenswerk wurde ihm 2003 an der Universität Heidelberg der Schurman-Preis für amerikanische Geschichte, Politik und Kultur verliehen.[10]

Die Widmungen dieser Bände gelten bezeichnenderweise den vier Personen, die Hermann Wellenreuther am nächsten standen. Der erste Band ist seiner 1999 nach langer, schwerer Krankheit verstorbenen Frau, der Nordamerika-Historikerin Marie-Luise Frings, gewidmet, der zweite Band seiner Tochter Susanne, auf deren beruflichen Erfolg als Architektin er besonders stolz war. Die Widmung in Band 3 gilt seinem 1992 verstorbenen akademischen Lehrer Erich Angermann, von dem er stets mit größter Hochachtung und Zuneigung sprach. Band 4 schließlich dedizierte er seiner Frau Claudia Schnurmann, Professorin für Nordamerikanische, karibische und atlantische Geschichte an der Universität Hamburg.

Diejenigen, die Hermann Wellenreuther näher kannten, werden neben seiner immensen Belesenheit und wissenschaftlichen Produktivität vor allem die Gastfreundschaft in seinem Haus in der Merkelstraße – an die sich Göttinger Mitarbeiter und Studierende ebenso gerne erinnern wie auswärtige Kollegen und Freunde – sowie seine unerschöpfliche Neugier und Diskussionsfreudigkeit vermissen. Weit über den Kreis seiner eigenen Schülerinnen und Schüler hinaus stand er jüngeren Forscherinnen und Forschern, die sich auf das Terrain der britischen und nordamerikanischen Geschichte wagten, mit Rat und Tat zur Seite. Die bereits publizierten Nachrufe vermitteln einen Eindruck von der hohen Wertschätzung, die er genoss.[11]

---

9 Hermann WELLENREUTHER, Niedergang und Aufstieg. Geschichte Nordamerikas vom Beginn der Besiedlung bis zum Ausgang des 17. Jahrhunderts, Hamburg 2000; ders., Ausbildung und Neubildung. Die Geschichte Nordamerikas vom Ausgang des 17. Jahrhunderts bis zum Ausbrauch der Amerikanischen Revolution 1775, Hamburg 2001; ders., Von Chaos und Krieg zu Ordnung und Frieden. Der Amerikanischen Revolution erster Teil, 1775–1783, Berlin 2006; ders., Von der Konföderation zur Amerikanischen Nation. Der Amerikanischen Revolution zweiter Teil, 1783–1796, Berlin 2016.

10 https://www.uni-goettingen.de/de/3240.html?archive=true&archive_source=presse&archive_id=1015 (abgerufen am 12.05.2021).

11 Vgl. Frauke GEYKEN, Nachruf auf Prof. Dr. Hermann Wellenreuther, veröffentlicht am 19.04.2021 auf der Website des Geschichtsvereins für Göttingen und Umgebung e.V.: https://www.geschichtsverein-goettingen.de/aktuelles/details?tx_news_pi1[action]=de

Der Wissenschaftler, vor allem aber der Mensch Hermann Wellenreuther werden uns fehlen.

Mark Häberlein, Bamberg

Ausschreibung des Dissertationspreises („Martin Behaim-Preis") 2023 der Gesellschaft für Globalgeschichte (GfGG)

Die Gesellschaft für Globalgeschichte lobt für das Jahr 2023 einen mit € 2.000 dotierten Dissertationspreis („Martin Behaim-Preis") aus, der zur Publikation der Dissertation im Franz Steiner Verlag Stuttgart verliehen wird. Über das Preisgeld hinausgehende Druckkosten werden vom Franz Steiner Verlag übernommen. Der Preis wird für herausragende Arbeiten auf dem Gebiet der Globalgeschichte vergeben. Bewerber mit einschlägigen Dissertationsthemen können auch aus den Nachbarfächern der Geschichtswissenschaft (Ethnologie, Theologie, Soziologie und Politikwissenschaft) kommen. Einsendeschluss ist der 31. Dezember 2022 (Poststempel). Eingereicht werden können außergewöhnlich gute Dissertationen, die nicht älter als zwei Jahre sind und die bis zum 31. Dezember 2022 noch nicht gedruckt vorliegen. Die Arbeit ist in zweifacher Ausführung an den 1. Vorsitzenden der Gesellschaft für Globalgeschichte zu senden.

Mark Häberlein (1. Vorsitzender)

---

tail&tx_news_pi1[controller]=News&tx_news_pi1[news]=194&cHash=e50ae6db3ec16e 1c59da5acf3c540991; und auf der Website der Universität Göttingen: https://www.uni-goettingen.de/de/26972.html (abgerufen am 12.05.2021); Norbert FINZSCH, In Memoriam Hermann Wellenreuther, veröffentlicht am 22.04.2021 auf H-Soz-u-Kult: https://www.hsozkult.de/news/id/news-97227 (abgerufen am 12.05.2021).

REZENSIONEN*

Allgemeines

Andreas Fahrmeir (Hg.): Deutschland. Globalgeschichte einer Nation, München, 2. Aufl. 2021, C. H. Beck, 936 S., 6 Abb., 6 Ktn., € 39,95, ISBN 978-3-406-75619-1

Deutsche Historiker und ihre Verleger sind oft nicht eben innovativ, dafür aber sehr tüchtig darin, nach einiger Zeit Anregungen von anderswo aufzugreifen und möglichst sogar zu verbessern. So konnte die seit 1995 bewährte Serie *C.H.Beck-Wissen* das Vorbild der 1941 begonnenen Reihe *Que sais-je* der *Presses Universitaires de France* nicht verleugnen. Die von Pierre Nora, einem verlegerisch qualifizierten Fachhistoriker, 1984 erfundenen *Lieux de mémoire* fanden 2001 ebenfalls bei C.H.Beck ihre Fortsetzung in der Reihe *Deutsche Erinnerungsorte*. Noras Modell wurde inzwischen in vielen Ländern erfolgreich nachgeahmt. Als dann 2017 die parallelen Sammelwerke von Patrick Boucheron, *Histoire mondiale de la France* und Andrea Giardina, *Storia mondiale dell'Italia* erschienen, zögerten Verleger und Herausgeber daher nicht, das abgeänderte Konzept dieses Mal schon 2020 auch in und für Deutschland umzusetzen, wie das Vorwort im Einzelnen darlegt.

Während nach Nora nationale oder regionale Erinnerungsorte beliebigen Charakters nur lose sachlich gruppiert von den jeweiligen Verfassern in ausführlichen Artikeln abgehandelt wurden, sind hier die Beiträge des neuen Modells zahlreicher, dafür aber auf wenige Seiten mit einer Handvoll Literaturangaben beschränkt und vor allem streng chronologisch nach Jahreszahlen aufgereiht. Die jeweilige nationale oder regionale Identität soll dadurch verstärkt zum Ausdruck kommen. Auf der anderen Seite soll aber auch die transnationale Verflechtung in diesen nationalen Erzählungen ausdrücklich stärker wahrgenommen werden als früher üblich. Im Gegensatz zu Flandern, Katalonien, den Niederlanden, Sizilien und Spanien, wo die neue Darstellungsweise neben Frankreich und Italien inzwischen ebenfalls übernommen wurde, fehlt in Deutschland freilich die historisch-geographische Eindeutigkeit als Voraussetzung. Kann man zum Beispiel einen Elsässer global für die deutsche Geschichte in Anspruch nehmen? Hier war besondere Sensibilität angesagt. Auf

---

* Die Besprechungen reflektieren die Meinung der jeweiligen Rezensenten, nicht die der Redaktion.

der anderen Seite tut sich die deutsche Geschichte aus bekannten Gründen leichter damit, negativen Teilen der nationalen Vergangenheit gerecht zu werden. Sie ist längst daran gewöhnt. Anderswo mag es der Nationalstolz schwerer damit haben.

Unverändert bleibt die gewisse Beliebigkeit der Gegenstände, für die jeweils nationale Bedeutsamkeit unterstellt wird. Fahrmeir lässt sich gleich gar nicht darauf ein, was dabei wie und warum methodisch exakt zu definieren wäre. Insofern war es auch kein Problem, wenn auf die vorgesehenen Beiträge säumiger Autoren ersatzlos verzichtet werden musste. „Welt" überschreitet nämlich nicht nur die Innengrenzen der früheren Nationalgeschichte, sondern auch die sachlichen Binnengrenzen der etablierten „Welthaftigkeit". Zur Zeit der frühen *Annales* hätte man wohl von *Histoire totale* gesprochen. Freilich, nur die deutsche Geschichte wird inzwischen als *Globalgeschichte* vermarktet. Alle anderen sind bei *Weltgeschichte* geblieben. Der Verlag hat aber in seinen Titeln den Weg von „Welt" bei Osterhammel 2009 und Röck 2017 über Reinhard 2016 mit „Welt" im Titel und „global" im Untertitel bis zu Fahrmeir 2020 entschlossen den Weg zur verbalen Globalität eingeschlagen.

Mit seinen 961 Seiten behandelt der Band 183 Themen auf jeweils höchstens vier eng bedruckten Seiten. Das Problem derjenigen Gebiete, die früher ganz oder teilweise zu Deutschland gehörten, heute aber nicht mehr, wird politisch korrekt dadurch umschifft, dass für Polen, Böhmen, Italien und Burgund im Mittelalter, für das Elsass in der frühen Neuzeit und für Österreich im 19. Jahrhundert zwar ebenfalls ein bestimmtes Zeitfenster gewählt wird, aber kein „deutsches" Datum, sondern stattdessen als Etikett der Name des betreffenden Landes. Fast die Hälfte ist dem langen 20. Jahrhundert 1913–2020 gewidmet, ein weiteres Viertel dem langen 19. Jahrhundert 1792–1911, ein gutes Viertel dem ganzen Rest. Für die Frühzeit müssen sieben Schlaglichter vom *Homo heidelbergensis* bis zu den Römerstädten Trier und Köln genügen. Mittelalter und Frühe Neuzeit werden mit jeweils etwas über 20 Kapiteln bedacht.

Bereits hier gibt es wie überall drei Typen von Beiträgen. Einige wenige behandeln mehr oder weniger konventionell bestimmte „klassische" Themen, ohne die es nicht geht, wie den Investiturstreit oder die Reformation oder Immanuel Kant. Andere versuchen konventionellen Gegenständen globale Perspektiven abzugewinnen wie Johannes Gutenberg als Vater der zweiten Medienrevolution oder der Einwanderung nach Hanau 1597 als Paradigma religiöser Vielfalt. Eine dritte Gruppe ist bereits durch ihre bekannten oder weniger bekannten Gegenstände global wie die Kreuzzüge oder die Pest oder die Erfindung des Schießpulvers einerseits, Germantown in Pennsylvania oder Maria Sibylla Merian in Surinam andererseits. Letztere gehört als Patronin staatlich geförderter Globalgeschichte ja inzwischen zum Pflichtprogramm.

Die restlichen drei Viertel des Bandes sind so dicht besetzt, dass bei aller Vielfalt der Perspektiven doch fast so etwas wie ein kohärentes Gesamtbild der neuesten deutschen Geschichte zustande kommt. Neben ereignisgeschichtlichen Pflichtübungen wie dem Wiener Kongress oder dem Holocaust geht es um Themen zur Kolonialherrschaft (zum Beispiel Herero 1905), Wirtschaft (Schröders „Agenda" 2003), Naturwissenschaft (Atomenergie 1939), Technologie (mp3 1997), Medizin (Corona

2020), Kulturwissenschaften (Denglisch 2003), Kirche (Kulturkampf 1871), Kunst (Der blaue Reiter 1911), Literatur (Bert Brecht 1933), Musik (Hitler und Wagner 1905), Alltag (Reisen 2015), Sport (Fußball 2014) und anderes mehr. Die Auswahl personenbezogener Artikel wie zum Beispiel über Albert Schweitzer 1913 oder Wilhelm II. 1914 ist natürlich immer problematisch, wird aber überzeugend durch den jeweiligen Sachbezug legitimiert.

Der Stil wechselt nach Thema und Autor zwischen handbuchmäßig trocken wie Auschwitz 1940 – anders ist diese Sache kaum zu bewältigen – und mehr oder weniger engagiert. Vor allem aktuelle Gegenstände werden durchaus zu Recht polemisch behandelt. Zum Beispiel schreiben Patrick Bahners 2010 über Thilo Sarrazin und den Neonationalismus, Florian Flade und Georg Mascolo 2016 über den Terroranschlag auf dem Breitscheidplatz und Jürgen Kaube 20XX(!) über die Großpleite des Groß-Berliner Großflughafens. Auch wenn für die jüngste Zeit unter den 36 Autorinnen und 136 Autoren häufiger Medienleute neben den ansonsten überwiegenden Fachwissenschaftlern auftreten, tut das der sachlichen Zuverlässigkeit keinen Abbruch.

Soweit der Rezensent den ganzen intellektuellen Reichtum beurteilen kann, ist auch sonst Zuverlässigkeit Trumpf. Manches fand er persönlich besonders lehrreich wie zum Beispiel die peinliche Geschichte der Zerstörung der Löwener Universitätsbibliothek 1914, anderes überaus amüsant wie die gleich dreifache Präsentation der Top-Ikone Deutschlands, des Volkswagens. Er taucht 1964 in Mexiko auf, 2015 unter der globalen Autoindustrie – und 2020 auf dem Schutzumschlag! Insgesamt ein ebenso großartiges wie preisgünstiges Buch, zu dem man allen Beteiligten nur gratulieren kann. Erfreulicherweise hält es sich mit den *Gendersternchen etwas zurück – sonst wäre es noch dicker geworden.

Wolfgang Reinhard, Freiburg i. Br.

Jürgen Elvert / Martina Elvert (Hg.): Agenten, Akteure, Abenteurer. Beiträge zur Ausstellung »Europa und das Meer« am Deutschen Historischen Museum, Berlin 2018, Duncker & Humblot, 534 S., 23 Abb., € 39,90, ISBN 978-3-428-15519-4

Die explizite Erforschung maritimer historischer Phänomene war in Deutschland in den letzten Jahrzehnten innerhalb der Geschichtswissenschaft eher schwach ausgeprägt, wie Jürgen Elvert in der Einleitung dieses Buchs betont. Er plädiert daher für einen von ihm hier auch konzeptuell skizzierten „Maritime Turn" in den Geschichtswissenschaften", der angesichts der hohen Bedeutung der Ozeane das Potential zur Eröffnung vieler neuer Perspektiven aufweist. Das vorliegende Werk soll eine Reihe solcher Perspektiven aufzeigen indem es besonders viele historische Aspekte mit Bezügen zum Meer aufgreift und in kurzen Beiträgen darbietet. Es ist betitelt als eine begleitende Publikation zur Ausstellung „Europa und das Meer" des Deutschen Historischen Museums in Kooperation mit dem Jean Monnet Lehrstuhl für Europäische Geschichte der Universität zu Köln, die vom 13. Juni 2018 bis zum 6. Januar 2019 dauerte. Dabei sind die Bezüge von Buch und Ausstellung marginal, im Wesentlichen ist es eine eigenständige Publikation, die 45 Beiträge von 46 Autoren versammelt – einige von zwei Autoren und manche Autoren haben zwei Beiträge verfasst oder sind bei zwei Beiträgen beteiligt.

Die Beiträge umfassen meist zwölf bis 14 Seiten, es gibt aber auch Texte von fünf oder über 20 Seiten Länge. Die Beiträge sind fast alle auf Deutsch gehalten, zwei sind in Englisch. Eingeteilt sind die Beiträge in zwölf Kapitel, die typischerweise vier bis fünf Beiträge beinhalten, allerdings gibt es auch Kapitel mit sechs oder nur einem oder zwei Beiträgen. Der Band wird von einem Personen-, Orts- und Schiffsregister beschlossen.

Das erste Kapitel mit dem Titel „Mythos" beinhaltet vier Aufsätze zur Geschichte der Seefahrt in der Antike. Dabei gelingt es den Autoren Ulrich Fellmeth, Raimund Schulz und Thomas Schmidts, die Zentralität der maritimen Dimension für das antike Griechenland herauszustellen und die Unausweichlichkeit einer stetig steigenden Interaktion mit dem Mittelmeerraum für die als Landmacht entstandene römische Republik.

Im zweiten Kapitel „Schiffbau und Seefahrt" bieten Heinrich Walle und Christian Ebhardt einen profunden Blick auf den Schiffbau im frühneuzeitlichen Amsterdam und die Entwicklungen desselben zu einem hochindustrialisierten System mit bedeutender Fertigungstiefe im Lauf des 19. und 20. Jahrhunderts.

Christoph Schäfer, Arne Karsten, Jann M. Witt, Udo Sonnenberger und Sebastian Bruns füllen das dritte Kapitel zum „Krieg über See". Dieser wird einerseits eingehend aus der Perspektive vor allem der Moderne theoretisiert und analysiert, andererseits auch als bedeutendes Element der frühneuzeitlichen Staatsbildungsprozesse, hier durch die Republik Venedig exemplifiziert, angesehen.

Im vierten Kapitel „Entdeckungen" widmen sich Wolfgang Schmale, Michael Kraus, Horst Dippel, Nikolaus Böttcher und Ulrike Kirchberger einem klassischen Thema der Seefahrtgeschichte, den Entdeckungen und Entdeckern, von Kolumbus bis Georg Forster, von Amerika um 1500 bis Australien um 1900 reichend. Sie erfassen dabei eine große Varianz an Perspektiven und Überlegungen zu Phänomenen der Begriffsverwendung, des europäischen Blicks der Entdecker und der ökologischen Nebenwirkungen der Entdeckungen.

Das fünfte Kapitel trägt den Titel „Kulturaustausch" und ist vor allem der Missions- und Kulturkontaktgeschichte gewidmet. Wolfgang Reinhard, Javier Francisco Vallejo, Andreas Flurschütz da Cruz, Mark Häberlein, Christoph Marx, Ute Schüren und Hermann Mückler zeigen ein reichhaltiges Kaleidoskop hauptsächlich aus dem kolonialen Kontext auf und demonstrieren dabei, welchen Grad an Reflektion die jüngere historische Kulturkontaktforschung aufweist.

Im sechsten Kapitel widmen sich Michael Zeuske, Klaus Weber, Claus Füllberg-Stollberg und Wolfgang Reinhard dem Phänomen der Sklaverei, hauptsächlich der transatlantischen der letzten sechs Jahrhunderte. Den Autoren gelingt es, hier die neuesten Forschungserkenntnisse in konziser Form zu bündeln und dabei vor allem Perspektiven der jüngeren Globalgeschichte zur Geltung zu bringen.

Im siebten Kapitel schreiben Jochen Oltmer, Tobias Brinkmann, Joachim Schlör und Dirk Hoerder – auch stark theoretisch unterfüttert – über das Phänomen der „Migration", die vom 19. Jahrhundert bis zur Mitte des 20. Jahrhunderts aus wirtschaftlichen und immer stärker auch politischen Gründen eher den Weg von Europa weg nahm, was sich seither bekanntlich umgekehrt hat.

Im achten Kapitel „Importe: Fremdes wird eigenes" präsentieren Reinhard Wendt, Jürgen G. Nagel, Astrid Windus, Andrea Nicklisch, Hiram Morgan und Bea Lundt Phänomene von kulturellen Transfers oder Aneignungen. Dabei werden sehr heterogene Fallbeispiele dargeboten, von Hamburg in der Frühen Neuzeit über einen Überblick der irischen Geschichte im britischen Imperium bis zu den Problemen der deutschen Übersetzung einer Autobiographie eines bedeutenden afrikanischen Politikers der 1950er Jahre.

Im neunten Kapitel „Handel. Export aus Europa" zeigen Markus A. Denzel, Samuel Eleazar Wendt und Klaus Weber einerseits die Übernahme der wesentlichen europäischen ökonomischen Systeme und Regularien seit der Frühen Neuzeit, andererseits die Geschichte der deutschen Exportwirtschaft mitsamt ihren frühneuzeitlichen Vorläufern auf. Dabei sind die langfristigen Trends über die Epochenschwelle von 1800 hinaus besonders bemerkenswert.

Im zehnten Kapitel „Ressourcen. Vom Fisch zum Öl" schreiben Jens Ruppenthal und Ole Sparenberg über die gegenwärtigen Probleme der Überfischung und Verschmutzung von Europas Meeren und den ausgebliebenen Tiefseebergbau von Manganknollen. Die stark zeitgeschichtliche Dimension verleiht beiden Beiträgen auch den Charakter von Ratschlägen für die Gegenwart im Sinne einer Zurückhaltung gegenüber maritimen Ressourcen.

Das elfte Kapitel mit dem Titel „Meeresforschung" ist vor allem an der Moderne und Problemen der Gegenwart orientiert. Gerd Hoffmann-Wieck, Helen M. Rozwadowski und Julia Heunemann betrachten Aspekte der Meeresforschung, wie sie sich als eigenständige und besonders internationale Wissenschaft seit dem 19. Jahrhundert entwickelt hat. Nele Matz-Lück beleuchtet Probleme des gegenwärtigen Seerechts, die sich vor allem aus dessen historischer Genese seit der Frühen Neuzeit verstehen lassen.

Das zwölfte Kapitel „Tourismus" beinhaltet nur einen Beitrag von Dagmar Bellmann, die sich der Geschichte der modernen Kreuzfahrt als einem touristischen Vergnügen widmet, das vor allem im späten 19. Jahrhundert aufkam und im 20. Jahrhundert eine beispiellose Ausdehnung erfahren hat.

Da die Autoren faktisch alle ausgewiesene Experten in ihren spezifischen Themenfeldern sind, ist die Qualität der Beiträge weitgehend sehr überzeugend. Man liest sich mit Gewinn durch den Band und wird über eine Fülle an derzeitigen historisch orientierten maritimen Forschungen auf hohem Niveau informiert. Kritisch anzumerken ist, dass hier der Rahmen an einigen Stellen wohl zu weit gespannt wurde. Es wurden einige Beiträge aufgenommen, deren Zusammenhang mit dem Meer marginal ist und um den sich auch in den Texten kaum bemüht wurde. Das wirkt in einem Band, der sich dem „Maritime Turn" verschrieben und dies in der Einleitung konzipiert hat, problematisch. Es wäre zu bedauern, wenn dieser „Turn", den man durchaus auch in der weiteren Geschichtswissenschaft derzeit vermerkt, durch eine zu große Beliebigkeit der Themenwahl relativ schnell wieder endet. Das bedeutende Potential einer maritimen historischen Perspektive wird vom Band in der großen Mehrheit der Beiträge sehr gelungen herausgestellt und man darf auf eine fruchtbare Weiterentwicklung entsprechender Forschungen hoffen.

Magnus Ressel, Frankfurt/Main

Noël Golvers: Johann Schreck Terrentius, SJ. His European Network and the Origins of the Jesuit Library in Peking (De Diversis Artibus, Bd. 107), Turnhout 2020, Brepols, 648 S., zahlr. Abb., € 95,–, ISBN 978–2–5035–8143–9.

Der 1576 in Bingen am Rhein geborene Johann Schreck, der sich den Beinamen des antiken römischen Autors Marcus Terentius Varro zulegte, unternahm seit 1590 eine ausgedehnte *peregrinatio academica* durch Europa, im Zuge derer er in Freiburg, Basel, Paris (wo er auch lehrte) und Padua studierte und sich an zahlreichen Fürstenhöfen aufhielt. 1611 nahm ihn der aus Bamberg stammende päpstliche Leibarzt und Naturforscher Johannes Faber in Rom unter seine Fittiche und führte ihn in die *Accademia dei Lincei* ein; im Auftrag dieser Akademie begann er einen Kommentar zum *Tessoro Messicano*, einer botanischen Handschrift des Francisco Hernandez de Toledo, zu verfassen. Noch im selben Jahr trat Schreck jedoch in das Noviziat der Jesuiten ein und studierte bis 1615 Theologie. Anschließend begleitete er den Prokurator der Jesuitenmission in China, Nicolas Trigault, auf dessen Reise durch die katholischen Länder Europas, auf der nicht nur Kandidaten für die Missionsarbeit rekrutiert und Spendengelder gesammelt, sondern auch Bücher und wissenschaftliche Instrumente akquiriert wurden. 1618 stach Schreck mit Trigault und einer Gruppe von Jesuitenmissionaren von Lissabon aus in See; nach Zwischenaufenthalten in Goa, Macao und Hangzhou erreichte er wahrscheinlich 1625 Peking. Dort verfasste er gemeinsam mit dem chinesischen Gelehrten Wang Zheng ein Buch über die Konstruktion von Maschinen, schrieb ein Werk über Trigonometrie und klassifizierte chinesische Pflanzen, starb aber bereits 1630.

In seiner umfangreichen Studie zu diesem jesuitischen Universalgelehrten konzentriert sich der belgische Forscher Noël Golvers auf die Rekonstruktion von Schrecks Netzwerk in Europa, des Buchbestandes, den er mit nach China brachte, sowie seines intellektuellen Profils. Dementsprechend bieten das erste Kapitel (S. 19–132) eine detaillierte Darstellung seiner Reisestationen zwischen 1590 und 1618 und das zweite Kapitel (S. 133–200) eine Übersicht über den Kreis von rund 150 Personen, mit denen Schreck nachweislich oder mit hoher Wahrscheinlichkeit in Kontakt stand. Neben Rom, wo Schreck mit Mitgliedern des päpstlichen Hofes, des Jesuitenordens und der *Accademia dei Lincei* interagierte, zeigen sich Schwerpunkte am Hof des Straßburger Erzbischofs Leopold V. in Zabern, am Kaiserhof in Prag, in der wittelsbachischen Residenzstadt München und der Reichsstadt Augsburg (wo Schreck u.a. die Patronage von Mitgliedern der Familie Fugger genoss) sowie in Oberitalien. Aber auch in protestantischen Städten wie an seinem Studienort

Basel, in Kassel, Marburg, Rostock und Wittenberg hatte er Beziehungen. Neben geistlichen und weltlichen Fürsten bildeten Ärzte, Mathematiker, Astronomen und Naturforscher die größte Gruppe unter seinen Kontaktpersonen.

Das dritte Kapitel bietet eine akribische Auflistung und Analyse der von Schreck (und Trigault) gesammelten Bücher und Instrumente (S. 301–452). Es stützt sich auf drei Quellenbestände: Schrecks Briefe an Johannes Faber, die im Archiv der *Accademia dei Lincei* aufbewahrt werden; die in den Rechnungsbüchern der Offizin und Buchhandlung Plantin-Moretus dokumentierten Buchkäufe um die Jahreswende 1616/17; sowie die 1949 von Hubert Verhaeren katalogisierten, mit dem Vermerk *Missionis Sinensis* versehenen Bücher in der Beitang-Sammlung, die Golvers mit schlüssigen Argumenten Schrecks Sammeltätigkeit zuweist. Unter den insgesamt 464 Buchtiteln, die er für die Bibliothek der Chinamission erwarb, bilden die Wissensbereiche Medizin, Alchemie, Pharmazie, Balneologie und Botanik die größte Gruppe. Weitere relevante Disziplinen waren Mathematik, Astronomie, Technik, Geographie, Philosophie, Geschichte und Philologie, während Werke zur Theologie und Frömmigkeit wesentlich weniger Raum einnahmen, als man im Falle einer Missionsbibliothek erwarten könnte. Die Orientierung der Jesuiten an den höheren gesellschaftlichen Rängen kommt unter anderem in der Anschaffung eines Briefstellers, eines Fechtbuchs, eines Buchs über Reitkunst und mehrerer Modellbücher zum Ausdruck (S. 399f.). Die meisten wissenschaftlichen und technischen Instrumente stammten aus den Beständen bzw. waren Geschenke dreier katholischer Fürsten: des Kölner und Lütticher Erzbischofs Ernst von Bayern, des bayerischen Herzogs Maximilian I. sowie des Bamberger und Würzburger Fürstbischofs Johann Gottfried von Aschhausen.

Seine Befunde zu Schrecks Netzwerk, seiner Korrespondenz und seinen gelehrten Interessen bündelt Golvers in einem Kapitel, in dem er das intellektuelle Profil des Jesuitenmissionars zeichnet (S. 453–532). Darin charakterisiert er ihn als Universalgelehrten, der in der Medizin dem Paracelsismus zuneigte, diesen aber mit der hippokratisch-galenischen Tradition zu verbinden suchte. Ferner stellt er Schreck als praktischen Alchemisten, für den die Suche nach dem Stein der Weisen (als medizinisches Allheilmittel, nicht als Quelle von Reichtum!) ein zentrales Motiv seiner Reisen und Studien bildete, sowie als Enzyklopädisten dar, der Wissen aus unterschiedlichsten Gebieten zu systematisieren und zu memorieren versuchte.

Noël Golvers hat ein Werk von stupender Gelehrsamkeit vorgelegt, das die geistige und praktische Vorbereitung eines Jesuitenmissionars auf seine Tätigkeit im Reich der Mitte sowie die Ursprünge der Jesuitenbibliothek in Peking umfassend darlegt. Auch wenn der Leser in der Fülle der Details mitunter zu ertrinken droht und dem Autor bisweilen kleine Fehler unterlaufen – als Geburtsort Johannes Fabers etwa wird zwar meist korrekt Bamberg, mitunter aber auch Augsburg angegeben (S. 217) und der Botaniker Rembertus Dodonaeus wurde nicht 108 Jahre alt (S. 370) – lohnt sich die Lektüre für alle an der Gelehrtengeschichte des 16. und 17. Jahrhunderts sowie an der Geschichte der Jesuitenmission Interessierten.

Mark Häberlein, Bamberg

Michal Wanner / Karel Staněk: Císařský orel a vábení Orientu: zámořská obchodní expanze habsburské monarchie (1715–1789) [Der Kaiseradler und die Verlockung des Morgenlandes: Die Überseehandelsexpansion der Habsburgermonarchie (1715–1789)], Vydání první, Dolní Břežany 2021, Scriptorium, 527 S., € 19,54, ISBN 978-80-7649-010-9

Die tschechischen Historiker Michal Wanner und Karel Staněk haben eine Synthese der Geschichte des Überseehandels der Donaumonarchie im 18. Jahrhundert verfasst und im Verlag Scriptorium veröffentlicht. Michal Wanner arbeitet in der Abteilung für Archivverwaltung und Aktendienst des Innenministeriums der Tschechischen Republik. Im Rahmen dieser Tätigkeit leitete er ein Autorenteam, das ein mehrbändiges Buch „Soupis vedut vzniklých do roku 1850" [Inventar der vor 1850 entstandenen Veduten] und ein methodisches Handbuch „Základní pravidla pro zpracování archiválií" [Grundregeln für die Bearbeitung von Archivgut] erstellte, das bereits eine zweite, ergänzte Auflage erhalten hat. Seit seinem Studium hat er sich systematisch mit der Geschichte des Kolonialismus und des britischen Empire beschäftigt. Im Jahr 2001 veröffentlichte er das Buch „Sedmiletá válka v Orientu" [Der Siebenjährige Krieg im Orient], in dem er den wichtigsten Konflikt des 18. Jahrhunderts in Asien beschreibt. Zwei Jahre später veröffentlichte er eine weitere wissenschaftliche Monografie, „The Birth of Empire: The East India Company and the British State (1600–1773)", in der er die Geschichte des Aufstiegs der East India Company und ihre Beziehung zu Großbritannien untersuchte.

In zahlreichen Zeitschriftenstudien führte er die Leser in die Geschichte der „indianischen" Gesellschaften in Russland, der Donaumonarchie, Dänemark, Brandenburg-Preußen, Schweden, Frankreich und Portugal ein. Sein Co-Autor Karel Staněk veröffentlichte 2017 eine Monografie mit dem Titel „Sen o novém Portugalsku v tropech: portugalský pokus o osídlení Šrí Lanky (1580–1630)" [Der Traum von einem neuen Portugal in den Tropen: Der portugiesische Versuch, Sri Lanka zu besiedeln (1580–1630)] und ein Jahr später eine weitere mit dem Titel „Ve službě bohu a za čest krále: portugalská expanze v Maroku (1415–1769)" [Im Dienste Gottes und zur Ehre des Königs: Die portugiesische Expansion in Marokko (1415–1769)], in der er den portugiesischen Vorstoß im heutigen Marokko als ersten europäischen Kolonialausbruch beschreibt. Beide Autoren sind Absolventen der Philosophischen Fakultät der Karlsuniversität, beide schrieben ihre Doktorarbeit bei Professor Ales Skřivan, der nach 1989 die Forschung im Bereich der politischen Geschichte und der Geschichte der internationalen Beziehungen an der Universität ohne einen marxistischen Ansatz wieder aufnahm.

Das Buch „Der Reichsadler und die Verlockung des Morgenlandes: Die überseeische Handelsexpansion der Habsburgermonarchie (1715–1789)" ist in sechs Teile gegliedert. Anstelle einer Einleitung schrieb Wanner die Erzählung dieses Buches, in der er den Forschungsprozess in den Archiven und die Struktur des Werkes beschreibt und sich bei Kollegen und Freunden für ihre Hilfe bedankt. Die Autoren erwähnen weder Methoden noch Methodik, noch kritisieren sie die Quellen oder bewerten die verwendete Grundlagenliteratur. Der Text gehört zur traditionellen Politik- und Wirtschaftsgeschichte (Handelsgeschichte), zur Stadtgeschichte und zur traditionellen Geschichte der internationalen Beziehungen, die die Geschichte aus der Perspektive der offiziellen Akteure (Staaten, Regierungen, Herrscher, Gerichte, Staatsapparate) analysiert. Kulturelle, anthropologische oder postkoloniale Perspektiven werden in ihren Analysen nur am Rande berücksichtigt.

Der wichtigste positive Beitrag des Buches ist die Zusammenstellung vieler unveröffentlichter Quellen aus Belgien, der Tschechischen Republik, Italien, den Niederlanden, Österreich und Großbritannien. Das Felix Archief Antwerpen war dabei das wichtigste, da es das meiste Material über die Kaiserliche Ostendische Kompanie enthielt. Das Österreichische Staatsarchiv bearbeitete daraufhin weiteres Material über die Gesellschaft. Durch das Studium von Archiv- und anderen Quellen erarbeiteten sie die Geschichte des Handels, den Aufstieg und Fall der Ostend-Kompanie, ihre Ursprünge, ihre „Praxis", ihre Fabriken, die Reaktion der Großmächte auf ihre Gründung und ihre Nachfolger. Gesonderte Abschnitte sind dem Aufstieg der österreichischen Seestädte – Triest und Fiume – sowie den Aktivitäten der Kaiserlichen Asiatischen Gesellschaft in Triest und Antwerpen gewidmet. Der Überseehandel im Schwarzen Meer und mit Amerika, Indien und China wird dann im letzten Kapitel beschrieben.

Im Rahmen der Analyse der sozialen Verankerung der Gesellschaft von Ostende werden die Ergebnisse der Historiker J. Baguet und M. Serruys erwähnt und die engen Verbindungen zwischen den Kaufleuten und der Stadtverwaltung beschrieben. Es gibt Überschneidungen mit der Geschichte des Alltags, zum Beispiel bei der Beschreibung des Lebens und der Besoldung von Seeleuten und Offizieren. Im einleitenden Kapitel könnten anstelle eines Überblicks über die politische Geschichte die grundlegenden Tendenzen des europäischen Handels und seine Hauptakteure genannt und das „Volumen" des Handels des Donauraums mit Übersee beispielsweise mit dem britischen und französischen Handel verglichen werden. Ebenso wäre es für den Leser nützlich, den Gegenwert der genannten finanziellen Beträge anzugeben. Zum Beispiel sagt die Aussage, dass eine Aktie 1.000 rheinische Gulden wert sei, an sich nichts aus. So wäre es beispielsweise sinnvoll, das Durchschnittseinkommen ausgewählter zeitgenössischer Einwohner anzugeben. Bei der Nennung der Vornamen von Adeligen muss auch der Adelstitel konsequent angegeben werden. Die Bezeichnung Spaniens als europäische Großmacht in den 1820er Jahren entspricht nicht der in der Geschichte der internationalen Beziehungen am weitesten verbreiteten Kategorisierung – der europäischen Pentarchie. Bei der Erwähnung anderer Quellen zur Geschichte der internationalen Beziehungen war es nicht angebracht, Universitätslehrbücher, populärwissenschaftliche Bücher und Enzyklopädien zu berücksichtigen. Auch war es nicht notwendig, an einigen Stellen detaillierte biografische Informationen über ausgewählte Persönlichkeiten aufzunehmen.

Das Buch beschreibt die Welt der Königshöfe, der politischen und kommerziellen Eliten, der geschäftigen Häfen, der Handelsexpeditionen zu Wasser und zu Lande und der orientalischen Marktplätze. Es handelt sich um eine hochwertige Synthese der Geschichte der überseeischen Handelsexpansion der Habsburgermonarchie im

18. Jahrhundert, insbesondere während der Regierungszeit Karls VI. und Maria Theresias. Die Autoren beschreiben die Funktionsweise von Handelskonsortien, den Bau von Häfen an der Adria und in den Österreichischen Niederlanden (dem heutigen Belgien), das Schicksal von Handelsexpeditionen nach Indien, China, Arabien und Afrika, die Gründung und Funktionsweise der Ostend Trading Company und anderer Handelsgesellschaften sowie den Bau kaiserlicher Fabriken im Orient. Eine der wichtigsten Schlussfolgerungen ist die Feststellung, dass die Ostend-Kompanie im Gegensatz zu anderen Ostindien-Kompanien in Nordwesteuropa nicht fest mit dem kaiserlichen Hof verbunden war und dass das „kaiserliche Establishment" durch den sich entwickelnden Seehandel der österreichischen Niederlande eher verwirrt war und nicht wusste, wie es mit der Handelskompanie umgehen sollte. Überraschenderweise kontrollierte die Ostende Kompanie zwischen 1725 und 1728 sogar 58,23% der gesamten Teeeinfuhren aus China nach Europa.

Ergänzt wird das Buch durch eine Vielzahl von Farb- und Schwarz-Weiß-Abbildungen, Karten und Diagrammen. Die Anhänge enthalten eine Liste der Schiffe, die zwischen 1715 und 1732 von Ostende aus nach Übersee geschickt wurden, die verwendeten Quellen, eine Bibliographie, ein Abbildungsverzeichnis, eine Zusammenfassung sowie ein Namens- und Ortsregister.

František Stellner, Prag

Rudolf Agstner (Hg.): „Die Hitze ist hier wieder kolossal …". Des Kaisers Diplomaten und Konsuln auf Reisen. Reiseschilderungen 1808–1918 (Forschungen zur Geschichte des österreichischen Auswärtigen Dienstes, Bd. 9), Wien / Berlin / Münster 2014, LIT, 288 S., € 34,90, ISBN AT–978–3–643–50577–4

Der früh verstorbene Rudolf Agstner ist Verfasser zahlreicher Bücher und Artikel zur österreichischen (österreichisch-ungarischen) Geschichte der Diplomatie im 19. und insbesondere im 20. Jahrhundert. Der österreichische Berufsdiplomat verknüpfte in seinen Arbeiten praktische Erfahrung mit einem Interesse an der geschichtlichen Entwicklung der Diplomatie. Interesse zeigte er vor allem für den außereuropäischen Wirkungsbereich der österreichischen Diplomatie, er konzentrierte sich aber auch auf ihre Rolle in der Zeit des Ersten Weltkriegs, den Aufbau eines neuen österreichischen Auslandsdienstes nach dem Zweiten Weltkrieg u. ä. Von der Ausbildung her zwar Jurist, doch ein geschichtlich sehr interessierter Autodidakt, studierte er die Aktivitäten österreichischer Diplomaten im Nahen und Fernen Osten, in Afrika, den USA und anderswo. Das Ergebnis von Agstners viele Jahre andauernden Bestrebens ist auch die hier zu beurteilende Arbeit, eine der letzten, die aus seiner Feder stammen.

Der Autor verwertete darin die Bemühungen der vorausgehenden Jahrzehnte und versuchte, eine komplexere Sicht auf eine der anspruchsvollen Seiten des Berufs eines Diplomaten vorzustellen, das häufige Reisen. Dies galt vor allem im zu untersuchenden Zeitrahmen, denn im Laufe des langen neunzehnten Jahrhunderts kam es zwar zu einer allmählichen Verbesserung der Verkehrsanbindung auch entfernterer Ziele, vor allem aber die Reisen außerhalb Europas stellten immer noch eine nicht geringe Herausforderung dar. Dies galt übrigens auch für Kriegskonflikte; man kann nur begrüßen, dass Agstner beispielsweise der Zeit des Ersten Weltkrieges viel Aufmerksamkeit widmete. Der Autor stellt so die weniger angenehmen Seiten des Auslandsdienstes vor, auch wenn nicht auszuschließen ist, dass das Reisen an und für sich und das damit verbundene Kennenlernen neuer Gegenden von einigen Diplomaten und Konsuln als positiver Bestandteil ihres Berufs wahrgenommen wurde. Im Buch belegen die zusammengetragenen Dokumente jedoch eher das Gegenteil.

Wie bereits angeführt, ist der Autor Autodidakt, was schon die Struktur seines Buches verrät, wo beispielsweise ein Schluss fehlt. Die Arbeit ist in vier Kapitel unterteilt. Die Einleitung widmet sich im Grunde nur den Verweisen auf einige aufgenommene Beiträge aus der Feder einzelner Diplomaten oder ihrer Familienangehöriger. Warum diese ausgewählt wurden, davon erfährt der Leser nicht viel, es fehlen Forschungsfragen, Informationen zu den verwendeten Quellen, den Forschungsstand u. ä. Im zweiten Kapitel widmet sich der Verfasser der Entwicklung des österreichischen (österreichisch-ungarischen) Diplomatenpasses, im Dritten dann eher allgemeineren Aspekten des Reisens und den damit verbundenen amtlichen Vorschriften. Ein besonderer Teil des dritten Kapitels ist der, der die Spezifika von Reisen der k. k. Diplomaten und Konsuln während des Ersten Weltkriegs behandelt. Beide Kapitel vermitteln eine systematische, komplexe Information zur betrachteten Problematik; der Autor verliert sich oft in weniger wesentlichen, wenngleich oft interessanten Details.

Das wesentliche Kapitel ist das Vierte, in dem sich der Autor einzelnen Reiseberichten widmet. Das Kapitel trägt eher den Charakter einer Quellenedition, man muss wertschätzen, dass Agstner mehr oder weniger erfolgreich versucht hat, den Leser in breitere Zusammenhänge der Entstehung und des Charakters des von ihm ausgewählten Dokumentes einzuführen. Die Berichte sind ausschließlich chronologisch geordnet. Der Autor beginnt seine Abhandlung mit der langen Reise eines österreichischen Konsuls ins bosnische Travnik im Jahre 1808. Auf die Frage, warum er gerade dieses Jahr als Meilenstein ausgewählt hat, gibt es keine klare Antwort. Er selbst führt an, dass in diesem Jahr das Österreichische Kaiserreich entstanden sei, in Wirklichkeit war es jedoch schon 1804 entstanden. Andere Kriterien als zeitliche, seien es beispielsweise territoriale (wohin Diplomaten reisten oder woher sie kamen), oder inhaltliche (zum Beispiel Zweck der Reise, verwendete Verkehrsmittel, Kriegs- oder Friedenszustand u. ä.) nutzt der Autor nicht, auch gliedert er das Quellenmaterial praktisch nicht. Aus dem Kontext heraus kann man annehmen, dass Agstner einfach die Beiträge aufgenommen hat, die er subjektiv als interessant empfand. So stapeln sich ohne eine größere Ordnung Reiseberichte in geografisch (klimatisch) sehr unterschiedliche Regionen, mit einer sehr unterschiedlichen politischen oder wirtschaftlichen Bedeutung für die Monarchie. Das Kapitel endet dann mit Reiseberichten einiger Diplomaten und Konsuln in der Zeit des Ersten Weltkriegs.

Problematisch ist dann leider die Art, in der der Autor auf die Quellen der Informationen verweist. Der Arbeit fehlt ein Quellen- und Literaturverzeichnis. Es ist zwar mit einem Anmerkungsapparat versehen, bei einer Reihe von Reiseberichten ist jedoch trotzdem nicht einmal klar, in welchem Archiv die Originale liegen. Es ist zwar anzunehmen, dass es sich mehrheitlich um das Haus,- Hof,- und Staatsarchiv Wien handelt, doch ein genauerer Hinweis wurde in einigen Fällen in die Arbeit nicht aufgenommen.

Agstners Buch ist eher dazu bestimmt, den Leser zu unterhalten bzw. seine Neugier zu stillen, wenn es sich eher um die technischen Umstände des Reisens in entfernte, bisweilen exotische Länder handelt. Es ist keine (wissenschaftliche) Fachpublikation, dafür fehlen klar definierte Ziele, Schlussfolgerungen und auch die Arbeitsmethoden. Trotzdem handelt es sich um ein Werk mit einem gewissen Informationswert, welches es wert ist, gelesen zu werden.

Václav Horčička, Prag

Thobias Bergmann: Kolonialunfähig? Betrachtungen des deutschen Kolonialismus in Afrika im britischen „Journal of the African Society" von 1901 bis zum Frieden von Versailles (Europa-Übersee, Bd. 22), Wien / Zürich 2018, LIT, 111 S., € 29,90, ISBN 978–3–643–90966–4

Als das Deutsche Reich mit dem Friedensvertrag von Versailles 1919 seine Kolonien offiziell verlor, begründeten die Ententemächte diesen Schritt unter anderem mit der deutschen Unfähigkeit zur Kolonisation. Diese machten sie vor allem am deutschen Umgang mit dem Herero-Nama-Aufstand in Deutsch-Südwestafrika und dem Maji-Maji-Aufstand in Deutsch-Ostafrika fest. Die Argumentation der Siegermächte dient Thobias Bergmann in seiner preisgekrönten Hagener Masterarbeit als Ausgangspunkt, denn er möchte untersuchen, ob diese Sichtweise erst während des Ersten Weltkriegs entstand oder sich bereits zuvor entwickelt hatte. Dazu analysiert er in einer Fallstudie diejenigen Artikel aus dem einflussreichen britischen „Journal of the African Society", die sich mit den deutschen Kolonien beschäftigen. Sein Untersuchungszeitraum reicht vom erstmaligen Erscheinen der Zeitschrift 1901 bis zum Ende des Ersten Weltkriegs 1919.

Im Anschluss an die Einleitung schildert Bergmann zunächst knapp die wichtigsten Stationen der kolonialen Expansion Europas, um anschließend seine Quelle, das „Journal of the African Society", genauer vorzustellen. Hierbei verweist er insbesondere auf die bedeutende Rolle der 1900 verstorbenen Afrikaforscherin Mary Kingsley, auf deren Ideen die 1901 gegründete „African Society" und ihre Zeitschrift Bezug nahmen. Im Vordergrund stand dabei die Vorstellung Kingsleys, den afrikanischen Kontinent wissenschaftlich zu erschließen. Zudem verweist Bergmann auf die Germanophilie Kingsleys, die Großbritannien und das Deutsche Reich als Verbündete ansah, die in Afrika im Gegensatz zu Frankreich einen „fortschrittlichen Kolonialismus" (S. 36) durchsetzen würden.

Im Hauptteil widmet sich Bergmann dann seiner zentralen Fragestellung. Zunächst untersucht er die Zeitschriftenartikel für den Zeitraum von 1901 bis 1914. Dabei kann er herausarbeiten, dass das Deutsche Reich im Vergleich zu anderen Kolonialmächten in den Artikeln der Zeitschrift relativ oft Berücksichtigung fand. Die Berichte sind durchweg positiv, zum Teil wurde der deutsche Kolonialismus sogar als Musterbeispiel vorgestellt. So wurde beispielsweise die Verbindung von Theorie und Praxis in der Kolonialschule Witzenhausen besonders hervorgehoben. Deutsche Referenten, wie etwa der Kolonialstaatssekretär Bernhard Dernburg, traten auf den Jahrestagungen der „African Society" auf, was sich dann auch in den Berichten der Zeitschrift niederschlug. Die Grundannahme der Artikel war die Vorstellung einer gemeinsamen Zivilisierungsmission der europäischen Mächte auf dem afrikanischen Kontinent. Kritik am deutschen Vorgehen in Deutsch-Südwestafrika bzw. Deutsch-Ostafrika ist daher nicht zu finden.

Mit Ausbruch des Ersten Weltkrieges wandelte sich das Bild dann langsam. Zunächst hielt sich das Journal noch mit negativen Urteilen zurück, schwenkte dann aber peu à peu auf die deutschlandkritische Sichtweise des öffentlichen Diskurses in Großbritannien ein. Insbesondere übernahm es dabei die Positionen einflussreicher britischer Dominions, wie etwa der Südafrikanischen Union. Die Argumente zielten stark auf strategische Aspekte ab. So warnten die Verfasser der Artikel insbesondere vor deutschen „Mittelafrika"-Plänen. Die Interessen der Bevölkerung in den Kolonien fanden dagegen in den Artikeln keine Berücksichtigung. Letztendlich stützte das Journal auf diese Weise die britische Verhandlungstaktik in Versailles und lieferte Argumente, um sowohl die skeptischen USA als auch kritische Bevölkerungsgruppen in Großbritannien selbst von einer Übernahme deutscher Kolonien in Afrika zu überzeugen.

Thobias Bergmanns Buch ist eine aufschlussreiche Fallstudie, die aufzeigt, wie stark der Vorwurf der „Kolonialunfähigkeit" als moralisches Argument eingesetzt wurde, um die Übernahme der deutschen Kolonien als Mandatsgebiete zu rechtfertigen. Dabei erfasste diese Sichtweise auch eher deutschfreundliche Zeitschriften wie das Journal of the African Society. Zudem belegt seine Studie für die Zeit bis 1914 eindrucksvoll die Sichtweise einer gemeinsamen europäischen Zivilisierungsmission in Afrika, wie sie etwa Ulrike Lindner in ihren Forschungen herausgearbeitet hat. Allerdings müsste die Fallstudie um Forschungen zu weiteren Zeitschriften ergänzt werden, um die britische Sicht auf den deutschen Kolonialismus vor, während und nach dem Ersten Weltkrieg noch präziser einschätzen zu können. In dieser Hinsicht erscheint insbesondere das Fazit an manchen Stellen etwas überambitioniert.

Henning Türk, Essen

Asien

Peter Kupfer: Ursprünge, Überlieferungen und Entwicklungen der Weinkultur und des Weinbaus in China. Eine Entdeckungsreise durch neun Jahrtausende (Schriften zur Weingeschichte, Nr. 200), Wiesbaden 2020, Gesellschaft für Geschichte des Weines, 300 S., 95 Abb., € 29,21, keine ISBN

Peter Kupfer ist in sinologischen Fachkreisen für seine vielen Studien zur Geschichte des Weines und anderer alkoholhaltiger Getränke in China bekannt. Seine umfangreiche Monographie *Bernsteinglanz und Perlen des Schwarzen Drachen: Die Geschichte der chinesischen Weinkultur* (Gossenberg: Ostasien Verlag, 2019) gilt im deutschsprachigen Raum als Standardwerk zum Thema und wird diese Position vermutlich auch für längere Jahre halten können. Das hier zu besprechende Werk hat den Charakter einer übergreifenden Gesamtschau, wie die gerade genannte Monographie, doch es ist kürzer und zugleich etwas allgemeiner gehalten, zudem bietet es einige neue Details, die in der umfangreichen Monographie des Jahres 2019 noch nicht oder aber in anderer Form enthalten sind.

Hervorgegangen ist das vorliegende Werk aus einem Vortrag, den der Autor 2015 in Fulda hielt – anlässlich der damaligen Jahrestagung der Gesellschaft für Geschichte des Weines, wie uns der Präsident selbiger, Hans Reinhard Seeliger, in seinem Vorwort verrät. Kupfers „Jubiläumsschrift", so Seeliger, ist nicht allein deshalb wichtig, weil sie der Leserschaft ein aus europäischer Perspektive noch recht unbekanntes Terrain erschließt, nämlich China als Weinland, sondern ebenso, da es aus übergeordneter Sicht und recht allgemein um die Geschichte von Fermentationsprozessen geht. Das berührt die „konventionelle" Archäologie wie auch Forschungen aus der Paläobotanik und Archäochemie. Gleichwohl bleibt das hier Gebotene eine Momentaufnahme. Dessen sind sich alle Seiten bewusst. Denn bekanntlich werden Funde, die unser Wissen über die Jungsteinzeit bereichern, in schneller Folge getätigt; folglich ist davon auszugehen, dass gängige Bilder von den frühen, quer über Eurasien verstreuten Zivilisationen noch häufiger modifiziert werden müssen. Und das dürfte ebenso die lange Geschichte der Herstellung und des Konsums alkoholischer Getränke betreffen.

Gleich in seiner Einleitung erinnert Kupfer denn an die alte „Seidenstraße". Archäologische Funde bieten zahlreiche Anhaltspunkt dafür, dass bereits während des Neolithikums, quasi noch vor „Inbetriebnahme" regelmäßiger Austauschbeziehungen entlang der späteren Karawanenrouten, bestimmte Waren von einer Kultur zur nächsten wanderten. Dazu zählte vermutlich auch das Wissen um die Gewinnung alkoholhaltiger Getränke aus Trauben und anderen pflanzlichen Produkten. Dieses Wissen wanderte offenbar nicht ausschließlich von West nach Ost; vielmehr, so der Autor, ist China längst darum bemüht, vergangene und zugleich ureigene, autochthone Traditionen der Weinerzeugung aufzuspüren und sogar wiederzubeleben.

Die ersten Kapitel des Buches, bisweilen aufbauend auf früheren Studien von Patrick McGovern, fassen die wesentlichen, uns heute geläufigen Merkmale der eurasischen Alkoholproduktion zusammen. Erwartungsgemäß wird die frühe Kultivierung von *Vitis vinifera* im Kaukasus und anderen „westlichen" Gebieten kurz angesprochen. Parallel dazu geht es dann um die mutmaßliche bzw. tatsächliche Nutzung von Trauben und anderen Früchten in den „östlichen" Regionen. Etwas anders formuliert und auf einen Nenner gebracht: Die Vorstellung von einer „prähistorischen Weinstraße", in gewisser Weise systemisch relevant für die Entwicklung früher Gesellschaften, mag im Kern durchaus zutreffen.

In Verbindung hiermit deuten ernste Überlegungen darauf, dass man auch die sogenannte *drunken monkey hypothesis* nicht leichtfertig zurückweisen sollte. Und ebenso mag stimmen: Vielleicht wäre die „neolithische Revolution" ohne stete geistige Zugaben stecken geblieben. Gleich wie, Mischgetränke, in der Fachliteratur oftmals als „Wein-Bier-Cocktails" bezeichnet, waren nicht untypisch für diese Phase menschlichen Wirkens. Mancherlei ist dahingehend zu interpretieren, so der Verfasser, dass „die Weintraubengärung kulturübergreifend als ‚Initialzündung' für spätere komplexere Fermentationsverfahren gelten kann" (S. 20). Mit anderen Worten: Der Wein könnte dem Bier durchaus vorausgegangen sein, *in principio erat vinum…*

Damit betreten wir das zweite Kapitel von Kupfers Buch. Es beginnt mit einem spektakulären Fund in der heutigen Provinz Henan. Dort entdeckte Scherben, rund 9000 Jahre alt, zeigen Spuren von einem Mixgetränk aus Reis, Honig und Früchten. Vermutlich handelte es sich bei letzteren um Trauben. Sofern zutreffend, wäre die Fermentation mittels selbiger zuerst für China belegt, Mesopotamien und andere Orte kämen später. Auch aus Shandong wurde Interessantes vermeldet, allerdings erst aus etwas jüngerer Zeit. Gegebenenfalls ist hier wiederum von Kontakten bis hin nach Westasien auszugehen. Zusammengefasst: Einige der frühen Lokalkulturen im heutigen Nord- und Mittelchina wussten Trauben für die Erzeugung alkoholischer Getränke sehr wohl zu nutzen.

Das dritte Kapitel springt in die Perioden Shang und Zhou. Schriftquellen, darunter allseits bekannte Texte aus dem chinesischen Altertum, archäologische Zeugnisse und lokale Traditionen, die teils bis heute überlebt haben, legen nahe, dass Traubenweine bzw. entsprechende Mischgetränke auch damals eine breite Kundschaft hatten. Die große Zahl wilder Reben in den betreffenden Gebieten sowie verschiedene Gefäße, nicht selten für Zeremonien gefertigt, passen ins Bild. Gleichwohl ist den Hinweisen im Schriftgut oftmals nicht zu entlocken, auf was genau sie Bezug nehmen. Das gilt besonders für den Ausdruck *jiu* 酒, den wir gerne vorschnell mit „Wein" übersetzen. Hierzu und überhaupt zur frühen Terminologie ist wiederum Grundlegendes in Kupfers Buch enthalten. Folgerichtig zugleich das Eingeständnis, unter *jiu* seien bisweilen recht unterschiedliche Getränke zu verstehen. Darunter fallen etliche auf Basis von Reis und Getreide hergestellte Flüssigkeiten.

Dass die Altvorderen Geschichten und Legenden erfanden, die mit geistiger Nahrung zu tun hatten, ist weithin bekannt. Die sogenannten Urkaiser werden in diesem Umfeld genannt. In der Tat, Mythen ohne das Element *jiu* sind kaum denkbar. Und selbst die doch recht „praktisch" orientierten Konfuzianer wussten den *jiu* zu schätzen. Sogar Konfuzius scheint hierin keine Ausnahme gewesen zu sein, wobei nicht zu vergessen ist, dass der hemmungslose Genuss berauschender Getränke nunmehr längst als üble Gefahr galt, nicht allein für das Individuum, sondern auch für die Gemeinschaft in ihrer Gesamtheit. Um es ins Positive zu wenden: Das Trinken wurde nicht selten zu einer höchst weltlichen Übung in Sachen „Maß und Mitte". Dem würde der Verfasser sicher zustimmen wollen.

Einige der überlieferten Geschichten aus den frühen Zeiten sittsam gelenkter Freude führen erneut in den damaligen Norden, etwa in die heutigen Provinzen Shanxi und Hebei. So wird in Verbindung mit dem berühmten Rongzi-Weingut 戎子酒庄 an die bewegte Biographie des Chong'er 重耳 erinnert, über den etliche alte Texte berichten. Im Übrigen legen mehrere Erzählbausteine Verbindungen zu jenen Ethnien nahe, die in vorchristlicher Zeit westlich der chinesischen „Stammlande" lebten. Hierauf geht Kupfer recht ausführlich ein. Und auch mit der Qingxu-Gegend 清徐 befasst sich seine Arbeit. Dieses Gebiet im Herzen von Shanxi gilt bekanntlich als eine der wichtigsten Weinregionen Chinas.

Die Kapitel 4 bis 8 schreiben die Chronologie der *jiu*-Geschichte fort, bis weit hinein in die Mongolenzeit, also bis in unser Mittelalter. Die Verquickung von *jiu* und Rituellem ist ein Thema dieser langen Epoche. Mithin ist davon auszugehen, dass der Konsum edler Traubenweine bei Hofe nicht selten zum Alltag gehörte. Zugleich waren mit dem Trinken alte religiöse Gewohnheiten verknüpft, und gelegentlich dürfte der beharrliche Genuss sogar neue Vorstellungen gefördert haben, eingebettet in eine komplexe, quasi kosmologisch ausgerichtete Gedankenwelt; zumindest aber gingen mit ihm Takt und Tugend einher, so denn die Zechenden ihre Grenzen kannten und nicht übermäßig becherten. Kurz, *jiu* war längst nicht mehr ausschließlich ein geistiger Katalysator für durstige Schamanen, vielmehr entfaltete er seine Wirksamkeit auf mehreren Ebenen des eher Profanen, bezeichnenderweise selbst in der Heilkunde.

Ebenso offensichtlich wird nun die zunehmende Bedeutung des *qu* 麴 genannten Fermentstoffes, der unter anderem zur Herstellung bierähnlicher Getränke diente, von denen allerlei Varianten in Mode kamen. Die systematische Anwendung dieser Substanz reicht vermutlich sehr weit zurück. Seine Entwicklung kann als „fünfte große Erfindung Chinas gerühmt werden" (neben Papier, Buchdruck, Kompass und Pulver), so der Autor (S. 97).

Freilich, Kupfers eigentliche Neugier gilt dem Traubensafte. Alte Texte, die er erwähnt, und manch ein materieller Fund lassen erkennen, dass der Warenverkehr zwischen China und den Regionen in Zentral- und Westasien vor allem während der Perioden Han bis Tang zum steten Import guter Weine beitrug. Freilich, wie umfangreich die Sendungen ausfielen, werden wir kaum je ermitteln können. Aber die liefernden Orte sind bekannt, sogdische und andere Kaufleute waren am Handel beteiligt. Mehr noch: Unter den Tang, so scheint es, eroberten Weine unterschiedlicher Herkunft, fremde wie einheimische, die Häuser und Küchen der Wohlhabenden. Chinas Dichter und Denker benötigten Geistiges, nicht wenige der schönsten Werke fernöstlicher Literatur sind dem *jiu* geschuldet. Mit den „Acht Unsterblichen im Alkohol" (jiu zhong ba xian 酒中八仙) wurden die namhaftesten Trinkpoeten jener Zeit geadelt (S. 138). Wen wundert's, Kupfers Buch erwähnt etliche Geschichten rund um die Dichtkunst und die Quellen ihrer Inspiration.

Gegen Ende der Tang-Zeit ändern sich die Verhältnisse in China: Tee wird populär, bald darauf gewinnt auch das Brennen von Schnaps an Bedeutung, vor allem im 11. Jahrhundert. Zudem waren die Song, die ab 960 regierten, häufig vom direkten Warenverkehr längs der Seidenstraße abgeschnitten. Zwar lieferten lokale Produzenten weiterhin Traubenwein, doch Produkte aus den alten Westgebieten wanderten nun eher in die Hände der Liao und später der Jin. Beide Staaten kontrollierten Teile Nordchinas und ebenso weite Regionen jenseits der Großen Mauer. Diese Sachverhalte werden von Kupfer wiederum aus der Vogelperspektive zusammengefasst. Nicht eindeutig ist dagegen die Rolle des damaligen Xixia-Reiches im Gansu-Korridor. Dem könnte man hinzufügen, weil durch Quellen belegt, dass die Regionen Zhejiang und Fujian an der Küste jetzt als lokale Produzenten von Tee und Alkohol aufstiegen und von dort aus neue Transportwege für den innerchinesischen Handel erschlossen wurden.

Die Mongolen litten an einer gewaltigen Schwäche für alkoholische Getränke. So frönten sie auch dem Traubenweine. Man unterstellt ihnen gerne, sie seien weltoffen gewesen, doch angesichts ihrer Trunksucht und Brutalität gegenüber Fremden hängt dieses Bild ziemlich schief. Mehrere Khane wurden Opfer der eigenen Maßlosigkeit und starben vorzeitig. Ohne auf die Details eingehen zu müssen: Mit der Yuan-Herrschaft durchlief die ursprünglich friedfertige, im Dienste des Schönen und Angenehmen stehende *jiu*-Kultur Chinas ihre bislang dunkelste Phase.

Dass die Ming anfänglich Vorbehalte gegen den Alkoholkonsum hatten, scheint darob sehr verständlich. Dennoch sind die *qu*-fermentierten Getränke nunmehr erneut auf dem Vormarsch. Traubenwein – es gibt ihn auch damals – spielt jetzt allerdings, so Kupfer, nur noch eine untergeordnete Rolle. Klar, ein Volkstrunk ist er keinesfalls, allein bei Hofe und in dessen Umfeld findet er Freunde. Überliefert ist ferner, dass die Missionare ihn brachten, nebst Schokolade und anderen Köstlichkeiten. Macau und die Portugiesen waren hierin involviert. Kurz gesagt, inzwischen kam der Wein übers Meer aus dem tiefen Süden, also nicht mehr allein aus den Provinzen nahe der Großen Mauer und über die Landverbindungen aus Fernwest. Wohl trifft dies ebenso für die Qing-Zeit zu. Vom Kangxi-Kaiser heißt es, er habe, gesundheitlichen Belangen Rechnung tragend, täglich vom roten Traubensafte genossen. Und vielleicht war ja die berühmte Inschrift mit den ambivalenten Zeichen *jing tian* 敬天 (etwa: „Respektiere den Himmel"), die er den Jesuiten übergab, einem portugiesischen *vinho* geschuldet. Weltanschauung im Geiste des Weines? – Letzteres steht natürlich nicht bei Kupfer.

Die abschließenden Kapitel dieses höchst bemerkenswerten Buches sind den jüngeren Entwicklungen in China gewidmet. Traubenweine stehen erneut oben an. China im Wandel – die Wissenden suchen den Schulterschluss mit der mediterranen Welt, also wohl mit dem, was uns im Innersten zusammenhält. Auch das bleibt ungeschrieben, aber im Geiste des Weines erlaube ich mir den unflätigen Einschub.

Die Lektüre dieser gelehrigen, fein recherchierten, schön und zugleich allgemein geschriebenen sowie sauber gedruckten Monographie war absolut wohltuend. Sie ist empfehlenswert, sie zeigt eine andere, uns weitgehend unbekannte, sympathische Seite Chinas. Nur manchmal bleibt selbige ein wenig rätselhaft. Aber vielleicht nimmt das hektische *ganbei*-Verhalten 干杯 irgendwann die Wende zum Langsamen. Es wäre ein Vorbild und Segen für viele.

Roderich Ptak, München

Zoltán Biedermann: The Portuguese in Sri Lanka and South India. Studies in the History of Diplomacy, Empire and Trade, 1500–1650 (Maritime Asia, Bd. 25), Wiesbaden 2014, Harrassowitz, 205 S., € 56,–, ISBN 978-3-447-10062-5

Die Herausgeber Roderich Ptak, Thomas O. Höllmann, Jorge Flores und Zoltán Biedermann veröffentlichten im Harrassowitz Verlag Wiesbaden als 25. Band der anerkannten Sammlung *Maritime Asia* ein Buch über die portugiesische Präsenz in Sri Lanka. Der Autor, Zoltán Biedermann, gilt als Spezialist u.a. für die europäische und insbesondere die portugiesische Präsenz in Sri Lanka im 16. und 17. Jahrhundert. In seiner umfangreichen Publikationsliste finden sich mehrere Titel zu diesem Thema. In der Zwischenzeit hat er bereits zwei weitere Werke zu diesem geografischen und kulturellen Raum veröffentlicht. *The Portuguese in Sri Lanka and South India. Studies in the History of Diplomacy, Empire and Trade, 1500–1650* ist das Ergebnis einer langjährigen Forschungsarbeit, die mit unterschiedlichen Ausgangspunkten, Quellen und Herangehensweisen diesem Werk Gestalt geben sollte. Die einzelnen Kapitel waren bereits als Artikel in internationalen Fachzeitschriften veröffentlicht worden, wurden für den vorliegenden Band überarbeitet bzw. übersetzt.

Im Bewusstsein der tiefgreifenden Veränderungen in der Geschichtsschreibung der letzten Jahrzehnte umreißt der Autor im einleitenden Kapitel unter dem Titel „*Studying the Portuguese in South Asia and Beyond*" die Ziele des Werkes und legt seine Position als Autor zur zeitgenössischen Geschichtsschreibung zu den in diesem Werk behandelten Themen dar. Auf dem Weg zu einer „comparative history of European expansion in South Asia" (S. 1) vertritt der Autor die Auffassung, dass es nicht darum gehen kann ein „overarching rationale" in dieser Geschichte zu suchen. Vielmehr gälte es, die vielfältige Logik und auch Widersprüchlichkeit historischer Kräfte und Phänomene in Rechnung zu stellen, insbesondere auch in der Wechselwirkung des europäischen Imperialismus mit der asiatischen Politik. Dem Vorhaben liegt die Auffassung zu Grunde, dass die portugiesische Präsenz in Asien als ein „improvising empire" (S. 4) anzusehen sei, das sich nicht auf eine simple Logik, sondern auf vielfältige und oft widersprüchliche Interessen zurückführen lasse. Insbesondere seien sowohl machtpolitische und kommerzielle Beweggründe zu berücksichtigen als auch die Bedeutung von Ideologie und Imagination als genuin politische Faktoren anzuerkennen. Dieser Vielfalt der Interessen und Perspektiven gelten die einzelnen analytische Studien der folgenden Kapitel.

In „Negotiating Empire: Portuguese Diplomacy in Asia in the Sixteenth Century" stellt der Autor die Diplomatie in den Mittelpunkt, indem er Einblicke in Indiens staatliche Strategien und Initiativen in Asien gewährt. Wie der Autor hervorhebt: "The Portuguese Empire in Asia in the sixteenth century was a discontinuous and heterogeneous set of possessions dependent upon the tolerational politics of Asian rulers as much as on their own military assets." Und fährt fort: "Many different ideas of expansion co-existed in Lisbon, Goa, Hormuz, or Macao. Many diplomatic or quasi-diplomatic agents with diverse cultural backgrounds and varying degrees of legitimacy learned to interact with Asian authorities in different ways. Portuguese diplomacy in Asia in the sixteenth century lacked consistency both in theory and in practice. But it was precisely this aspect that made it successful at the time - and a promising subject of study for us today" (S. 31).

Ausgehend von den politischen Beziehungen zwischen den Königreichen Sri Lankas und den Portugiesen, den „imperialen" Ansprüchen des Königreichs Kotte im Verhältnis zu kleineren politischen Formationen und den vom Estado da Índia entwickelten Projekten, stellt der Autor im dritten Kapitel „From Diplomacy to Conquest: The 'Matrioshka Principle' and How it was Overcome in Sri Lanka", die weitgehend frustrieren Versuche vor, eine europäische Macht in der Region dauerhaft zu etablieren.

Unter dem Titel „Imagining Space before Conquest: Two Contrasting Maps of Sri Lanka, 1568–1606" wird im vierten Kapitel ein interessanter Vergleich zwischen der Karte des portugiesischen Karthographen Fernão Vaz Dourado (ca. 1568) und der des Jodocus Hondius im Mercator-Atlas (1606) angestellt, der die politische Bedeutung verschiedener kartographischer Räume und ihrer unterschiedlichen visuellen Repräsentationen erörtert („cognitive mapping"; S. 5) und mit diesem singulären Beispiel die Bedeutung des *spatial turn* in der zeitgenössischen Forschung zum Ausdruck bringt.

Das fünfte Kapitel „Imperial Incorporation: The 'Malwana Convention' and the Lankan Transition to Colonial Rule" beleuchtet eine spezifische Episode im Prozess des Übergangs zur "Kolonialherrschaft", die so genannte Malwana Konvention von 1597, während das sechste Kapitel, der längste Text des Buches, „Colonialism and Cosmopolitanism: Colombo, Cannanore, and the Chimera of the Multi-Ethnic Melting-Po(r)t in South Asia" eine vergleichende Betrachtung der Städte Cannanore und Colombo in ihren politischen und sozialen Dimensionen bietet. Im städtischen Gefüge erkennt der Autor wirtschaftliche und politische Modelle unterschiedlicher Lebensweisen, ein Ansatz, der nach Ansicht des Autors, in der Forschung über die Neuzeit noch zu selten zu finden ist.

Das siebte Kapitel „Change and Resilience under Colonial Rule: The Hunting and Trading of Elephants in Sri Lanka, 1500–1800" ist einem Thema gewidmet, das die Quellen und das Image Sri Lankas prägt und überaus präsent ist: die Elefantenjagd und der Elfenbeinhandel. Der Elefant, der als Mirabilia zwischen Ost und West angesehen werden muss, erweist sich als eine der wichtigsten Waren in einem Handelsverkehr zwischen Monopol und freiem Markt. Wie der Autor hervorhebt: "Elephants were repeatedly at the heart of Portuguese and Dutch efforts to establish monopolies" (S. 164). Sie spielten eine wichtige Rolle für die Finanzen sowohl des portugiesischen Estado da Índia als auch der niederländischen VOC und erwiesen sich als wichtiges Element des gesamten Wirtschaftskreislaufs in dieser Region.

Mit den genannten Fallstudien kann man, so schreibt Biedermann, beispielhaft das rasche Wachstum der Globalisierung in der Frühen Neuzeit erkennen. *The Portuguese in Sri Lanka and South India* ist ein solides, gut begründetes und theoretisch anregendes Werk, denn es stellt einen Meilenstein in der Geschichtsschreibung über Sri Lanka im 16. und 17. Jahrhundert dar und kann als eine wegweisende Studie über die europäische und insbesondere portugiesische Präsenz in Asien gelesen werden. Dieser Ansatz scheint durchaus geeignet zu sein, „to contribute to the confusion from which something new may some day emerge" (S. 174), nämlich eine Geschichsschreibung, die der Vielfalt und Widersprüchlichkeit historischer Prozesse Rechnung trägt.

Marília dos Santos Lopes, Lissabon

Ester Fihl: The Governor's Residence in Tranquebar. The House and the Daily Life of Its People, 1770–1845, Copenhagen 2017, Museum Tusculanum Press, 312 S., € 63,29, ISBN 978–8–76–354388–0

The authors of the book under review decided to offer readers an unusual story, whose leitmotif is the history of one particular house in India: the residence of the governor of Danish Tranquebar. The aim of the book is to present a narrative, mapping the past of not just the house itself, but also of its inhabitants. The authors decided to map the last 75 years of the Danish colonial era, before the post was sold to the British due to financial crisis. Their study is based on extensive archival research, reconstructed of rich sources of mainly Danish, French, Norwegian and German provenience. The anthology offers a fascinating story of the Danish presence in India and of variety of the European-Indian contacts; a story perceived from the multiple perspectives and put into eight chapters accompanied by detailed introduction, dealing with the past as a foreign country, according to the methodological framework originally presented by David Lowenthal.

The Coromandel Coast of India was very attractive for merchants; the Indian Ocean constituted the biggest market in the world for centuries. Tranquebar (in Tamil language Tharangampadi) was situated in the huge and fertile delta of Kaveri River and following an invitation by local ruler King Raghunatha Nayak, who wanted to challenge Portuguese in the area, the Kingdom of Denmark-Norway established their trading post in there in 1620. Tranquebar then constituted *"a small Danish enclave among a series of other European settlements along the Coromandel Coast in India"*. The history of the Governor's Residence, which serves as a prism to the narrative, dates only to the eighteenth century. In that period both the town of Tranquebar and its trade flourished, according to the authors this was possible due to the neutrality of the Kingdom of Denmark-Norway in the destructive European conflicts of the era.

The first chapter by Esther Fihl offers an insight into the cohabitation of the Governor and the local rulers. It demonstrates the techniques used for the economic survivor of the Danish residence and administration and the governor's military, political and economic strategies (e.g., the use of the land revenue system, foreign loans granted to local rulers, the role of the tribute and its significance of the political legitimacy of the local rulers etc.). Considerable attention is paid to the problem of a traditional village and the caste conflicts and sociocultural customs, and this transforms the story into a vibrant and plastic narrative.

The second and the third chapter by Simon Rastén and Niels Erik Jensen are focused on the story of the old and new residence of the governor and depict not only its history, but as well its architecture and equipment and demonstrate the current claims of the comfort presented by its residents. Thus, the house and its gardens could develop into *"the most prominent house in town"*. The authors also studied the other European buildings in Tranquebar and paid attention to the encounter of the Indian-European architecture which resulted into the examples of a special branch of colonial architecture.

The fourth chapter by Louise Sebro investigates the daily life of the governors' families and their subjects along with their reciprocal interaction. It observes not only the everyday practices but as well the mutual perception of various cultures, the experience of India among the Danes and vice versa.

The fifth chapter by Martin Krieger is dedicated to the narrative of household accessories. Besides the story of the furniture and other amenities, decorations, and the overall design of the governor's residence it casts light to a very interesting part of a sociocultural patterns of the local elite society – the consumption of tea.

The sixth and seventh chapter by Louise Sebro investigate the communication strategies and interactions between the people of the residence and "the others": visitors, neighbours, other European Powers representatives in the area and finally, the local community. Very interesting are paragraphs dedicated to the journey from Europe to India itself, whose aim is to familiarize the reader with the challenges that any traveller heading to Tranquebar had to face.

The final eighth chapter by the team of experts: Atin Kumar Das, Renache Hach, Niels Erik Jensen and Ajit Koujalgi is the only one where non-European authors were engaged, which might seem a bit surprising. This final part deals with the fate of the house after the end of the Danish era in Tranquebar, when the territory and the residence were sold to the British and with the restoration of the property in 2006–2012.

The book is accompanied by rich and beautiful illustrative material, many maps, 25 vignettes and a practical glossary. However, its large format and weight determine it to be a part of academic libraries or public depository institutions rather than being a handy guidebook for those, who are interested in the colonial history of India.

To conclude, the book under review is a substantial contribution to the studies of both colonial history of Denmark-Norway in East India and to the colonial history of

India itself, but the absence of the Indian authors makes it a little bit problematic for a book, whose aim was to critically deal with the Danish colonial history and the colonial history of India in general.

Marcela Hennlichová, Prag

Ravi Ahuja / Martin Christof-Füchsle (Hg.): A Great War in South India. German Accounts of the Anglo-Mysore Wars, 1766–1799, Berlin / Boston 2020, Walter de Gruyter, xi, 507 S., € 97,95, ISBN 978-3-11-064054-0

Die zweite Hälfte des 18. Jahrhunderts bedeutete für den indischen Subkontinent einen fast permanenten Kriegszustand. Zwischen den Konflikten des Nordens und des Südens bestanden enge Wechselwirkungen, die nicht allein durch die transregionalen Interessen der Briten, sondern auch der Marathen sowie des Fürstentums Hyderabad bedingt waren. Beinahe alle Territorien zwischen dem nordwestlichen Rohilkand und den Küstenebenen des Südostens, dem sogenannten Karnatik, waren zum einen oder anderen Zeitpunkt davon betroffen. In letzterer Region prägten die vier Mysore-Kriege (1766–1799), die in der Wahrnehmung zu einem einzigen großen Konflikt („A Great War") verschmolzen, in besonderer Weise das Geschehen. Diese brachten nicht nur bis dahin ungekannte Innovationen in der Waffentechnik sowie einen europäisch-indischen Technologie- und Wissenstransfer, sondern in noch viel größerem Maße menschliches Leid, Hunger, Tod und verbrannte Erde mit sich.

Hauptgegner des Fürstentums Mysore war die britische East India Company, die auch deutsche Truppenkontingente unterhielt. So waren abertausende aus dem Heiligen Römischen Reich stammender Soldaten an den Waffengängen beteiligt, von denen Männer aus dem in Personalunion mit Großbritannien regierten Hannover einen ganz erheblichen Teil ausmachten. Es verwundert daher nicht, dass die Konflikte im fernen Asien auch im damaligen Deutschland auf Interesse stießen. Manch authentischer Bericht von den Schauplätzen wurde praktisch sofort nach dessen Eintreffen daheim gedruckt, wie zum Beispiel die Briefe des norddeutschen Kaufmanns Adolph Eschels-Kroon; ein weitaus größerer Teil landete auf Dauer handschriftlich in den Archiven.

Mit den deutschen Teilnehmern der Mysore-Kriege und deren Selbstzeugnissen beschäftigt sich der von Ravi Ahuja und Martin Christof-Füchsle herausgegebene Sammelband „A Great War in South India. German Accounts of the Anglo-Mysore Wars, 1766–1799". Für das aus dem von der Deutschen Forschungsgemeinschaft geförderten Langfristprogramm „Das Moderne Indien in Deutschen Archiven 1706–1989" (MIDA) hervorgegangene Buch wurden im Niedersächsischen Landesarchiv Hannover, im Archiv der Franckeschen Stiftungen in Halle sowie in einigen anderen deutschen Archiven relevante, bislang noch nicht publizierte geschweige denn erforschte Schätze gehoben.

Die Selbstzeugnisse deutscher, im Dienst der kolonialen Staatlichkeit oder der Mission stehender Akteure bieten einen anderen Blick auf die Ereignisse als ihn die traditionelle Kompaniehistoriographie verspricht. Auf Grundlage ersterer vereint der Sammelband in kluger Struktur kontextualisierenden, englischsprachigen Aufsatz mit Quellenedition. Auf einen einführenden Teil mit Einleitung, einem militärgeschichtlichen Beitrag (Kaveh Yazdani) und einer sozialgeschichtlichen Untersuchung (Ravi Ahuja) folgen jeweils durch einen hinführenden Aufsatz eingeleitete Quellen. Dietmar Rothermund leitet den in deutscher und englischer Sprache wiedergegebenen „Versuch einer militärischen Geographie des Carnatiks in seinem gegenwärtigen Zustande" von Carl August Schlegel ein. Martin Christof-Füchsle stellt anschließend Briefe von Ferdinand Breymann und ein Tagebuch von Carl de Roques vor. Auf deren Veröffentlichung folgt der Aufsatz von Chen Tzoref-Ashkenazi zu einem ausführlichen Briefexzerpt von Peter Joseph du Plat. Karl Müller-Bahlke und Naima Tiné schließen den Band mit einer Erläuterung und der anschließenden Veröffentlichung einschlägiger Briefe von Missionaren der Dänisch-Hallischen Mission.

Auch wenn nicht diskursfrei und aus einer ausschließlich männlichen Perspektive verfasst, ist der Blickwinkel der zum großen Teil privaten Aufzeichnungen insgesamt unverstellter, detailreicher und wird nicht notwendigerweise in den Dienst des kolonialen Staates gestellt. Die Leserin und der Leser bekommen auf diese Weise nicht nur neue Erkenntnisse zum Militär- und Kriegswesen, sondern in besonderem Maße auch zur Sozial- und Wirtschaftsgeschichte der Südostküste Indiens geliefert. Stets geht es dabei um das damalige, aktuelle Indien der zweiten Hälfte des 18. Jahrhunderts und nicht um das Alte Indien, wie es zur selben Zeit in den europäischen Gelehrtenstuben ebenfalls entdeckt wurde. So ist auch der hier abgedruckte Traktat des Offiziers Carl August Schlegel in keiner Weise mit den Texten seines berühmten Bruders Friedrich zu vergleichen.

Die Lektüre von Aufsätzen und Quellen vermittelt ein lebendiges und aussagekräftiges Bild der Mysore-Kriege mit einem zeitlichen Schwerpunkt in den 1780er Jahren. Methodische Reflexion, historiographische Kontextualisierung, biographische Recherche und die sorgfältige Transkription und Publikation der ausgewählten Quellen verbinden sich gekonnt zu einem Ganzen, das zu weiteren Forschungen einlädt.

Das Buch setzt eine gewisse Vorbildung zur indischen Geschichte der zweiten Hälfte des 18. Jahrhunderts voraus, die sich leicht, etwa bei Kulke/Rothermund, Geschichte Indiens, Kapitel V. 3, anlesen lässt. Noch stärker hätten vielleicht Umwelt-Aspekte berücksichtigt werden können, denn nicht alle sich in den Quellen offenbarende Not resultierte aus dem Krieg. So brach 1766 nicht allein der erste Mysore-Krieg aus, sondern auch eine verheerende Dürreepidemie nahm ihren Anfang, die im Laufe der folgenden Jahre schon an sich mehrere Millionen Menschenopfer auf dem Subkontinent forderte. Bis in die 1790er Jahre sorgte das Klimaphänomen El Niño regelmäßig für weitere Trockenperioden, so dass es in Südindien nicht nur den „Great War", sondern bis 1794 auch einen „Great El Niño" (Richard Grove) gab. Das mindert den Erkenntnisgewinn des Bandes in keiner Weise. Insgesamt ein hochrangiger, wirklich lesenswerter Band, der unser Wissen um das südliche Indien in einer formativen Phase indischer Geschichte maßgeblich erweitert.

Martin Krieger, Kiel

Afrika

Bernhard Olpen: Johann Karl Vietor (1861–1934). Ein deutscher Unternehmer zwischen Kolonialismus, sozialer Frage und Christentum (Beiträge zur Europäischen Überseegeschichte, Bd. 102), Stuttgart 2012, Steiner, 623 S., € 89,–, ISBN 978-3515108379

Der vorliegende Band ist ein Werk, welches schon durch seinen Umfang suggeriert, dass es sich bei der darin dargestellten Persönlichkeit um eine handelt, über die es offensichtlich viel zu sagen gibt und diese daher eine sehr ausführliche, vielschichtige Behandlung erfordert. Und dies ist tatsächlich der Fall. Der aus dem Bremer Kaufmannsmilieu stammende Johann Karl Vietor – geboren 1861 in Bremen und 1934 ebendort verstorben – war bereits zu seiner Zeit eine mit Respekt, aber auch kontrovers betrachtete Person, deren Biographie wechselhaft und spannend ist. Dieses Buch ist sowohl für die deutsche Kolonialgeschichte, für eine eingehendere Beleuchtung der Entwicklungen zwischen Kirche und Staat in Deutschland sowie Aspekte der Missionsgeschichte im Kontext der sozialen Frage jener Zeit von Bedeutung. Vereinfacht formuliert steht Johann Karl Vietors Leben und Wirken in einem Viereck zwischen seinen unternehmerischen Aktivitäten, seinen Initiativen in der Kolonialpolitik, seinem sozialen Engagement sowie seinen religiösen Anschauungen und daraus abgeleiteten Handlungsweisen. Diese vier Kernbereiche wurden in diesem Buch von Bernhard Olpen akribisch recherchiert, miteinander verknüpft und detailliert dargestellt. Damit hat eine schon lange ausstehende Auseinandersetzung mit der Bedeutung J. K. Vietors seine – und das darf vorweg gesagt werden – gelungene Umsetzung gefunden.

Johann Karl Vietor entstammte einer Bremer Kaufmannsfamilie, die im Im- und Export ihrer Zeit eine führende Stellung innehatte. Sein Vater war der Theologe Cornelius Rudolph Vietor (1814–1897), der als Pastor tätig war. Aus einem pietistisch geprägten Umfeld, in dem christliche und humanitäre Prinzipien eine zentrale Rolle spielten, schöpfte Vietor seine Werte, die er auch als Unternehmer umzusetzen versuchte. Am sichtbarsten wurden diese Einstellungen daran, dass sich das Handelshaus Vietor in den Kolonien des Handels mit Alkoholika zu enthalten versuchte, was zur damaligen Zeit durchaus ein Alleinstellungsmerkmal gegenüber zeitgenössischen Mitbewerbern darstellte. Dies betraf sowohl das Vietorsche Stammhaus Friedrich Martin Vietor Söhne (F. M. Vietor Söhne) als auch J. K. Vietors eigene Firmengruppe.

Das Buch folgt in Aufbau und Gliederung den biographischen Lebensstationen der dargestellten Person. Nach einem Eingangskapitel, in dem vom Autor die Beweggründe für die Abfassung dieser Studie sowie Forschungsstand, methodisches Vorgehen und Aufbau der Arbeit reflektiert werden, werden im zweiten Großkapitel der familiäre Hintergrund Vietors sowie die ersten Berufsjahre in der Zeit zwischen 1861 und 1888 beschrieben. Insbesondere die Stellung der Familie Vietor im öffentlichen und kirchlichen Leben wird dabei breiter Raum gewidmet. Unter anderem spielte die Familie eine nicht unerhebliche Rolle bei der Neukonstituierung der Norddeutschen Missionsgesellschaft. Das dritte Kapitel, welches wie alle in mehrere Subkapitel untergliedert ist, widmet sich dann speziell der Etablierung und Expansion der Firma J. K. Vietor bis zur Wende zum 20. Jahrhundert sowie dem Aufbau des Firmennetzes in Westafrika bis zum Ausbruch des Ersten Weltkriegs. Neben den positiven Entwicklungen, die sich auch durch die Aufnahme von Partnern und dem stetigen Ausbau des Firmennetzes niederschlugen, werden auch Phasen der Stagnation und immer wieder Rückschläge thematisiert und in ihren jeweiligen Ursachen im Kontext der jeweiligen zeitbezogenen historischen Faktoren beleuchtet. Eine besondere Rolle spielten dabei auch die zahlreichen Beteiligungen an Kapitalunternehmen, Kartellen und Plantagengesellschaften, so z.B. an der Südwestafrikanischen Schäfereigesellschaft, am Diamantgeschäft in Südwestafrika sowie am Tabakanbau in Kamerun.

Das vierte Kapitel widmet sich dem kolonialpolitischen Engagement, wobei dabei das Wirken Vietors im Kolonialrat in den Jahren 1901 bis 1906 hervorgehoben wird. Vielleicht ist dieses Kapitel jenes, welches die Besonderheit der Persönlichkeit Vietors am deutlichsten zum Ausdruck bringt. Seine Kritik und seine Ratschläge bezüglich der Arbeiterfrage in den westafrikanischen Schutzgebieten, seine Einlassungen zur Handhabung der Landfrage in Kamerun und Togo und schließlich der Konflikt mit der Deutschen Togo Gesellschaft zeigen gut, dass er vom Mainstream kolonialpolitischen Handelns deutlich abwich und sich nicht nur eine eigene Meinung und Sicht der Dinge erlaubte, die von seinen religiösen Anschauungen geprägt war, sondern dass er auf konkrete Missstände hinwies und aktiv an einer Änderung der Zustände mitzuwirken versuchte. Er kritisierte eine „total verfehlte Eingeborenenpolitik" und argumentierte dabei die fehlenden Regelungen zu einem effektiven Schutz der Eingeborenen. Diese waren Willkür und Übergriffen meist schutzlos ausgesetzt und konnten sich gegenüber Kolonialbeamten und weißen deutschen Händlern nur in den seltensten Fällen ihr Recht erkämpfen. J. K. Vietor versuchte jedoch auf Augenhöhe mit den Einheimischen in den Kolonien zu agieren und in ihnen Menschen zu sehen, denen dieselben Potentiale innewohnten wie den Weißen.

Im fünften Kapitel wird diesen Anschauungen vor dem Hintergrund von Vietors christlichem Selbstverständnis breiter Raum eingeräumt. Dadurch wird verständlich, woher und warum der Unternehmer hier eine Praxis an den Tag legte, die sich von seinen ökonomischen Kontrahenten unterschied. Er verfolgte die Idee einer Zivilisierungsmission, die von seinem Sendungsbewusstsein und seinem tätigen Glauben geprägt war, die eine Verbesserung der Lebens- und vor allem Arbeitsbedingungen für die Einheimischen auf der einen Seite und ein Anprangern von strukturellen und punktuellen Missständen sowie Skandalen deutscher Akteure in den Kolonien auf der anderen Seite anstrebte. So lehnte er u.a. die Betriebsform der Großplantage, die de facto zumindest teilweise mit Zwangsarbeit profitabel betrieben wurde, weitgehend ab. Er sah sich als christlicher Unternehmer und verband dies mit einem respektvollen Umgang mit seinen afrikanischen Untergebenen, was sich auch in seiner Ablehnung von Körperstrafen niederschlug.

J. K. Vietors Reformbemühungen sind schon allein deshalb hervorhebenswert, da der Unternehmer über ein weitverzweigtes Netz an Kontakten sowohl in den diversen afrikanischen Kolonien, wo sein Handelshaus tätig war, verfügte, als auch in Berlin und in vielen dort angesiedelten kolonialpolitisch agierenden Institutionen. Ebenso im fünften Kapitel wird dem Engagement des Unternehmers in der Christlich-Sozialen Partei (CSP) breiter Raum gewidmet, insbesondere seinem sozialpolitischen Engagement. Dabei werden auch seine Kritiker und Gegner skizziert. Die Darstellung zeigt gut, wie schwierig eine eindeutige politische Zuordnung einer Person sein kann, die zwar deklariert dem konservativen Lager zuzurechnen ist, aber im sozialpolitischen Bereich progressive Ansichten vertrat, die auf massive Widerstände stießen und in langwierigen Kämpfen durchgesetzt werden mussten. Verschiedene Einflüsse auf Vietor werden vom Autor Bernhard Olpen beleuchtet, darunter die Ansichten und das Wirken von Adolf Damaschke, dem Führer der Bodenreform in Deutschland, der sich in seinen Ansichten ebenso von christlichen Leitgedanken führen ließ und dessen Ansichten Vietor, in angepasster Form, in den Kolonien zum Teil zur Anwendung bringen wollte bzw. deren Auswirkungen in den Kolonien kritisch hinterfragte. Zu den Einflüssen auf Vietor zählten aber auch die Ausführungen des US-Ökonomen Henry Georges, der sich mit der Frage von Armut und Reichtum beschäftigt hatte sowie die Darlegungen des Nationalökonomen Adolph Wagner im Spannungsfeld zwischen Liberalismus und Sozialismus. Schlussendlich wird mit diesem Werk auch ein Blick auf das Wirken Vietors im Deutschen Evangelischen Volksbund (DEVB) geworfen.

In den Kapiteln sechs und sieben widmet sich Bernhard Olpen den dramatischen Veränderungen, denen J. K. Vietor und seine Familie während und nach dem Ersten Weltkrieg unterworfen waren. Zum unternehmerischen Überlebenskampf und dem wirtschaftlichen Ruin kam die Notwendigkeit, sich mit den veränderten politischen Verhältnissen zu arrangieren und diese mit dem eigenen konservativen Weltbild in Einklang zu bringen. Vietor, der zeitlebens als pro-kolonialistisch galt, konnte in den frühen 1920er-Jahren einen Neuaufbau des Kolonialhandels in Togo – zumindest eine kurze Zeit lang – erfolgreich und profitabel umsetzen. Die Weltwirtschaftskrise sowie innerdeutsche Entwicklungen ließen ihn aber insgesamt resignieren und reaktionär werden.

Das vorliegende Werk enthält eine beeindruckende Fülle an Material, welches in streng chronologischer Folge präsentiert wird. Dabei werden auch viele scheinbar nebensächliche Details aus dem Alltag J. K. Vietors berücksichtigt und anschaulich dargelegt. Damit ergibt sich ein sehr breites, vielschichtiges und in die Tiefe reichendes Bild, welches neben den ökonomischen, sozialen und politischen Aktivitäten auch die private Seite Vietors nicht zu kurz kommen lässt. Es wird der Mensch sichtbar, der hinter all den unternehmerischen und politischen Ämtern und Funktionen leicht vernachlässigt hätte werden können. Vietors Engagement in der Antialkoholbewegung, der Bodenreformbewegung, der CSP und dem DEVB zeigt – wie es der Autor in der Schlussbetrachtung selbst formuliert –, dass Vietor in erster Linie ein politisch denkender Mensch und erst in zweiter Linie ein rein gewinnorientierter Geschäftsmann war.

Das Buch geht aus einer vom Historiker Hermann Hiery betreuten Dissertation hervor. Der Autor Bernhard Olpen hat Theologie am Seminar in Erzhausen und an der Global University in Springfield, Missouri, sowie Neueste Deutsche Geschichte an der Universität Bayreuth studiert. Das in der Reihe „Beiträge zur europäischen Überseegeschichte" erschienene Werk wurde vom Stuttgarter Franz Steiner Verlag umsichtig betreut und zeichnet sich durch verhältnismäßig viele Fußnoten aus, enthält ein umfangreiches Quellen- und Literaturverzeichnis, ein Personenregister und am Ende des Buches sechzehn Abbildungen. Auch wenn dieses hier besprochene Werk nicht mehr als Neuerscheinung betrachtet werden kann, so sollen diese Zeilen dazu beitragen, den Wert dieses Buches nachdrücklich hervorzuheben und darauf hinzuweisen, dass dieses Werk auch weiterhin seine Aufmerksamkeit und Verbreitung verdient. Es ist ein wichtiger Beitrag und ein Beispiel dafür, die komplexen Diskussionen über koloniale Ereignisse und Entwicklungen nicht entlang generalisierender Urteile über koloniale Usancen zu führen, sondern die Ambivalenz der einzelnen handelnden Akteure und deren Wirken am konkreten Beispiel umfassend darzustellen, und dabei auch ungewöhnlichen Facetten Sichtbarkeit zugestehen zu können. Damit leistet dieses Werk einen wesentlichen Beitrag zu einer differenzierteren Sichtweise deutschen kolonialen Engagements in Afrika. Das Buch wird daher vorbehaltlos empfohlen.

Hermann Mückler, Wien

Peter Martin / Christine Alonzo: Im Netz der Moderne – Afrikaner und Deutschlands gebrochener Aufstieg zur Macht, Hamburg 2012, Dr. Kovac, 482 S., € 58,–, ISBN 978-3-8300-6117-5

Das Erscheinen des Buches liegt zwar einige Zeit zurück, doch behandeln die Autoren Peter Martin und Christine Alonzo darin eine Thematik, die in Deutschland wohl noch nie so aktuell war wie in unseren Tagen. Diese Tatsache dürfte eine etwas späte Rezension rechtfertigen. Im Zentrum der Studie steht eine breite Auswahl von Lebensläufen und persönlichen Erfahrungen von Afrikaner/-innen in Deutschland bzw. mit Deutschen. Die jeweiligen Ausführungen werden ergänzt durch eine ungewöhnlich reichhaltige Illustration in Form von Fotografien und Dokumenten.

Die Autoren suchen im Rahmen der Studie zu ergründen, wie Menschen afrikanischer Herkunft „unter wechselvollen Umständen in das Gewebe der neueren und neuesten europäischen, speziell der deutschen Geschichte bis 1945 gerieten". In methodischer Hinsicht stellen sie fest, dass wirklich tragfähige Erkenntnisse nur mit Hilfe einer differenzierten Betrachtungsweise unter Vermeidung einer „verkürzten Gegenüberstellung" erreicht werden könnten. Nur auf diese Weise lasse sich das wechselseitige Verhältnis zwischen Afrikaner/-innen und Deutschen erfassen.

Auf die Einleitung folgt ein knapper Abriss über die „ökonomische Rolle und Bedeutung Schwarzer in der frühen Neuzeit". Dem schließt sich ein umfangreiches Kapitel an, das sich mit Afrikaner/-innen in Deutschland während der Kaiserzeit und der Weimarer Republik beschäftigt. Dieser Teil der Untersuchung steht unter dem

Signum „Janusmenschen", womit Menschen schwarzer Hautfarbe gemeint sind, die zwar – selbst nach damaliger europäischer Lesart – über Bildung und Fertigkeiten verfügten, aber trotzdem nicht als gleichwertig anerkannt wurden. Dies belegen die Autoren anhand einer Fülle biografischer Kurzporträts von Akademikern, Missionsgehilfen, Dolmetschern, Schreibkräften und Handwerkern, die meist unter kolonialen Bedingungen mit Deutschen in Kontakt gerieten und in diesem Zusammenhang auch nach Deutschland gelangten.

Auf deren vergeblichen „Kampf um Anerkennung" innerhalb einer in aller Regel abweisenden deutschen Gesellschaft wird in einem Zwischenkapitel anhand von vier exemplarischen Lebensläufen nochmals explizit eingegangen. Darüber hinaus gehen die Autoren auf die weniger bekannten Bemühungen zweier Organisationen ein, die sich eine wechselseitige Unterstützung ebenso wie die gesellschaftlich-politische Emanzipation von Afrikaner/-innen in Deutschland zum Ziel gesetzt hatten. Konkret handelt es sich um den „Afrikanischen Hilfsverein" sowie um das Hamburger „Negerbüro".

An diese Ausführungen schließt sich eine umfassende Darstellung der Verfolgungen und Verbrechen an, denen Afrikaner-/innen in der Zeit des Nationalsozialismus ausgesetzt waren. Neben der rassistischen Ideologie, die bekanntlich neben Juden, Sinti und Roma oder Slawen auch Menschen schwarzer Hautfarbe als „minderwertig" deklassierte, stehen vor allem die inkriminierten Geschlechtsbeziehungen zwischen Afrikaner/-innen und Deutschen sowie die Ermordung schwarzer Kriegsgefangener im Mittelpunkt dieses Kapitels.

Am Ende folgt ein knapper Ausblick auf die Zeit nach 1945. Selbst die dabei auf wenige Seiten begrenzten Ausführungen über die verbreitete Diskriminierung der „Besatzungskinder" von afroamerikanischen GIs und deutschen Frauen vermitteln ein recht eindeutiges Bild in Bezug auf die deutsche Nachkriegsgesellschaft.

Die Quintessenz der Arbeit lautet endlich, dass während der untersuchten ersten Hälfte des 20. Jahrhunderts bei vielen Deutschen ein „stereotyp eingeschränkter Blick" auf die unter ihnen lebenden Afrikaner/-innen die Norm war. Dieser konnte nur in Ausnahmefällen überwunden werden, nämlich dann, wenn auf dem Wege persönlicher Beziehungen Respekt und Anerkennung für das jeweilige Gegenüber eine Chance erhielten.

Jürgen Kilian, München

Amerika

Dietmar Müßig: Die Jungfrau im Silberberg. Ein kolonialzeitliches Marienbild aus Potosí als Zeugnis andiner Theologie (Weltkirche und Mission, Bd. 13), Regensburg 2020, Friedrich Pustet, 49,95 €, ISBN 978–3–7917–3107–0

Dietmar Müßig nähert sich in seiner erweiterten Dissertation dem Thema der hybriden andinen Theologie ausgehend von dem kolonialzeitlichen Gemälde der *Virgen del Cerro* (der *Jungfrau im Silberberg*) aus Potosí. Der Autor ist katholischer Theologe und profunder Kenner Boliviens, da er u.a. von 2011 bis 2013 als Dozent an der Ökumenischen Theologischen Hochschule der Anden (ISEAT) in La Paz arbeitete und auch gegenwärtig als Leiter der Diözesanstelle „Weltkirche" in Hildesheim dem Andenland eng verbunden ist. Während die bisherigen Studien sich aus der kunstgeschichtlichen Perspektive mit dem Gemälde der *Virgen del Cerro* beschäftigten, fehlte eine genuin theologische oder auch kulturwissenschaftliche Annäherung an das Thema. Diese Forschungslücke schließt Müßig nun mit seiner Studie. Der Autor vertritt die Kernthese, „dass das Bild der *Virgen del Cerro* als Zeugnis einer frühen und dennoch komplexen Art von andiner Theologie verstanden werden kann" (S. 16). Er geht dabei davon aus, dass andine hybride Religiosität von der frühen Kolonialzeit bis in die Gegenwart persistiert hat und die Vermischung von Motiven der andinen Kosmovision mit europäisch-christlichen Elementen auch jenseits der Malerei in der religiösen Praxis existierte und bis heute existiert. Um diese Thesen zu stützen, geht Müßig auf weitere kolonialzeitliche Bilder und schriftliche (theologische) Quellen sowie auf religionsethnologische Beobachtungen aus der Gegenwart ein. Dennoch liegt der methodische Fokus der Studie nicht auf quantitativen Belegen, sondern auf der qualitativen, semiotischen Analyse des Bilds der *Virgen del Cerro*. Müßig selbst sieht dieses qualitative, exemplarische Vorgehen gerechtfertigt, da sich das Bild aufgrund der hohen Dichte an Motiven sowie der expliziten Weise ihrer Verwendung als „ikonographisches Brennglas" anbiete, „um hybride Elemente zu identifizieren, die auch in anderen Kontexten wie der kolonialzeitlichen Frömmigkeitsliteratur oder der heutigen Wallfahrtspraxis in Bolivien bedeutsam sind" (S. 12). Eine historische Einbettung der Bildmotive in die koloniale Vergangenheit der „Silberstadt" Potosí und der *Audiencia de Charcas* sowie der Bezug auf kulturwissenschaftliche Ansätze, wie die *Postcolonial Studies*, ergänzen das methodische Vorgehen.

Die Studie ist in fünf größere Kapitel unterteilt. Im ersten Kapitel beschäftigt sich der Autor mit den historischen, bildtheoretischen und kulturwissenschaftlichen Grundlagen seines Themas. Er beginnt mit der Bedeutung von Bildern im Kontext der Missionierung im Vizekönigreich Peru. Während in Anti-Idolatrie-Kampagnen die heiligen Bildnisse (sog. *huacas*) der autochthonen Bevölkerung zerstört wurden, dienten Bilder den europäischen Geistlichen zeitgleich als ein wichtiges Mittel zur katechetischen Unterweisung. So resümiert Müßig, dass das Medium Bild „im Prozess der Unterdrückung, aber auch der Neukonfiguration von Identitäten in Südamerika eine wichtige Rolle" (S. 21f.) gespielt habe. Doch diese erfolgte nicht als reine Übernahme der europäischen Hegemonialkultur. Stattdessen konnten die Indigenen in den entstehenden *Third Spaces* (H. Bhahba) Eigenarten ihrer Kultur und Religion bewahren bzw. an die neue Situation anpassen. Der Autor zeigt auf, dass der von indigenen Künstlern geschaffene *Mestizenbarock* bzw. *hybride andine Barock* (G. Bailey) ein wichtiger „Raum" für die Entwicklung und den Ausdruck solcher neuen Identitäten war.

Im zweiten Kapitel wird näher auf das Gemälde der *Virgen del Cerro* eingegangen. Müßig beschreibt die Komposition des Bildes, ordnet es in die Gattung der Marienkrönungen ein und zieht Vergleiche zu anderen kolonialen Darstellungen, in denen Maria in Verbindung mit einem Berg gezeigt wird. Intensiv setzt sich der Autor mit der Diskussion um den Entstehungszeitraum auseinander, der sich allerdings nicht eindeutig bestimmen lässt: eine Eingrenzung auf die Zeitspanne von 1625 bis 1720 sieht er als wahrscheinlich an. Abschließend erfolgt eine profunde Auseinandersetzung mit der bisherigen Forschungsgeschichte, die Müßig zwar würdigt, an vielen Stellen aber auch kritisiert: So wendet er sich u.a. gegen die lange anerkannte These der Kunsthistorikerin Teresa Gisbert, nach der das Gemälde Ausdruck einer von den Spaniern geförderten, religionsgeschichtlichen Verschmelzung der katholischen Marienverehrung und des *Pachamama*-Kultes sei, welche auf einem kolonialzeitlichen allegorischen Text beruht, der Maria mit einem Berg vergleicht. Diese Form der Marienverehrung sei vom Titicacasee nach Potosí „emigriert" und auf den als heilig geltenden Silberberg übertragen worden, welcher wiederum mit der *Pachamama* identifiziert worden sei. Demgegenüber meint Müßig, dass es keine „Missionsstrategie" gegeben habe, die Maria mit den Bergen in eins setzt. Auch eine Verehrung der *Pachamama* in den Minen der südlichen Zentralanden sei historisch nicht zu belegen. Vor allem kritisiert er jedoch die Unklarheit, wie und warum sich die Identifizierung des Berges mit der weiblichen Erdgöttin vollzogen haben soll, besonders da erster in der andinen Kosmovision von männlichen Berggottheiten (*apus*) bewohnt ist.

Seine eigene Hypothese zu Entstehungsanlass und Aussageabsicht des Gemäldes stellt der Autor im dritten Kapitel vor. Er geht davon aus, dass der Stifter des Bildes aus der indigenen Elite kam und ein sog. *Mita*-Hauptmann war, der also die auf einem Rotationsprinzip beruhende Zwangsarbeit (*mita*) der Indigenen in den Silberminen von Potosí organisierte. Dieser Stifter, der zwangsläufig den spanischen Kolonialherren *und* seinen indigenen Untergebenen verpflichtet gewesen sei, habe ein Bild in Auftrag gegeben, dass ganz bewusst dem Prinzip der „doppelten Lesbarkeit" folgte: „Während es sich bei dem Bild für europäische Augen um eine Darstellung der Krönung Mariens handelt, lässt es sich aus andiner Perspektive ebenso gut als ein Portrait der *Coya* [Gemahlin des Inka] verstehen. Denn für andine Augen ist [...] der Signifikant ‚Königin' mit der Gemahlin des Inkaherrschers, aber auch mit dem sakralen Charakter der Minen assoziiert, in denen die Metalle heranwachsen wie das Kind im Schoß der Inkakönigin" (S. 155). Durch diese doppelte Lesbarkeit, die auch auf andere Bildmotive zutrifft, habe der *Mita*-Hauptmann ein Gemälde gestiftet, das einerseits von den spanischen Kolonialherren als Loyalitätsbekundung mit dem herrschenden Glaubens- und Politiksystem verstanden wurde, andererseits die zur Zwangsarbeit eingeteilten Landsleute (*Mitayos*) an die in der Inkazeit postulierte Heiligkeit des Dienstes im „heiligen Berg" erinnerte und zu derselben motivierte.

Das vierte Kapitel bietet die innovativste Interpretationsleistung der Studie: Hier geht Müßig auf die Bedeutung zahlreicher Bildelemente aus der Perspektive der andinen Kosmovision ein, wodurch die Botschaft des Bildes erst wirklich verstanden werden könne. Denn viele der z.T. barock-christlichen Motive und Bildelemente, so der Autor, hätten in den Augen der adressierten indigenen Bergarbeiter eine andere Bedeutung bekommen: So sei beispielsweise die goldene Sonne, die Gott Vater, Sohn und Heiligen Geist (als Taube) im oberen Teil des Bildes verbindet, aus christlicher Perspektive ein Symbol der Dreifaltigkeit, während indigene Augen darin deutlich *Tata Inti*, den Leben schaffenden und erhaltenden Sonnengott der Inka, erkennen würden. Da auch Kopf und Hände von Maria mit Strahlenkränzen umgeben sind, sieht Müßig eine Verschmelzung Marias mit der Sonnensymbolik des Vatergotts hin zu einer „androgynen Schöpfergottheit", welche die „göttlichen Strahlen an die von vielen Kreaturen bevölkerte Erde weitergibt" (S. 179).

An anderen Stellen weist der Autor auch auf das subversive Potential der doppeldeutigen Motive hin: So könne man z.B. die silberne Erdkugel, auf der die Stadt Potosí abgebildet ist und an deren Seite sich Kaiser und Papst ehrfürchtig bzw. betend befinden, als Emblem nach europäischem Muster deuten. Man könne dieses Motiv aber auch als eine Kritik an der Bereitschaft der Europäer lesen, alles ihrem Götzenkult der Silbergewinnung unterzuordnen. Auch in der roten Färbung des Silberbergs sieht Müßig eine Kritik: Sie sollte „die Europäer an das schuldlos vergossene Blut so vieler Indigener erinnern, welches die Spanier mit Hilfe des Systems der *mita* vergießen ließen, um ihre Gier nach Silber zu stillen" (S. 271).

Nachdem Müßig in dieser Weise eine Vielzahl von doppeldeutigen Bildelementen entschlüsselt hat, kann er in Bezug auf die spirituelle Bedeutung des Bildes für die Zeitgenossen resümieren: „Im rituellen Vollzug ersetzten Kerzen, welche die *mitayos* vor dem Gang in die Mine am Bild entzündeten, die Opfergaben, die man vordem zu Ehren der Pachamama oder der Berggottheiten verbrannt hatte. Und während der Marien-Berg in den Augen der europäisch(-stämmigen) Minenbesitzer den Silberreichtum verkörperte, den Maria der spanischen Krone zur Verteidigung des wahren Glaubens geschenkt hatte, evozierte er in den Augen der Indigenen die Erinnerung an die Leben und Fruchtbarkeit spendende Macht der Berggottheiten. Der katholische Interpretant des Königtums Mariens [...] wurde für die andinen Betrachter*innen zu einem neuen Zeichen, welches die Vorstellung von der *coya* weckte" (S. 327) und damit eine Vielzahl von Assoziationen hervorrief.

Im abschließenden fünften Kapitel wird anhand der zuvor untersuchten Zusammenhänge die theologische Relevanz der hybriden Mariendarstellung herausgearbeitet. Durch die Darstellung der Praxis heutiger Marienwallfahrten belegt Müßig zunächst die Kontinuität und die aktuelle Relevanz religiös-hybrider Elemente in der gelebten Volksfrömmigkeit Boliviens, die auch die Inspirationsquelle für die *Virgen del Cerro* bildete. Im Anschluss wird der Wert indigener Theologien begründet, die in den letzten Jahren von katholischer Seite insbesondere durch Verlautbarungen Papst Franziskus' bestärkt wurden. Schließlich benennt Müßig verschiedene „abduktive Leistungen" der andinen Bildtheologie des Gemäldes, die einen Beitrag zur westlich geprägten Theologie des 21. Jahrhunderts darstellen können. Einen solchen Beitrag sieht der Autor u.a. in der „Biozentrik" des Bildes: Der schwangere Bauch der „Bergfrau" mit Tieren und Pflanzen umrahmt von Sonne, Mond und Meer stünden im Zentrum des Bildes wie des andinen Denkens, also „das Leben an sich, sein Schutz und seine Weitergabe [...] – und nicht der Mensch!" (S. 340). Die Abkehr vom westlichen Anthropozentrismus könne vor dem Hintergrund der ökologischen Krise ein wichtiger Paradigmenwechsel sein, denn so schreibt der Autor die *Ecumenical Association of Third World Theologians* zitierend: „Wir werden nur dann aufhören, die Natur zu zerstören, wenn wir deren göttliche Dimension wiederentdecken und zugleich unsere eigene natürlich Beschaffenheit" (EATWOT, *Visión ecológica y supervivencia planetaria*, 2012). Weiterhin könne das im Gemälde implizit enthaltene andine Verständnis von religiösen Opfern einen Beitrag zur westlich-christlichen Theologie leisten: Die andine Vorstellung, dass Opfer der Wiederherstellung des kosmisch-ökologischen Gleichgewichts dienen, könne auch die christliche Theologie dazu inspirieren, die kosmische Dimension ihrer Heilslehre (wieder) zu entdecken. Nicht zuletzt gewinnt auch die Kritik des Gemäldes an den menschlichen Opfern, die die europäische „Vergötzung" des Silbers forderte (s.o.), im Kontext der fatalen Konsequenzen des globalen Neoliberalismus an aktueller Brisanz – und ist theologisch anschlussfähig an die Kapitalismuskritik von Papst Franziskus und der Befreiungstheologie.

Im Anhang des Buches findet sich ein ausführlicher Bildteil in Farbe. Dieser ist für den Leser ebenso hilfreich wie das Glossar zu den Vokabeln aus der spanischen Kolonialgeschichte und der indigenen Kultur- und Glaubenswelt. Hinzu kommen eine nützliche Zeit- und Ortstafel sowie ein Namens- und Ortsregister.

Mit der „Jungfrau im Silberberg" hat Müßig eine sehr kenntnisreiche, gut recherchierte und innovative Studie vorgelegt. Obwohl selbst Theologe, weist Müßig bei seiner Analyse des Gemäldes der *Virgen del Cerro* ein großes Expertenwissen auf den Gebieten der Kunstgeschichte, der Bildtheorie und der Kulturwissenschaften auf. Zudem gelingt ihm aufgrund seiner profunden Kenntnisse der (Kirchen-)Geschichte Spanischamerikas und ihrer Quellen sowie der autochthonen andinen Religionen und Kulturen eine tiefgehende Interpretation einzelner Bildelemente und ihrer Kontexte. Seine These, die Ikone gehe auf den Auftrag eines indigenen *Mita-Hauptmannes* zurück ist ebenso innovativ wie überzeugend. Vor dem Hintergrund der postulierten „doppelten Loyalität" des Auftraggebers macht auch Müßigs Interpretation vieler Bildelemente im Sinne einer doppelten und damit oft subversiven Lesbarkeit Sinn. Vor allem im letzten Kapitel kann der Autor aber auch aufzeigen, dass die Elemente dieser Bildertheologie über die *Virgen del Cerro* hinaus in eine seit 500 Jahren persistierende hybride Andine Theologie einzuordnen sind und so einen Beitrag zur Horizonterweiterung der westlich-christlichen Theologie leisten können. Damit kann das Werk als Beleg dafür gesehen werden, dass eine indigen inkulturierte Theologie wiederum dem westlichen Christentum im interkulturellen Dialog neue Interpretationsangebote machen kann.

Müßig schreibt überwiegend klar und interessant. Das Werk ist übersichtlich und nachvollziehbar strukturiert. Dennoch wird durch die Dichte der Argumente besonders während der Bildanalyse und die vielen fachübergreifenden Bezüge die Lektüre gelegentlich erschwert. Inhaltlich formuliert Müßig zwar weitestgehend kohärent, im Einzelnen lassen sich aber nicht alle Argumente nachvollziehen: So kritisiert er Gisberts Identifikation des (männlichen) Berges mit der (weiblichen) *Pachamama* (s.o.), kommt später jedoch selbst zu dem Resultat, dass der Silberberg mit der Inkakönigin (*Coya*) zu einer „androgynen Gottheit" verschmolzen sei. Es ist außerdem fraglich, ob die einfachen indigenen Bergarbeiter als vermeintliche Adressaten des Bildes über 150 Jahre nach der Eroberung des Inkareichs tatsächlich all die komplexen Doppeldeutigkeiten in der Weise interpretieren konnten, wie es Müßig in seinem Werk tut. Schließlich kann man dem Autor bisweilen eine zu positive Sichtweise auf die autochthone andine Religion vorhalten, wenn er sich z.B. wenig mit der problematischen Seite der Tier- und Menschenopfer auseinandersetzt. Gleichwohl ist die Lektüre äußerst lohnend, auch weil der Autor sich sehr gut in der bolivianischen und lateinamerikanischen Fachdiskussion auskennt und so andine und europäische Theologie auf gelungene Art miteinander ins Gespräch bringen kann. Mit der „Jungfrau im Silberberg" zeigt Müßig wie wertvoll die Auseinandersetzung mit hybrider kolonialer Kunst und ihrer bis heute aktuellen Botschaft ist.

Christoph Eibach, Mainz

Frederik Schulze: Auswanderung als nationalistisches Projekt. Deutschtum und Kolonialdiskurse im südlichen Brasilien (1824–1941) (Lateinamerikanische Forschungen, Bd. 46), Köln / Weimar / Wien 2016, Böhlau, 426 S., € 80,–, ISBN-13: 978-3-412505479

Frederik Schulze untersucht in seiner Dissertation die deutsche Einwanderung in den südbrasilianischen Bundesstaat Rio Grande do Sul und stellt in Verbindung damit die Frage nach dem Auftreten der Immigranten in ihrer neuen Heimat. Der Untersuchungsrahmen ist zeitlich nachvollziehbar und sinnvoll gewählt: Nach der Eheschließung Dom Pedro I. mit Erzherzogin Leopoldine von Österreich 1817 setzte ein Zuzug deutschsprachiger Auswanderer nach Brasilien ein. Sieben Jahre später erlangte Brasilien seine Unabhängigkeit und erhielt seine erste Verfassung als souveräner Staat. In den folgenden Jahren warben Männer wie Georg Anton Schäffer im Regierungsauftrag um auswanderungswillige Deutsche, allein auf sein Betreiben hin siedelten zwischen 1824 und 1829 wohl knapp 5.000 Personen über. Der geographische Rahmen zur Untersuchung des Deutschtums in Brasilien leuchtet ebenfalls ein: Zwar gab es generell im ganzen Land Deutsche, aber in Rio Grande do Sul lebten äußerst viele deutschstämmige Einwohner und dort war diese Bewegung am aktivsten.

In ihrem Aufbau ruht die Arbeit auf zwei Säulen. Im ersten Abschnitt untersucht Schulze das sogenannte Deutschtum. Er zeigt in diesem Zusammenhang zwei Aspekte auf: Einerseits, dass Personen und Institutionen die Idee eines Deutschtums prägten und andererseits die globale Vernetzung der Akteure mit Verbindung zum deutschen Kolonialwesen. Dabei zeigt er auf, dass sich die Protagonisten sowohl nach ihrem sozialen Hintergrund als auch ihrer Berufswahl aus ausgewanderten Bildungsbürgern und deutsch-brasilianischen Eliten zusammensetzten, die jedoch politisch und konfessionell homogen waren. Diesen Vertretern lokaler und regionaler Eliten gelang es, die Diskurshoheit durch rege Publikationstätigkeit innerhalb der Deutschtumsbefürworter zu erringen. Damit traten die Deutschen sowohl durch ihr Konsumverhalten als auch durch meinungsbildende Maßnahmen als Akteure, vielleicht sogar schon als Agenten des deutschen Kolonialgedankens in Erscheinung und nahmen dementsprechend Einfluss. Das geschah über kolonialpolitische Vereine oder besser gesagt Lobbygruppen, vor Ort übernahmen zusätzlich Schulen und Presse, nicht zuletzt aber auch Kirchen eine wichtige Funktion. Schulze verdeutlicht des Weiteren die theoretischen Grundlagen der Deutschtums-Arbeit: Deren Vertreter gingen von Einwanderern als hinsichtlich Sprache, Kultur, Tradition und Abstammung homogener Gruppe aus. Mit quasi-missionarischem Ansatz sahen sie sich als Bringer von Kultur und Zivilisation, gleichwohl weist der Verfasser darauf hin, dass weder sowohl dieses Auftreten als auch diese Ansicht an sich weder auf die Deutschen in Brasilien noch auf die Deutschen allgemein beschränkte. Die Akteure begriffen Rio Grande do Sul als Bestandteil des globalen Deutschtums und nach dem Ersten Weltkrieg entstand die Auffassung, dass es sich bei den Auslandsdeutschen um eine homogene Volksgemeinschaft handle.

Der zweite Abschnitt präsentiert die Deutschtumspolitik in Verbindung mit dem brasilianischen Staat. Weil Deutsche als arbeitsam und fleißig galten, holte die brasilianische Regierung sie aktiv ins Land und förderte sie. Hier traten beide Seiten ähnlich auf, denn sie schrieben sich gegenseitig stereotype Eigenschaften zu. Allerdings nahmen die Brasilianer die Deutschen positiv war, für den umgekehrten Fall galt das aber nicht. Mit der Zeit setzte sich in der Regierung die Auffassung durch, dass sich Einwanderer mit der brasilianischen Kultur, Geschichte und Tradition vertraut machen müssten. Keineswegs beabsichtigte der brasilianische Staat, seine Existenz von Einwanderern untergraben zu lassen und betrieb mit Beginn der 1930er schließlich Assimilationspolitik. Die nahm aber nicht nur die Deutschen, sondern auch Japaner und Italiener ins Visier. Mit dieser härteren Politik beeinflusste der Staat zugleich den Deutschtumsdiskurs: Stellten sich die Einwanderer erst positiv sowie kultur- und zivilisationsbringend dar, verlagerte sich die Außendarstellung nun hin zum diskriminierten verachteten Opfer der einheimischen Politik. Des Weiteren bemühten sie sich, als treue Bürger in Erscheinung zu treten. Dahinter stand ein eindeutiges Ziel, nämlich mit der Änderung und Aufweichung der eigenen Position nicht mehr als Vertreter deutscher Kolonialinteressen wahrgenommen zu werden. Zugleich wagten die Deutschtumsakteure damit den Spagat zwischen der Verfolgung eigener Interessen und der Vorgabe, loyale Einwohner zu sein. Schulze zeigt in diesem Abschnitt eindrücklich, dass das Auftreten des Staates den Diskurs zwar beeinflusste und veränderte, aber eben nicht beendete. Ebenso weist der Verfasser auf die Diskrepanz zwischen Realität und Theorie beziehungsweise Ideologie hin. Darüber wird deutlich, dass die Deutschbrasilianer keine einheitliche, homogene Gruppe gewesen sind. Stattdessen standen sie den Einwanderern auch kritisch gegenüber, weil sie diese als wenig geeignet für ihre Auffassung von Deutschtumspolitik ansahen. Untereinander blieben die Protagonisten wegen ihrer Haltungen zersplittert, wie auch die unterschiedlichen Auffassungen zum Nationalsozialismus belegen: So gab es sehr wohl Befürworter wie auch Gegner der NSDAP und des nationalsozialistischen Deutschlands. Auch an anderer Stelle belegt der Verfasser diesen Aspekt mit dem Hinweis auf Kritik von Einwanderern selbst, während andere wiederum sowohl sich selbst als auch ihre Arbeit positiv wahrnahmen.

Es gelingt Schulze sehr gut, die Gegebenheiten in Rio do Sul herauszuarbeiten und zu zeigen, wie und unter welchen Einflüssen die Deutschtumsarbeit nicht nur begann, sondern auch, wie sie sich im Lauf der Zeit veränderte. Äußerst interessant war dabei zu lesen, wie der Verfasser koloniale und globale Bezüge aufgreift und sie dann auf den Bundesstaat anwendet. Für seine Darlegungen greift der Verfasser auf ein umfangreiches Quellenfundament zurück, das neben einer enormen Zahl zeitgenössischer Veröffentlichungen auch archivalische Unterlagen aus Deutschland wie Brasilien umfasst. Die Literaturauswahl enthält neue Ansätze und Erkenntnisse nicht nur der Global-, sondern auch der Migrations- und der Kolonialgeschichte. Bedauerlich ist, dass in der Arbeit diejenigen, an die sich die Deutschtumspolitik richtete, nicht berücksichtigt werden. So erfährt man zwar viel Interessantes und Aufschlussreiches über eingewanderte und deutsch-brasilianische Akteure, die der Verfasser selbst der Elite zurechnet (S. 104). Auf den Widerstand der Bauern in einer nicht zuletzt stark landwirtschaftlich geprägten Region geht er zwar kurz ein, aber andere soziale Gruppen bleiben unberücksichtigt. Insgesamt hinterlässt die Studie aber einen sehr guten und informativen Eindruck.

Robert Schmidtchen, Bayreuth

Peter Wanner: Zwischen Kraichgau und Karibik. Das Leben des Johann August Engelhardt, Heidelberg / Basel 2019, Verlag Regionalkultur, 192 S., 17,90 €, ISBN 978–3–95505–161–7

Als in den Zeiten der Herausbildung und Stärkung der industriellen Revolution in Deutschland fast zeitgleich geradezu eine Bewegung zu quasi individuellen Entdeckungen der Welt, worunter auch eine Ausreisewelle nach Übersee verstanden werden kann, spürbar wurde, verschlug es so manchen Heimatliebenden in die Ferne. Davon gibt es Dutzende, wenn nicht Hunderte oder sogar Tausende in Büchern und in Aufsätzen festgehaltene Berichte. Einige davon sind als autobiografische Niederschriften zu bezeichnen oder haben Generationen später, zumeist aus Kreisen der Nachfahren, so viel Interesse hervorgerufen, dass sie die Lebensgeschichten der Altvordern als Publikation einem größeren Leserkreis zugänglich machten. Freilich musste es dafür Dokumente in Form von Briefen, Tagebüchern oder anderen Schriften geben. Nur dann kann man eine einigermaßen auf gesicherten Erkenntnissen beruhende biografische Skizze verfassen. Eine solche gilt es, hier vorzustellen. Es handelt sich um die Reise- und Lebensgeschichte eines Mannes, den es aus seinem Geburtsort Kraichgau, einer Hügellandschaft im Nordwesten von Baden-Württemberg, zu Beginn des 19. Jahrhunderts auf karibische Inseln und in den Norden Südamerikas verschlug. Zunächst machte Engelhardt auf seiner Auswanderungsreise einige Jahre in London Station, bevor er als Matrose auf einem englischen Kriegsschiff anheuerte. Dann fuhr er auf einer Brigg, die Handelsgüter zwischen englischen Hafenstädten und der Karibikinsel St. Vincent transportierte. Hierbei erlebte er einige Abenteuer und lernte verschiedene andere dort vorhandene, von verschiedenen europäischen Mächten beherrschte Inseln, daneben auch Piraterie und Sklavenhandel und -wirtschaft kennen. Er ließ sich schließlich in Guayana auf einer Plantage nieder und wurde selbst zum Sklavenhalter. Aus einem einfachen Bauernsohn wurde ein Profiteur des transatlantischen Menschenhandels. Auf diese Weise häufte er Kapital an und kam als reicher Mann in seine Heimat zurück. Den durch die gewaltsame Ausbeutung von Sklavenarbeit erwirtschafteten Gewinn investierte er in seine Heimat und trug somit zum dortigen industriellen Aufschwung bei. Was allerdings nur in seltenen Fällen zur Zufriedenheit und zum Wohlstand seiner wiedergefundenen Landsleute führte. Das Beispiel zeigt jedoch exemplarisch auf, wie zur Zeit der industriellen Revolution Gewinne erworben und angelegt wurden, die letztlich zum wirtschaftlichen Aufschwung und Wohlstand Europas wesentlich beitrugen.

In jenen Jahren hat Johann August Engelhardt seine außereuropäischen Erlebnisse, etwa im Jahre 1846, niedergeschrieben. Die haben erst kürzlich das Interesse der Nachgeborenen gefunden. Die autobiografischen Aufzeichnungen, die diesem Buch zugrunde liegen, beginnen im Jahre 1789. Diese waren zur Kenntnis des Heimathistorikers Peter Wanner gelangt. Der hat den vorliegenden Text nicht einfach ediert, sondern er hat die nicht immer vollständigen Erzählteile zusammengefügt, quasi eine „zweite Ebene des Erzählens" (S. 179) gewählt, wie der Herausgeber im Nachwort schreibt. Somit hat er versucht, den vorliegenden Text lesbarer und verständlicher zu machen, indem er somit Sprünge in der Darstellung ausglich, Erklärungen und Erläuterungen einarbeitete, Fremdbegriffe übersetzte und den historischen Kontext sichtbar machte. „Auf diese Weise", so Wanner, „konnte Engelhardts Text vollständig und unverändert stehen bleiben, nur die Orthografie wurde vorsichtig angepasst." Ob die historischen Aussagen durch den Bearbeiter und Herausgeber originär erhalten geblieben sind, weil ja letztlich „fiktive Einschübe" vorgenommen wurden, um „uns die Person näher" zu bringen, lässt sich nicht in jedem Fall glaubhaft vermitteln. Durch unterschiedliche Drucktypen kann der Leser zwischen Original- und Herausgeber-Text unterscheiden. Zum Verständnis des dennoch den Charakter einer autobiographischen Erzählung nicht verloren habenden Textes tragen die historischen Karten bei, die für die Publikation ausgewählt worden sind; einige historische Abbildungen (wenn auch nicht von dem Protagonisten selbst vorhanden) hätten die Erzählung weiter illustrieren können.

Ulrich van der Heyden, Berlin / Pretoria

Yannik Mück: Die Deutsche Gefahr. Außenpolitik und öffentliche Meinung in den deutsch-amerikanischen Beziehungen vor dem Ersten Weltkrieg (Medienakteure der Moderne, Bd. 2), Tübingen 2021, Mohr Siebeck, 363 S., € 59,–, ISBN 978–3–16–159788–6

Die 2019 bei Peter Hoeres in Würzburg fertiggestellte Dissertation Mücks, die nun 2021 bei Mohr Siebeck erscheinen konnte, befasst sich mit einem sehr spannenden und facettenreichen Thema, dessen sich die Wissenschaft bisher – wenn überhaupt – nur in Teilen angenommen hatte (Jörg Nagler und Detlev Junker wären hier zu nennen): Der Entstehung eines, für die erste Hälfte des 20. Jahrhunderts prägenden, US-amerikanischen „Wahrnehmungsmusters" (S. 321) des Deutschen Reiches als militaristisch-imperialistischem Monster, das amerikanische Propagandaagenturen des Ersten und Zweiten Weltkriegs mit endlos erscheinendem Material zu versorgen schien (Mück weist explizit auf das Committee on Public Information, CPI hin, S. 333). Der Entstehung dieses ‚Feindbildes' (S. 321) war eine bedeutende Verschlechterung der amerikanisch-deutschen Beziehungen vorausgegangen, die Mück *en détail* nachzuzeichnen sucht.

Das sich binnen kürzester Zeit herauskristallisierende Bild einer ‚Deutschen Gefahr' wertet Mück zu einem großen Teil als ein Medienphänomen, dessen Ursachen der Würzburger Historiker vor allem in der Etablierung der modernen (hier US-amerikanischen) Massenpresse, der ‚penny press' und damit verbunden der Entstehung einer ‚Massenöffentlichkeit' (S. 38) während des letzten Drittels des 19. Jahrhunderts sieht. Diese nationale ‚Massenöffentlichkeit' konsumierte als ‚Imagined Communities' (Benedict Anderson) nun auch politische Thematiken, die vormals der politisch-medialen Elite vorbehalten blieben. Umgekehrt konnte die politische Elite nicht mehr umhin, dieser Massenöffentlichkeit Rechnung zu tragen. Diesen Prozess, den Mück die ‚Medialisierung der Politik' (S. 22ff.) nennt, nutzt der Autor als sinnvollen methodischen Grundansatz für seine Arbeit, ähnlich wie dies bereits Martin Schramm in seiner Dissertation zum Deutschlandbild in England vor dem Ersten Weltkrieg (2007) umzusetzen wusste.

Die Entwicklung dieses ineinander verzahnten Mechanismus, der Medialisierung der amerikanischen Politik, aber auch umgekehrt, der Politisierung der Medien und ihrer Akteure bildet somit die hoch komplexe Grundlage des neuen, schlechteren deutsch-amerikanischen Verhältnisses (bereits zur Entlassung Bismarcks veröffentlichte der ‚Puck' am 2. April 1890 eine Karikatur, die Wilhelm den II. auf einem Thron aus Kanonen zeigt, in Händen Dynamit, dass er mit dem Tuch ‚Socialism' poliert. Auch wenn die Karikatur auf Wilhelms Politik in der Sozialistengesetzgebung zielt, so wird bereits 1890 deutlich, wie ein Teil der amerik. Öffentlichkeit – und nicht nur dieser – auf Wilhelm blickte) seit etwa 1896/97, also just zu der Zeit, als sich das Reich mit Flotten- und Weltpolitikplänen zu befassen begann. Entsprechend der Thematik speist sich Mücks solider Quellenkanon in erster Linie aus Tageszeitungen und anderen Periodika, den Privatnachlässen wichtiger amerikanischer Politiker und Journalisten der Zeit (etwa Murat Halstead, Herman Kohlsaat, Henry Cabot

Lodge, George Cortelyou, George Dewey, John Hay sowie der Präsidenten Cleveland, McKinley, Roosevelt) sowie der diplomatischen Korrespondenz (S. 27–30).

Sehr erfreulich ist der Umstand, dass auch die deutsche Seite erhebliche Berücksichtigung findet, der Leser also auch etwas über das ‚Amerikabild' der deutschen Politik erfährt. Bemerkenswert ist Mücks Schlussfolgerung die Reichsregierung von Bülow hätte auf die Medialisierung der Politik mit PR-Coups, wie der Entsendung des Prinzen Heinrich im Jahr 1902, reagiert, und damit einen kreativen, die neuen Umstände adaptierenden Kurs gefahren. Im Wesentlichen ging es den Deutschen dabei vor allem um die potentielle Annäherung an Washington, die, wie die Entscheidungsträger erkannt zu haben glaubten, über „die Gewinnung der öffentlichen Meinung" (S. 325) zu bewerkstelligen sei.

Mück zeichnet zunächst den Beginn der Verschlechterung der deutsch-amerikanischen Beziehungen seit 1897 nach, die er implizit in der Annäherung Großbritanniens an die USA durch die Venezuela-Grenzstreitigkeit von 1895/96 und die prinzipielle Anerkennung der Monroe Doktrin durch London begründet sieht. Die gleichzeitig durch das Reich ausgerufene Weltpolitik, die sich zunächst durch internationale Einmischung des Reiches (etwa im Fall der Krueger-Depesche, die, wie Mück feststellt, erheblich zu einem Nachgeben Londons in Venezuela, und damit einer Annäherung zwischen Großbritannien und den USA Vorschub leistete) auszeichnete, kam schnell in Konflikt mit den Interessen anderer Großmächte, gerade und vor allem durch sein schroffes, unberechenbares und anmaßendes Auftreten. So erhoffte man sich auf diplomatischen Druck hin erheblichen Einfluss auf die Finanzpolitik in Venezuela und drohte -just auf dem Höhepunkt der britisch-amerikanischen Streitigkeiten- in Form einer diplomatischen Note gar mit militärischen Maßnahmen. Die amerikanischen Befürchtungen, die Deutschen würden die Monroe-Doktrin ignorieren und in der westlichen Hemisphäre kolonisatorisch tätig werden (u.a. geäußert von Lodge oder Halstead), so etwa auf den Dänischen Inseln in der Karibik (die die USA 1917 letztlich selbst erwarben), in Brasilien und auf Haiti (S. 90, 94, 98), verdeutlichen die Wahrnehmung einer deutschen Bedrohung in der am. politisch-medialen Öffentlichkeit. Das deutsche Vorgehen in China im Herbst 1897 lieferte dazu eindrucksvolle Bilder von ‚Raub' und ‚Plünderung' (S. 97), so würde es nach amerikanischer Auffassung nun auch mittel- und südamerikanischen Staaten ergehen (S. 100). Die Abhängigkeit amerikanischer Medien von britischen Nachrichtenagenturen (insbesondere Reuters) – offensichtlich wurde das Kabel Emden-New York nicht umfänglich genutzt, wie Mück ausführt – tat ihr Übriges (S. 323). So traten vor allem auch englische Zeitungen oft als Stichwortgeber ihrer amerikanischen Kollegen auf, etwa 1899/1900 der *Spectator*. Das Wahrnehmungsmuster eines internationalen Raubritters fiel während des Spanisch-Amerikanischen Krieges und des Auftauchens eines deutschen Geschwaders unter Admiral Diederichs vor Manila, das von den Amerikanern zur See belagert wurde auf fruchtbaren Boden. Das Ereignis zog ein sensationslüsternes Echo in der amerikanischen Presse nach sich, befeuert durch die Informationsverknappung während des Krieges, britischer Einflussnahme und deutscher Unfähigkeit, selbst aktiv mit einer Konfliktbewältigung zu beginnen (S. 322, wobei Mück betont, die diplomatischen Beziehungen seien nach wie vor ohne Komplikationen verlaufen). Es hatte sich ein Wahrnehmungsmuster etabliert, dass in sich in das ‚belief system' der amerikanischen Öffentlichkeit eingefügt hatte und das die deutsche Diplomatie und Pressepolitik in der Folgezeit zwar abmildern, nicht aber durch ein dauerhaftes, positiveres Bild ersetzen konnte.

Und auch wenn oben genannte Mission des Prinzen Heinrich im Sinne einer deutschen ‚Charming-Offensive' als „Erfolg" (S. 253f., 325) gewertet werden kann, so gestaltete sie sich als eine Ausnahme, denn das Bild, das das Kaiserreich in jener Zeit international abgab, lieferte der amerikanischen veröffentlichten Meinung zu große Angriffsflächen. En Detail geht Mück unter anderem auf die nahezu unbekannte, sog. Witte Affäre ein, eine Serie öffentlich platzierter Zeitungsartikel des ehemaligen Presseattachés der deutschen Botschaft, Emil Witte, der aus Rache über seine Entlassung angeblich seine ganze Amtskorrespondenz dem Secret Service übergeben hatte. Die Veröffentlichungen lesen sich wie die mannigfaltigen Verdächtigungen gegen Deutsche und Deutsch-Amerikaner vor und während des amerikanischen Kriegseinsatzes ab 1917: Spionage, Deutsch-Amerikaner als Unterwanderer und Fünfte Kolonne, Verstrickung der Deutschen in internationale Verschwörungen gegen die USA (hier mit den Freiheitskämpfern auf den Philippinen, 1917 mit Mexiko im Zimmermann Telegramm), etc. etc. (Mück greift diese Parallelen in seinem Fazit ab S. 328 ebenfalls auf) Die Veröffentlichungen sorgten für „Furore" (S. 243), jedoch verloren die Sensationsblätter bald das Interesse an Witte. Eine gemeinsame, deutsch-amerikanische Deeskalation trug sicher auch dazu bei, dass sich der Skandal nicht weiter ausweiten konnte, es „blieben die Beschuldigungen jedoch nicht ohne langfristige Wirkung" (S. 325), nicht nur mit Blick auf den Image-Schaden für die deutsche Botschaft und führende Mitarbeiter der Selbigen.

Im Zentrum der Arbeit Mücks steht schließlich eine Neubewertung der sog. Venezuela-Krise von 1902/03. Als Scharnierakteur zwischen Medien und Politik weist Mück dabei den Präsidenten Roosevelt aus, der, geprägt von dem Bild, das Deutschland 1898 vor Manila abgegeben habe, eine Deutsche Gefahr als real betrachtete und daraufhin geschickt auf der Klaviatur der Feindbildinszenierung zu spielen wusste. Der deutschen Flottenrüstung, die er als Angriff auf den „unumstößlichen Grundpfeiler amerikanischer Außenpolitik [...] aus einer sozialdarwinistischer-mahanistischen Perspektive" (S. 326), die Monroe Doktrin, betrachtete, setzte er das Bedürfnis der amerikanischen Flottenrüstung entgegen. Dafür bemühten der Präsident und die Medien eine ‚Deutsche Gefahr' samt „Zeitungsfehden, Invasionsroman und Spukgeschichten um deutsche Spione" (S. 327, Zitat von Geppert/Rose, eigentlich auf Großbritannien gerichtet), so wie man kurz zuvor (‚The War of 1886', 1885; ‚The Stricken Nation', 1890) noch in Form Großbritanniens und kurz danach des Kaiserreich Japans ähnlich konzipierte Feindbilder findet.

Freilich schließen die Feindbilder des Ersten Weltkrieges, wie sie durch das CPI (vgl. oben) oder ähnliche Agenturen auch noch während des Zweiten Weltkrieges hervorgebracht wurden, an diese Episode an. Mit Beginn des Krieges 1914 wurde das Bild des internationalen Räubers und Brandstifters wieder akut (S. 331), auch wenn es in der Zeit nach 1903 etwas abgeebbt, die diplomatischen Beziehungen sich normalisiert hatten. (Das Hale-Interview von 1908 bildet hier einen erneuten Tiefpunkt, während das 25 jährige Thronjubiläum des Kaisers 1913 den Eindruck normaler, freundschaftlicher Beziehungen suggeriert). Der Reichsregierung lag ob der Auskreisung des Reiches in Europa an einem guten Verhältnis zu Amerika (etwa in Form eines Professorenaustauschs), jedoch, und darauf weist Mück über seinen Untersuchungszeitraum hinaus deutlich hin, konnte das unterschwellig negative Bild des Reiches in den USA nicht gekittet werden (S. 330f.). Apropos Untersuchungszeitraum: Hier liegt auch ein Kritikpunkt, denn der Titel der Arbeit evoziert eben auch eine Beschäftigung mit der Periode 1904–1917. Hier verweist Mück aber lediglich auf die Studie von Melvin Small von 1965.

Die Arbeit überzeugt mit ihrem interdisziplinären Ansatz auf mehreren Ebenen: Yannik Mück gelingt mit ‚Die Deutsche Gefahr' ein nachhaltiger Einblick in die deutsch-amerikanischen Beziehungen in einer ersten kritischen Phase des deutschen wie des amerikanischen Imperialismus. Er bestätigt, was Dominik Geppert (2007) und Bernhard Rosenberger (1998) bereits für ähnliche Themenfelder und Zeiträume herausgearbeitet haben: Die Rolle der Presse als neuem politischen Akteur, an dem sich Politik und Diplomatie zunehmend orientieren mussten. Und last but not least: Er macht darüber hinaus an einem konkreten Beispiel deutlich, wie und in welchen Situationen solche Feindbildmuster entstehen, wie sie akut werden und welche Funktion sie in Konfliktsituationen ausüben können - und damit tatsächliche Feindschaft begründen helfen.

Florian Vates, Bayreuth

Heribert von Feilitzsch: Felix A. Sommerfeld and the Mexican Front in the Great War, Amissville 2015, Henselstone Verlag LLC, 376 S., $ 22,50, ISBN 978–0985031749

Heribert von Feilitzsch legt in seinem Buch „Felix A. Sommerfeld and the Mexican Front in the Great War" ein neues bisher wenig beachtetes Kapitel des Ersten Weltkrieges vor. Es steht in einer Reihe von derzeit sechs Büchern um die Geheimdienststätigkeit Sommerfelds in den Vereinigten Staaten von Amerika und Mexiko in den Jahren 1913 bis 1918. Von Feilitzsch überzeugt mit einem profunden Wissen über die mexikanische Revolution der Jahre 1910 bis 1920. Sein Schwerpunkt in diesem Band liegt auf den Ereignissen der Jahre 1914 bis 1916. So zeigt er in einem sehr großen Kapitel die Kämpfe der Revolutionären Truppen untereinander sowie der US-amerikanischen Intervention gegen mexikanische Truppen, die US-Territorium und US-Bürger angegriffen hatten, zwischen 1915 und 1916 auf. Neben den militärischen Einwirkungen werden aber auch finanzielle Maßnahmen seitens des Deutschen Kaiserreiches und der Vereinigten Staaten von Amerika in Mexiko beschrieben, die die Revolution eher befeuerten als abflachten. So finanzierte Deutschland den Ankauf von Munition in den USA, um diese in Mexiko den revolutionären Truppen zukommen zu lassen. Die Vereinigten Staaten von Amerika hingegen versuchten sich, Anteile an der mexikanischen Ölproduktion zu sichern.

Warum investierte das Deutschen Kaiserreich in den fernen Kontinent? Feilitzsch gibt hierfür eine eindeutige Antwort: Der Ankauf von Munition in den USA sollte verhindern, dass die Munition von der Entente aufgekauft wurde und in Europa zum Einsatz kam. Weiterhin sollte die USA gezwungen werden, bei einem Konflikt mit den Revolutionären die Munition für die eigenen Truppen zu verwenden und nicht der Entente zur Verfügung zu stellen. Außerdem sollten die US-Truppen gefunden und von einem Einsatz in Europa abgehalten werden. Letzteres war besonders wichtig, da Deutschland den uneingeschränkten U-Bootkrieg seit Ende 1915 plante und eine Reaktion aus Übersee zu erwarten war. Diese Reaktion wäre, so Feilitzsch, ausgeblieben, wenn die USA in Mexiko mit ihrem Militär- und Finanzpotential gebunden gewesen wäre. Daher kam eine Verlängerung der mexikanischen Revolution und eine Ausdehnung auf den US-amerikanischen Süden dem Deutschen Reich nur zu Gute. So zeigt Feilitzsch, dass der deutsche Geheimdienst (das Geheime Kriegskonzil) in den USA rund um den Heeresattaché von Papen, dem Marineattaché Boy-Ed und dem deutschen Botschafter von Bernsdorff recht aktiv in die mexikanische Revolution verbunden waren. Ihr verlängerter Arm war Sommerfeld. Er hatte Verbindungen in hohe Kreise der US-Regierung und in die mexikanische Regierung. Seine Kontakte fachten den Krieg im Norden Mexikos und im Süden der USA immer wieder an. Damit gelang es ihm, wichtige militärische Verbände zu binden und Munitionslieferungen an die Entente zu verhindern.

Dabei verwundert es aber, dass Feilitzsch gar nicht nach Europa schaute. Welche Auswirkungen hatte der Krieg in Neumexiko und Arizona wirklich für den Krieg in Europa? Knappheit an Munition wurde von allen Ländern bereits im Jahr 1915 gemeldet. Da spielte es keine große Rolle, ob Munition aus den Vereinigten Staaten von Amerika nachgeliefert wurde. Bereits im Sommer 1915 konnten die Mächte der Entente ihren Munitionsbedarf in den Materialschlachten selber decken. Daher war der Erfolg des Geheimen Kriegskonzils und Sommerfelds in Mexiko eher nebensächlich und von geringer Bedeutung für den europäischen Kriegsschauplatz. Feilitzsch sieht das nicht, da sein Blick sehr begrenzt in der Region 50 Kilometer nördlich und 400 Kilometer südlich der Grenze zwischen Mexiko und den Vereinigten Staaten liegt. Daher war Sommerfelds Beeinflussung Mexikos nicht so bedeutend wie Feilitzsch es darstellen mochte. Dennoch war es ein Nadelstich, der die Entente traf. Aber mehr auch nicht. Mehr als Nadelstiche konnte Deutschland im Ersten Weltkrieg in Übersee nicht setzen. Das Kreuzergeschwader des Grafen Spee, die Hilfskreuzer im Pazifik und im Atlantik, Anschläge auf Hafenanlagen und Munitionsfabriken waren Mittel des Deutschen Kaiserreiches, den Krieg in die Neue Welt zu tragen. Sie alle hatten kaum Auswirkungen auf den Kriegsverlauf. Eher verunsicherten sie die Vereinigten Staaten von Amerika und bestärkten sie letztendlich in Verbindung mit dem Zimmermann-Telegramm darin, dem Deutschen Reich im Jahr 1917 den Krieg zu erklären.

Hat Feilitzsch die Wirkungen seines Protagonisten Sommerfeld überschätzt? Nach derzeitiger Sachlage hat er das. Das soll kein Vorwurf sein. Sommerfeld und seine Auftraggeber konnten nur in dem Maße agieren, wie sie Mittel zur Verfügung hatten. Am Ende hatten sie keinen Erfolg und verschwanden lautlos in der Geschichte. Das gibt Feilitzsch auch zu. Wo liegt also das Verdienst von Feilitzsch? Sein Buch zeigt einen Krieg auf, der in Europa wenig bekannt ist. Es ist der Krieg des Handels und des Kapitals. Kriegsfinanzierungen waren schon seit den 20er Jahren des letzten Jahrhunderts Thema in der wissenschaftlichen Aufarbeitung des Krieges (siehe das Reichsarchiv). Aber nun kommen Komponenten hinzu, die einen regelrechten Wirtschaftskrieg zeigen. Feilitzsch zeigt einen Krieg, der über Finanzmittel Munition abschöpft und dem Gegner vorenthält. Weiterhin zeigt er, dass Sabotage und Manipulation Mittel sein konnten und können, die den Gegner indirekt schädigen. Aber, darf man so weit gehen, zu sagen, dass Sommerfeld und seine Auftraggeber in der deutschen Botschaft in Washington dem Deutschen Reich die Möglichkeit gegeben hätten, den uneingeschränkten U-Bootkrieg in den Jahren 1915 und 1916 ohne Reaktionen seitens der USA zu führen? Wahrscheinlich ist diese Aussage übertrieben und von großem Optimismus geprägt. Sicher kann man es kaum sagen. In der Rückschau ist es klar und deutlich, dass Sommerfeld scheitern musste. Aber für einen Zeitgenossen war es das nicht. Die USA waren nicht auf dem Weg, in den Krieg einzutreten bis die Wiederwahl Wilsons geglückt war. Und auch nach dieser gab es an der mexikanischen Grenze Konflikte zwischen dem US-Militär und den Revolutionären. Und dennoch traten die USA in den Krieg in Europa ein. Das war eben eine Folge des uneingeschränkten U-Bootkrieges. Aus der Sicht des Zeitgenossen argumentierte also Feilitzsch richtig und überschätzte gleichzeitig die Wirkung Sommerfelds in seiner Zeit und in der Rückschau. Alles in allem ist es ein interessant zu lesendes Buch, das einen neuen Aspekt des Ersten Weltkrieges aufnimmt.

Andreas Leipold, Bamberg

Heribert von Feilitzsch: The Secret War on the United States in 1915. A Tale of Sabotage, Labor Unrest and Border Troubles, Amissville 2015, Henselstone Verlag LLC, 384 S., 34 Abb., € 15,50, ISBN 978–0985031770

Im Rahmen einer sechsteiligen Reihe legt Heribert von Feilitzsch ein weiteres Buch vor. Es befasst sich mit deutschen Geheimdienstaktivitäten in den Vereinigten Staaten von Amerika zwischen August 1914 und dem Sommer 1915. Von Feilitzsch hat bereits in den vorhergehenden Büchern bewiesen, dass er ein sehr guter Kenner der Geheimdienstaktivitäten des Deutschen Kaiserreiches in Nordamerika, besonders in den USA und Mexiko ist. Während die ersten Werke sich noch mit der Hauptfigur Felix Sommerfeld befassten, geht er in diesem Buch weg von der Geschichte einer Einzelperson hin zu einem größeren Personenkreis, dem sogenannten „Secret War Counsil", welches sich um den deutschen Marineattaché Karl Boy-Ed und den Heeresattaché, Franz von Papen Ende 1914 in den USA gebildet hatte. Mitglieder waren Walter Scheele als Bombenbauer, Heinrich Albert als Finanzier, Franz von Rintelen als Koordinator von Unruhen an der mexikanisch-us-amerikanischen Grenze und Walter Schweiger, Finanzier und Vertreter der Firma Bayer in den USA. Sie spannen ein Netz aus Kontaktleuten in Industrie und Politik. Dieses Netzwerk unterstützte viele bisher unbekannte deutsche Aktivitäten in Nordamerika. Ziele waren es seitens der Deutschen, die Vereinigten Staaten von Amerika von Lieferungen von Waffen und Rohstoffen an die Entente in Europa abzuhalten und die USA vor einem Kriegseintritt gegen Deutschland abzuschrecken. Hierzu schien den Deutschen und ihren amerikanischen Mittelsmännern jedes Mittel recht zu sein.

Der geheime Kriegsrat hatte in den USA mehrere Bombenattentate durchführen lassen. Das war bekannt, denn Franz von Papen war im Jahr 1916 von einem Gericht in San Francisco wegen der Vorbereitung und Durchführung von Anschlägen auf US- und Entente-Schiffen vor Gericht belangt worden. Dass aber auch US-Fabriken von deutschen Bomben zerstört wurden, war bisher nicht bekannt gewesen. Erst die Auswertung der FBI-Akten durch Feilitzsch brachte das ganze Ausmaß dieser deutschen Bedrohung in den USA öffentlichkeitswirksam ans Tageslicht. Das war eine Möglichkeit, Lieferungen jeder Art aus den USA nach Großbritannien und Frankreich zu unterbinden.

Eine zweite, dritte und vierte Möglichkeit war die Behinderung der Produktion von Waffen und Munition in den USA, um diese nicht nach Europa gelangen zu lassen. Hierzu wurden mittels eines irischen Kontaktmannes in mehreren Waffenfabriken der Vereinigten Staaten Arbeiterunruhen angezettelt, die offensichtlich Wirkung zeigten und zeitweilig die Produktion lähmten. Weiterhin wurden den Betrieben Rohstoffe entzogen. So schaffte es der geheime Kriegsrat, Rohstoffe und Chemikalien für den Waffen- und Munitionsbau aufzukaufen und in einer eigenen Firma zu verarbeiten. Die entstandene Munition und die Waffen wurden an die Revolutionäre in Mexiko verkauft und gelangten nicht an die Westfront in Europa zum Einsatz gegen die Deutschen. Eine vierte Möglichkeit für die Deutschen war es, Maschinen aufzukaufen, um US-Fabriken von der Produktion von Waffen aufgrund der Infrastruktur abzuhalten. Das geschah mehrfach. Diese drei Möglichkeiten lenkte nicht nur die US-Waffenproduktion weg von der europäischen Westfront, sondern unterstützte auch die mexikanischen Revolutionäre, welche nun US-Waffen im Kampf um die Vorherrschaft im Bürgerkrieg (1910–1920) benutzen konnten, sondern auch eine Gefahr für die Südgrenze der USA darstellten und damit US-Truppen banden, die bei einer möglichen Kriegserklärung der USA an das Deutsche Kaiserreich fehlen würden. Die deutschen Aktionen schlugen also viele Fliegen mit einer Klappe. Erfolg zeitigten sie auf Dauer nicht, da die ungeschickte deutsche Außenpolitik der Jahre seit 1916 die USA förmlich in den Krieg mit dem Deutschen Kaiserreich zwangen.

Schaut man Felitzsch' Leistung an, so ist diese bemerkenswert. Er eröffnet ein neues Kapitel der subtilen und geheimen Kriegsführung des Deutschen Kaiserreiches in Nordamerika. Seine Auswertung der FBI-Akten zeigt ein genaues Bild der deutschen Aktivitäten. Dass die Akten auch 100 Jahre nach ihrer Entstehung nicht ausgewertet wurden und ihren Inhalten Relevanz zugeschrieben wurde, mag enttäuschen. Es ist aber aufgrund der Ereignisse der Weltwirtschaftskrise und des Zweiten Weltkrieges kaum verwunderlich, dass hier kein Interesse an der Aufarbeitung der Geschehnisse des Ersten Weltkrieges bestand. Für Feilitzsch waren die Akten ein Glückstreffer. Er präsentiert uns daher ein Buch mit spannenden Geschichten aus dem Dunkel der Geheimdienstoperationen verbunden mit profunder Quellenkenntnis und scharfsinnigem Geist für Analyse und Verbindung von Fakten. Ob man diesen immer folgen muss, sei dahingestellt. Das wird besonders bei der Behauptung, dass die Versenkung der Lusitania im Mai 1915 ein absichtlich vom geheimen Kriegsrat aus Neid auf den Stolz der britischen Handelsmarine gesteuerter Akt der Aggression war, deutlich. Feilitzsch Behauptung steht alleine in all den Abhandlungen über den Fall Lusitania. Sie sticht heraus und provoziert. Sie regt an zum Nachdenken und Umdenken, doch löst sie keine Debatte aus, da das Thema für den Laien und den Historiker auch heute einfach zu weit abseits des Mainstreamdenkens liegt. Dennoch: Feilitzsch bietet eine neue Interpretation der Ereignisse an. Und nicht nur die Lusitania, sondern auch andere Fälle scheinen diskussionswürdig. Das macht den Charme des Buches aus. Es ist ein geradliniges Werk, das Fakten und Verbindungen bietet. Aber es fordert auch zur Reflexion und einem eigenständigen Verknüpfen der Ereignisse auf. Es bietet Blickwinkel auf Ereignisse, die eben nicht in der Öffentlichkeit geschahen und gesehen werden konnten, wenn man es wollte und verschwiegen werden konnten, wenn es politisch, wirtschaftlich oder gar persönlich erwünscht war. Feilitzsch bietet interessante Ideen, die zu denken geben und einen neuen Aspekt der deutschen Kriegsführung im neutralen Ausland aufbereiten. Nimmt man seine anderen fünf Bücher als Maßstab zur Beurteilung dieses Werkes, so ist der vorliegende Band am meisten gelungen, da er eben nicht mehr die Geschichte von Personen, sondern von Strukturen und Interessen erzählt und damit zusätzlich zu persönlichen Vorstellungen der handelnden Figuren auch die große Geschichte des Ersten Weltkrieges im Blick behält.

Andreas Leipold, Bamberg

Australien und Südsee

Thomas Bargatzky: Mana, Macht und Mythen. Tradition und Moderne in Australien und Ozeanien (Collectanea Instituti Anthropos, Bd. 50), Baden-Baden 2019, Academia, 167 S., 13 Abb., € 34,–, ISBN 978–3–89665–798–5

Seit Fritz Kramers *Bikini oder Die Bombardierung der Engel* (Frankfurt/Main 1983), spätestens aber seit Prognosen über das Ansteigen des Meeresspiegels und damit über das physische Verschwinden vieler Eilande Einzug in die Politik zu finden scheinen, hat sich der Traum von den Südseeparadiesen ganz auf den Tourismus zurückgezogen. In der Ethnologie waren die bunten Kulturen Melanesiens, Mikronesiens und Polynesiens schon früh Paradebeispiele für das Sterben kultureller Exotik; Wilhelm Emil Mühlmann beendete seine 1932 begonnenen und 1955 zusammengefassten Studien über das elaborierte Bundwesen Polynesiens mit dem Satz: „Aber es gibt auch eine Vernichtung der geistig-kulturellen Existenz, die noch tragischer ist als die bloß physische Auslöschung" (*Arioi und Mamaia*, Wiesbaden 1955, S. 244).

Diesen allgemeinen Konsens über Untergang zu stören, hat der Bayreuther Ethnologe und international ausgewiesene Südsee-Fachmann Thomas Bargatzky ein Buch publiziert, das die Lebenskraft mythischen Denkens auch bei fortgeschrittener Modernisierung und Globalisierung zu beweisen versucht. „Vor- und perimoderne Kulturen" hätten ein „kompartmentalistisches Verhalten" entwickelt, das ungewöhnliche Kombinationen aus rationalistischen Problemlösungen und mythengeleiteter Weltanschauung erlaubt. Kurt Hübner (*Die Wahrheit des Mythos*. München 1985) folgend spricht Bargatzky vom „nicht-cartesianischen Denken", das ohne Trennung von Ratio und Materie, Natur und Kultur oder sakral und profan die „urstiftenden Weltformungstaten" (auch „Archái" genannt) zu wiederholen und vergegenwärtigen sucht. Damit setzen die vor langer Zeit eingewanderten Insulaner (auch die Altaustralier) die Kreationen ihrer Vorfahren fort, denn: „Die Vorstellung eines allmächtigen jenseitigen Schöpfergottes ist mit mythisch geprägtem Polytheismus unvereinbar"(S. 29).

Das nur sparsam illustrierte und kartographisch völlig abstinente Buch gibt eine kurze, aber kundige Zusammenfassung von Siedlungsgeschichte, sprachlicher Zuordnung und ethnographischer Einteilung mit Exkursen zum Ämter- und Titelwesen, zum Zeremonialtausch, zu Seelenvorstellungen und herausragenden Göttergestalten wie Tangaloa oder Maui. Besondere Beachtung schenkt der Autor dem Mana-Begriff, den er Irving Goldman (*Ancient Polynesian Society*. Chicago 1970) folgend als „Statuswirksamkeit" definiert und als soziale, politische wie religiöse Essenz einer „Senekratie" begreift. Diese auratische Autorität hat nach Bargatzky auch die vielerorts schon im frühen 19. Jhdt. erfolgte Christianisierung überdauert, denn: „Mana, die übernormale Wirkmächtigkeit einer Person, ist vom Zugang und vom Besitz von Land abhängig" (S. 65).

Ebenso wie Landbau gilt Handwerk als Weiterführung der „Arbeit der Götter", bzw. Fortsetzung der Schöpfung, die im Makrokosmos aus Land, Meer und Himmel, im Mesokosmos der „Polis" wie im Mikrokosmos der Person gegen den Rückfall ins Chaos ankämpft. Sichtbarer Ausdruck dieses kollektiven wie individuellen Bemühens sind die Kava-Zeremonien ebenso wie die neuerdings wieder populär gewordene Tatauierung. Diese dokumentiert *mana* und komplettiert den Menschen, was bei Männern eines weit größeren Aufwandes bedarf als bei Frauen: „- es gibt natürlich auch weise Frauen, aber da die Kenntnis der Mythen in der Regel Herrschaftswissen ist und die Regelung der Angelegenheiten des Gemeinwesens in der Regel formell Männersache ist, lassen Frauen den Männern den Vorzug. Oft ist Frauen aber auch der Anblick bestimmter heiliger Gegenstände verboten, daher bleibt die Kenntnis der betreffenden Mythen Sache der Männer" (S. 87).

Bargatzky bemüht sich – auf nicht immer leicht nachvollziehbare Weise –, die Bandbreite von Oraturen und Genealogien dieser einfachen wie geschichteten Gesellschaften des ozeanischen Riesenraums zu kategorisieren, er vergleicht sie mit neuzeitlichen – auch nicht für fremde Blicke zugängliche – Bankkonten oder auch – was Bronislaw Malinowski (*Argonauts of the Western Pacific*, New York 1921) wohl zuerst herausgearbeitet hatte – mit Verfassungen, die sich zu den Setzungen der Gründerväter bekennen. Ausdruck dieses Willens zum Festhalten wie zum Weiterführen sind die Erzählungen vom Urzeitgeschehen. Das dort thematisierte Eliadesche *illud tempus* ist aber nicht längst vergangen, sondern „weltimmanent", wie in herausragender Deutlichkeit Theodor Strehlow seinen Aranda-Informanten entnehmen konnte (*Aranda Traditions*, Melbourne 1947). Bargatzky schlägt den Terminus „Weltformungsmythen" vor: „Aus Gott wird Tier, aus Tier wird Mensch, aus Mensch wird Kultgegenstand, und umgekehrt" (S. 107).

In der allseitigen Verwandelbarkeit des nie endenden Mythosgeschehens sieht Bargatzky auch den Kern des früher theoretisch überfrachteten „Totemismus" verborgen: Im Ritual wird „mythische Substanz" vergegenwärtigt und damit Verwandtschaft gestiftet. Es sei das Verdienst Adolf E. Jensens (*Die getötete Gottheit*, Stuttgart 1966), hier die Urtötung als weltweit verbreiteter Mythenschatz herausgearbeitet zu haben. Im „göttlichen Mädchen" (auf Ceram Hainuwele), im Schwein oder in der Kopfjagd verkörpert sich der für das moderne Denken so schwer zu akzeptierende Zusammenhang von Töten und Leben, der „die Welt im Innersten zusammenhält". Es sind keine transzendenten Gottheiten, sondern „weltimmanente", die die Welteltern Himmel und Erde getrennt haben. Ihr Wirken ist ambivalent, wie das der gut-bösen Geister oder wie das des „tevolo" oder „tiapolo", also des Teufels – nach der Christianisierung –, der dem höchsten Gott beisteht.

Nach Bargatzky dürfen „indigene Gesellschaften nicht einfach als passive Erdulder des oktroyierten Kulturwandels missverstanden werden" (S. 130). Wie die gut dokumentierten Cargo-Kulte Melanesiens gezeigt haben, erweitern sich mythenbasierte Religionen leicht nach der Seite stärker erscheinender Mächte. Christliche Glaubensinhalte werden in die „Traumzeitgeschichten" eingeschmolzen oder man behilft sich mit „Kompartmentalisierung", also dem Nebeneinander von fast unverbundenen oder gar sich widersprechenden Glaubenssektoren. Nach Bargatzky fand im 19. Jahrhundert auf Samoa eine „Selbstchristianisierung" statt, die allenfalls durch den „christlichen Ausschließlichkeitsanspruch" gestört wurde. Nachdem die großen Congregationen alle zu irgendwelchen Toleranzformen – wie etwa der Angleichung von Kava-Zeremonie und Eucharistie – gefunden hätten, werde rigide Lehre fast nur noch von gewissen Sekten und den Mormonen gepredigt.

Als Sieger behauptet sich in Bargatzkys anregender Rekonstruktion der pazifischen Religionsgeschichte der „ontologische Mythos", der sich über chronologische Tatsachen hinwegsetzt, auch wenn er durchaus als mnemotechnisches Instrument taugen und dem Historiographen in Räumen ohne Schriftdokumente eine unschätzbare Hilfe sein kann. Das Schlusskapitel der ebenso lesenswerten wie lehrreichen Abhandlung bekräftigt noch einmal das den traditionellen ethnologischen Pessimismus transzendierende Bekenntnis zur Kraft mythischen Denkens, das die Menschheit seit ihrem eiszeitlichen Werden getragen habe und mit seiner „konzentrischen Ethik" und der Kunst des „Kompartmentalisierens" auch die moderne Massenkultur mit ihrem globalen Anspruch – ein „Irrweg der Weltgeschichte"? – überdauern würde.

Bernhard Streck, Homberg an der Ohm

Michael Stoffregen-Büller: Der Sandwich-Insulaner. Von Polynesien auf Preußens Pfaueninsel, Berlin 2019, Hendrik Bäßler, 272 S. mit zahlr. Abb., € 26,–, ISBN 978–3–945880–38–8

Es ist kaum zu glauben, aber auf einer kleinen Insel, die zur deutschen Hauptstadt gehört, die den romantischen Namen Pfaueninsel trägt, lebte in der ersten Hälfte des 19. Jahrhunderts ein Südseeinsulaner. Auf dem kleinen Eiland im Havelstrom, auf dem preußische Könige ein Sommerschloss mit Park und exotischen Anlagen errichten ließen, lebte einige Jahre lang Harry Maitey, der um 1807 auf den Sandwich Inseln im Nordpazifik geboren worden ist und über tausende Seemeilen nach Brandenburg gelangte. Hier verstarb er im Jahre 1872.

Diese Geschichte eines Außereuropäers am preußischen Hof ist nicht als völlig unbekannt zu bezeichnen, insbesondere wurde in regionalgeschichtlichen Zeitschriften und Zeitungen (vor allem in den 1920er und 1930er Jahren) sowie im Jahre 1977 im „Hawaiian Journal of History" darüber berichtet. Wagt man einen Vergleich mit den Forschungen zu den in Brandenburg-Preußen lebenden Hof- und Kammermohren, ist über den „Sandwich-Indianer" mehr geforscht und geschrieben worden und es befinden sich dennoch immer noch bislang weitgehend unausgewertete Aktenbestände vor allem im Geheimen Staatsarchiv Preußischer Kulturbesitz in Berlin als von denjenigen „Ausländern", die vom „schwarzen Kontinent" nach Kurbrandenburg bzw. ins preußische Königreich kamen.

In den vergangenen zwei bis drei Jahrzehnten sind im Zuge der verstärkten postkolonialen Studien über die „Hofmohren", „Turkos" und „Janitscharen" einige wichtige Publikationen vorgelegt worden, jedoch tauchen Polynesier hierin kaum auf, was vielleicht auch verständlich ist, handelt es sich doch bei den Erstgenannten um eine quantitativ größere Gruppierung.

Weil sich in jüngster Zeit kein Historiker mit einer Biographie Maiteys für ein deutsches Lesepublikum ausführlich beschäftigt hat, so hat dies nunmehr ein Journalist übernommen, der seine Aufgabe zur vollen Zufriedenheit der Leser erfüllt hat, seien es Fachleute der überseeischen oder preußischen Geschichte oder interessierte Laien. Einen wichtigen Beitrag dafür, dass der Rezensent – und sicherlich auch viele andere Leser – das Buch bei der Lektüre kaum aus der Hand legen mochte, leistet ohne Zweifel der Verlag. Denn das Buch ist mit einer Vielzahl von historischen und aktuellen Illustrationen ausgestattet, zum Teil in Farbe.

In einem sehr nachvollziehbaren und verständlichen Stil werden zunächst die erste deutsche Weltumsegelung und die Geschichte des jungen Südseeinsulaners in seiner Heimat (wobei hierüber kaum verlässliche Informationen vorliegen) erzählt. Sodann wird das ungewöhnliche Schicksal des jungen Mannes nachgezeichnet. Er wagte eine abenteuerliche, tausende Seemeilen lange Fahrt auf einem Segelschiff, was ihn von einer Insel im Nordpazifik auf eine kleine Insel im Havelstrom im äußersten Südwesten der deutschen Hauptstadt brachte. Er war ab August 1830 als Assistent des Maschinenmeisters auf der Pfaueninsel angestellt, der ihn zum Schlosser, Tischler und Drechsler ausbildete. Von einer polynesischen Insel stammend, war wohl Harry Maitey der einzige, der am Hofe Friedrich Wilhelm III. und Friedrich

Wilhelm IV. diente. Der überlieferte Name wurde ihm von Deutschen gegeben. Und er war einer der ersten bekannten Insulaner aus der Südsee, die nach Europa kamen. Über Omai (ca. 1751–1780), der als erster Polynesier in England gilt, ist hingegen mehr geforscht und geschrieben worden.

Es wird in dem gut strukturierten Buch ein ungewöhnliches Lebensschicksal erzählt, aber ebenso ein Blick auf die Geschichte der preußischen Übersee-Schifffahrt geworfen. Von damals einsetzenden Fernreisen brachten Segelschiffe der „Preußischen Seehandlung" für König Friedrich Wilhelm III. exotische Tiere mit, die er als Attraktionen in seiner Menagerie auf der Pfaueninsel ausstellen ließ. Maitey taugt aber nicht als Zeuge von menschlichen Ausstellungsobjekten von Völkerschauen. Er wurde vielmehr ein Zeuge und Gehilfe der einzigartigen Blütezeit des sich noch heute großer touristischer Beliebtheit erfreuenden Eilands und konnte miterleben und beobachten, wie sich die Potsdamer Havelgewässer laut Werbung des Verlags „in eine royale Traumlandschaft mit südlichem Flair verwandelten".

Über die soziale und ethnische Herkunft von Maitey liegen wenige zuverlässige Informationen vor. Es existieren unterschiedliche Deutungen. Genaue Informationen über ihn sind erst dann überliefert worden, nachdem er mit dem Schiff in Swinemünde angekommen war. Belegt ist, dass er zunächst in der Familie des Präsidenten der Seehandlung als Mündel des preußischen Königs ungezwungen lebte. Ab dem Jahre 1827 besuchte er in Berlin eine Schule. Er diente Wilhelm von Humboldt als Gesprächspartner für dessen Forschungen zur hawaiianischen Sprache. Im April 1830 wurde Maitey getauft und konfirmiert und zählte dann, auch während seines Dienstes auf der Pfaueninsel, zum königlichen Haushalt.

Drei Jahre später heiratete er und zog nach Klein-Glienicke, was einen langen Weg zur und von der Arbeit mit sich brachte. Er erhielt als Gärtner eine andere Aufgabe in einem königlichen Garten. Er verstarb als Rentenempfänger des Königs. Sein Grab ist noch heute erhalten.

Ulrich van der Heyden, Berlin / Pretoria

Hermann Mückler: Missionare in der Südsee. Pioniere, Forscher, Märtyrer. Ein biographisches Nachschlagewerk zu den Anfängen der christlichen Mission in Ozeanien (Quellen und Forschungen zur Südsee, Reihe B, Bd. 6), Wiesbaden 2014, Harrassowitz, 480 S., 18 Karten, € 86,–, ISBN 978–3–447–102681–1

Nachdem der Wiener Ethnologe und Kulturanthropologe schon 2010 in seinem Buch *Mission in Ozeanien* (siehe hierzu meine Rezension in *Bibliographia Missionaria* 77, 2013, S. 474–477) 800 Kurzbiogramme von Missionaren aus Ozeanien veröffentlicht hat, hat er nun ein 1700 Missionare umfassendes biographisches Nachschlagewerk zu den Anfängen der christlichen Mission in Ozeanien, wie sie sich in den Missionarsbiographien widerspiegelt, publiziert. Dieses einmalige Werk hat es verdient, als Band 6 in die vom Bayreuther Historiker und Fachmann der deutschen

Südsee-Kolonialgeschichte, Hermann Joseph Hiery, herausgegebene und betreute Reihe *Quellen und Forschungen zur Südsee* aufgenommen zu werden.

Dass die vielen zu Ozeanien gehörigen Inselstaaten heute mehrheitlich sich zu der einen oder anderen Form des christlichen Glaubens bekennen, hat mit dem Wirken der Missionare aus Europa, Nordamerika, Australien und nicht zuletzt aus Ozeanien selber zu tun. In Ozeanien waren es vor allem Polynesier, die der polynesischen, mikronesischen und melanesischen Bevölkerung des Inselkontinentes das Christentum durch Wort und Tat, vor allem aber durch ihr Lebenszeugnis, vermittelt haben. Den ersten umfassenden Forschungsbeitrag zur Missionsgeschichte Ozeaniens hat der US-Amerikaner Ralph M. Wiltgen SVD (1921–2007) mit seinem 1979 erschienen Werk *The Founding of the Roman Catholic Church in Oceania: 1825–1850* gemacht. Post-mortem erschien im Jahr 2008 dann noch sein zweites Werk zur katholischen Missionsgeschichte Ozeaniens *The Founding of the Roman Catholic Church in Melanesia and Micronesia 1850–1874*. Zwei Autoren haben dann einen herausragenden Beitrag zu einer ökumenischen Missionsgeschichtsschreibung geleistet. Einen gut lesbaren Überblick zur Evangelisierung Ozeaniens hat zuerst der australische Ökumeniker John Allen Garrett (1920–2011) in drei Bänden *To Live Among the Stars: Christian Origins in Oceania*, (1982); *Footsteps in the Sea: Christianity in Oceania to World War II* (1992) und *Where Nets were Cast: Christianity in Oceania since World War II* (1996), einer weltweit an diesem Thema interessierten Leserschaft zur Verfügung gestellt. 2004 erschien dann das herausragende wissenschaftliche Werk des aus Neuseeland stammenden presbyterianischen Kirchenhistorikers Ian Breward (*1934), *A History of the Churches in Australasia*, das in der renommierten Reihe *Oxford History of the Christian Church* publiziert wurde. Es fehlt leider in der Bibliographie, sollte aber unbedingt in dieselbe aufgenommen werden (siehe dazu meine Besprechung in *East Asian Pastoral Review* 52/3, 2015, S. 292–298).

Die heute in Ozeanien fest verwurzelte Vielfalt christlicher Kirchen spiegelt das Erbe der konfessionellen (*denominational*) Herkunft ihrer Missionare wider. Die christlichen Missionare kamen in drei großen Wellen nach Ozeanien. Seit Ende des achtzehnten Jahrhunderts kamen zuerst britische Missionare der *London Missionary Society* nach Polynesien, dann aber auch französische katholische Missionare, Methodisten und Anglikaner aus dem British Empire, d. h. aus England und Australien. Im 19. und 20. Jahrhundert etablierten sie sich, von Polynesien aus, auch in Melanesien. Missionare der Sieben-Tage-Adventisten (SDA) kamen Anfang des 20. Jahrhundert nach Melanesien. Mit der dritten Welle von christlichen Missionen, die nach dem Zweiten Weltkrieg einsetzte, kamen dann unzählige evangelikale (*faith missions*) und pentekostale Missionare nach Ozeanien. Es wurden aber auch zahlreiche bisher nicht an der Erstevangelisierung Ozeaniens involvierte katholische Ordensgemeinschaften nach Ozeanien eingeladen, besonders Orden, die sich auf die Erziehung der jungen Generation spezialisiert hatten, wie z. B. Schulbrüder- und Pflegeorden. Darunter waren die Maristen-Schulbrüder, die De La Salle Schulbrüder, sowie ab den 1980er Jahren auch die Don Bosco Salesianer und Salesianerinnen.

Das biographische Nachschlagewerk von Hermann Mückler stellt mit seinen 1700 Kurzbiographien von bekannten, aber auch zahlreichen unbekannten, Missionaren und Missionarinnen einen Zugang zu zahlreichen, bisher kaum zugänglichen Biogrammen von Missionaren zur Verfügung. Da zahlreiche Missionare auch als Linguisten, Ethnologen, Lehrer, Krankenpfleger vielfältige Spuren hinterlassen und so zur Entfaltung der heutigen Gesellschaften in Ozeanien beigetragen haben, ist solch ein Nachschlagewerk von unermesslichem Wert. Gerade deswegen ist der Zugang zu diesen Biographien für Historiker, Anthropologen, Soziologen und Erziehungswissenschaftler, um hier nur die wichtigsten Disziplinen zu nennen, aber auch für interessierte Nicht-Fachleute, von größter Bedeutung.

Die umfangreiche Bibliographie ist sehr hilfreich und verdient Anerkennung. Natürlich weist solch ein Werk noch Lücken auf, die in weiteren Auflagen noch geschlossen werden sollten. So vermisse ich z.B. das Werk von Frank Mihalic SVD (1916–2001) *Readings in PNG Mission History. A chronicle of SVD and SSpS mission involvement on mainland New Guinea between 1946 and 1996* (Divine Word University Press, Madang, PNG 1999), das eine reiche Fundgrube über zahlreiche Steyler Missionare (SVD) und Missionsschwestern (SSpS) die in Papua- Neuguinea gewirkt haben, darstellt. Auch dessen 1960 publizierter Artikel *Melanesian Pidgin Englis in New Guinea* (in: Verbum SVD 2/4, 1960, S. 340–344) hätte es verdient, in die Bibliographie aufgenommen zu werden. Dasselbe gilt für das Werk des PNG Hochlandpioniers Pater John Nilles SVD (1905–1993), *They went out to sow. The Beginning of the work of the Catholic Mission in the highlands of Papua New Guinea. 1933–1943* (Analecta SVD 62, Rom 1987) indem die Pionierarbeit der ersten Steyler Missionare im Hochlands Neuguineas ausführlich geschildert werden. Leider wurde Nilles auch nicht in Biogramme aufgenommen. 1936 schloss Nilles seine theologische Ausbildung mit der Priesterweihe in Sankt Gabriel bei Wien ab und reiste noch im selben Jahr nach Neuguinea aus. Ab 1937 gehörte der gebürtige Saarländer zu der Gruppe der Pioniermissionare unter der Leitung von Pater Alfons Schäfer. Wegen seines Diploms in Anthropologie, seiner Erfahrung in Landwirtschaft und Straßenbau und besonders seine enge und von gegenseitigem Vertrauen geprägten Beziehungen zur einheimischen Bevölkerung im Hochland drängten ihn 1970 australische Politiker, sich um einen Sitz im Landesparlament zu bewerben. Bei der Wahl erhielt er bereits im ersten Wahlgang eine erstaunliche Mehrheit. Vier Jahre (1977–1981) vertrat er die Interessen der Hochländer im Landesparlament des 1975 unabhängig gewordenen Papua-Neuguinea. Mehrere von ihm veröffentlichte ethnographische Artikel zeugen von seiner guten Kenntnis von Land und Leuten im Hochland. 1984 wurde der konstruktive Beitrag zur Landesentwicklung von Pater Nilles mit dem *Order of the British Empire* (OBE) gewürdigt. Weiterhin fehlt das von 1960 P. Josef Ulbrich SVD veröffentlichte Werk *Pionier auf Neuguinea. Briefe von P. Alfons Schäfer SVD* (Kaldenkirchen 1960), das 1991 als *Schaefer, Alphons, Cassowary of the Mountains: The Memoirs of a Pioneer Missionary in Papua New Guinea 1930–1958* (Analecta SVD 69, Rom 1991) in englischer Übersetzung herauskam. Die Dissertation des lange als Missionar und Forscher im Hochland Neuguineas tätigen Ennio Mantovani ist dem Wirken dieses Missionars gewidmet (P. Alfonso Schäfer

SVD, *Missionario Verbita pioniere dell'Altopiano Centrale della Nuova Guinea. La sua opera e il suo metodo*, Roma 1963). Wie Nilles hat auch Schäfer zahlreiche ethnologische und linguistische Beiträge in internationalen Fachzeitschriften publiziert. Das gilt ebenso für William Ross, über den die Ethnologin Mary Mennis die Biographie *Hagen Saga. The story of Father William Ross, First American Missionary to Papua New Guinea* (Institute of PNG Studies, Port Moresby 1982) herausgab. Auch sollten die auf S. 471f. erwähnten Veröffentlichungen des Missionshistoriker Ralph M. Wiltgen SVD (1921–2007) durch die deutsche Ausgabe seiner vorher im Verbum veröffentlichten englischen Beiträge zu den Opfern der Akikaze *Aposteltod in Neuguinea Der Tod des Bischofs Lörks und seiner Gefährten* (St. Augustin 1966) ergänzt werden. Für den von K. S. Inglis herausgegebenen Sammelband *History of Melanesia* (Canberra / Port Moresby 1969) hat Wiltgen den bedeutsamen Artikel *Catholic Mission Plantations in Mainland New Guinea: Their Origin and Purpose* (S. 329–362) beigetragen.

Das Biogramm über Frank auf Seite 157 nennt Deutschland als sein Herkunftsland. Frank wurde aber 1900 in den Vereinigten Staaten geboren und erhielt den Namen Francis. Er wurde Frank genannt, nicht Franz wie angegeben. James E. Mertz, SVD, gab über ihn die Kurzbiographie *The Life of an American Missionary Brother: Brother Eugene* (SVD Press, Techny, Ill, 1953), heraus. Die drei holländischen Brüder William, Engelbert und Cornelis van Baar, die alle als Steyler Patres in Neuguinea wirkten, sind in Mücklers Werk ausgelassen worden. William van Baar (1899–1981) spielte in den ersten Aufbaujahren der zum Großteil zerstörten Küstenmission der SVD als Apostolischer Administrator bis zur Ernennung neuer, nun amerikanischer Apostolischer Vikare (1948), in der katholischen Mission Festland-Neuguinea eine bedeutsame Rolle. Aber auch seine Brüder Engelbert (1898–1989) und Cornelis (1904–1985) wirkten jahrzehntelang als SVD-Missionare in Neuguinea. 1991 gab Engelbert van Baar seine *Autobiography of a Missionary. Missionary to Papua New Guinea 1924 to 1973* (Alexishafen, Madang 1991) heraus. Unter den Missionarinnen vermisse ich Schwester Arsenia, Barbara Wild SSpS (1896–1993), die aus Lebach-Gresaubach (Bistum Trier) stammte und ab 1928 in Neuguinea als Lehrerin, Katechetin und zeitweise als Regional- bzw. Hausoberin wirkte. Bei dem Angriff auf die Yorishime Maru 1944 kam sie mit dem Leben davon. Sie wurde zur Mitgründerin der indigenen *Saint Therese Sisters of Alexishafen*, auf deren Friedhof in Alexishafen sie auch beerdigt wurde. 1986 erhielt sie in Goroka das Bundesverdienstkreuz vom deutschen Botschafter. Ihre Heimat hatte sie seit ihrer Ausreise 1928 nie wiedergesehen. Die Arbeit der Missionshistorikerin Ortrud Stegmaier *Missionsdienst am eigenen Volk. Die Heranbildung einheimischer Ordensfrauen durch Steyler Missionare und Missionsschwestern* (Steyl 1978) geht auch auf die *Gründungen in Neuguinea* (S. 100–106) ein, in der auch Schwester Arsenia erwähnt wird. Der 2. Band der 2015 herausgegebenen sechsten Auflage *Zeugen für Christus. Das deutsche Martyrologium des 20. Jahrhunderts* (hrsg v. Helmut Moll, Paderborn 2015) enthält die Lebensbilder von 36 in Neuguinea umgekommenen Steyler Missionsschwestern, von denen 35 aus der Feder von Ortrud Stegmaier stammen.

Die Jubiläumsschriften *Sent by the Word. 100 Years of Service by Divine Word Missionaries (1896–1996) and Sisters Servants of the Holy Spirit (1899–1999) on Mainland New Guinea* (Mount Hagen, Madang 1995) und *Sent by the Spirit. Missionary Sisters of the Holy Spirit 1899–1999 Papua New Guinea* (Madang 1999), die eine vollständige Namensliste aller in Neuguinea tätigen SSpS Schwestern enthält, sollten in die Bibliographie aufgenommen werden. Bei der Literatur zu der Maristenmission in Ozeanien vermisse ich vor allem *High Laracy, Marists and Melanesians. A History of Catholic Missions in the Solomon Islands* (ANU Press, Canberra 1976) und das von dem Maristenhistoriker Alois Greiler SM 2009 herausgebrachte Buch *Catholic Beginnings in Oceania. Marist Missionary Perspectives* (ATF Press, Hindmarsh, SA, Australia 2009), in dem verschiedene Autoren ihre neuesten Forschungsergebnisse zum Wirken der Maristen in Ozeanien publiziert haben. Das Buch von der niederländischen Historikerin Gabriele Dorren, *Door de wereld bewogen. Geschiedenis van de Nederlandse Missionarissen van het Heilig Hart (MSC)* (Hilversum 2004) geht vor allem auf MSC Missionare die in Niederländisch-Neuguinea, dem heutigen indonesischen West Papua, arbeiteten ein, und sollte in keiner Bibliographie über Missionen in Ozeanien fehlen.

Die hier aufgeführte Liste an fehlender Literatur und fehlenden Lebensbildern möchte ich als positive Hilfestellung für eine zu erhoffende neue Auflage verstanden wissen, die ansonsten den Wert dieses einmaligen Werkes des Autors nicht schmälern. Das biographische Nachschlagewerk über die Missionare Ozeaniens ist einmalig und wird vielen an diesem Thema interessierten Fachleuten aus den verschiedensten Disziplinen sowie Laien einen schnellen und unkomplizierten Zugang zu Personen, die als Missionare in der Südsee wirkten, ermöglichen. Der Autor hat mit seinem ökumenischen Handbuch eine Lücke in der Geschichte Ozeaniens gefüllt. Dafür verdient er Anerkennung und vor allem großen Dank.

Paul B. Steffen, Rom

Hermann Joseph Hiery: *Fa'a Siamani:* Germany in Micronesia, New Guinea and Samoa 1884–1914, Wiesbaden 2020, Harrassowitz, 284 pp. with illustrations, tables (and maps designed by Robert Schmidtchen), € 49,–, ISBN 978-3-447-11492-9

This is a magisterial historical study of the former German Pacific colonies by an esteemed scholar of the Pacific: Hermann Joseph Hiery, author of many valuable books and monographs on the overseas German Empire. Hiery holds the Chair of Modern History at Universität Bayreuth, and is a member of the distinguished Academy of Europe. As such, his explorations of the German colonial encounter are always commandingly researched, calmly yet compellingly written, and constitute a major contribution to Pacific scholarship.

Fa'a Siamani is an enriching compendium of highly complex migration, settlement and trading patterns supplemented by thirteen informative data-rich tables of

Hiery's own creation—all encapsulated within a nuanced account of the basic colonial encounter between Reich and Pasifika epistemologies, social practices and value systems across many thousands of kilometres of the Pacific 'Sea of Islands' (Epeli Hau'ofa). Hiery, while certainly no simple German nationalist, insists that in the case of Samoa at least, "ultimately, the Germans proved to be the most successful of the European actors" (p. 197), and he traces the *Pax Germanica* across the German Pacific Colonial Empire in terms which suggest how more culturally accommodating, and less militaristic and policing, were the German officials and system than that of their Anglo-Saxon kin (citing the case of Fiji and implying the continuation of harsh 'Britonnic' policies in Samoa under the New Zealand administration after the Versailles mandate arrangements).

This book combines earlier research by Hiery and is richly augmented by recourse to the work of other noted scholars across more than a century, much of which has previously been available only in German, but notably other experts in tracing the Germanic Pacific: Peter Hempenstall, Stewart Firth, Malama Meleisea and Peter Sack. Hiery combines all this with discoveries that will greatly enrich understanding of the nuances and drivers of German interests in a large swathe of the Pacific (Western Samoa, Papua New Guinea, the Federated States of Micronesia, the Republics of the Marshalls, Nauru and Palau, and parts of the Solomons Islands). Hiery's key focus is on 'the German Way' as it impacted quite vulnerable islands on a stretched out west-east axis, mostly at the top of the Pacific Ocean, with Germanic influence dropping down to portions of German Samoa and German Neu Guinea, all of these territories being impossible to defend from Potsdam and Berlin (pp. 4–12). That was the context for *Mata'afa* Iosefo to offer Samoan assistance to pacify unruly Micronesians on Truk Atoll in 1911 (p. 198). That proffer, and an associated one for Samoans to serve as volunteers in the Imperial German Navy, were artful ploys to gain policy leverage for Samoa, but agency was not viewed as a two-way street, even by liberal humanistic Germans.

In the fateful year of 1914, the Germanic Pacific diaspora constituted a mere 1,523 German citizens, which Hiery points out is less people than currently live in the Samoan village of Falefa, yet he asserts that their combined trading and governmental influence was tremendous, with an impact which still lingers in the new millennium. However, Hiery's detailed and exacting study closes with a robust concession that German influence, even as supposedly benign missionaries of *Kultur*, was at a key turning-point in 1914 just as the crazed European imperial war reached the Pacific, instanced when Tupua Tamasese and Malietoa Tanumafili (*Fautua Kaisalika*, Imperial advisors) started to stake out a position demanding equality for Samoans (young advisors) with German nationals in Samoa. Hiery concedes frankly that such demands broke "a common taboo" as changed expectations of the newer educated generation surged forth and challenged the old nexus between "the Samoan dignitaries and the German colonial administration", which could not tolerate such rising 'native' ambitions by the governed (pp. 205, 204). Subalternism remained ingrained as an integral operating value within the colonial system. Benedict Anderson once noted that "The expansion of the colonial state which, so to speak, invited 'natives' into schools and offices, and of colonial capitalism which, as it were, excluded them from boardrooms, meant that to an unprecedented extent the key early spokesmen for colonial nationalism were lonely, bilingual intelligentsias unattached to sturdy local bourgeoisies" (Benedict Anderson, *Imagined Communities: Reflections on the Origin and Spread of Nationalism*, London / New York 1991, p. 140).

This book explores the particular ways in which German emigres behaved, shaped, adapted to, and influenced the governmentality of the pre-Great War German Pacific Empire. Sharing the 'agentic' approach of scholars such as Dame Anne Salmond (Aotearoa-New Zealand) and Serge Tcherkezoff (Tahiti and Samoa), Hiery valences the Pacific encounter to accommodate the reverse nature of such transactions (personal-sexual, metaphysical, trading, etc.) in terms of climatic, attitudinal and behavioural impacts upon the colonizing Germans themselves as many of them came to respect and even accommodate many autocthonous practices. His research has included consulting many archives and talking to surviving Micronesian, Samoan and Papua New Guinean veterans of German colonial rule. This study is consequentially a remarkable fusion of multiple viewpoints and foci as Hiery explores his key themes across a broad range of island cultures through a quite dizzying, but deeply impressive, intellectual synthesis. Hiery conducts a complex and nuanced syncretic cross-ethnic analysis of culture contact across the entire German Pacific as its peoples were confronted by Wilhelmine Reich values in a range of social and linguistic terms including education, health initiatives, infrastructure-building, clashing world-views, economic issues and local trade and legal systems. Hiery rightly insists on 'nativist' cognitive agency, as shown in this scholarly admonition:

A historical approach to culture contact must therefore distinguish carefully between indigenous societies which deliberately and of their own volition accepted European patterns of behaviour and ways of life, and those in which European, in this case German, norms were imposed intentionally, methodically, and by force. It is especially important to take note of the undertones of culture contact—cases of syncretism and compromise solutions. In any case, we must beware of attempts to turn Pacific Islanders into the static inhabitants of a living museum. There is a long European tradition behind attempts to glorify the traditional past of indigenous cultures at the expense of the present and the future. But this hinders, rather than helps, in the reconstruction and explanation of historical developments (pp. 85f.).

Hiery is at pains to establish the little-appreciated fact that the German Pacific states were less focused on good economic returns—which they did not provide—than a sense of nationalistic middle-European prestige and a slightly condescending Central European cultural guardianship for endangered Pasifika 'species'. Old-fashioned German Romanticism was brought into play by the sending out of colonial officials to police the rapacious German traders, the small number of planters and merchants (and even cast-away 'beach-comber' settlers) in their quests to grow and harvest coconut, coffee, sisal, cocoa, caoutchouc and copra, gain phosphate and whale blubber; and, for some, to live less constrained lives in the idyllic South Seas (which turned out not to be so). Men seeking to avoid German military service also populated isolated atolls and small trading centres. Hiery observes: "The fact that

Europeans did not settle in large numbers outside Australia and New Zealand was of fundamental importance for the emergence of Pacific nation-states. By comparison with the indigenous population, the number of Europeans was always insignificant, even marginal. This was especially true in the German colonies. The Pacific illustrates the truth of a general rule, namely, that while Europeans influenced tropical and subtropical regions religiously, administratively, legally, technologically, economically, and intellectually, they failed when it came to a demographic transformation, a real 'Europeanization'" (p.135).

Furthermore, commercial interests and anchorages for German naval vessels did not yield significant tangible benefits, as the failure of the *Neu-Guinea Compagnie* in 1899 demonstrated. Traders from the German Reich resented Wilhelm (King of Prussia and later Kaiser Wilhelm II) for his hands-off and notably luke-warm policies in the Fiji Islands, Samoa and German Neu Guinea demonstrated. Chancellor Bismarck saw the light and adopted the formula of a later Governor of German Samoa (Wilhelm Solf) that 'colonization is missionizing' (p. 9) and Solf put this into impressive practice in German Samoa by resisting the Pan-Germanic League in its stridently imperialistic ambitions. Under Bismarck, the *Kaiserreich* generously subsidized its far-flung Pacific colonies as part of a grand imperial design. Bismarck gave the N-GC formal protection from 1885 and, after its slide into bankruptcy, pursued a colonial policy based on a cranky admixture of the German-inflected *mission civilisatrice* (a special cultural mission) and the political-cultural education of Polynesians and Micronesians especially. This was a costly venture which Hiery symbolizes in the purchase from Spain of the coral islands of Micronesia and pithily likens to "sinking money into coral reefs or casting it into a typhoon" (p. 7).

Hiery explores the sex-related practices (abortion, infanticide, polygamy) in several cultures and deftly explores patterns in interactions between Islanders and white men yet (probably because of silences in the documentary record) says very little about same-sex, cross-ethnic encounters, but Augustin Kramer's anger at morally untidy German expats may be related to such 'decadent' liaisons. As far as the standard heterosexual norms were concerned, Governor Wilhelm Solf was quite racist about *afakasi* (mixed-race offspring) in German Samoa, yet he and his officials recognized some inter-racial marriages as strategic *fa'a Samoa* alliances to make land and prestige deals between Europeans and indigenes, even as these outraged the tight norms of Biedermeier Germany (pp. 18–23). Hiery explores the positive imposition of Western legal rules by local *Bezirksamtmann* being encouraged to employ indigenous mediators and deputies (e.g., in the Marianas) but also, as in German Melanesia, to mediate between feuding *bikmen* and to eradicate blood-feuding, even mounting punitive military expeditions in PNG as part of a policy of universal pacification. Hiery acknowledges harsh labour floggings in German Neu Guinea (p. 77) and the imposition of head taxes to compel some Pasifika to work for Germans, yet also insists that in the government primary schools (*Volksschule*) there was a remarkable lack of linguistic imperialism (pp. 89–93). One strongly allied theme Hiery pushes is his sanguinary view of German rule to the extent that the book's title is probably a clever pun on Governor (and later Secretary of State) Solf's respect for the best of *fa'a Samoa* values and a generic German attempt to protect local Pacific *mores* and folkways "from European encroachment and influences", its pendulum of influence-protection swinging "with a clearly progressive tendency in favour of the pro-Pacific concept" (p. 154). Hiery explains this generally "considerate treatment of local traditions and national peculiarities" (p. 155) in the Pacific (as distinct from German Africa) as a result of the wider freedoms accorded the German official or station leader in the Pacific as his own master: "German officials liked to see themselves as paternalistic patrons warning their charges about the pernicious influences of the West. And as a close historical examination reveals, this is what they actually were in a number of cases" (p. 154). Hiery looks to generalities such as the following: "In general, German colonial officials in the Pacific tended to be extremely young and (perhaps therefore) receptive to innovative thinking and easily influenced by new experiences, as well as surprisingly well educated. Politically shaped by the ideals of liberalism and the Enlightenment, most were deeply mistrustful of the intentions of the European missions. In a number of cases there were clear indications of a rejection of the values of an over-refined culture which was prevalent in Europe" (p. 154).

In fine, Hiery's sedimented tracking of colonial administration, labour recruitment, public health initiatives and land policy is a breath-taking feat of erudite scholarship which explores the pluralism of Germanic responses to a clutch of differing cultures in the Pacific, underscoring the pertinence of Allen Curnow's reiterated theme about Antipodean reality: "And whatever islands may be/Under or over the sea,/It is something different, something/Nobody counted on' (Allen Curnow, 'The Unhistoric Story'; in *Sailing and Downing: Poems by Allen Curnow*, Wellington: Progressive Publishing Society, 1943, p. 21).

Bruce Harding, Christchurch/Neuseeland

Dieter Klein (Hg.): Pioniermissionar in Kaiser-Wilhelmsland. Wilhelm Diehl berichtet aus Deutsch-Neuguinea 1906–1913 (Quellen und Forschungen zur Südsee, Reihe A Quellen, Bd. 4), Wiesbaden 2014, Harrassowitz, xiii+192 S., zahlr. Abb., € 48,–, ISBN 978–3–447–10284–1

Die von Prof. Hermann Joseph Hiery im Wiesbadener Harrassowitz Verlag herausgegebene Reihe Quellen und Forschungen zur Südsee hat 2014 den vierten Band ihrer Quellen veröffentlicht. Es handelt sich um ein von Dieter Klein publiziertes Tagebuch eines Missionars der Rheinischen Missionsgesellschaft aus der deutschen Kolonie Neuguinea zu Beginn des 20. Jahrhunderts. Als erster Band der oben erwähnten Reihe waren 2005 schon die Tagebücher der Ehefrau von Wilhelm Diehl, Johanna Diehl, erschienen. So vervollständigt nun das Tagebuch ihres Mannes das Bild einer deutschen protestantischen Missionarsfamilie im letzten Jahrzehnt der nur dreißig Jahre dauernden deutschen Kolonialerfahrung in der Südsee.

Die 1828 in Wuppertal gegründete Rheinische Missionsgesellschaft (RMG) verstand sich als interkonfessionelle Missionsgesellschaft, die Missionare lutherischer und kalvinistischer Herkunft gleichermaßen zu ihren Mitgliedern zählte. Obwohl die RMG auf Missionserfahrungen in Afrika und Asien – wo sie seit 1829 in Südafrika, seit 1834 in Indonesien und seit 1847 in China wirkte – zurückgreifen konnte, stellte sich das neue 1887 in Neuguinea begonnene Arbeitsfeld als eine gänzlich neue Herausforderung für die Rheinischen Missionare dar. Das hier vorliegende Missionarstagebuch aus den Jahren 1906 bis 1913, also aus einem Zeitraum von sieben Jahren, spiegelt nicht nur den Alltag, die Sorgen und Herausforderungen eines protestantischen Missionars mit deutschem Hintergrund und Prägung dar. Es gibt vor allem Einblick in das Verhältnis der Missionare untereinander und in das Verhältnis der Missionare zu den deutschen Mitarbeitern der nahegelegen Neuguinea-Kompanie und zu der deutschen Kolonialregierung und deren Vertretern, allen voran des Gouverneurs Dr. Albert Hahl. Nicht zuletzt gibt der tagebuchschreibende Missionar einen Einblick in seine Kontakte zu seinen einheimischen Mitarbeitern und zur einheimischen Bevölkerung. Das Tagebuch beschreibt bis ins Detail die vielen strapaziösen Inlandsexpeditionen, die Wilhelm Diehl in den Jahren 1906 bis 1913 unternahm. Dabei ging es ihm zwar auch um die Erforschung der gebirgigen und flussreichen Landschaft im Hinterland von Nordost-Neuguinea im Raum Madang und der Astrolabe-Bay bis hin zum Ramu-Fluss, vor allem ging es ihm dabei aber um die Erkundung und erste Kontaktaufnahme mit den Ethnien, die im Inland siedelten, um Möglichkeiten einer weiteren Expansion der Missionsarbeit herauszufinden.

Der 1874 in Hessen geborene Wilhelm Diehl entschied sich mit 18 Jahren den Missionarsberuf zu ergreifen, so wie es schon zwei seiner Brüder getan hatten. In Barmen erhielt er von der RMG eine zehnjährige Ausbildung, die er vor seiner Ausreise 1902 mit der Ordination abschloss. 1904 heiratete Diehl seine erste Frau Louise Neuhaus, die aber schon nach neun Monaten an Schwarzwasserfieber in Neuguinea verstarb. Am 9. Juli 1907 konnte Diehl seine zweite Frau Johanna Bleidorn ehelichen. 1908 kam ihrer beider Tochter Hanni Diehl in Neuguinea zur Welt. Im März 1913 trat die Familie einen Heimaturlaub an. Der Kriegsausbruch machte die Rückkehr nach Neuguinea unmöglich. Wilhelm Diehl starb 1940 und seine Frau 1946 in Wuppertal am Sitz der RMG.

Es soll hier auch auf die Arbeit von Dieter Klein, des Herausgebers des Missionarstagebuches, eingegangen werden. Seine zahlreichen, akribisch recherchierten, Angaben in den 445 Fußnoten dieses Werkes geben dem interessierten Leser, selbst wenn er schon gute Kenntnisse von Neuguinea besitzt, sehr detaillierte Erläuterungen aller benutzter Begriffe aus den indigenen Sprachen und über alle im Text vorkommender Personen, seien es Einheimische, Missionare, Kolonialbeamte oder Angestellte der Neuguinea-Kompanie. So ergänzen sich die Angaben zu diesen Personen aus dem Tagebuch mit denen aus den Fußnoten in hervorragender Weise. Dem Leser wird das Wirken des Missionars Wilhelm Diehl und seiner Familie im Beziehungsgeflecht einer indigenen und kolonialen Gesellschaft geschildert. Die Missionsstation Bogadjim, die W. Diehl betreute, war die erste Missionsstation der RMG in Neuguinea; sie galt neben der benachbarten Station Bongu als erfolgreichste Missionsstation der RMG in Neuguinea. Daran hatte sicherlich auch Diehl seinen Anteil, da es ihm gelang, Vertrauen zu der einheimischen Bevölkerung in seinem ausgedehnten Missionsgebiet im Hinterland seiner Missionsstation aufzubauen. Bis zum Ersten Weltkrieg konnte die RMG nur 81 getaufte einheimische Christen aufweisen. Allerdings wuchs die Zahl der indigenen Getauften bis 1920 auf 1.264 Personen an.

Das Missionsgebiet der RMG basierte zwei Jahrzehnte lang auf fünf Missionsstationen, die mit europäischen Missionaren besetzt waren und alle unweit von Madang lagen. Die militärische Besetzung Deutsch-Neuguineas im August 1914 und die Übertragung dieses Gebietes durch den Völkerbund als Mandatsgebiet an Australien am 17. Dezember 1920 brachte die deutschen Missionen und unter ihnen besonders die RMG in große Bedrängnis, da alle Besitzungen deutscher Staatsbürger und der deutschen Missionsgesellschaft enteignet wurden. Zudem sollten alle deutschen Missionare das Land verlassen. Nur durch Vermittlung der lutherischen Kirche Australiens, mit der die lutherische Neuendettelsauer Mission eng verbunden war, konnte die Enteignung durch Übertragung der Mission an die United Evangelical Lutheran Church of Australia und die American Lutheran Iowa Synod verhindert werden und die Missionsarbeit fortgesetzt werden. Die fehlende finanzielle und personelle Unterstützung aus Deutschland konnte nun durch die neuen Träger sichergestellt werden. Die Rheinischen Missionare, die häufig calvinistischer Konfession waren, durften weiter in der nun lutherischen Mission arbeiten. Diese Entwicklung führte dazu, dass 1933 die American Lutheran Church Rechtsnachfolger der Rheinischen Mission in Neuguinea wurde.

Alle Stationen lagen an der Küste oder in deren Nähe, und so waren sie alle miteinander auf dem Wasserwege miteinander verbunden. Es verwundert nicht, dass zahlreiche Tagebuch-Eintragungen die nicht selten schwierigen Seereisen schildern, in denen der Missionar und seine Begleiter unter lebensgefährlichen Umständen den Unwettern auf dem Meer ausgesetzt waren. Ein weiteres wichtiges Thema in den Tagebucheintragungen ist der ständig bedrohte Gesundheitszustand der Missionare, nichts zuletzt der Missionarsfrauen und der Kinder der Missionarsfamilien. Aus heutiger Perspektive kann gesagt werden, dass die auffallende Nähe zur kolonialen Gesellschaft für die Rheinische Neuguineamission viele Nachteile mit sich brachte. Die zunehmende Vermittlerrolle, die die Missionare in den zahlreichen Konflikten zwischen der Neuguinea-Kompanie bzw. der Kolonialverwaltung und der einheimischen Bevölkerung einnahmen, verhalf den Missionaren allerdings dazu, dass sie in den Augen der Neuguineer zunehmend als Dritte Kraft wahrgenommen wurden, die sie kreativ zu nutzen wussten. Die RMG in Neuguinea pflegte gute freundschaftliche Kontakte und einen regen Austausch mit der aus Bayern stammenden lutherischen Neuendettelsauer Neuguineamission, die 1885 nach Neuguinea kam und deren Zentrum 275 Kilometer weiter südöstlich lag. Zur katholischen Mission der Steyler Missionsgesellschaft, die 1896 ihre Arbeit 443 km nordwestlich aufgenommen hatte, war das Verhältnis dagegen eher reserviert. Als die katholische Mission ab 1905 in Alexishafen, nur 13 km westlich von Madang, anfing, eine eigene Missionszentrale aufzubauen, wurde diese Nähe als Einengung und Bedrohung erfahren.

Im Anhang sind auf den Seiten 175 bis 190 dreiundzwanzig Fotos, die alle bisher noch nicht veröffentlicht wurden und die Wilhelm Diehl in seiner Neuguineazeit aufnahm, angefügt. Sie veranschaulichen das im Tagebuch wiedergegebene Leben des Missionars W. Diehl und seiner Familie, seine Reisen ins Hinterland und per Boot auf dem Meer. Auf einer sehr gelungenen Aufnahme sind drei Männer aus dem Bergdorf Raimbana abgebildet, auf einer anderen Aufnahme sieht man den Missionar im Flussbett des Nuru; ein weiteres Foto schließlich zeigt den Missionar Diehl mit ihn umgebenden einheimischen Helfern auf der Expedition von 1911 in der Ramu-Ebene.

Nur durch Kennenlernen der konkreten Umstände des Lebens und Wirkens eines Missionars und seiner Familie und Missionarskollegen im damaligen kolonialen Kontext kann uns ein wirklichkeitsnahes Bild der Missionen vor einem Jahrhundert unter gänzlich verschiedenen und mit der heutigen Situation nicht vergleichbaren Umständen vermittelt werden. Deswegen gilt beiden, dem Herausgeber dieses Tagebuchs und dem dieser Reihe, ein besonderer Dank. Die Lektüre dieses sehr lesenswerten Buches ermöglicht dem heutigen Leser ein besseres Verständnis der damaligen Situation.

Paul B. Steffen, Rom

Ewald Grothe / Aubrey Pomerance / Andreas Schulz (Hg.): Ludwig Haas. A German Jew and Fighter for Democracy, Kaiwhakatau 2020, Decision Maker Publications, 417 S., 28 s/w Abb., NZ $ 102, ISBN 978-0-473-53320-5

Im Gegensatz zu Australien spielte Neuseeland als Zielland für Verfolgte des nationalsozialistischen Regimes keine große Rolle. Das lag nicht an der weiten Entfernung von Deutschland, auch nicht an einer mangelnden Attraktivität des Landes, sondern an einer überaus restriktiven Einwanderungspolitik. Seit 1881 verfolgte vor allem die *Liberal Party* eine rassistisch begründete Einwanderungspolitik, die sich insbesondere gegen Asiaten richtete, prinzipiell aber jede ethnische Gruppe ausschließen konnte, die als Bedrohung der angelsächsischen Dominanz aufgefasst werden konnte. Diese Politik wurde analog zu einem ähnlichen Vorgehen in Australien seit etwa 1900 als "White New Zealand Policy" bezeichnet und am 9. November 1920 mit dem *Immigration Restriction Amendment Act* offiziell Gesetz. Als die *Labour Party* nach einem überwältigenden Wahlerfolg zwei Drittel aller Parlamentssitze errang und 1935 zum ersten Mal in Neuseeland die Regierung übernehmen konnte, waren die „Nürnberger Gesetze" gerade in Kraft getreten. Der im Kabinett für Einwanderung zuständige Minister, Walter Nash (Finanzen, Zoll, soziale Sicherheit; nach dem Kriege 1957–1960 Premierminister), lehnte einen offiziellen Flüchtlingsstatus für deutsche Juden ab. Neben offenem Antisemitismus – "there is a major difficulty of absorbing these people in our cultural life without raising a feeling of antipathy to them" (Ann Beaglehole, A Small Price to Pay. Refugees from Hitler in New Zealand, 1936–1946, Wellington 1988, S. 16f.) – mögen auch wirtschaftliche Gründe und, damit verbunden, eine besondere Form neuseeländischer *appeasement*-Politik eine

Rolle gespielt haben. Bei seiner ersten offiziellen Europareise besuchte Nash 1936 auch Berlin und handelte dort mit dem nationalsozialistischen Deutschland einen bilateralen Handelsvertrag aus, der die Einfuhr neuseeländischer Butter zu Sonderkonditionen ermöglichte.

Zu den wenigen deutschen Juden, die nach Neuseeland emigrieren konnten, gehörte Karl Haas, der Sohn des bekannten Badener Reichstagsabgeordneten und Fraktionsvorsitzenden der linksliberalen DDP, Ludwig Haas. Über Ludwig Haas haben 2017 Ewald Grothe, Aubrey Pomerance und Andreas Schulz eine sehr informative Arbeit vorgelegt, die als Band 174 der *Beiträge zur Geschichte des Parlamentarismus und der politischen Parteien* erschienen ist („Ludwig Haas. Ein deutscher Jude und Kämpfer für die Demokratie") und in der Abhandlungen zu den unterschiedlichsten Aspekten seines Lebens und Wirkens enthalten sind; zu nennen sind insbesondere Jürgen Frölich zur Tätigkeit von Haas als Abgeordneter im kaiserlichen und Volker Stalmann zu Haas im republikanischen Reichstag. Ludwig Haas starb knapp sechs Wochen vor dem großen Wahlerfolg der NSDAP im September 1930. Er scheint die Entwicklung vorausgesehen zu haben, denn er warnte seinen Sohn "to go as far away from home as he could" (S. 158). Karl Haas verließ Deutschland unmittelbar nach der Machtergreifung Hitlers. Über Zwischenstationen in Frankreich und England kam er 1937 in Neuseeland an. Dort wurde er, wie sein Sohn Anthony schreibt, im Krieg als *enemy alien* (feindlicher Ausländer) unter besondere Beobachtung gestellt. Man verdächtigte ihn, er könne insgeheim Kontakt zu deutschen U-Booten herstellen.

Der vorliegende Band ist mit viel Sorgfalt und Liebe zum Detail erstellt worden. Das Ziel war es, die politische Tätigkeit von Ludwig Haas auch in der neuen Heimat seiner Familie und Nachkommen bekanntzumachen. Deshalb war eine englischsprachige Ausgabe unumgänglich. Die Übertragungen aus dem deutschen Original gingen durch mehrere Hände, um zum einen eine möglichst genaue, zum anderen eine wirklich lesbare englische Fassung zu gewährleisten. Das ist ohne Einschränkungen gelungen. Nur in der beigefügten Zeittafel sollte ein Lapsus beseitigt werden: Dass Wilhelm in Versailles zum deutschen Kaiser „gekrönt" worden sei (S. 9), ist historischer Nonsens. Die Mär von der borussisch-deutschen Kaiserkrönung – es gab im preußischen Kaiserreich keine einzige „Krönung" – geistert immer wieder selbst durch die historische Fachliteratur und hat leider sogar Eingang in deutsche Geschichtsschulbücher gefunden.

Besonders verdient gemacht um das ganze Unternehmen der englischen Neuedition hat sich Rob Laking, Ihm ist es auch zu verdanken, dass es sich bei dem vorliegenden Werk nicht einfach nur um eine englischsprachige Übersetzung des deutschen Originals handelt. Es enthält ein neues, zusätzliches Kapitel aus seiner Hand, das sich ausführlich mit dem Leben und der Emigration von Karl Haas beschäftigt (S. 203–229). Karl wurde von Kurt Hahn in Schloß Salem unterrichtet – ein Einfluss, der ihn zeitlebens prägen sollte. Die Farm, die Karl Haas später in Neuseeland erwerben sollte, nannte er bezeichnenderweise „Salem". Einer seiner engeren Mitschüler, von denen im Familiennachlass noch Korrespondenz vorhanden ist, war Manfred Graf von Pourtalès. Dieser betätigte sich während seiner Zeit in Salem unter anderem als Kantor bei jüdischen Gottesdiensten. Später besuchte er die Junkerschule der SS in Bad Tölz, wo die Offiziere der Waffen SS ausgebildet wurden. Aus seinem Jahrgang wurde Ende März 1945 die 38. SS Grenadier-Division „Nibelungen" gebildet. Pourtalès war Adjutant dieser Division und am Ende des Krieges SS-Hauptsturmführer. Danach ging er ins Priesterseminar, wurde im Erzbistum Paderborn zum katholischen Priester geweiht und war Pfarrer von St. Paulus in Minden und Dechant in Neheim (St. Johannes Baptist), wo er die Liturgiereform des II. Vaticanum durchsetzte.

Nach dem Abitur in Salem (März 1930) studierte Karl Haas Jura in Berlin und Heidelberg. Wie der Vater wurde, so Laking, wahrscheinlich auch Karl Mitglied der Heidelberger jüdischen Studentenverbindung „Bavaria". Die Mitglieder trugen Farben und fochten Mensuren. Faktisch war die „Bavaria" eine jüdische Burschenschaft (S. 210) und politisch deutschnational und betont antizionistisch eingestellt. Nach der nationalsozialistischen Machtergreifung wurde auch die Lage der jüdischen Studentenverbindungen immer bedrohlicher. Zwar nahm man zu Beginn des Sommersemesters 1933 noch die Aktivitäten auf, das jüdische Verbindungshaus wurde aber Ende April von der Heidelberger Vertretung des NS-Studentenbundes gestürmt und besetzt. Die Immatrikulation jüdischer Studenten wurde verboten. Haas musste sein Studium abbrechen und ging nach Frankreich ins Exil. Bis Sommer 1935 fand er Zuflucht bei einer prominenten protestantischen Familie im Bezirk Calvados. Im März 1936 ging Karl Haas nach England, in der Hoffnung, von dort aus in eine der britischen Dominions weiterreisen zu können. Die Weiterreise schien zunächst unmöglich. Der damalige Generalgouverneur Neuseelands, der konservative Charles Bathurst, 1st Viscount Bledisloe, fürchtete, "that immigrants from Germany might be at heart, if not openly, Communists, and spread revolutionary propaganda to the social unsettlement of the local community" (S. 214).

Was auch in solchen Zeiten half, waren persönliche Kontakte. Ein solcher war Henry George Denham, Ordinarius für Chemie an der Universität Canterbury (damals noch Canterbury College). Vielleicht noch wichtiger war Haas' Zusammentreffen mit Lawrence Nathan. Der nahezu gleichaltrige Nathan entstammte einer der prominentesten jüdischen Familien Neuseelands. Der Vater war ein erfolgreicher Geschäftsmann in Auckland – das Familienunternehmen hatte unter dem Markennamen „Glaxo" Trockenmilch als Säuglingsnahrung eingeführt – Präsident der Hebrew Congregation und Konsul für Portugal. Der Sohn, mit dem Haas in England zusammentraf, studierte in Cambridge und hatte sich insbesondere im Sport einen Namen gemacht, war er doch einer der bekanntesten Fechter Neuseelands. Es liegt nahe anzunehmen, dass der Kontakt der beiden über den Fechtsport erfolgt ist, wenn dies auch im Buch nicht näher ausgeführt wird.

Ende 1936 erhielt Haas eine Einreiseerlaubnis von der New Zealand High Commission in London. Im Februar 1937 kam er in Neuseeland an und im Mai desselben Jahres erhielt er eine unbefristete Aufenthaltserlaubnis. Die Familie Nathan vermittelte Haas nicht nur Arbeit und Unterkunft – auf verschiedenen neuseeländischen Farmen –, durch sie kam er auch in Kontakt mit seiner späteren Ehefrau. Karl kam nicht ganz mittellos in Neuseeland an. Bei seiner Abreise aus Deutschland hatte er den Gegenwert von etwa 1.500 britischen Pfund dabei. Von seiner in Deutschland verbliebenen Mutter erhielt er später noch einmal in etwa die gleiche Summe, nachdem das nationalsozialistische Regime die Hälfte der ursprünglichen Summe einbehalten hatte. Bei seiner Ankunft in Neuseeland besaß Karl Haas etwa 160.000 neuseeländische Dollar (heutiger Wert; S. 219). Die Summe war ausreichend, um eine größere Anzahlung für den Erwerb einer Farm zu leisten. Der ehemalige Student der Jurisprudenz wurde wie viele andere Neuseeländer Farmer und züchtete Schafe, und zwar in Pahiatua, einer ganz ländlich geprägten neuseeländischen Kleinstadt im Südosten der Nordinsel.

Seine deutsche Herkunft wurde ihm während des Krieges beinahe zum Verhängnis: Haas' Antrag, zum Wehrdienst eingezogen zu werden, wurde abgelehnt; eine eventuelle Internierung wurde vom zuständigen Polizeikommissar empfohlen; der Justizminister ordnete eine regelmäßige Überwachung durch die Ortspolizei an, Haas' Korrespondenz wurde zensiert: "People wouldn't know the difference between a German and a Jew" (S. 218). Erst nach dem Krieg, Ende Mai 1946, wurde Haas als in Neuseeland lebendes "British subject" naturalisiert. An seine Herkunft und seine alte Heimat erinnerten Ölgemälde, eine Bibliothek voll mit deutschen Büchern (die 1957 an die Victoria Universität in Wellington übergeben wurden) und eine Kuckucksuhr. Aus dem Garten wurde Sauerkraut ("horrible stuff") und Gurken ("foul smelling"; S. 222) gewonnen. Die Nachbarn erinnerten sich daran, dass Haas bis zum Ende seines Lebens seinen deutschen Akzent nicht verloren hatte; die Kinder, dass er den Schäferhunden Befehle auf Deutsch erteilte. Als Intellektueller hielt er sich von den im Lande üblichen Trinkgelagen fern. Dennoch war der Bruch mit der deutschen Vergangenheit unumgänglich. Die eigenen Kinder erhielten ganz bewusst keinen Unterricht im Deutschen. Als der Sohn den Vater später nach seiner deutschen Vergangenheit befragte, brach dieser zusammen, "as I often do when talking about these intense events in family, Jewish, German and world history" (S. 223).

Das Land seiner Geburt besuchte Karl Haas zweimal nach dem Kriege: 1966 und 1972. Er sah und sprach noch einmal mit Kurt Hahn vor dessen Tode. In Karlsruhe fand Haas das Haus, in dem er aufgewachsen war, aber er weigerte sich, es zu betreten. Laking beendet seinen Beitrag mit einem Gedicht, das Ludwig Haas zur Jahresende 1914/15 vom Schlachtfeld in Flandern an seinen damals fünfjährigen Sohn Karl schrieb: „Wenn Du mich einst fragst, wie ich das alles aushalten konnte; mein Junge, es ging um Deutschlands Zukunft und, so Gott will, gegen den Zar."

Die Lebensgeschichte von Karl Haas, die Rob Laking dieser englischsprachigen Ausgabe über Ludwig Haas beigefügt hat, ist für uns heutige Deutsche gleichermaßen berührend wie beschämend. Umso mehr Dank gilt dem Verfasser für seinen wichtigen und erfolgreichen Versuch, das Leben eines Mannes, der in einer prominenten deutsch-jüdischen Familie groß wurde und den der deutsche Antisemitismus bis nach Neuseeland vertrieb, der Nachwelt in Erinnerung zu rufen – der neuseeländischen und der deutschen. Da das Buch nicht nur eine reine englischsprachige Übersetzung des deutschen Originals ist, sondern wichtige zusätzliche Informationen enthält, sollte es auch von deutschen Bibliotheken angeschafft werden.

Hermann Hiery, Bayreuth

Mark Moran / Jodie Curth-Bibb (Hg.): Too Close to Ignore. Australia's Borderland with Papua New Guinea and Indonesia, Carlton 2020, Melbourne University Press, vii +293 S., € 59,35, ISBN 9780522875461

Der vorliegende Sammelband thematisiert mit dem Grenzgebiet um die Torres-Straße zwischen Australien, Papua-Neuguinea (PNG) und Indonesien eine bisher weitgehend unterbelichtete Region. Neun Autoren eruieren in acht Kapiteln zuzüglich Einführung und Zusammenfassung transdisziplinär die historischen und rechtlichen sowie die wirtschaftlichen und gesellschaftlichen Bedingungen und Interaktionen der drei Staaten untereinander. Dazu wurden seit 2016 in fünf Feldforschungen 37 Dörfer besucht. Wurde der seit 1985 gültige internationale Vertrag zwischen Australien und PNG zur Grenzziehung in der Torres Straße mit seinem Schutzgebiet für die indigene Bevölkerung damals noch als innovatives rechtsgebietsübergreifendes Abkommen gepriesen, das indigene Traditionen respektiert, haben heute ein verschärftes australisches Grenzregime, die allgegenwärtige Armut einer durch den Betrieb der Kupfer- und Goldmine Ok Tedi geprägten PNG-Provinz Western und der illegale indonesische Handel mit Fisch- und Wildressourcen das Bild fundamental gewandelt. Da Australiens nördlichste bewohnte Insel Saibai nur vier Kilometer von PNGs Südküste entfernt ist, dürfte es weltweit nur wenige Orte geben, die durch solch tiefgreifende politische und sozio-ökonomische Asymmetrien geprägt sind.

Bei der Torres-Straße, entstanden vor min. 9.000 Jahren durch die Trennung der Landverbindung von Neuguinea und Australien auf Grund eines steigenden Meeresspiegels, handelt es sich um eine rund 150 Kilometer breite Meerespassage und Schifffahrtsroute, die von Hunderten Korallenriffen und kleinen Inseln durchsetzt ist, von denen heute nur 17 Inseln mit wenigen Dutzend bis wenigen Tausend Bewohnern permanent besiedelt sind. Über Jahrhunderte bestanden enge verwandtschaftliche Beziehungen zwischen den Melanesiern der Torres-Straße und denjenigen des heutigen South Fly Distrikts der Südküste PNGs. Die reichen Marineressourcen der Straße waren die wichtigste Quelle der Ernährung und Existenzgrundlage. Während der westliche Teil der Insel Neuguinea bis zum 141. Längengrad bereits seit 1828 von den Niederlanden beansprucht wurde, erfolgte bis 1879 die Annexion der Straße durch die britische Kolonie Queensland, die auch während der Kolonialisierung des südöstlichen Neuguinea durch Großbritannien ab 1884 und den Commonwealth of Australia ab 1906 fortbestand.

Mit der absehbaren, 1975 vollzogenen Unabhängigkeit PNGs von Australien stand der künftige Grenzverlauf zur Disposition. Während Parlamentarier in Port Moresby eine Verlegung der Grenze nach Süden forderten, der auch Canberra wohlwollend gegenüberstand, wehrten sich die Torres-Insulaner mit Unterstützung der Queensland-Regierung. Nach fünfjährigen Verhandlungen wurde schließlich 1978 ein Kompromiss erzielt, der 1985 mit der Ratifizierung rechtswirksam wurde. Danach wird die Grenzlinie in zwei unterschiedliche, den Meeresboden und die Fischerei betreffende Jurisdiktionen gesplittet. Die gemeinsame Grenze verläuft von Südwesten kommend bis zur Mitte der Torres-Straße nördlich der Insel Mabuiag. Die

Fischerei-Zuständigkeit (Fisheries Jurisdiction Line) weicht dann vergleichbar einem Zylinderhut nach Norden aus, umrundet die drei Inseln Saibai, Dauan und Boigu und kehrt dann zur Meeresbodengrenze (Seabed Jurisdiction Line) zurück. Als Konsequenz des Vertrags gehören mit Ausnahme von Kawa, Mata Kawa und Kussar nahe dem PNG-Festland alle Inseln der Torres Straße zu Queensland und Australien.

Mit dem Vertrag wurde auch eine Schutzzone etabliert, die beide Jurisdiktionen überschreitet und große Teile der Straße einschließlich eines Teils der PNG-Küste (von dem Dorf Tais bis Sigabadaru) umfasst, nicht aber das Verwaltungszentrum Thursday Island. Sie zielt auf eine Kontinuität der bestehenden kulturellen Beziehungen und traditionellen Lebensbedingungen sowie den Schutz der Meeresumwelt. Das Abkommen erlaubt den Bewohnern, sich grenzübergreifend frei in der Zone zu bewegen und unbehindert traditionellen Aktivitäten nachzugehen. Die Schutzzone, die gemeinsam von Australien und PNG verwaltet wird, umfasst mit Deliverance Island im Nordwesten und Bramble Cay im Nordosten auch zahlreiche unbewohnte Inseln, die sich auf PNG-Hoheitsgebiet befinden, trotzdem aber der Souveränität Australiens unterliegen. Mit dem Vertragsabschluss von 1978 erhielten alle PNG-Bewohner mit mindestens fünf Jahren Residenz in der Torres-Straße ein Aufenthaltsrecht und später die australische Staatsbürgerschaft, auch wenn Landbesitz weiterhin indigenen Insulanern vorbehalten ist. Mehr als 100 PNG-Bürger wurden der Region verwiesen.

Im Jahr 2000 wurde zwischen beiden Regierungen mittels diplomatischer Note vereinbart, die Kategorie der traditionellen Bewohner im Sinne des Vertrags von 1985 auf 14 Inselgemeinschaften der Torres-Straße und 13 Vertrags-Dörfer an der Küste PNGs zu beschränken. Mit den von Australien 2009 unilateral erstellten, 2011 überarbeiteten und 2019 erneut erschwerten „Guidelines for Traditional Visitors travelling under the Torres Strait Treaty" wurde das Grenzregime durch strikte Genehmigungsverfahren, Kontrollen und hohe Strafen massiv verschärft. Die Richtlinien sind hoch umstritten, da sie den Vertragsdörfern nur traditionelle Tätigkeiten erlauben, womit kommerzieller Fischfang, die Lohnarbeit bei Insulanern und selbst die Nutzung von Bankautomaten im Schutzgebiet kategorisch ausgeschlossen sind. Hinzu kommen australische Bundesgesetze für Zoll, Migration, biologische Sicherheit, Gesundheit und Kriminalität. Torres-Insulaner hingegen können ohne Beschränkungen die Vertragsdörfer besuchen. Dem großen Rest der Küstenbewohner bleibt der Übertritt wie auch die Nutzung der Torres-Straße verboten. Damit wurde eine strenge Hierarchie geschaffen, die Peter Chaudhry beschreibt als „a four-tier system of privilege, with Torres Strait Islander residents at the top, followed by Australian citizen Papuas in Torres Strait next, then Treaty villagers, and non-Treaty villagers at the bottom" (S. 110). Die Nichtvertragsdörfer an PNGs Küste sehen sich als enteignet und entmündigt, was zu Verbitterung und Spannungen mit den Nachbargemeinschaften führt.

Zu berücksichtigen sind hier auch die unterschiedlichen Lebensbedingungen. Waren diese bis in die 1980er Jahre beiderseits der Grenze vergleichbar, Bürger PNGs erinnern sich noch heute positiv an das Engagement der Kolonialmacht gerade in dieser Region, hat Australien seitdem massiv in den Ausbau der Infrastruktur der Torres-Straße investiert. Befestigte Flugpisten, Gesundheitszentren, Schulen und Kommunikationseinrichtungen sowie moderne Häuser mit fließend Wasser, Elektrizität und Kanalisation sind heute Standard. Hinzu kommen Arbeitsplätze und die Leistungen des australischen Wohlfahrtsstaats. Auf PNG-Seite bietet sich ein völlig konträres Bild mit allgegenwärtiger Armut und Entbehrungen. Das Leben auf Buschniveau findet ohne öffentliche Infrastruktur, staatliche Dienstleistungen und Governance-Strukturen statt, ein Gebiet beschränkter Staatlichkeit, in dem, so die Wahrnehmung, Korruption, Missbrauch und Desinteresse vorherrschen. Die Bürger beklagen, dass „Island people have no resources but live lives of luxury; we have resources but live in poverty" (S. 101). Von der weit entfernten Hauptstadt Port Moresby sind keine Impulse für eine bilaterale Nachjustierung des Vertrags und der Verwaltungsvorschriften zu erwarten.

Verschärft wird die Lage durch die im Norden der PNG-Provinz gelegene Kupfer- und Goldmine Ok Tedi, die seit Produktionsbeginn 1984 ihre schwermetallhaltigen Verarbeitungsrückstände und den Abraum in den Fluss Ok Tedi entsorgt und damit die marine Umwelt bis in das 1.000 Kilometer entfernte Delta des Fly River kontaminiert, von dem die Bewohner existenziell abhängen. Da die Lebensbedingungen harsch sind (Klima, karge Böden, Trockenheit, Überflutungen, Krankheiten), migrieren Anwohner des Fly River Korridors in die auf einer Insel vor der Küste gelegene übervölkerte Provinzhauptstadt Daru mit einziger Bank, Krankenhaus und weiterführender Schule, in der seit 2008 auch eine Epidemie multiresistenter Tuberkulose grassiert. Ohne Arbeitsplätze und Unterstützung wenden sich die Zugezogenen dem illegalen Fischfang zu, was die marinen Ressourcen des Golfs von Papua und der Torres-Straße massiv unter Druck setzt. Parallel zur australischen Verschärfung des Grenzübertritts für Vertragsdörfer ist der kaum kontrollierte oder korrumpierte grenzüberschreitende Warenaustausch mit der nahen indonesischen Stadt Merauke immer attraktiver geworden. Es hat sich ein gut organisierter weitgehend illegaler internationaler Handel entwickelt, der von der Nachfrage asiatischer Märkte für hochwertige Marine- und Wildtierprodukte getrieben wird. Die externe Nachfrage intensiviert eine lukrative kriminelle Ökonomie, die auf der Plünderung und Wilderei von Fischen, Hirschen, Wildschweinen und Krokodilen beruht, die die Bestände vorhandener Ressourcen kontinuierlich dezimieren.

Für die Autoren steht außer Frage, dass sich Australien entwicklungspolitisch in der Western Provinz PNGs stärker engagieren muss, da sich die chronische Unterentwicklung auf Grund ihrer destabilisierenden Effekte eher kontraproduktiv auf die Grenzsicherheit und Nachhaltigkeit der Ressourcen auswirkt. Es reicht nicht, das Krankenhaus in Daru auszubauen, um damit den Bewohnern der Vertragsdörfer den Zugang zur Krankenversorgung in der Torres-Straße zu verweigern. Auch ist eine kontrollierte Öffnung der australischen Märkte für Fischereiprodukte und Handwerk sinnvoll, die den PNG-Bewohnern realistische Verdienstmöglichkeiten ohne Zwischenhandel bietet. Seit Februar 2020 gilt allerdings wegen der Corona-Pandemie ein Bann, der Übertritte in die Schutzzone generell ausschließt. Summa summarum handelt es sich um ein exzellentes Buch, das vor allem die Realitäten an der

Peripherie des Staates PNG und der globalen Ökonomie in den Blick nimmt. Der Torres Strait-Vertrag und die "Guidelines for traditional visitors" stehen auf der Homepage des australischen Department of Foreign Affairs and Trade (https://www.dfat.gov.au/geo/torres-strait/Pages/the-torres-strait-treaty). Eine Karte des Grenzverlaufs befindet sich auf der Website des Torres Strait Island Regional Council (http://www.tsirc.qld.gov.au/community-entry-forms/treaty-png-border-movements).

Roland Seib, Darmstadt

Anschriften der Autoren

Tabea U. Buddeberg M.A.
FernUniversität Hagen
Historisches Institut
Geschichte Europas in der Welt
Universitätsstr. 33
58097 Hagen

Prof. Dr. Gita Dharampal
Dean of Research
Gandhi Research Foundation
Jain Hills, P.O. Box 118
IND–425001 Jalgaon, Maharashtra

Dr. Jan-Hendrik Evers
Hessisches Landesarchiv
Abt. Marburg
Friedrichsplatz 15
35037 Marburg

Prof. em. Dr. Horst Gründer
Universität Münster
Historisches Seminar
Domplatz 20-22
48143 Münster

Prof. Dr. Mark Häberlein
Otto-Friedrich-Universität
Lehrstuhl für Neuere Geschichte
Fischstr. 5
96045 Bamberg

PhDr. Marcela Hennlichová
Prague University of Economics and Business, Dept. of International Studies and Diplomacy
Nám. W. Churchilla 4
CZ–130 67 Praha 3

Sts a.D. Prof. Dr. Hans-Martin Hinz
Fürstendamm 42B
13465 Berlin

PD Dr. Simon Karstens
Universität Trier
Geschichte der Frühen Neuzeit
Universitätsring 15
54296 Trier

Prof. Dr. Jürgen Nagel
FernUniversität Hagen
Historisches Institut
Geschichte Europas in der Welt
Universitätsstr. 33
58097 Hagen

Prof. em. Dr. Horst Pietschmann
Mommsenstr. 27
50935 Köln

Prof. em. Dr.Dr.h.c. Wolfgang Reinhard
Albert-Ludwigs-Universität Freiburg
Historisches Seminar
79085 Freiburg im Breisgau

PD Dr. Roland Spliesgart
Luitpoldshöhstr. 23
86415 Mering

Prof. Dr.Dr.Dr. Ulrich van der Heyden
Humboldt-Universität zu Berlin
Theologische Fakultät
Unter den Linden 6
10099 Berlin